이청준과 임권택의 황홀한 만남

소설과 영화의 서술기법 비교

이청준과 임권택의 황홀한 만남

소설과 영화의 서술기법 비교

李成俊

도서출판 월인

책 머리에

한 송이 국화꽃을 피우기 위해
봄부터 소쩍새는 그렇게 울었나 보다
— 서정주 〈국화 옆에서〉

하나의 열매를 얻기 위해 얼마나 많은 손길과 땀, 애졸임이 필요할까? 얼마나 사람들의 도움과 희생을 거름 삼아 책 한 권은 완성되는가? 이 책을 쓰는 내내 나는 이런 생각을 하곤 했다. 나의 땀과 애졸임은 처음부터 각오한 일이지만, 남의 도움 없이는 아무것도 할 수 없음을 절감해야 했다.

이 책을 쓰는 동안 내게 가족은 없었다. 그들은 버려진 존재들이었다. 늦둥이를 낳고 나서 툭하면 아프는 아내 부복민(夫福民), 고3으로서 가장 힘든 나날을 보내고 있는 큰딸 영은(榮恩), 관심과 애정 속에서 내일을 준비해야 하는 중3 작은딸 영주(榮珠). 그들은 가장이 증발되어 버린 속에서 묵묵히 자신의 일을 해줌으로써 내게 힘을 실어주었다. 자잘한 일들을 돕는가 하면 시도 때도 없이, 하루에도 대여섯 번씩 불러서는 커피 심부름을 시켜도 아무 내색 않고 들어주었다. 몸과 마음이 다 지쳤을 텐데도 말없이 나를 도와주었다. 또한 여섯 살난 승우(昇禹)는 어떻고. 부모의 손길이 가장 필요한 승우(昇禹)와 한 번 제대로 놀아주지 못했다. 어린 그에게 아버지란 서재에 들어오기만 하면 소리 지르며 내쫓는 매정한 사람으로 인식되었을 것이다. 어쩌면 밤이나 낮이나 서재에 앉아 담배만 피우는 사람으로 각인되었을지도 모른다. 이 책은 이렇듯 가족의 도움과 희생을 거름삼아 살을 갖추게 되었고 비로소 피가 돌게 되었다.

뿐인가. 각별한 관심과 애정으로 늘 함께 해주신 단국대학교 신종한 교수님, 동향(同鄕)이란 족쇄 때문에 노심초사하시면서 끝까지 애정어린 눈길로 지켜주신 한양대학교 김시태 교수님, 횡설수설 제멋대로인 원고를 꼼꼼히 읽어주시며 격려해주신 단국대학교 송하섭·강상대 교수님, 같은 제주인(濟州人)이란 굴레에 매여 허접한 원고를 읽어주시고 조언해 주신 경기대학교 신아영 교수님. 이 분들이 안 계셨다면 이 책은 사산(死産) 되었을 것이다. 해서 이 분들은 이 책을 지켜주신 삼승할머니거나 무사히 낳게 도와주신 산파들이시다.

또 각종 입문서, 번역서, 이론서를 통해 내게 피를 제공해주신 많은 분들은 다 열거할 수 없을 정도로 많다. 하나의 이론을 이해하지 못해 관련서적을 뒤지다 탁견(卓見)에 무릎을 치기도 하고, 혀를 내두르기도 했다. 그러다 저자의 나이를 따져보고는 좌절하기도 했다. 나보다도 젊은 나이에, 현재 내가 이해하지 못해 쩔쩔매는 이론들을 소화하고 정리해놓는가 하면, 자신만의 독창성을 발휘하여 많은 작품들을 분석해놓은 것을 보고는 절망까지 했었다. 그러나 그럴 때마다 부끄러움 못지않게 오기와 결기가 동시에 일곤 했다. 더 부끄럽지 않기 위해 오늘 부끄러워야 한다고.

생각해보면 나는 어린 시절부터 이야기에 관심이 많았던 것 같다. 남의 이야기를 주워듣길 좋아했을 뿐만 아니라 그 이야기를 통해 혼자 상상하길 좋아했고, 그 주워들은 이야기에 살을 붙여 남에게 들려주길 좋아했던 것 같다. 어머니나 할머니 또는 동네 어른들의 이야기를 듣기보다 라디오를 더 즐겨했었다. 친구들과 어울려 시간 가는 줄 모르다가도 오후 네 시 삼십분이 되면 집으로 돌아와서 라디오 드라마인 ≪무지개 마을≫, ≪태권동자 마루치≫를 들었었고, 주말에는 동네에 하나뿐인 텔레비전을 보기 위해 남의 집에 밤늦게까지 앉아있곤 했었다. ≪주말의 명화≫, ≪명화극장≫, ≪타잔≫, ≪수사반장≫, ≪113 수사본부≫, ≪전우(戰友)≫는 빼놓지 않고 봤었던 것 같다. 특히 주인들은 잠을 자는데도 ≪주말의 명화≫나 ≪명화극장≫을 보기 위해 혼자 앉아 있다가 주인들의 미움을 샀던 적도 많았었다. 그러다 우리집에도 텔레비전이 들어올 때쯤 나는 공부한답시고 텔레비전과 멀어져야 했다. 그러나 나이가 들어서도 ≪주말의 명화≫나 ≪명화극장≫, ≪TV문학관≫이나 ≪베스트셀러 극장≫ 들을 자주 봤었다. 그렇게 영상물과의 친밀도는 자연스레 소설(문학)에 대한 관심으로 이어졌고, 이제 마침내 소설과 영화에 대한 책을 쓰게 됐다.

대학 1학년 때 친구의 소개로 알게 된 이청준 선생님은 나를 유혹했다. 밤을 새워 선생님의 이야기를 들었다. 펄벅의 이야기(『대지(大地)』)를 들으면서 밤을 새워 본 이후 오랜만의 일이었다. 전공과의 관계성보다는 의혹투성이인 이청준 선생님의 이야기는 나를 자극하기에 충분했고, 드디어는 이청준 선생님에 대해 연구하겠다는 다부진 꿈을 갖기에 이르렀다. 그렇게 뜻이 서자 선생님의 책뿐만 아니라 선생님의 소설들이 영상화될 때마다 빠지지 않고 봤다. 그러면서 소설과 영화를 비교 연구해보겠다는 당찬 꿈을 꾸기 시작했다. 그 꿈을 30년 가까이 묵혀두었다가 이제 이루게 된 것이다.

소설과 영화는 이야기란 면에서는 같지만, 다른 점이 더 많다고 생각한다. 그렇기 때문에 이 둘은 대체재(代替財)이면서도 상호보완적인 공생의 관계를 가지고 있다는 것이 나의 생각이다. 그래서 이 책을 펴내는 것이다. 아직 소설과 영화에 대한 생각이 정리되지 않은 상태라 혼란스럽기 그지없다. 이 책의 내용 또한 시론(試論)적인 성격이 강하다고 할 수 있다. 아직 이론적으로 체계화되지도 않았고, 많은 사람들과의 대화와 토론을 통해 정립된 것도 아니다. 다만 나의 소설과 영화에 대한 생각, 소설과 영화의 서술기법을 이청준 소설과 임권택 감독의 작품을 위주로 해서 적용시켜 보고자 했을 뿐이다.

소설과 영화에 대한 담론은 이제 낯선 분야는 아니다. 그러나 아직 초보적인 단계라 할 일도 많은 분야라 생각한다. 이제 첫발을 내딛었으니 중단하지 않고 계속해 나갈 것이다. 특히 소설과 영화의 이론적 고찰은 앞으로 나에게 주어진 과제임을 깊이 인식하게 되었다. 동학(同學)들과 많은 대화와 토론이 필요할 것이다.

이 책의 내용 중 많은 부분이 바뀌어야 할 것이고, 또한 새롭게 다듬어져야 할 것이다. 그러나 혼자의 힘만으로는 부족함을 느낀다. 많은 분들의 질정과 조언을 바란다.

어려운 출판 사정에도 선뜻 책을 출판해 주시겠다고 격려해주신 도서출판 월인에 박성복 사장님, 끝도 없이 바뀌는 글을 참고 기다리며 편집해 주신 최미영 씨께도 이 자리를 빌어 감사를 전한다.

2010년 새봄에
경기도 광주 초월읍 만취재(晩翠齋)에서
李 成 俊

차례

I

서론

현대는 영상매체 시대다. 영화, 텔레비전, 개인용 컴퓨터(PC)가 대중화되었을 뿐만 아니라 PMP, 화상 휴대폰 등이 상용화되면서 가히 영상매체의 홍수 속에 살고 있다고 해도 과언이 아니다. 매체 역사적 관점에서 볼 때 이미지와 문자가 순환하고 있는 듯하다. 문자가 없던 시대에는 그림을 통해 의사를 표현 · 전달했으므로 이미지의 시대였다. 그러다 문자와 활자의 발명으로 문자 시대로 접어든다. 19세기 말, 사진과 영화의 대두로 다시 문자 시대에서 이미지 시대로 순환하고 있는 것이다. 매체 환경의 변화는 단순히 표현 및 전달방식의 변화만을 의미하지는 않는다. 인간 존재 방식과 사유형태, 패러다임까지 바뀐다는 점에서 중요한 의의를 지닌다.

1920년대 소설이 한창 권위를 누리고 있던 시기에 '소설의 쇠락'을 거론한 것은 하나의 충격이었다. 그러나 사진과 영화의 급격한 발전은 예술의 변화를 주도했고, 사회 모든 분야에 영향을 미치기 시작했다. 사진이 일반화되면서부터 미술 사조는 기존의 체제를 더 이상 고집할 수 없게 되었고, 영화의 급성장은 예술에 대한 생각과 인간의 생활 방식, 문화까지 바꾸어놓기 시작한다. 이런 상황을 인식한 발터 벤야민(Walter Benjamin)은 "미래의 문맹자는 글자를 모르는 사람이 아니라 사진을 모르는 사람이다"[1]라고 했다. 벤야민의 지적에서 '사진'이란 말을 '영상이미지'란 말로 대체한다 해도 큰 무리는 없을 것이다. 사진에서 활동사진으로, 활동사진에서 스토리를 가진 영화로 변화한 것은 영화의 역사를 통해서 확인할 수 있기 때문이다.

마샬 맥루한(Herbert Marshal McLuhan)도 1963년 『미디어의 이해』에서 구텐베르그식 활자 문화의 종말을 선언하고 영상매체 시대의 도래를 선언한 바 있다.[2] 요하힘 페이(Joachim Paech)도 영화가 말하기를 배우

1) 발터 벤야민, 반성완 편역, 「사진의 작은 역사」, 『발터 벤야민의 문예이론』, 민음사, 1983, p. 252.

게 되면서 영화관 영화로서 그리고 나중에는 TV 영화, 비디오 영화로서 문화 산업을 점점 더 지배하게 될 것이고 그에 따라, 문학은 지배적 매체인 영화의 먹이감으로 전락할 것이라고 보았다. 또한 그는, 문학적 서술은 영화적인 것으로서 반복될 것이고 영화관, TV, 비디오 영화는 문학과 예술의 서술 전통 안에 자리를 잡게 될 것이라고 역설했다. 그리고 그곳에서 문학 매체들과 경쟁을 하게 될 것[3]이라고 지적하고 있다.

현대인들은 지루하고 딱딱한 소설을 읽기보다 직접적이고 감각적인 영화나 텔레비전에 더 큰 관심을 가지고 있다. 그러나 영화나 드라마가 소설의 역할을 대신할 수 없다. 문학이 갖고 있는 논리와 사고, 상상력은 영화가 결코 따라갈 수 없기 때문이다. 반대로 영화 또한 무한한 재현능력과 감각적 형상력을 가지고 있다. 영화는 소설뿐만 아니라 다양한 예술형식을 수용하여 거의 모든 예술 장르를 아우르고 있다. 영상뿐만 아니라 언어·음악·음향·문자를 매개로 하여 그 어떤 예술도 표현할 수 없는 다양성을 확보하고 있고, 컴퓨터의 도움으로 인간이 상상할 수 있는 거의 모든 영상을 표현하고 있다. 기존 예술(미술, 음악)이 시각 또는 청각에 의존하는 단순성을 보였다면, 영화는 모든 예술에서 다양한 기법을 수용함은 물론, 인간이 인지할 수 있는 다양성을 긍정적으로 수용하여 인간의 감각기관을 확장한 종합예술로 발전해 왔기 때문에 소설이 표현할 수 없는 능력을 가지고 있다.

따라서 소설과 영화는 다르다. 매체뿐만 아니라 시점, 서술기법, 형상화, 독자 내지는 관객의 수용 관점도 다르다. 소설은 소설 나름대로, 영화는 영화 나름대로 존재의 의의를 갖고 있으며 수용자들 또한 이런 사실을 분명히 인지하고 있다. 역사적으로 보면 소설의 발흥 뒤에는 서사시의 죽음이 있었다. 그것은 매체나 속성이 같기 때문에 나타난 현상이

2) 마샬 맥루한, 『구텐베르크 은하계』, 커뮤니케이션북스, 2001.

3) 요아힘 패히, 임정택 역, 『영화와 문학에 대하여』, 민음사, 1997, p. 223. 참조.

라고 본다. 서사시의 운문이 소설의 산문으로 형식이 달라졌을 뿐 서사시의 거의 모든 점을 소설은 갖고 있기 때문에, 소설의 발흥과 서사시의 죽음은 필연적 관계라 할 수 있다. 그러나 서정시와 서사시의 공존, 연극과 영화·오페라의 공존, 연극과 마당극의 공존 등에서 보듯 현대사회는 다양성을 기반으로 형성되어 있는 사회인만큼, 소설은 소설 나름대로 영화는 영화 나름대로 그 존재 가치와 의의를 가지고 있다. 서로에게는 결코 넘보거나 대체할 수 없는 고유의 속성을 가지고 있기 때문에, 고유의 독자성과 예술성으로 공존할 것이다.

소설과 영화는 많은 점에서 인척관계에 있다. 서사성을 전달 방식으로 삼는다는 공통성부터가 두 장르의 인척관계를 드러낸다. 두 장르는 또한 서로의 장점들을 받아들여 자신의 독자적인 생존 전략으로 사용하고 있다. 영화는 소설을 모태로 하여 자신의 기반을 다지고 있으며, 소설 또한 영화를 통해 자신을 들여다보면서 자신의 기법을 발전시키고 있다. 소설의 다양한 기법을 영화가 수용했다는 사실은 영화를 연구하는 거의 모든 필자들의 공통적인 지적[4]이다. 또한 소설이 영화의 다양한 기법을 활용하여 20세기 이후 소설은 영화의 영향력을 무시할 수 없다는 사실도 많은 연구자들에 의해 지적되고 있다.[5]

소설과 영화의 관계 연구는 우리나라뿐만 아니라 외국의 경우도 마찬가지로, 대체로 두 가지 경향을 가지고 있다. 그 첫째가 소설과 영화의

4) 영화의 기원과 영화의 역사를 다루고 있는 거의 모든 영화연구자들이 지적하는 바로, 특히 로버트 리처드슨과 벨라 발라즈가 대표적이라 할 것이다. 이에 대한 자세한 내용은 ① 로버트 리처드슨, 이형식 역, 『영화와 문학』, 동문선, 2000.과 ② 벨라 발라즈, 이형식 역, 『영화의 이론』, 동문선, 2003. 참조.

5) 마찬가지로 소설과 영화의 관계를 조명하는 대부분의 연구가들에 의해 지적되는 사항으로, 영화의 영향성에 대하여 얘기하고 있다. 대표적인 사람으로는 앨런 스피겔과 로버트 리처드슨을 들 수 있다. 자세한 사항은 ① 앨런 스피겔, 박유희·김종수 역, 『소설과 카메라의 눈』, 르네상스, 2005.와 ② 로버트 리처드슨, 이형식 역, 위의 책. 참조.

서사성 비교 연구다. 특히 소설을 원작으로 하는 영화의 서사성을 비교하는 연구가 주류를 이루고 있다. 이는 영화의 스토리 자체가 소설에서 차용한 것이 많기 때문에 나타나는 현상이다. 특히 원작소설을 영화화한 작품의 경우는 그런 경향이 더욱 두드러진다. 이런 점에서 소설의 스토리, 구성, 시점 변화 등의 문제를 각색영화와 비교하는 것이 첫 번째 경향이라 할 수 있다. 다음으로는, 소설에 반영된 영화 기법을 추적하여 밝히려는 경향이다. 이런 경향은 영미소설과 영화의 관계를 밝히는 연구에서 두드러진다. 영화 세대라 일컬어지는 작가군들이 영화의 영향을 받아 소설 창작에도 영화기법을 도용했으리란 전제하에 소설 작품의 영화적 요소를 추적하여, 소설의 영화적 요소를 밝히고 있다. 또한 영화의 흥행과 아울러 원작소설이 많은 독자들로부터 다시 읽히는 현상에 대한 추적도 병행되고 있다.

이런 연구들은 기초적인 연구라 할 수 있다. 소설과 영화, 영화와 소설의 관계를 특정 차원에서 접근하고 있기 때문이다. 그러나 이제 소설과 영화의 관계에 대해 다차원, 다원적으로 접근이 필요하다. 특히 소설텍스트를 각색한 영화텍스트의 경우 소설텍스트가 가질 수 없는 영화의 독자성 내지는 독창성을 탐색한다거나, 영화텍스트에서는 제한적일 수밖에 없는 요소들이 소설텍스트에서는 어떻게 서술되고 형상화되고 있는지에 대한 검토가 필요하다. 또한 이와 반대의 경우에 대한 검토도 진행되어야 한다.

우리나라의 경우, 소설의 각색은 1930년대부터 꾸준히 이어져 왔다. 특히 1960년대 후반부터 단편소설을 위주로 각색하여 이른바 '문예 영화' 시대를 이루기도 했다. 1970년대에는 조선작 원작의 장편소설 『영자의 전성시대』가 영화화되어 유례없는 관객을 동원했고, 70년대 후반 <겨울여자>가 공전의 히트를 기록하면서 점차 장편소설로까지 그 영역을 확대해갔다. 80년대에는 <만다라>, <난장이가 쏘아올린 작은 공>, <꼬방동네 사람들>, <안개마을>, <땡볕>, <그해 겨울은 따뜻했네>, <깊고 푸른 밤> 등 베스트셀러들이 영화화되었다. 또한 80년대에는 KBS ≪TV문학관≫과 MBC ≪베스트셀러 극장≫이 원작소설을 각색 방영하여 다양한 현대소설작품들을 소개했다. 90년대 들어서도 『추락하는 것은 날개가 있다』, 『경마장 가는 길』, 「서편제」, 『태백산맥』 등의 소설이 영화화되었을 뿐만 아니라 최근에는 소설가 이청준과 영화감독 임권택이 ≪축제≫[6]로 소설과 영화의 동반 창작이라는 새로운 모색까지 하고 있다.

소설의 영상화 경향은 소설과 영화의 유사성, 즉 허구적 서사(narrative)를 다룬다는 점에 기인한다. 그러나 전달 방법에 있어서는 서로 다른 양상을 보인다. 소설은 언어를 재료로 서사를 구성하여 독자에게 이미지를 통해 전달되지만, 영상은 빛과 그림자와 소리를 통해 관객에게 현실적인 시청각 이미지를 전해준다. 또한 소설은 독자가 일정한 시간이 경과하면서 작가의 의도를 읽어가는 시간예술인 반면, 영화는 시간·공간예술을 종합한 총체예술이다.

이 책에서는 소설의 영상화 과정에서 일어나는 변형의 유형과 원인을 분석하여 소설의 영상화 과정에서 드러나는 일종의 보편적인 규칙을 찾아 볼 것이다. 또한 매체와 속성의 차이로 인해, 소설이 영상화될 때 많은 변화 인자들이 작용하는데 그 변인(變因)들을 살필 것이다. 그런 다음 소설과 영화의 서술 전략을 비교분석함으로써 각 장르만이 가질 수 있는 독자성을 살펴봄은 물론, 원작소설이 영화화되는 과정에서 변화된 영화의 서술 전략도 찾아볼 것이다. 이런 일련의 과정을 통해 소위 '소설의 위기'를 주장하는 견해를 넘어, 소설과 영화의 대화적인 관계를 재

6) 축제의 경우는 소설과 영화가 있기 때문에 소설의 경우는 『축제』로 표기하고, 영화의 경우는 <축제>로, 소설과 영화를 통칭하는 경우는 ≪축제≫로 표기하도록 하겠다.

정립하여 공존의 길을 모색해 보려 한다.

이 책은 이청준의 연작소설 『서편제』[7]와 영화 <서편제>, <소리의 빛>, <천년학>, 중편소설 「이어도」와 KBS ≪TV문학관≫에 방영된 드라마 <이어도>, 장편소설 『축제』와 영화 <축제>를 텍스트로 삼아 분석하려 한다.

이청준 소설과 그 소설을 각색한 영화 및 TV드라마를 텍스트로 선정한 이유는 먼저, 비교할 원작소설과 각색영화가 많기 때문이다. 이청준은 1965년 ≪사상계≫에 「퇴원」을 발표하여 문단에 등단한 이후 40여 년 동안 15편의 장편소설과 130여 편의 중·단편소설을 발표하였고, 작품성을 인정받고 있다. 또한 다층구조[8]의 특이한 구성, 탐색담 형식과 추리소설적 기법, 소재의 특이성, 한국적 정서 표현, 인믈의 일탈성, 언

7) 단편소설 한 편으로는 한 편의 영화를 만들기에는 많은 어려움이 따른다. 내용이 빈곤해지기 때문이다. 이런 문제를 타개하기 위해 작가의 비슷한 작품을 차용하곤 한다. 이런 경향은 영화 <서편제>에도 그대로 적용된다. 영화 <서편제>는 소설 「서편제」를 중심으로 하여 「소리의 빛」 일부를 원작으로 활용하였고, 드라마 <소리의 빛>은 「서편제」와 「소리의 빛」을 중심으로 하여 「선학동 나그네」의 일부를 원작으로 하고 있다. 또한 영화 <천년학>도 「선학동 나그네」를 중심으로 하여 「서편제」, 「소리의 빛」을 포괄하고 있다. 그래서 원작을 밝힐 때는 『서편제』로 통일하여 명명하기로 하겠다.

8) 김주연의 지적대로, "소설의 작중화자인 주인공이 이중, 삼중으로 겹쳐지는 방법을 통해서 진술"(김주연, 「억압과 초월, 그리고 언어」, 김치수 외, 『이청준論』, 삼인행, 1991, p. 268.)하는 방식을 말한다. 이런 이청준의 진술 방식을 현길언을 비롯한 일군의 연구자들은 '다층적 플롯'이라고 명명하고(현길언, 「문제 탐색을 위한 다층적 플롯」, 김치수 외, 『이청준論』, 삼인행, 1991, pp. 217~226.), 권택영을 비롯한 또 다른 일군에서는 '중층 구조'라는 명칭을 사용한다(권택영, 「이청준 소설의 중층 구조」, 권오룡 엮음, 『이청준 깊이 읽기』, 문학과 지성사, 1999, pp. 161~191.). 그 외에도 우찬제, 김병로, 임금복 등은 '액자구조', 김현, 오생근, 김치수 등은 '격자구조', 성민엽 등은 '겹의 구조', 김병익 등은 '중첩구조'란 용어를 사용하고 있다. 그러나 연구자에는 이를 '다층구조'라고 명명하고자 한다. 그 이유는, '다층적 플롯'이라는 용어는 외국어(multi-plot)를 그대로 옮겨 놓은 듯한 느낌을 주고, '중층 구조'라는 용어는 다양성보다는 이중성의 어감이 강하기 때문이다. 이에 비해 '다층구조'는 다양한 층위와 구조라는 의미를 명확히 드러내기 때문에 필자는 이 용어를 사용하고자 하는 것이다. 다른 용어로는 '다성 구조'를 생각해 볼 수 있는데, '다성'이란 용어는 미하일 바흐친의 '다성성(多聲性)' 또는 '다성(多聲)'과 혼란이 있을 것 같아 피하기는 게 좋을 것 같다. 다층구조라는 용어는 원기중(『이청준 소설에 나타난 판소리 미학의 변용 양상』, 한양대 박사논문, 2000.) 등이 사용하고 있다.

어에 대한 천착, 종교에 대한 관심 등 다른 작가에서는 볼 수 없는 독자 영역을 구축하여 많은 독자를 확보하고 있다. 또한 이런 특징으로 인해 1972년 「석화촌」이 영화화된 데 이어 「이어도」(영화제목 <이어도>), 「서편제」(영화제목 <서편제>), 『축제』(영화제목 <축제>), 「선학동 나그네」(영화제목 <천년학>), 「벌레이야기」(영화제목 <밀양>)가 영화화되었고, 1982년 5월 29일 <잔인한 도시>(「잔인한 도시」 각색)가 KBS ≪TV문학관≫에 방영된 이래 <이어도>(「이어도」 각색), <석화촌>(「석화촌」 각색), <눈길>(「눈길」 각색), <새와 나무>(「새와 나무」 각색), <소리의 빛>(『서편제』 각색), <천국에서 온 광대>(「줄광대」 각색)가 방영되었다. 이렇듯 한 작가의 많은 작품이 영상화된 경우는 한국예술사에서 보기 힘든 일이다. 감독(연출가)이나 영화사(방송사)들이 이청준 작품을 영상화하는 이유는 위에 든 이청준 소설만의 특징 때문일 것이다.

다음으로, 영상화된 작품들이 대체로 특이한 소재를 다룬 작품이란 공통성을 갖고 있다. 「석화촌」은 한국 토속적 영혼관에 의한 사랑과 죽음의 의미를 살피고 있고, 『축제』는 한국 장례와 효, 가족의 의미를 되짚고 있다. 한국인의 한(恨), 한의 승화를 영상화하고 있는 「서편제」, 「소리의 빛」, 「선학동 나그네」, 「새와 나무」 또한 특이한 소재다. 같은 선상에서 「줄광대」는 줄광대의 치열한 예술혼의 문제를 파헤치고 있다. 「벌레 이야기」는 신앙과 인간적인 용서·화해의 문제를 다루고 있고, 「이어도」는 척박한 삶과 이상, 사실보다 진실의 중요함을 그리고 있다. 또한 「눈길」은 자식에 대한 어머니의 끝없는 사랑, 「잔인한 도시」는 구속과 자유, 그리고 화해와 사랑의 문제를 예리하게 관찰하고 있다. 이런 점들을 바탕으로 영상화된 이청준 소설의 특징을 얘기하자면 소재의 특이성일 것이다. 또한 「벌레 이야기」를 제외한 작품들은 대체로 한국적인 정서와 취향을 반영한 작품들이라서 연구의 독자성을 갖게 하고 체계성을 파악하는데 용이하다.

이청준의 소설과 많은 영상물 가운데 『서편제』를 영상화한 <서편제>, <소리의 빛>, <천년학>과 「이어도」를 영상화한 <이어도>, 동반창작한 『축제』와 <축제>를 기본 텍스트로 선정하는 이유는 다음과 같다.

먼저, 이청준의 작품 중 단편, 중편, 장편을 영상화한 작품 각 한 편씩을 선정했다. 우리나라의 경우, 소설의 영상화에 대한 연구는 대부분 단편소설을 중심으로 이루어져 있다. 이청준 소설의 영상화에 대한 연구 또한 마찬가지다. 이런 경향은 텍스트 분석 및 통합에 어려움이 따르기 때문이 아닐까 한다. 그러다 보니 영상화 과정에서 발생하는 변형과 그 이유에 대해 정확히 밝혀내지 못하고 있다. 이를 지양하기 위해 필자는 영상화에서 변이 양상을 자세히 살펴보고자 단·중·장편을 한 편씩 선정한 것이다. 이를 통해 영상화 과정에서 변이 양상과 이유를 좀 더 체계적으로 추적할 수 있으리라 본다.

다음으로, <서편제>, <소리의 빛>, <천년학>을 선정한 이유는 이 세 텍스트 모두 하나의 소설을 영상화한 것으로 보기 때문이다. 물론 세 텍스트가 같은 소설을 영상화한 것은 아니다. 그러나 원작 자체가 연작소설이고, 그 연작소설 전체의 내용을 기반으로 영상화가 이루어졌다고 보기에 하나의 텍스트로 삼은 것이다. 같은 연작소설집 『서편제』에 실려 있는 「새와 나무」를 영상화한 <새와 나무>도 다루어져야 하지만, 내용면에서 앞의 세 작품과는 다른 면모를 가지고 있다고 판단하여 제외하였다.

셋째로, 중편소설을 영상화한 작품으로는 <이어도>와 <잔인한 도시>가 있다. 이 중 <이어도>를 선택한 것은 관념적이고 추상적인 원작의 내용을 영상화했다는 점에서도 특이하고, 원작과의 변별성도 빼어나기 때문이다. <잔인한 도시>는 원작을 충실하게 영상화했다는 평가를 받을 수는 있을지라도 새롭게 재해석하지는 못했다고 판단했기 때문에 제외한 것이다. <이어도>를 통해 관념의 영상화에 따른 어려움, 소설을 영상화하는데 따른 제한성, TV드라마의 한계성을 살펴보는 것도 의미 있는 일이라 생각한다.

마지막으로, 이청준의 장편소설을 영상화한 작품은 <낮은 데로 임하소서>와 <축제>가 있다. <낮은 데로…>는 『낮은 데로 임하소서』를 영화화한 작품으로 1982년 제21회 대종상(작품상, 감독상, 미술상, 특별상 수상)과 제18회 백상예술대상(작품상, 신인상, 주제가상 수상)을 수상하여 작품성을 인정받았다. 그러나 필자가 판단할 때 <축제>에 비해 소재적인 측면, 작품성 측면, 사회·문화적 영향력 면에서 다소 뒤진다고 보아 <축제>를 선정했다. 『축제』는 우리나라 예술사상 소설과 영화의 동반 창작이란 신기원을 이룬 작품이어서, 동반 창작의 의의와 한계를 살펴봄으로써 앞으로의 방향성을 제고해 볼 수 있다는 점도 선정에 영향을 미쳤다.

이청준에 대한 연구는 1967년 김현[9]을 필두로 金炳翼, 吳生根, 金治洙, 李甫永, 金柱演 등에 의해 이청준 창작 초기부터 시작되었다. 물론 이들의 연구는 대체로 평론적인 차원에서 이루어지고 있지만, 그 업적은 결코 가볍지 않다. 이들은 이청준 소설의 특징과 구조 등을 정확히 밝힘으로써 뒤에 이어지는 정당한 평가의 주춧돌이 된다. 특히 김병익과 김현이 책임 편집한 『우리시대의 작가 연구총서-이청준』(도서출판 은애, 1979.)은 현재까지도 이청준 연구의 기본서로 자주 인용될 만큼 그 업적이나 권위가 녹녹치 않다. 특히 이청준 초기 소설의 인물과 구조, 특징 등에 대한 연구는 빼어난 업적이라 할 수 있다.

이청준 소설에 대한 연구는 김현의 연구를 기점으로 하여 그동안 꾸준히 전개되어 왔다[10]. 그러나 이청준 소설에 대한 본격적인 연구는

9) 김현, <未知人의 肖像－劉賢鍾과 李淸俊의 경우>, ≪東西春秋 1~3≫, 希望出版社, 1967. 7.

1980년대 후반에 시작된다. 현존 작가란 제한성에도 불구하고 이후 현재까지 계속적인 관심의 대상이었고, 특히 2008년 작고 이후 더욱 관심이 고조되고 있다. 1987년 林今福[11])을 시작으로 학위논문이 쏟아져 나와 2009년 4월말 현재까지 190여 편의 학위 논문이 나왔다. 이 중에는 金鍾會[12])를 시작으로 박사학위논문만도 33편[13])이나 된다.

먼저 작품의 내용적 측면에 초점을 둔 기존 평단의 연구, 정신분석학적 접근을 시도하여 등장인물의 심리를 규정하거나 정신분석학적으로 분석한 논문[14]), 고향 또는 귀향 및 낙원의식을 비롯한 작가의식을 조명한 논문, '예술가 소설' 및 말(言)에 대한 성찰을 분석한 논문들이 있다. 작품의 형식적인 측면의 연구는 다층구조, 액자소설 기법, 탐색 구조, 추리소설적 기법, 다성성, 열린 구조, 대화주의 등이 중점적으로 연구되었다. 이들 중, 이 책과 직접적인 관계가 있는 논문들만을 살펴보면 다음과 같다.

작품에 대한 연구논문으로는 연작소설과 『남도사람』에 대한 논문이

10) 필자의 조사에 의하면 2009년 4월말 현재, 이청준 작품 및 작가에 대한 평론만도 290여 편에 이르고 있다. 또한 이청준 작품에 대한 평론 및 연구논문을 묶은 자료집만도 다섯 권에 이르고 있다. 이들은 ① 金炳翼・김현 편, 『이청준–우리 시대의 作家研究叢書』, 은애, 1979. ② 김치수 외, 『이청준論』, 三人行, 1991. ③ 권오룡 엮음, 『이청준 깊이 읽기』, 문학과 지성사, 1999. ④ 이윤옥, 『비상학, 부활하는 새, 다시 태어나는 말』, 문이당, 2005. ⑤ 이정숙 외, 『이청준 소설 벽 허물기 열두 마당』, 한성대학교출판부, 2007. 등이 그것이다.

11) 林今福, 『李淸俊 小說 研究–小說家가 등장하는 작품을 중심으로』, 성신여대 석사논문, 1987.

12) 金鍾會, 『韓國小說의 樂園意識 研究』, 경희대 박사논문, 1989.

13) 이들 중, 13편은 이청준 작품에 대한 연구이고 나머지 20편은 다른 작가와의 연관성 또는 상호텍스트성에 관한 연구이거나 하나의 주제를 가지고 이청준 작품 중 몇 편을 연구한 논문들이다. 따라서 엄격한 의미의 이청준 소설 연구는 13편으로 볼 수 있다.

14) 이하 연구사에서 언급되는 이청준 연구에 대한 논문들은 이 책 뒤에 덧붙인 '부록 2 : 이청준 연구 논문 목록'을 참조하기 바란다.

있다. 연작소설에 대한 연구는 연작의 변화 과정 추적 및 의미 파악을 중심으로 이루어지고 있고, 『남도사람』에 대한 연구는 대강 네 가지 차원에서 이루어지고 있다. 시공간적인 의미 추적과 시간과 공간의 상관관계 고찰, 정신분석학적 측면에서 등장인물의 의식 조명, 고향에 대한 인물의 의식 및 한(恨)의 풀림 과정 해명, 다층기법과 열린 구조에 대한 고찰 등이 그것이다. 이청준과 그의 작품에 대한 많은 연구로 보아 아직 연구가 덜 된 분야로 볼 수 있다. 특히 관심을 끄는 것은 한(恨)에 대한 연구가 아직 적다는 것이다. 『남도사람』 연작은 한(恨)의 쌓임 → 한(恨)의 풀림(解恨) → 한(恨)의 승화란 과정을 잘 보여주고 있는 작품으로 예술적인 승화도 남다름을 생각할 때 앞으로의 연구과제가 많은 분야라고 생각한다.

다음으로, 『서편제』 또는 「서편제」에 대한 논문으로, 먼저 서술 전략과 결말 구조, 소설 시학적인 분석이 눈에 띈다. 서술기법과 시학적인 접근이 많이 이루어지고 있다. 소설 『서편제』와 영화 <서편제>에 대한 연구는 어떤 분야보다 활발히 진행되고 있음은 알 수 있다.

셋째, 「이어도」에 대한 논문으로, 다른 어떤 작품보다 활발히 논의되고 있다. 특히 「이어도」의 서사 전략과 탐색구조에 대한 연구가 활발히 이루어지고 있음을 알 수 있다. 또한 이상향, 낙원의식, 삶과 죽음의 관계, 전설 또는 무속과의 관계 비교 연구 등 다양한 관점에서 연구가 이루어지고 있다.

마지막으로 『축제』에 대한 논문으로, 소설과 영화와의 관계 고찰을 제외하고는 아직 연구가 미미한 편이다.

소설의 영상화에 대한 연구는 1990년대 이후 증가세를 보이고 있다. 연극영화과와 신문방송학과에 편중되었던 것이 1990년 S. 채트먼의 『영화와 소설의 서사구조－이야기와 담화』를 비롯하여 서구의 영화이론들이 우리나라에 소개되면서 국어국문학과와 국어교육과에서도 활발히 진행되고 있다. 그 중에서 우리 소설과 영화를 분석한 대표적인 연구로는 방재석, 최명숙, 김중철의 논문을 들 수 있다.

방재석[15)]은 먼저 소설과 영화의 장르적 특성을 살핀 후, 소설과 영화의 협력이 얻은 성과를 (1) 서사의 전개 (2) 시간과 공간 재현의 새로운 방식 (3) 분열적 현대인의 성격화 (4) 영화의 한계와 소설의 영상 콤플렉스로 지적했다. 그는 플롯과 스토리, 인물, 담론을 비교 논점으로 삼아 텍스트를 분석하여 영화가 대체할 수 없는 소설의 독자 영역과 소설의 영상 콤플렉스를 밝혔다. 그러나 그의 연구는 소설의 독자성을 밝히는데 주력함으로써 소설과 영화의 공통성을 등한시했고, 소설과 영화의 상보적 관계를 밝히는데 미흡했다.

최명숙[16)]은 리몬 캐넌의 서사 담론이론과 랜서의 시점 이론을 바탕으로 하여 소설과 영화의 시점을 비교 분석하였다. 텍스트는 김승옥의 소설 「무진기행」과 김수용의 영화 <안개>, 이제하의 소설 「나그네는 길에서도 쉬지 않는다」와 이장호의 영화 <나그네는 길에서도 쉬지 않는다>, 이청준의 연작소설 『서편제』와 임권택의 영화 <서편제>다. 탁월한 분석력과 통찰력을 바탕으로 텍스트의 분석에는 성공했으나 전체를 아우르는 점에서는 미흡함을 보인다.

金重哲[17)]은 유홍종의 소설 「불새」와 TV드라마 <불새>, 이문열의 소설 「익명(匿名)의 섬」과 임권택 감독의 <안개마을>을 텍스트로 하여 텍스트 비교를 먼저 한다. 텍스트 장면 분할 비교와 이야기 요소와의 차이를 치밀하게 분석하여 텍스트 간의 차이점을 밝혔다. 그런 다음 영상화

15) 방재석, 『소설과 영화의 관계양상 연구』, 중앙대 박사논문, 2003.

16) 최명숙, 『소설과 영화의 시점 비교 연구』, 충남대 박사논문, 2001.

17) 金重哲, 『소설의 영상화 과정에 대한 연구—유홍종의 <불새>와 이문열의 <익명의 섬>을 중심으로』, 한양대 박사논문, 2000.

과정과 이야기의 변형을 매체 속성에 따른 변형과 대중성 강화란 측면에서 나누어 살폈다. 치밀한 분석과 분석에 대한 통합력은 탁월하다. 또한 텍스트 전체를 구조화하는데도 성공했다. 그러나 텍스트가 너무 한정되었다는 점, 외적 변인(變因)을 대중성의 강화란 측면만으로 접근하여 너무 소홀히 다룬 점, 인물의 내면심리가 외현되어 형상화되는 것이 어떻게 대중성의 강화와 연결되는지에 대한 논리적인 연결고리가 없다는 점이 이 논문의 약점으로 작용할 수 있다.

이청준 작품의 영상화와 관련된 논문[18]은 주로 ≪서편제≫에 집중되어 있다. 최근 들어 <축제>나 <밀양>을 연구대상으로 삼는 것은 바람직한 일일 것이다. 먼저 박사학위논문인 이채원, 최명숙의 논문은 다른 텍스트와의 비교 연구를 위해 ≪서편제≫를 다루고 있으나 심도면에서 다른 논문들과는 차별화되고 있다.

이채원은 표현양식을 규정하는 것이 장르이고 매체란 전제를 내세워 소설이 영화화, 영화의 소설화를 수사학적 관점에서 분석한다. 관점이라든지 우리나라에서는 논의되지 않았던 소설의 영화화 과정에서 발생하는 묘사적 서술 양상을 심도 있게 논의한 것은 이 논문의 장점이다. 그러나 전이 과정에서 발생하는 미학적, 예술적 효과를 등한시했다는 점은 이 논문의 옥의 티로 작용한다.

최명숙은 수잔 스나이더 랜서의 시점 이론을 차용하여, 서사학의 기본적인 시점이론들을 정리한 후 그 이론에 소설과 영화를 환원적으로 대입시켰다는 점이 아쉬운 한계로 남는다. 소설에서의 시점과 영화에서

---

18) 이채원, 『소설과 영화의 매체 전이 양상에 대한 수사학적 연구』, 서강대 박사논문, 2008.
전지은, 『이청준 소설의 매체 변용양상 연구－「서편제」, 「축제」, 「벌레이야기」를 중심으로』, 한양대 석사논문, 2008.
최명숙, 『소설과 영화의 시점 비교 연구』, 충남대 박사논문, 2001.
崔賢瓊, 『소설의 영상화에 대한 연구－영화 <서편제>와 TV문학관 <소리의 빛>을 중심으로』, 중앙대 석사논문, 1998.

의 시점이 다를 수밖에 없다는 점은 많은 연구자들에 의해 지적되고 있는 사항이기 때문이다. 그러나 소설텍스트와 영화텍스트에 대한 치밀한 분석이나 영화에 나타난 다양한 요소들(음악, 음향, 배경, 화면 등)을 서술 기법과 연결시켜 살핀 점은 높이 평가받아 마땅하다고 본다.

崔賢瓊의 논문은 각색 경험을 가진 시나리오 작가와 PD(AD포함)를 설문조사하여 소설을 각색하는 이유와 각색의 영역, 고려하는 사항 등을 밝힘으로써 소설이 영화로 각색되는 동인(動因)을 밝혔다는 점에서 의의를 갖는다. 그러나 이 연구 또한 기존 연구자들의 내용을 그대로 답습하고 있는 점이 아쉽다. 또한 송지은[19]과 이소영[20]은 薛蓮姬의 기존 논의를 수용하여 교육현장에 적용시킨 점에서 의의를 갖는다. 그러나 전반적인 논의가 기존 논문에만 머무는 듯한 아쉬움이 남는다. 이외에도 서사의 문제를 교육현장에 적용시키려는 의도로 교육대학원을 중심으로 연구가 이루어지고 있으나, 대개 위의 두 논문과 비슷한 한계를 가지고 있다.[21]

전지은은 소설이 영화화된 시간 순서에 따라 <서편제>→<축제>→<밀양> 순으로 시간이 경과할수록 원작에 대한 의존도가 약해지고 독립적 예술성을 획득해 간다고 하였다. 이는 볼프강 가스트의 이론을 그대

---

19) 송지은, 『영화를 활용한 소설교육 연구―<서편제>를 중심으로』, 충남대 교육석사 논문, 2006.

20) 이소영, 『영화를 활용한 소설 교육의 효과―이청준의 '서편제'와 임권택의 '서편제'를 중심으로』, 연세대 교육석사논문, 2005.

21) 崔景娥, 『韓國映畵에 나타난 女人恨 硏究―<씨받이>, <물레야 물레야>, <서편제>를 中心으로』, 명지대 석사논문, 2002.
장계홍, 『영화를 통한 소설교육 방법 연구―이청준 원작과 임권택 영화 『축제』를 중심으로』, 건국대 교육석사논문, 2004.
허정아, 『<서편제>의 독서 과정 연구―고등학생을 대상으로』, 부경대 교육석사논문 2004.
현영권, 『『축제』의 상호텍스트성에 대한 연구』, 신라대 교육석사논문, 2004.
이후석, 『읽기·쓰기를 통합한 소설 지도 방안―이청준의 <눈길>을 대상으로』, 서울시립대 교육석사논문, 2005.

로 답습한 결론이라 하겠다. 전지은의 논리로 보자면 이청준의 「이어도」를 영화화한 1977년 김기영 감독의 <이어도(異魚島)>를 설명할 수 없다. 연구자의 판단에 의해 의도적으로 빠뜨렸든, 본의 아니게 살펴보지 못했든 간에 연구의 한계를 드러낸 것이라 할 수 있다. 그러나 전지은의 논문은 체제, 텍스트 분석 능력, 다양하고 폭넓은 사고 등을 종합할 때 석사학위논문으로는 빼어난 논문이라 할 수 있다.

소설텍스트와 영화텍스트를 비교·연구하는 논문들은 대체로 텍스트에 대한 치밀한 분석을 결여하고 있는 듯하다. 스토리 차원이나 담론 차원에서 핵심 내용들만 조명하다보니 작가나 감독의 의도를 놓치거나 곡해하는 경우를 보기도 하고, 텍스트 부분과 전체, 전체와 부분을 유기적으로 파악하지 못하고 있다. 그러나 텍스트에 대한 정밀하고도 치밀한 분석은 모든 평론과 연구의 시작임을 생각할 때 결코 가벼이 할 수 없는 작업이다. 따라서 필자는 먼저 소설텍스트와 영상텍스트를 철저히 분석할 것이다.

소설텍스트의 경우는, 텍스트에 사용된 단어를 최대한 활용하여 화소(話素)를 분석할 것이다. 텍스트의 내용을 텍스트에 사용된 언어로 표현할 때 가장 텍스트의 내용에 충실해지기 때문이다. 대부분의 연구자들은 텍스트의 언어를 소홀히 하는 경향이 있다. 의미만 통하면 텍스트의 언어를 무시하고 자신의 언어로 바꿔놓음으로써 작가의 의도를 소홀히 하거나 왜곡시키곤 한다. 여기서부터 텍스트의 왜곡은 시작된다고 보기 때문에 필자는 텍스트의 언어를 최대한 존중할 생각이다. 물론, 경제성이나 효과성, 압축성을 위해 텍스트의 언어 대신 분석자의 언어를 사용할 수도 있다. 그러나 그것은 화소 분석 이후에나 가능한 일이다. 화소 분석 자리에서는 최대한 텍스트의 언어를 살림으로써 작가의 의도를 정확하게 포착하는 게 중요하다. 텍스트의 언어는 텍스트를 가장 효과적으로 표현・전달하기 위해 작가가 고심 끝에 구사한 언어란 점을 생각할 때 더욱 그렇다. 예를 들어 이청준 소설에 자주 등장하는 '노모'나 '사내'란 단어만 생각해보자. 이 말을 다른 말로 바꿔버린다면 작가의 의도나 내용은 완전히 달라져버린다. '노모'나 '사내'란 단어는 작가가 등장인물과의 거리감 내지는 심리적 거리를 드러내기 위해 의도적으로 사용된 단어이자 서술전략의 하나로 선택된 단어다. 이를 다른 단어로 바꿔버린다면 텍스트 전체의 내용은 달라질 수밖에 없다. 그렇기 때문에 필자는 텍스트의 언어를 최대한 살려 화소를 분석하려 하는 것이다. 물론, 텍스트에 언급된 단어로 표현하기 곤란한 경우에는 필자 나름대로 다른 언어를 사용하겠지만 가능한 한 텍스트의 단어를 사용했다. 그런 다음 화소들을 다시 시퀀스로 묶어 내용을 한눈에 파악할 수 있도록 하겠다.

다음으로 영상텍스트의 경우는 시퀀스별로 나누어 살피도록 하겠다. 가끔 영상텍스트를 장면별로 나누어 고찰하는 경우가 있는데, 이는 바람직하지 않다고 본다. 장면이란 시나리오에서 가장 중요한 개별적인 요소다. "신(scene)은 무언가 일어나는 것으로" "어떤 행위의 특별한 단위"이자 "이야기를 보여주는 공간"[22)]이기는 하다. 그러나 장면은 하나의 사건이나 에피소드를 전달하기 위해 시간과 공간별로 나눈 것이기 때문에 전체적인 스토리 구성과는 거리가 있다. 발신자의 의도를 정확히 파악하기 위해서는 발신자가 체계적으로 구조화시킨 문장을 파악하듯이, 영화에서는 하나의 의미를 완성시키는 단위인 시퀀스를 근간으로 하여 텍스트의 의미를 파악하는 게 바람직하다. 이런 점을 감안하여 필자는 시퀀스를 기본단위로 하여 텍스트의 의미와 발신자의 의도를 살피도록 하겠다.

그런 다음 소설텍스트가 영상텍스트로 전이되면서 변이된 요소들을

---

22) 사이드 필드, 유지나 역, 『시나리오란 무엇인가』, 민음사, 1992. p. 146.

살펴보기로 하겠다. 기존의 연구들이 대체로 이 점을 중시하여 분석한 만큼 이 부분은 기존연구와 크게 다르지 않은 것처럼 느껴질 것이다. 그러나 변형 요소에서 기존 연구에서는 다루어지지 않았거나 소홀히 한 보이스 오프(voice－off), 음악, 음향, 자막 등의 사용과 효과를 체계적으로 밝히기로 하겠다. 이는 주제의식과 함께 감독의 개성과 작품성을 드러내는 요소이기도 하지만, 영상물의 완결성을 부여하는 요소이기도 하기 때문이다. 특히 ≪서편제≫[23] <이어도>의 경우는 이런 요소들을 활용하여 예술성을 높이는 한편 완결미를 살리고 있다고 본다. 또한 주제나 스토리라인, 등장인물의 변형 이유를 감독의 의식, 시대상, 상업성 등 다양한 관점에서 밝히는 한편, 그 효과까지 추적해볼 것이다.

Ⅲ장에서는 두 텍스트의 서술기법을 비교하기로 하겠다.

먼저 필자는 소설텍스트의 구조적인 측면을 면밀히 고찰할 것이다. Ⅱ장에서 살펴본 텍스트의 구조를 활용하여 소설텍스트가 가지고 있는 서술기법을 파악하는 한편 다른 텍스트와의 관계성을 고찰할 것이다. 이 과정에서 다층구조, 추리소설적 기법, 자기반영적 서술기법, 판소리 기법의 변용 등이 밝혀질 것이다. 다음으로, 서술자의 서술 태도, 작가－인물와 인물－인물간의 관계에 관심을 가져 이청준 소설이 가지고 있는 다중서술기법, 다성담화기법을 밝혀낼 것이다. 이 과정에서 이청준 소설에서 활용되는 다른 기법들도 그 모습을 드러낼 것이다.

다음으로 영상텍스트의 서술기법을 분석해보기로 하겠다. <서편제>의 경우, 판소리와 국악을 통해 한국적 한(恨)의 쌓임, 삭임, 승화가 잘 그려져 있다. 특히 상황에 맞는 음악은 다른 영화에서 찾아보기 힘든 점이다. 상황에 맞는 우리 음악의 선율은 등장인물의 한(恨)의 승화뿐만 아

23) 연작소설인 경우는 『서편제』로, 영상물인 경우는 <서편제>, <소리의 빛>, <천년학>으로 따로 표기하겠으나 이 세 편의 영상물을 하나로 통합하여 부를 때는 ≪서편제≫로 표기하도록 하겠다.

니라 이 영화의 예술적 승화까지 이루어냈다. <소리의 빛>과 <이어도>는 80년대 원작소설을 가지고 있는 영상물들이 대부분 그렇듯 원작에 충실성을 보여주고 있다. 그러나 아무리 주제와 구성, 서술자가 원작과 같다 하더라도 나름대로의 변화나 서술전략이 전혀 없는 것은 아니다. 그 중 하나가 음악과 음향, 배경을 통한 이미지 강화와 분위기를 통한 주제 전달이다. 이 점은 원작에서 찾기 힘든 점으로 영상물의 독창성이자 서술전략이라 할 수 있다.

<천년학>에서 이전의 두 편(<서편제>, <소리의 빛>)에 비해 강조되는 것은 화면이다. 세 텍스트 모두 판소리를 영상화한 것이라는 공통성을 가지고 있어, 소리나 음향을 통한 서술 및 주제 전달은 공통점으로 작용한다. 그런데 <천년학>의 경우는 선행하는 두 텍스트에서 발견할 수 없는 새로운 요소가 추가된다. 바로 다분히 의도적인 화면 구성이다. 선학동 포구의 모습이나 주막 주변, 주막 주변의 나무들, 학의 비상 등은 모두 화면을 통한 의미 전달 전략이라 볼 수 있다. 특히 송화를 찾아 전국 방방곡곡을 헤매는 동호를 통해 보여주는 우리나라의 아름다움이나 한국인만이 맛볼 수 있는 소박하면서도 아름다운 장면들이 곳곳에 나타난다. 이는 전작(前作)인 <서편제>와 차별화를 시도한 점으로 서술 전략이 하나로 볼 수 있다. 특히 원작에는 없는 송화의 첩살이를 그리면서 보여주는 매화꽃의 만발한 모습, 한지의 소박하고 맑은 정취를 느끼게 하는 창(窓)과 서화(書畵), 원작을 변형하여 삽입한 바람 부는 제주 바닷가, 한라산 · 오름과 어우러진 억새의 장관 들은 한국적 정서를 표현하고자 하는 전략이라 할 수 있다.

끝으로 <축제>의 서술 전략은 시점의 다양화를 통한 카니발화로 정리할 수 있다. 소설텍스트에서는 '준섭'이라는 3인칭 서술자가 자신이 겪은 이야기를 전달하는 방식을 취하고 있다. 그러나 영화텍스트에서는 전혀 다른 시점을 구사하고 있다. 소설텍스트의 서술자인 '준섭'은 관찰자

의 입장으로 물러서고 다양한 서술자가 전면에 등장하고 있음을 볼 수 있다. 먼저, 장례와 관계된 사건 서술에는 카메라가 서술자의 위치에 서고 있다. 장례와 관련된 모든 절차들을 서술자의 설명이나 논평 없이 객관적으로 그려내고 있기 때문이다. 따라서 이때 서술자는 카메라라고 할 수 있다. 또한 '노모'의 치매담이나 가족, 동네사람들의 노모에 대한 기억을 회상하는 장면들에서는 '장혜림'이 서술자의 역할을 대신한다. 대부분의 노모와 관련된 일화들이 준섭이나 가족을 통해 제시되기보다 '장혜림'의 취재를 통해 드러나기 때문이다. 특히 용순과 노모, 그리고 외동댁과의 관계를 그려내는 부분에서는 '장혜림'의 귀와 상상력을 통해 제시되고 있는 듯한 인상을 준다. 그 외 용순과 가족들의 긴장 관계와 갈등, 장례식에 참석한 다양한 인물들의 모습이며 행동, 장례에 참석한 동네 사람들의 갈등과 다툼, 장례식장의 어수선한 분위기, 조문객들의 다양한 행동과 충돌 등에서는 카메라가 서술자의 역할을 대신한다. 즉, 카메라가 다양한 시점의 변화를 통해 이런 장례식의 이모저모를 구석구석 파헤치며 카니발적 분위기를 고조하고 있는 것이다. 또한 장례식은 단순히 죽은 사람을 땅에 묻는 '매장'이 아니라 모든 가족을 한 자리에 불러 모아 그동안 쌓였던 감정을 해소하여 가족으로서의 유대를 강화하는 '축제의 장'임을 보여주기도 한다.

<축제>의 서술 전략 중에서 가장 눈에 띄는 것은 아무래도 동화 『할미꽃은 봄을 세는 술래란다』를 중간 중간 삽입함으로써 죽음의 의미를 새로 조명한 것이라 할 것이다. 이 부분의 서술자는 '어린 소녀'다. 아직 죽음이 무엇인지를 정확히 알지 못하는 어린 아이를 서술자로 삼아 삶과 죽음의 의미, 사랑을 통한 새로운 삶으로의 전환 등을 이야기하고 있다. 특히 장례식장과는 전혀 다른 분위기의 독립세트를 사용해 동화 속에 구현된 분위기를 최대한 살리고 있다. 이런 장치나 서술은 감독이 치밀한 계산하에 만들어낸 서술 전략임을 생각할 때, <축제>에 대한 서술

전략 또한 만만치 않은 의미를 가진다. 현실적 공간의 장례식장과 환상과 낭만적인 동화적 공간의 대비를 통한 삶과 꿈, 현실적인 삶의 무질서와 동화적인 삶의 낭만적 질서, 삶과 죽음이 공존하는 현실 공간과 영원한 삶만이 지속되는 동화 속의 공간을 보여줌으로써 이상적인 세계를 꿈꾸는 한 낭만주의자의 꿈도 엿볼 수 있게 한다.

서술 전략을 분석하고 살펴보는 일은 단순히 담론적인 차원에서 텍스트를 분석하는 행위를 뛰어 넘는다. 서술 전략을 통해 감독의 의도를 파악함은 물론, 텍스트의 예술적인 형상화, 예술적 승화까지도 파악할 수 있기 때문이다. 특히 임권택 감독의 작품인 <서편제>, <축제>, <천년학>의 경우 서술 전략은 영화를 이해하고 감상하기 위한 첫걸음이 된다는 점에서 중요한 의의를 갖는다.

Ⅳ장에서는 두 매체의 서술기법을 비교할 것이다.

이청준 소설을 원작으로 하는 영상물은 인식했든 못했든 이청준 소설의 기법을 활용 내지는 수용할 것이다. 각색영상물은 원작소설로부터 스토리를 빌려오는 것이 보통이지만, 담론을 빌려오기도 한다. 필자가 판단하기에, 이청준 소설을 원작으로 한 각색영상물에 공통적으로 나타나는 플래시 백, <축제>에 활용되는 카니발화는 이청준 소설 기법을 활용 내지는 수용한 것이라 본다.

또한 영상물은 원작소설의 서술기법을 자기의 기법을 변용하는 경우도 있을 수 있다.

이청준 소설에 나타나는 추리소설적 기법은 추적・탐색 형태(공간의 이동과 새로운 인물과의 조우)로 변형된다. 이는 원작소설의 로드 무비적 성격을 반영한 결과이기도 하지만 영상미를 살리기 위한 변용이자, 영화의 문법구조에 맞게 원작을 변형시킨 예라 할 것이다.

자기반영적 서술기법은 세트 촬영과 내레이션으로 변형되는데, <축제>에 삽입된 동화 『할미꽃은 봄을 세는 술래란다』의 내용은 현실 공간과는 철저히 구분되는 세트에서 촬영되고 어린아이의 내레이션을 통해 내용 제시가 이루어진다. 우의적인 소설을 장례식과 함께 배열함으로써 장례식의 의미를 제시한다.

소설의 다성담화기법은 영화에서 다성담화기법과 다중서술기법으로 변용된다. 이는 원작소설의 다성담화기법을 활용하는 한편, 카메라로 모든 것을 보여주어야 하는 영화의 서술적 특징을 반영하여 다중서술기법으로 변용한 것으로 본다.

원작소설의 로드 무비적 성격은 몽타주와 디졸브 등 다양한 장면전환 방식으로 변형된다. 원작소설은 로드 무비적 성격을 가지고 있지만 '길 위의 여정'이 생략되어 구체적인 모습이 드러나지 않는다. 그러나 이를 각색한 영상물 <소리의 빛>, <서편제>, <천년학>에는 '길 위의 여정'이 구체화되어 나타난다. 주제의 변화에 맞게 스토리를 변형시키면서 나타난 현상이기도 하지만 영상미를 살리기 위한 변형이기도 하다.

원작소설의 배경이나 심리 묘사는 미장센과 특수촬영 등으로 훨씬 구체적으로 제시되는 한편, 새로운 이미지로 구체화된다. 또한 원작소설의 관념적 특성은 대화를 통해 제시된다는 것도 서술기법 변용의 특징이라면 특징일 수 있겠다.

소설텍스트를 영상화하는 목적은 소설텍스트의 단순한 모방이나 재현이 아니라, 결국 새로운 차원의 예술로 승화시키는 데 있을 것이다. 그러기 위해서는 내용적인 차원인 스토리는 물론이려니와 형식적인 차원인 담론까지 새롭게 변화시켜야 한다. 소설이 영상화된다는 자체가 형식적인 변화를 의미한다. 추상적인 언어로 서술된 소설을 구상적인 시각이미지로 서술하는 영상으로 변화하는 자체가 형식의 변화다. 또한 형식이 변한다는 것은 담론 체제의 변화를 말하며, 담론 체제가 변화한다는 것은 내용인 스토리 차원의 변화를 내포하고 있다. 새 술은 새 부대에 담으라는 말이 있듯이 내용과 형식은 불가분의 관계를 갖고 있기 때문이다. 내용과 형식적인 문제를 서술기법의 관점에서 조명하여 하나의 예술로 거듭나기 위해 겪어야 하는 과정을 밝힐 것이다.

영화의 부흥에 맞춰 '소설의 위기' 내지는 '소설의 죽음'을 거론한 이론가들은 어쩌면 소설 자체의 죽음을 이야기했다기보다 더 이상 방치하면 안 된다는 위기의식을 말한 것이리라. 이런 관점에서 보면 필자 또한 그들과 입장이 같다. 영화는 소설을 통해 풍부해질 수 있고, 소설 또한 영화를 통해 새롭게 거듭난다면 소설과 영화의 아름다운 동행은 계속될 수 있을 것이다.

Ⅱ

소설텍스트와 영상텍스트의 비교

소설텍스트와 영상텍스트의 상호텍스트성을 파악하기 위해서는 먼저 두 텍스트의 정밀한 비교·분석이 선행되어야 한다. 매체의 변화로 두 텍스트는 각기 다른 텍스트로 존재하지만, 두 텍스트는 상관성을 가질 수밖에 없다. 주제나 구성, 서술방식 등은 제작자의 해석이나 이데올로기, 시대상, 사회상에 따라 서로 다를 수 있지만 두 매체 사이에는 모티프나 스토리, 인물, 배경 등이 공통적으로 드러난다. 따라서 두 텍스트에 대한 정밀한 이해와 비교·분석은 상호관련성 추적의 선결과제라 할 것이다.

원작소설을 각색한 영상텍스트는 네 가지 차원에서 원작소설과 관련성을 갖는다.[1)] 원작소설과 영상텍스트의 이런 관련성은 두 텍스트 간의 질적인 차이라고 보기보다는 수용자(감상자/수신자)의 취향, 인식, 감상력 등 개인적인 요소가 강하게 작용하기 때문인 것 같다. 원작소설을 영상텍스트로 전환될 때는 수용자이면서 공급자인 각색자 또는 감독의 개인적인 요소가 작용할 수밖에 없다. 또한 소설과 영화는 표현 매체나 전달방식, 체계가 전혀 다른 예술이므로 완전히 다른 수용 자세와 평가기준이 요구된다 하겠다.

1) 볼프강 가스트(Wolfgang Gast)는 문학작품을 영화로 전환시키는 유형을 네 가지로 구분하고 있다.

첫째, '문학작품의 원자재로 사용'이다. 원전의 모티프만을 따올 뿐 인물 구성이나 플롯은 독자적으로 만든 영화다. 둘째, '도해(圖解)로서의 전환'이다. 가장 흔한 전환 유형으로, '문학의 영상화'로 표현되는 경우다. 어린이나 청소년 문학을 토대로 한 영화에 많이 쓰인다. 관습적 영화 언어를 써서 '원전에의 충실성'만을 강조하여, 피상적으로 내용을 그대로 재생시키기도 한다. 셋째, '해석적 변형으로서의 전환'이다. 단지 내용 차원의 영상으로 바꾸는데 그치지 않고 원전이 갖는 내용과 형식의 관계, 기호 및 텍스트 체계를 영화라는 매체가 지닌 예술 양식적 코드로 변화시킴으로써 새로운 작품을 만들어내는 것이다. 내적 독백, 보이스 오버 등의 적극적인 활용이 특징이며, 원전을 주관적으로 해석하는 경향이 있다. 넷째, '기록적 전환'이다. 이는 연극 공연을 녹화한 영화의 경우를 말한다. 연구자는 이를 각각 '원자재로 사용', '도해(圖解)적 전환', '해석적 변형', '기록적 전환'이라고 명명하여 부르기로 하겠다.

볼프강 가스트, 조길예 역, 『영화』, 문학과 지성사, 1999, pp. 135~140. 참조.

1. 『서편제』와 <서편제>, <소리의 빛>, <천년학>

1976년 ≪전남일보≫에 최초로 발표된 것으로 밝혀지고 있는 「남도사람」[2]은 이청준 소설집 『남도사람』[3]에도 「남도사람」이란 제목으로 실려 있다. 그 후 1998년 열림원에서 이청준 문학전집을 발행하게 되는데, 『이청준 문학전집 연작소설 2 : 서편제』에서 비로소 「서편제」란 제목으로 바뀌고 있다. 표현이나 내용을 작가가 조금 수정한 후 새로 묶은 것이다.[4] 따라서 「서편제」의 원제목은 「남도사람」이고, 『남도사람』 연작의 최초 형태로 볼 수 있다. 『서편제』에는 「서편제－남도사람 1」 외에 「소리의 빛－남도사람 2」, 「선학동 나그네－남도사람 3」, 「새와 나무－남도사람 4」, 「다시 태어나는 말들－남도사람 5」가 실려 있는데 이 작품들은 모두 소리 내지는 남도사람에 대한 내용을 담고 있다. 내용상으로 보면 '서편제'보다는 '남도사람'이란 제목이 어울릴 만한 작품집이다. 그런데도 '서편제'란 제목을 붙인 것은 영화 <서편제>가 흥행하면서 대중들에게 많이 알려졌기 때문에 대중들에게 친밀감을 주기 위해 일부러 제목을 바꾼 게 아닌가 싶다.

이 중에서 「서편제 1」, 「서편제 2」, 「서편제 3」은 서로 다른 소설이라기보다 보완적이고 후일담 형식을 취하고 있는 연작소설[5]이다. 「서편제

---

2) 「남도사람」의 정확한 발표일자는 알 수 없는 실정이다. 이청준 연보를 정리해놓은 金炳翼・김현, 『李淸俊』, 은애, 1979, p. 326.에서도 연구자들은 정확한 발표연대를 밝히지 못하고 '미상'으로 처리하고 있다. 그런데 『이청준 문학전집 연작소설 2 : 서편제』에서는 작가가 직접 1976년이라고 밝히고 있다. 따라서 이 작품은 1976년 ≪전남일보≫에 발표한 것으로 보인다.

3) 이청준, 『남도사람』, 藝潮閣, 1978.

4) 작가가 직접 수정한 것이므로 이 책에서는 이 텍스트를 원전으로 삼아 논의를 전개할 것이다.

5) 물론 다른 두 작품 「새와 나무－남도사람 4」, 「다시 태어나는 말들－남도사람 5」도 같은 선상에서 논의될 수는 있다. 그러나 스토리 차원에서 보면 이 두 작품은 다른 작품들에 비해 상호관련성이 적기 때문에 이 연구에서는 제외하였다.

—남도사람 1」이 사내와 누이의 헤어짐 이후, 사내가 누이를 찾아 소릿재 주막을 찾아가 헤어진 후의 누이와 의붓아비에 대한 일들을 알아보는 것이라면, 「소리의 빛—남도사람 2」는 탐진강(耽津江)가의 장흥 주막에서 두 남매가 만나 하룻밤을 함께 보내고도 서로 말하지 않고 헤어지는 내용을 담고 있다. 「선학동 나그네—남도사람 3」은 그보다 더 후일담으로, 선학동 명당 자리에 의부(義父)의 유골을 암매장한 일과 말라버린 선학동 포구에 선학을 누이가 소리로 다시 날게 했다는 스토리다. 장흥 주막에서 만나고도 서로 모른 체하고 헤어진 후 다시 만날 수 없었다는 내용까지 포함하고 있다. 따라서 세 편은 내용상 하나로 묶어 이야기할 수 있다. 특히 「소리의 빛」에는 「서편제」 내용의 일부를 그대로 옮겨놓고 있기도 하다. 이런 점에서 볼 때 세 작품을 함께 고찰해야만 스토리를 제대로 파악할 수 있다. 또한 대부분의 영상물들이 이 세 편을 하나의 텍스트로 삼아 각색하고 있다. 따라서 이 책에서는 세 편의 연작을 하나의 텍스트로 보고 분석하는 한편, 세 텍스트의 스토리와 의미를 통합하여 살펴보려고 한다.

1.1 『서편제』의 내용 분석

『서편제』[6]는 제목이 암시하고 있듯이 '소리'에 대한 소설이다. 소리꾼 일가의 한(恨)과 해한(解恨), 예술적 승화의 과정을 다층구조로 그리고 있다. 세 편의 텍스트 내용을 중심화소별로 나누어 하나의 얼개로 추려보면 다음과 같다.

---

6) 이후 『서편제』라 함은 연작소설 『서편제』 중에서 「서편제—남도사람 1」 외에 「소리의 빛—남도사람 2」, 「선학동 나그네—남도사람 3」을 한데 묶어 부를 때 쓰기로 하겠다.

1. 여인의 끊임없는 소리와 질긴 예감으로 북장단을 잡는 사내
2. 소릿재와 소릿재 주막의 명칭 내력 소개
3. 소릿재 얘기를 듣고 소릿재 주막을 찾아와 소릿재 내력을 묻는 사내
4. 소리꾼 부녀의 과거사
5. 여인의 얘기에 회상의 골짜기를 헤매는 듯 열기를 내뿜는 사내
6. 어미와 소리꾼의 만남, 여동생의 탄생과 어미의 죽음
7. 부녀의 근원을 묻는 사내와 대답을 피하는 주모
8. 부지중에 여자가 장님이었음을 전하는 여인
9. 소리꾼 딸이 장님이 된 이유를 추정하는 사내
10. 아비에 대한 거부감과 살의를 키우는 소년(사내)
11. 소리에 대한 거부와 소리의 마력
12. 아비에 대한 살의를 주체하지 못하고 떠나는 사내
13. 떠나서도 소리에서 벗어나지 못하는 사내
14. 비정한 아비를 용서한 여자의 행동을 전하는 주모
15. 맹인을 만든 이유 추정 : 자식년이 떠나지 못하게 하기 위해서였을 것이라고
16. 여자(누이)에 대한 안타까움과 후회
17. 사내와 여자와의 관계 정리 및 계속 누이를 찾아다닐 것이란 암시(이상 「서편제」의 내용)
18. (누이를 찾아 헤매다 어느) 늦가을 저녁, 탐진강가 주막집을 찾아든 사내
20. 간절하게 소리를 청하는 사내와 알 수 없는 예감을 느끼며 소리하는 여자
21. 소리를 좋아하게 된 내력을 묻는 여자와 햇덩이에 대한 기억을 말하는 사내
22. 어미와 소리꾼 아비의 만남, 그리고 어미의 죽음을 다시 떠올리는 사내
23. 밤새 기막힌 장단으로 어우러지는 두 사람

24. 새벽녘 말없이 떠나버리는 사내
25. 여자의 과거담 : 소리 배우기를 거부하고 떠난 오라비와 자신을 소경으로 만들어놓고 눈물로 사죄하고 간 아비에 대해 천씨에게 털어놓는 여자
26. 오라비가 소리를 피해 달아났을 것이라고 추정하는 여자
27. 서로의 한을 다치지 않기 위해 알면서도 모른 체했다는 여자
28. 오라비의 한을 자신의 것처럼 소중히 아껴 드리기 위해 천씨 곁을 떠나기로 결심하는 여자(이상 「소리의 빛」의 내용)
29. (탐진강가 주막에서 누이와 헤어진 이후, 누이의 행적을 찾아 어린 시절 다녀간 적이 있는) 선학동 주막을 찾는 사내
30. 들판으로 변해버린 포구를 보고 실망하는 사내
31. 주막에 당도하여 하룻밤을 묵고자 청하는 사내
32. 포구의 물은 말랐지만 학이 다시 날게 되었다는 주인 사내
33. 30년 전, 소리꾼 부녀의 소리 이야기를 하는 주인
34. 2년 전, 아비의 유골을 들고 찾아와 선학동에 묻은 여자
35. 여자가 아비의 유골을 암장했음을 알면서도 함구하는 마을 사람들
36. 여자가 장님이 아니었냐고 묻는 사내와 시치미를 떼는 주인
37. 선학이 다시 날게 된 사연을 전하는 주인
38. 사내와 여인의 관계를 알면서도 모른 체한 이유는 여인의 부탁이었음을 밝히는 주인
39. 노인의 묘소를 찾아가보겠냐는 주인의 말에 노인의 생전 한을 건드리지 않겠다는 사내
40. 누이의 노랫가락을 듣고 싶다는 사내와 더 이상 찾아다니지 말기를 당부했다는 누이의 말을 전하는 주인
41. 길손이 사라진 하늘을 날아다니는 백학 한 마리(이상 「선학동 나그네」의 내용)

세 편의 텍스트 모두 담론 시간은 하루쯤이다. 엄밀히 말하자면 사내

가 주막을 찾은 초저녁부터 그날 밤(또는 다음날 아침)까지로, 하루도 채 안 되는 시간이다. 그러나 스토리 시간은 약 40년이다. 이야기의 변조가 이루어진 것이다. 현재와 과거, 과거와 현재가 교차되면서 전개되고 있다. 인물들의 차원에서 보더라도 사내, 소리꾼 여자(누이)와 의부, 주모/ 주막 주인의 이야기가 각기 다른 차원의 이야기로 전개되고 있다. 이는 액자소설의 변형으로 일반적인 액자소설과 다른 면모를 가지고 있다.

일반적인 액자소설은 바깥-이야기와 안-이야기가 서로 교차하지 않는다. 바깥-이야기의 층위와 안-이야기의 층위가 다를 뿐 아니라, 시점이나 서술자도 다른 것이 보통이다. 인물, 시점, 주제도 달라진다. 그런데 이 소설에는 그런 요소들이 전혀 달라지지 않는다. 다층구조를 활용한 것이다. 다층구조는 어청준 소설의 일반적인 서술기법임을 고려할 때, 이청준은 다층구조를 통해 소설의 기법을 한 차원 높인 작가라고 볼 수 있다.[7] 액자기법이 허구를 사실로 위장하거나 혹은 허구를 더욱 허구화하여 독자로 하여금 스스럼없이 소설의 세계 속으로 의식을 밀어 넣게 하는 고도의 형식적 장치를 만드는 수법[8]이라면 다층구조는 액자소설을 변형하여 작가가 소설 속에서 하나의 사건을 다양한 각도에서 분석함은 물론, 하나의 사건을 여러 관점에서 관련을 맺게 함으로써 그 사건의 가치를 가장 뚜렷하게 드러내려는 담론 전략이다.

다층구조의 활용뿐만 아니라 추리소설적 기법, 다중서술기법, 다성담화기법, 판소리 기법의 변용 등 다양한 서술기법을 활용하여 작품성을 높이고 있다. 이에 대해서는 Ⅲ장에서 자세히 다루기로 하고 여기서는

7) 김준선, 『한국 액자소설 연구－서술상황과 담론 특성을 중심으로』, 전북대 박사논문, 2001, p. 60. 참조. 김준선은, 서술상황의 변화기법을 정착시키는데 선구적 업적을 쌓은 작가로 김동인을, 서술상황의 변화기법의 미학적 효과를 인식하고 자신의 창작 원리로서 심화시킨 작가로서 염상섭, 현진건, 김동리를 들고 있으며, 새로운 서술상황의 변화기법을 실험 · 모색하여 주제의 예술적 형상화의 문제에 노력했던 작가로서 이청준, 장정일, 최상규를 들고 있다.

8) 위의 논문, p. 158.

생략하도록 하겠다.

「서편제」에는 세 차원의 담론이 존재한다. 먼저 사내와 주막 아낙/주막 주인과의 담론 차원이 있다. 다음으로 사내와 소리꾼 부녀의 차원이 있고, 마지막으로 주막 아낙/주막 주인과 소리꾼 부녀의 차원이 있는데, 이 모든 차원이 하나로 통합되어 하나의 이야기를 구성하고 있다. 사내와 주막 아낙/주인과의 담론은 전체적인 이야기를 묶어내는 역할을 한다. 이를 간단히 하면 <그림 1>과 같다.

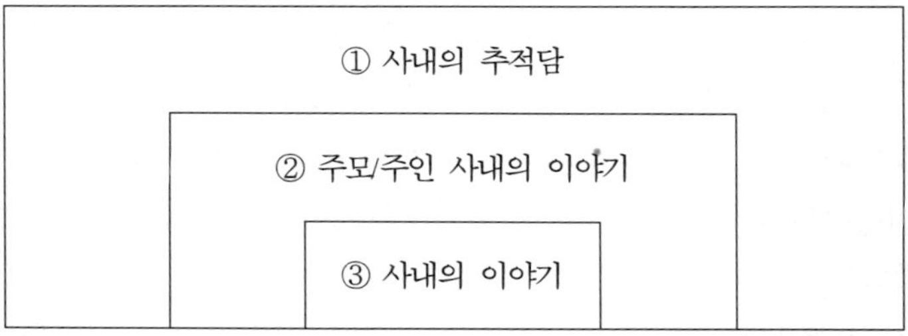

〈그림 1〉『서편제』의 구조

1.2 〈서편제〉 내용 분석

영화 <서편제>는 『서편제』 중에서 「서편제」와 「소리의 빛」을 원작텍스트로 활용하고 있다. 원작소설의 내용을 비교적 충실히 반영하면서도 주제나 필요한 부분의 변형, 새로운 인물의 삽입 등 새로움을 추구한다는 점에서 '도해(圖解)적 전환'이 주를 이루고 있으나 '해석적 변형'의 모습도 보이고 있다. 특히 한 어머니에게서 태어난 의붓오누이인 동호와 송화의 관계를 변화시켜 남남으로 그림으로써, 원작소설의 주제마저 변형시키고 있다. 이런 점을 고려할 때 <서편제>는 단순히 '도해(圖解)적 전환'으로 보기는 어렵다.

영화 <서편제>의 사건 분할에 앞서 사건 분할의 기준을 잠시 살펴보기로 하겠다. 영화의 구성단위는 쇼트(shot)와 신(scene), 시퀀스(sequence)로 나누어 생각할 수 있다.

쇼트(shot)는 영화구조의 문법적 기본단위로서, 중단이나 방해가 없이 촬영된 하나의 연속적인 단위인 테이크(take)를 통해 촬영된 장면 또는 커트와 커트 사이의 장면, 혹은 커트와 동일한 개념으로 사용되기도 한다.[9] 즉, 하나의 장면을 찍기 위해 카메라가 작동하는 지점에서부터 카메라가 작동을 멈추는 지점까지를 말하는 단위다. 쇼트는 '현존과 지속의 시간'이며, 지속시간 속에서 결단이 내려져 시간적인 경계가 정해지는 '시간과 공간의 덩어리'[10]다. 그러므로 쇼트는 영화 촬영의 단위이자 관객들의 지각의 단위다. 따라서 쇼트를 중심으로 사건을 분할할 수 없다. 너무 많은 쇼트들이 존재할 뿐더러 그 쇼트들은 스토리 형성에 큰 영향을 주지 않기 때문이다.

신(scene)은 동일한 장소, 동일한 시간 내에서 이루어진 일련의 액션이나 대사, 일반적으로 쇼트와 시퀀스의 중간 길이에 해당[11]하는 단위다. "무언가 특별한 일이 일어나는 것, 즉, 어떤 행위의 특별한 단위"[12]로 하나의 행동이나 대화, 사건을 보여준다. 그렇기 때문에 신을 기준으로 사건을 분할하는 것도 적절치 않다. 동일한 장소에서 동일한 시간에 일어나는 일을 기준으로 잡고 사건을 분할하게 되면 그 의미가 명확해지지 않는다. 여러 신들이 모여 하나의 의미를 형성하는 경우가 많을 뿐더러 단순한 시간이나 공간의 변화를 주기 위해 신을 바꾸기도 하기 때문

9) 이승구·이용관 엮음, 『영화용어해설집』, 영화진흥공사, 1990, pp. 217~218.

10) 엠마뉴엘 시에티, 심은진 역, 『쇼트 : 영화의 시작』, 이화여자대학교출판부, 2006, p. 16.

11) 이승구·이용관 엮음, 앞의 책, p. 246.

12) 사이드 필드, 유지나 역, 앞의 책, p. 146.

이다. 예를 들어 영화 <서편제>에서 '동호와 송화의 만남'이라는 의미를 전달하기 위해 S#88 염전 길, S#89 염전 주막 안, S#90 인써트(어스름에 잠긴 염전 전경), S#91 염전 주막 방안, S#92 인서트(밤 깊은 염전 전경), S#93 염전 주막 방안[13] 등 총 6개의 신을 배치하고 있다. 이는 하나의 의미를 전달하기 위해 6개의 신이 필요하다는 뜻이다. 따라서 신으로 사건을 분할하는 것도 적절치 않음이 드러난다.

시퀀스(sequence)는 장소, 액션, 시간의 연속성을 통해 하나의 에피소드를 이루는 이야기가 시작되고 끝나는 독립적 구성단위로, "같은 생각에 의해 연결되는 모아진 몇 개의 신들의 집합"으로 "시나리오의 골격 혹은 척추와 같다. 시퀀스는 모든 요소들을 지탱하는 뼈대다."[14] 따라서 영화의 스토리를 바로 파악하기 위해서는 시퀀스를 기준으로 파악하는 것이 적절하다고 본다. 영화를 하나의 텍스트로 본다면 쇼트는 형태소, 신은 단어, 시퀀스는 하나의 문장(또는 문단)으로 볼 수 있다. 물론 쇼트가 하나의 단어가 되기도 하고, 문장(또는 문단)이 되는 경우도 있을 수 있다.[15] 그러나 일반적인 경우는 쇼트→신(장면)→시퀀스가 영화의 구성단위인 점을 고려할 때, 시퀀스를 중심으로 영화의 스토리를 파악하는 것이 바람직하다 할 것이다. 하나의 화제나 에피소드를 전달하는 단위가 문장(또는 문단)이라는 점을 고려하여 우리가 어떤 글의 의미를 파악하듯, 영화의 스토리를 파악하기 위해서는 시퀀스를 중심으로 파악하는 것이 타당하리라 생각하기 때문이다. 이런 필자의 생각을 뒷받침해주는 것

13) 김명곤 각색, 『서편제 : 한국시나리오 걸작선 · 72』, 커뮤니케이션북스, 2005.

14) 사이드 필드, 유지나 역, 위의 책, p. 109.

15) 일반적인 상업영화의 쇼트는 10초 내외인데 비해 1~2분 이상의 쇼트가 편집 없이 진행되는 것을 시퀀스 쇼트(sequence shot)라 한다. 롱 테이크(long take) 또는 플랑세캉스(plan-sequence), 원 신-원 쇼트(one scene-one shot)라고도 한다. 롱 테이크가 쇼트의 길이를 강조한 용어라면, 플랑세캉스는 시퀀스를 이루는 쇼트란 뜻으로, 쇼트가 하나의 시퀀스를 이룬다는 의미를 담고 있다. 시퀀스 쇼트(sequence shot)와 같은 의미다. 이에 비해 원 신-원 쇼트는 하나의 쇼트가 하나의 신이 된다는 뜻이다.

이 바로 수잔 헤이워드의 논리다.

> 시퀀스는 보통 논리적으로 같은 의미 단위를 형성하는 신들로 구성된다. 따라서 한 시퀀스의 길이는 한 에피소드들의 시각적이고(이거나) 내러티브적인 연속성과 일치한다(시퀀스는 소설의 한 장에 비견될 수 있다). 한 편의 영화를 시퀀스들로 나누는 것은 그 영화를 분석하는 데 유용한데, 연구자나 관객들은 이 시퀀스 분할을 통해 시퀀스들 사이의 관계뿐 아니라 영화의 형식적인 구조를 이해할 수 있기 때문이다. (개념적으로 볼 때) 영화는 반복/갈등/변주라는 공식으로 구성되기 때문에 영화를 구조적으로 이해한다는 것은 영화라는 텍스트를 해독하는 첫걸음이다. 주류 영화나 할리우드 영화의 경우 영화 1편에는 평균 23 혹은 24개의 시퀀스가 들어있다. 유럽 영화의 경우는 대체로 이보다 적다(11~18개 정도).[16)]

따라서 시퀀스의 의미를 파악하여 영화의 사건을 분할한다면 영화의 스토리를 가장 잘 파악할 수 있다 하겠다.

시퀀스를 기본단위로 해서 <서편제>의 사건을 분할하면 다음과 같다.

1. 소릿재 주막을 찾은 동호, 세월네에게서 누이의 소식을 들음
2. 유봉과 동호 어미의 만남, 정사, 그리고 아이를 낳다 죽는 동호 어미
3. 소릿재 주막 주모에게서 송화가 장님이 된 사연을 들음
4. 송화의 꿈을 꾸는 동호
5. 유봉의 지도하에 송화·동호 판소리를 연습함
6. 혁필화를 그리는 낙산거사와 만남과 창극 구경
7. 유봉, 도상 등과의 술자리에서 재능있는 소리꾼이었으나 파문

16) 수잔 헤이워드, 이영기 역, 『영화 사전 : 이론과 비평』, 한나래, 1997, p. 209.

당했음이 밝혀짐
8. 소리를 하며 떠돌이 생활을 계속함. 송화·동호 어른이 됨
9. 술자리에서 소리를 하던 송화가 모욕을 당하고, 송화에게 화를 내는 유봉에게 반발하는 동호
10. 세 식구, 약장수와 함께 장터에서 소리를 함
11. 유봉이 북과 소리의 조화에 대해 동호에게 가르침
12. 세 식구의 동행과 악극단의 서양음악에 밀림
13. 유봉이 옛친구 도상을 찾아가서 〈옥중가〉를 배우고 그것을 송화에게 가르침
14. 동호가 유봉에게 대들고 송화의 만류에도 뿌리치고 떠남
15. 소릿재 주막을 떠나 한약재 구입을 구실로 누이를 찾아다님
16. 동호, 송화를 찾아다니다 낙산거사를 만나고 송화의 뒷얘기를 들음
17. 유봉, 낙산거사에게서 부자를 많이 넣으면 실명한다는 말을 듣고, 부자를 넣은 한약을 송화에게 먹여 시력을 잃게 함
18. 실명한 송화가 다시 소리를 하겠다고 하여 소리 연습을 함
19. 부녀가 소리를 하며 떠돌다 소릿재에 자리를 잡은 후, 사죄하고 죽는 유봉
20. 천가의 집에서 둘이 만나 북장단과 소리로 어우러짐
21. 이별하는 두 남매. 주막을 떠날 결심을 하는 송화
22. 딸(또는 어린 소녀)을 앞세우고 정처 없이 길을 떠나는 송화

<서편제>는 22개의 시퀀스(sequence)와 99개의 신(scene)으로 구성된다. 원작소설과는 많은 점이 달라졌다. 매체 변용과정에서 원작텍스트를 새롭게 해석하여 변형한 것이다. 대표적으로 변화한 것이 주제와 스토리라인이다. 주제면에서 보면 원작소설이 소리꾼 일가의 한과 해한(解恨)을 그리고 있다면 영화에서는 남녀간의 사랑을 중심에 놓고 소리꾼의 고난과 소리에 대한 애착을 그리고 있다. 스토리라인도 소리꾼 가족에

대한 이야기 외에 시대상, 유봉이 소리에 대한 집착, 동호가 송화를 찾아다니는 이유 등이 첨가되어 영화적 문법을 강화하고 있다. 인물면에서도 원작소설에는 드러나지 않는 인물 및 몇 개의 에피소드가 추가되는가 하면 역할의 변경되기도 하고, 원작소설에 있는 에피소드가 생략・축소되기도 한다.

먼저 추가된 인물로는 낙산거사와 유봉의 친구인 도상, 창극단원, 서양악대, 약장수 부부 등이다. 이들은 원작소설에는 등장하지 않는 인물들로 단편소설을 영화화하기 위해 첨가된 인물들이다. 원작소설에는 사내, 주모, 사내(아비), 딸애(맹인 소리꾼), 천가만이 등장한다. 그러나 한정된 인물로 한 편의 영화를 꾸리기에는 무리가 따른다. 소설과 영화는 매체의 특성상 차이가 많기 때문이다. 또한 첨가된 에피소드로는 시퀀스 6과 7, 9, 13, 16, 17을 들 수 있다.

소설 『서편제』와 영화 <서편제>의 스토리상 차이는 다음과 같다.

1.2.1 첨가된 부분

단편소설을 영화화할 때는 원작소설에 언급되지 않은 인물이나 에피소드가 첨가된다. 짧은 내용의 원작만으로 한 편의 영화를 만들기 어렵기 때문이기도 하고, 빠른 템포와 사건을 증가시키기 위해서는 불가피한 선택이라 할 수 있다. 또한 영화적 문법에 충실한 서사를 만들기 위해서는 원작소설의 내용을 다양하게 변형한다. 이런 이유로 단편소설을 영화화할 때는 같은 작가의 다른 작품이나 비슷한 경향의 다른 작가의 작품을 혼합하여 영화화한다. 소재의 빈곤성을 타개하고, 등장인물을 확보하기 위해서다. 이런 경향은 영화 <서편제>에도 그대로 반영된다. 「서편제」와 「소리의 빛」의 스토리를 하나로 묶은 것이다. 또한 영화 <서편제>의 주인공 이름 '송화'도 이청준의 다른 장편소설 『인간인』에 나오는 소리꾼의 이름을 따온 것이다.

1) 유봉의 소리에 얽힌 내력

소설에서는 소리꾼 아비가 무슨 이유 때문에 그토록 소리에 집념을 갖고 있는지 밝히지 않고 있다. 그러나 영화에서는 유봉의 소리에 대한 집착을 보이는 이유가 그려진다. 창극을 보러갔다가 우연히 만난 창극단 주연배우이자 과거 같은 문하에서 소리를 배우던 동기생 도상을 만난 자리에서다. 유봉은 한때 촉망받는 소리꾼이었으며 수제자였으나 스승의 애첩인 추월과 연분이 났다는 이유로 문하에서 쫓겨났으며 파문당했음을 알려준다. 이로 인해 유봉은 소리꾼으로 대성할 수 있는 기회를 잃어버리고 무명의 소리꾼으로 소리를 팔며 혼자 떠돌게 되는데, 자신이 이루지 못한 꿈을 송화라는 양녀(養女)를 통해 이루려는 것으로 그려지고 있다.

2) 소리꾼으로 유랑하는 모습

소설에서는 소리를 하며 겪는 일들이 자세히 그려지고 있지 않다. 앞부분에서 소릿재와 소리무덤을 언급하는 주막집 여인의 얘기 중에 잠시 소리를 팔고 살았음이 언급되기는 하지만 경제적 빈곤을 얘기하고 있지는 않다. 반면 영화에서는 한량의 술자리에서 송화가 소리를 팔다 희롱당하는 모습, 장터 약장수판에서 약을 파는 모습, 계꾼 여자들이 모인 자리까지 찾아가 공연하는 모습, 거리에서 공연 도중 서양악대(西洋樂隊)에 떠밀리는 모습 등이 생생하게 그려지고 있다. 이런 장면들은 생활고를 이기기 위한 몸부림과 국악(國樂)이 무시당하고 시대의 조름에 떠밀리고 있음을 보여주기 위한 장치다. 이것은 나중에 동호가 유봉과 송화의 곁을 떠나게 하는 직접적인 동기를 강화하기 위한 장치이기도 하다. 소설에서는 아비에 대한 살의 때문에 부녀 곁을 떠나고 있지만, 영화에서는 경제적 곤궁, 앞날에 대한 불명확성, 송화에 대한 유봉의 부당한 대우 때문에 동호가 유봉과 송화 곁을 떠나고 있다.

3) 새로운 인물 등장

영화에는 소설에 등장하지 않는 인물들이 대거 등장한다. 소설에는 사내, 여인, 사내(아비), 여자(딸애), 천가[17]가 등장한다. 그러나 영화에서는 이들 외에 새로운 인물들이 나온다. 후반부의 서술자 역할을 하는 유봉의 친구 낙산거사가 대표적으로 첨가된 인물이다.

낙산거사는 동호 대신 후반부를 서술하는 서술자로 등장한다. 동호 혼자서는 이야기를 처음부터 끝까지 풀어갈 수 없기 때문에 등장시킨 인물이라 할 수 있다. 동호가 유봉·송화와 함께 생활할 때까지는 서술할 수 있지만, 헤어진 이후의 상황을 동호가 알 수 없기 때문에 새로운 서술자 낙산거사가 등장한 것이다. 그는 송화가 맹인이 된 이유와 그 이후의 상황을 전달하는 서술자다. 소설에서는 주막여인이 이 역할을 하고 있는데, 영화에서는 중심인물 몇 사람이 이야기를 전부 전달할 수 없기 때문에 등장시킨 인물이다. 또한 유봉과 송화의 일을 누구보다 잘 알 수 있는 입장(유봉의 친한 친구)이기 때문에 의도적으로 등장시킨 인물이라 할 수 있다. 이런 역할을 맡기기 위해 시퀀스 6에서 미리 등장시키는 것이다.

도상 또한 첨가된 인물이다. 유봉과 동문수학하던 소리꾼으로 유봉이 스승의 애첩인 추월과 연분이 나서 문하에서 쫓겨났고 파문당한 사실을 전해주는 역할을 한다. 또한 시대적 조류에 편승하여 현실적인 명성을 누리지만 결국 아편 중독으로 폐인이 되는 인물로, 예술을 위한 예술인이 아닌 시류에 편승하는 예술인의 모습을 보여주는 한편, 스승에게서 배운지 못한 <심청가>를 유봉에게 전수하여 유봉의 판소리를 완성하는 데 조력자 역할을 담당하기도 한다. 창극단원, 서양악대, 약장수 부부 등

---

17) 「서편제」에는 천가가 등장하지 않는다. 그러나 앞에서도 밝혔듯이 영화 <서편제>는 소설 「서편제」와 「소리의 빛」을 원작으로 삼아 각색한 작품이다. 따라서 천가도 소설의 등장인물이라 할 수 있다.

도 첨가된 인물이다. 이들의 역할은 떠돌이 소리꾼 가족의 가난상과 소외, 시대의 조류에 떠밀림을 표현하기 위해 등장한 인물이다. 이러한 인물들의 첨가와 증가는 드라마의 극적 현실감을 높이기 위한 장치이기도 하지만 영상화 과정에서 인물의 비중이 소설과는 달라지기 때문이기도 하다.

4) 동호 처지에 대한 언급

소설에서 사내는 다만 소리를 쫓아다니는 인물로 그려지고 있다. 그러나 영화에서는 한약재를 모으러 전국을 다니는 인물로 그려지고 있다. 또한 소설에서는 언급되지 않은, 결혼해서 처자를 거느리고 있는 가장으로 나타난다. 소설에서는 사내가 소리를 찾아다니는 이유가 아비의 소리에 대한 거역할 수 없는 숙명(宿命), 즉 '소리의 얼굴' 때문이다. 떠나려 하면 할수록 더욱 떠날 수 없는 소리에 대한 끌림 때문이다. 그래서 그 힘과 숙명에 이끌려 전국을 떠돌아다닌다. 그것이 바로 사내의 한이다. 그러나 영화에서는 동호의 한이 배제되어 있다. 그가 소리를 찾아다니는 이유는 누이에 대한 그리움 때문이다. 그 그리움 때문에 모든 생업을 포기하고 누이를 찾아다니기에는 핍진성이 충분하지 않다. 그런 이유로 약재수집상으로 생업을 영위하면서 누이를 찾아 헤매는 것으로 그려지고 있다.

1.2.2 변형된 부분

각색은 재창조의 과정이고 재해석의 과정이다. 원작은 비록 문학이지만 각색된 작품은 이미 별개의 예술인 것이다. 각색과정에서 원작에 충실해야 한다는 것은 문자 그대로를 따르라는 것은 아니다. "단순히 글자에 충실하는 것과 작품의 진수와 정신을 살리는 방법 사이에 구별이 있어야 한다."[18]고 루이스 자네티는 역설했다. 각색을 할 때 원작에 대한 변형은 필연적이라 할 것이다.

1) 사내와 누이의 관계

소설에서는 사내와 누이의 관계를 오누이로 그리고 있다. 여자는 사내의 어머니와 소리꾼 사내와의 사이에서 태어난 여동생이다. 아버지는 다르지만 동복(同腹) 누이다. 그러나 영화에서 송화는 유봉이 소리꾼으로 키우기 위해 데리고 온 아이며, 동호어미 금산댁이 낳은 계집은 출산 도중 죽는 것으로 되어 있다. 따라서 영화에서 동호와 송화는 유봉과 함께 사는 동거인이란 관계 외에 완전 남남이다. 영화에서 두 주인공의 관계를 변형시킨 이유는 동호가 송화를 찾는 이유를 '누이에 대한 사랑과 그리움'에 두고자 한 때문일 것이다. 영화는 흥행을 염두에 두지 않을 수 없음을 생각할 때, 폭력성과 선정성은 필요악이다. 이런 이유로 누이에 대한 그리움보다는 남녀간의 사랑 쪽에 무게를 둔 것으로 볼 수 있다.

2) 사내가 떠나는 이유

소설에서 사내가 소리꾼 부녀를 떠나게 된 이유는 아비에 대한 거부감과 무서움 때문이다. 사내의 어미를 죽게 한 장본인은 바로 의부의 '소리'라고 생각한 소년(사내)은 언젠가 의부(義父)가 자기마저 죽일 것이란 거부감과 두려움을 갖기 시작한다. 그러던 차에 곤히 잠든 의부를 죽이려고 돌멩이 하나를 집어들었다가 의부에게 발각된다. 그러나 의부는 아무렇지도 않고 잠을 청해 버린다. 뻔히 알면서도 모른 체하는 의부의 행동으로 인해 걷잡을 수 없는 살기와 두려움을 느낀 소년(사내)은 소리꾼 부녀를 떠난다. 그러나 영화에서는 유봉에 대한 불만과 경제적 궁핍, 소리꾼의 불투명하고 비관적인 전망, 송화에 대한 유봉의 부당한

18) 루이스 자네티, 김진해 역, 『영화의 이해』, 현암사, 1987.

대우 때문에 소리꾼 부녀 곁을 떠나고 있다. 이런 변형은 소설에서 그려지고 있는 사내의 심리를 영상으로 그려내기 어렵기 때문이다. 또한 동호가 송화를 찾아 전국을 헤매는 이유를 송화에 대한 그리움으로 그리기 위한 포석이기도 하다.

3) 주막집 여인의 역할

소설에서는 사내와 소릿재 주막의 주모와의 대화에 의해 이야기가 전개되지만, 영화를 두 사람의 대화만으로 만들 수는 없다. 소설은 언어매체를 전달수단으로 삼아 이야기를 전개하는데 비해, 영화는 영상매체를 통해 인물들의 행동과 사건을 연속 배열함으로써 이루어지기 때문이다. 두 사람의 대화만을 장면화하여 영화가 이루어진다면 그 영화는 영화로서 생명성을 가질 수가 없다. 따라서 영화에서 소릿재 주막의 주모는 동호에게 과거를 회상하게 하는 매개체로 변형된다.

4) 맹인을 만드는 약물

소설에서는 여자가 실명하게 된 이유를 청강수, 즉 염산을 잠자는 딸의 눈에 찍어 넣었기 때문이라고 서술하고 있다. 그러나 영화에서는 주막집 여인의 입이 아닌 낙산거사의 입을 통해 추정하는 정도로 정리하고 있다. 언젠가 유봉이 낙산거사에게 극약의 일종인 부자의 쓰임에 대해 물은 적이 있는데, 그것을 근거로 하여 아마 유봉이 송화의 눈을 멀게 하는데 쓰지 않았겠느냐고 추측하고 있다. 이렇듯 간접화시키는 것은 딸의 눈을 멀게 한 유봉이 직접 말하게 할 수도 없고, 청강수를 직접 눈에 놓는 장면을 그리자면 송화의 거부반응 등 다른 문제가 발생할 수 있으므로 간접화시켜 관객들의 다양한 해석을 유도한 것으로 볼 수 있다.

1.2.3 생략 또는 축소된 부분

원작소설을 영상화하는 과정에서 시나리오 작가가 가장 고민하는 것은 아무래도 시각화와 관련된 문제일 것이다. 언어매체인 소설과는 달리 영화에서는 모든 것을 시각화해야 한다. 또한 시각화란 인물의 행동으로 나타나야 한다. 따라서 소설에 흔히 나타나는 묘사나 갈등이 없는 내용, 사건 진행에 방해가 되는 요소들은 생략하거나 축소할 수밖에 없다. 이런 속성은 영화 <서편제>에도 드러난다.

1) 소릿재와 소리무덤의 내력

소설에 서술된 소릿재와 소리무덤의 내력이 영화에는 빠졌다. 소설의 첫머리는 소릿재 주막의 내력을 설명하는 것으로부터 시작하고 있으며, 여인은 자신과 소리꾼 부녀의 만남의 과정을 회고담 형식으로 전하고 있다. 소릿재와 소리무덤을 소설의 서두에 배치한 것은 아비의 명창에 대한 꿈과 집념이 딸과 주막집 여인에게로 고집스럽게 이어져 내려오고 있음을 보여주기 위한 장치다. 또한 사내가 소리무덤의 내력을 듣는 과정을 통해 단순히 헤어진 누이와 '아비가 아닌 아비'의 후일담을 듣는 것으로 그치지 않고 숙명과 같은 '소리의 얼굴'을 만나게 됨을 보여주기 위해서다. 이 같은 전경화하기는 주제와 관련성을 갖고 있기 때문이다. 그러나 영화에서는 그 역할을 축소하여 소릿재 주막은 동호가 어린 시절을 회상하는 계기 정도로 축소를 하였기 때문에 과감하게 생략하고 있다.

2) 소리꾼 아비에 대한 묘사

소설에서는 소리꾼 아비를 '불타오르는 여름 햇덩이' '태양'으로 비유하고 있다. 사내의 아비에 대한 기억은 늘 이글거리는 햇덩이와 함께 존재한다. 그 햇덩이는 다름 아닌 거역할 수 없는 '소리의 얼굴'이며 '숙명의 태양'이었다. 그래서 사내는 아비를 떠나고서도 아비와 그 소리를 잊지 못하고 소리를 찾아 전국을 헤매고 다닌다. 이는 사내 행동의 필연성을 강조하기 위한 장치요 상징적 표현이다. 무려 일곱 번이나 반복되어 나타나는 반복상징인 것이다. 그런데 영화에서는 어린 동호가 콩밭에서 실눈을 뜨고 태양을 바라보는 모습과 이글거리는 햇덩이를 단 한 번 보여주고 생략해버린다. 비가시적이고 심리적인 소설의 내용을 영상으로 표현하기 어려움을 보여주는 예라 하겠다.

1.3 〈소리의 빛〉 내용 분석

TV드라마 <소리의 빛>은 원작텍스트의 내용을 충실히 반영하는 '도해(圖解)적 전환'을 시도하고 있다. 『서편제』 전체를 하나의 텍스트로 삼아 원작의 내용이나 주제를 변화시키지 않고 충실히 재현하고 있다. 이는 ≪TV문학관≫ 자체가, 한국문학사에 남을 만한 작품들을 골라 그 내용을 시청자에게 보여주겠다는 의도로 제작되었기 때문일 것이다. "영상과 문학의 만남을 TV를 통해 주선한다"[19]는 ≪TV문학관≫의 목표에 나타나는 '주선(周旋)'이란 말 자체에 문학(소설)의 스토리를 충실히 시청자들에게 보여주겠다는 의도를 담고 있다. 이를 통해 ≪TV문학관≫은 소설 작품의 내용을 충실히 반영하는 것을 미덕으로 삼았던 것을 알 수 있다.

먼저 <소리의 빛>의 시퀀스를 살펴본 다음 논의를 전개하기로 하자.

1. 사내의 출소 : 타이틀 백
2. 출소하자마자 선학동을 찾아가는 사내

---

19) KBS 홈페이지(http://www.kbs.co.kr/drama/hdtv/about/index.html)에 실려 있는 내용을 발췌한 것이다.

3. 주막이 있는지를 묻고 황급히 선학동 주막으로 향하는 사내
4. 변해버린 선학동 포구의 모습에 낙담하는 사내
5. 포구에 물은 말랐지만 학이 다시 날기 시작했다고 말하는 주인 사내
6. 폭포 옆에서 정사와 아이의 출산
7. 폭포 앞에서 소리 연습을 하는 아비와 딴청을 부리는 소년(사내)
8. 살부(殺父) 욕망과 살부 미수로 부녀에게서 떠나는 사내
9. 주막 아낙에게 소리꾼 여자의 소식을 묻는 사내
10. 소리꾼 부녀를 찾아다니는 사내
11. 소리꾼 아비의 죽음
12. 국창(國唱)을 만들기 위해 딸의 눈을 멀게 하는 아비
13. 딸을 자신의 곁에서 떠나지 못하게 맹인으로 만들었을 것이라고 추정하는 사내
14. 천가네 주막에서 누이와의 만남과 헤어짐
15. 주막집 주인을 위협하여 여인의 후일담을 들음
16. 아버님의 유골을 들고 돌아온 여인
17. 아비의 유골을 암매장함
18. 학이 된 누이의 사연을 전하는 주인 사내와 사내의 떠남
19. 정처 없이 길을 걷는 사내

드라마 <소리의 빛>은 19개의 시퀀스(sequence)와 86개의 신(scene)으로 구성되어 있다. <소리의 빛>보다 나중에 제작된 영화 <서편제>에서는 반영하지 않는 「선학동 나그네」의 스토리까지 아우르며 『서편제』 전편의 내용을 비교적 충실히 반영하고 있다. 주제, 스토리, 인물 등도 소설텍스트와 별로 다르지 않다. 그러나 원작텍스트의 내용을 충실히 반영하는 '도해(圖解)적 전환'을 하고 있는 <소리의 빛>에도 원작소설과는 다른 부분들이 발견된다. 형식(표현매체)이 다르다보니 변형은 불가피한 것이다.

1.3.1 첨가된 부분

<소리의 빛>에 첨가된 부분이 있다. 아무리 원작소설의 내용을 충실히 반영한다 해도 매체의 변화로 인해 스토리가 변하지 않을 수 없다. 사내의 교도소 출소, 버스 차창을 배경으로 나는 종이학, 딸을 맹인으로 만들면서 국창(國唱)이 되라고 소리치는 아비, '학아, 날아라'를 외치며 죽어가는 아비, 누이의 소리로 학이 날아오름 등은 원작소설에는 없는 내용이다.

1) 사내의 교도소 출소

먼저 지적될 수 있는 것은 사내가 교도소에서 출소하는 장면이다. 원작소설에는 없는 내용이다. 「잔인한 도시」의 발단 부분이나 황석영의 「삼포 가는 길」을 떠올리게 하는 이 장면에 대해 각색자 이희우는 정착하지 못하고 방황해 온 그의 삶을 범죄자의 모습으로 묘사함으로 해서 그의 시난고난한 삶을 대변하려는 의도였다고 설명했다[20]고 한다. 그러나 이런 각색자의 의도와는 상관없이, 사내가 의부(義父)와 누이에 대한 죄책감, 소리로부터 벗어날 수 없어 방탕한 생활을 한 결과 교도소 출입을 할 수밖에 없었을 것이라고 해석한다 해도 극중에서 최소한 그에 대한 개연성을 부여해야 할 것이다.

2) 버스 차창을 배경으로 나는 종이학

이 장면은 도입 부분에서 꽤 오랜 시간 동안 지속된다. 사내가 버스를 타고 회진으로 이동하는 과정 중에 많은 부분은 종이학과 관련된다. 이는 선학동 비상학(飛翔鶴)의 모습을 미리 보여주는 장치라 하겠다. 선학동에 학(鶴)이 나는 모습을 직접적으로 보여줄 수 없기 때문에 종이학으

20) 崔賢瓊, 앞의 논문, pp. 64~65.

이다. 그러기에 아비는 의관까지 정제하고 마지막 혼신의 힘을 다해 '학아, 날아라'를 반복하며 죽어가는 것이다.

5) 누이의 소리로 학이 날아오름

사내가 누이를 찾아 천가네 주막을 찾았을 때, 북과 소리로 어울려 밤을 지샌다. 밤새 땀을 흘리며 북을 치는 사내와 마찬가지로 비지땀을 흘리면서 소리하는 여인의 소리에서 마침내 해가 뜨고 학이 날아오르는 모습을 사내는 본다. 이는 사내가 어렸을 때, 자신의 소리로 학이 날아오르기를 기대했던 의붓아비의 소망이 눈 먼 누이에 의해 실현되었음을 확인하는 것이다. 그런 경험을 가졌기에 사내는 누이의 소리에 의해 선학동에 학이 다시 날아오르기 시작했다는 주인 사내의 말을 믿는다. 자신이 경험을 바탕으로 비가시적인 세계 즉, 환상의 세계를 인정하고 수용하는 것이다. 따라서 이 부분은 시청자들에게 신빙성을 심어주기 위한 구체적이면서도 가시적인 장치라 할 것이다.

6) 원망을 모르는 동생 때문에 못 견디겠다는 사내의 말

드라마에는 원작소설에서는 언급되고 있지 않은 누이에 대한 미안함을 사내의 입을 빌어 직접적으로 표출하고 있다. 사내가 주막 주인 사내를 위협하여 빈집으로 끌고 가, 주인 사내에게 누이의 행적을 물으면서 한 말이다. 동생을 죽이고 싶어서 동생을 떠났는데, 자신 때문에, 소리 때문에 힘든 삶을 살면서도 원망을 모르고 사는 동생이 자신을 못 견디게 했다고 말한다. 이는 누이에 대한 미안함을 표현한 것으로, 누이가 맹인이 되어 소리를 하면서 고통스러운 삶을 사는 것이 모두 자신 때문이라는 사내의 죄책감을 표현한 것이다. 이 변형은 소리가 하늘에 닿아 학이 비상(飛翔)할 정도로 한(恨)을 예술로 승화시킨다는 주제와는 완전 상반된 내용이다. 사내가 누이를 찾아다니는 것은 미안함 때문이라고 스

토리 자체를 바꿔버린다. 누이를 찾아다니는 것은 단순히 누이에 대한 미안함 내지는 연민 때문이라고 의미를 축소시키기 때문이다. 스토리 전체를 생각하지 않고 사내의 간절함만을 표현하려다보니 나타난 잘못된 각색이 아닌가 한다.

1.3.2 변형된 부분

<소리의 빛>에도 원작소설을 변형한 부분이 제법 보인다. 폭포 곁에서의 정사, 의부(義父) 살해 시도와 떠남, 요정(料亭)의 소리꾼 여자에게 누이의 소식을 듣는 것, 원망을 모르는 동생 때문에 못 견디겠다는 사내 등은 원작소설을 변형한 것이다.

1) 폭포 곁에서의 정사

폭포 곁에서의 정사 장면은 서두 부분에 집중되어 있다. 사내가 선학동을 찾아가는 버스 안에서 회상하는 장면을 통해 잠시 나타나고, 선학동 고개를 넘어서다 변해버린 선학동 포구의 모습을 보고 실망한 직후에 다시 나타났다가, <6. 아비의 정사와 아이의 출산> 시퀀스에 다시 한 번 모습을 비춘다. 폭포 곁에서의 정사 장면이 세 번이나 반복된다. 이는 「서편제」와 「소리의 빛」에 서술되는 '사내가 어미를 덮침'과는 다르게 변형된 것이다. 원작소설에는 "노랫소리가"(p. 20, 43) "뱀처럼 은밀스럽게"(p. 20, 43) "소년의 어미를 후닥닥 덮쳐 버렸다."(p. 20, 43)고 표현하고 있다. 또한 이에 대한 언급도 단 한 번뿐이다. 그런데 각색드라마에서는 세 번이나, 그것도 서두 부분에서 반복되고 있다. 그 이유는 아무래도 시청자들을 의식했기 때문일 것이다. 화면은 쏟아져 내리는 폭포수 사이로 남녀가 정사하는 모습을 그리고 있기 때문에 다소간 은밀스럽게 표현된다. 그러나 서두 부분에 세 번씩이나 반복적으로 제시하고 있지만 스토리적인 차원에서 보면 큰 의미가 없는 것으로 보아 이 부분은 선정적(煽情的) 표현으로 시청자의 시선을 잡기 위한 장치라 할 것이다.

2) 의부(義父) 살해 미수(未遂)와 부녀에게서 떠남

원작소설에서는 사내가 의부(義父)를 살해하려다 실패하고, 거부감과 두려움으로 부녀(父女) 곁을 떠나는 것으로 그려지고 있다. 의부 살해 시도는 전적으로 의부에 대한 사내의 거부반응에서 비롯되었고, 의부는 그걸 알면서도 나무라거나 탓하지 않는다. 마치 다 알고 있기라도 한 듯 조용히 수용한다. 그런 의부가 두려워 소년(사내)은 의부와 누이에게서 떠난다. 그러나 드라마에서는 전혀 다른 양상을 보인다. '의부(義父) 살해 미수(未遂)와 부녀에게서 떠남 시퀀스'를 보면, 소년(사내)이 부녀에게서 떠날 수밖에 없는 비교적 구체적인 이유가 제시된다.

> 사람들 앞에서 소리('사철가')를 하는 의부, 소리값을 내는 사람들에게 소리로 구걸하는 사람이 아니라며 화를 내고 자리에서 일어서버림→그 돈을 가로채어 도망가는 소년→따라오는 동생에게 따라오지 말라고, 아버지가 아니라며 도망치는 소년→가로챈 돈으로 제수를 사서 어머니 묘소에 가 있는 소년→딸을 앞세워 쫓아온 아버지가 소리를 배워 국창이 되라고 함→어머니를 왜 죽였냐고 따져묻는 소년 : 동생을 낳다 죽은 것이니 어머니를 죽인 것이 아니냐고, 논이고 밭을 다 팔아 없애지 않았냐고, 어머니 산소에도 오지 않는 짐승 같은 사람이라고→따져 묻는 소년에게 세상 잡사를 다 잊어야 소리가 제대로 된다는 의부→분하고 원통해서 두 다리 속에 머리를 파묻는 소년→자신의 소리가 막히기 시작했다고, 자신이 똥물까지 마시면서 연습하던 연습담을 이야기하며 소리가 하늘에 닿으면 그 소리 속에 학이 나는 모습을 볼 수 있다는데 자신은 이미 글렀으니 내일부터 소리공부를 하라는 아

> 비→죽으면 죽었지 소리를 배우지 않겠다고 거부의 의사를 분명히 하는 소년의 발바닥을 모질게 때리는 아비→다음날 아침, 잠자는 아비를 돌로 죽이려 하다 실패하는 소년→도망치기에 앞서 큰 나무 아래서, 동생에게 아버지를 죽이려 했다고 말하는 소년→오빠를 계속 불러대는 동생에게 아버지가 다르니 나는 너의 오빠가 아니라고 잘라 말하는 소년→집에서 들려오는 소리에 듣기 싫다고, 소리가 어머니 복수를 하려는 마음을 흔든다고 울부짖는 소년→달아나서 어른이 되어 복수하러 오겠다고, 저 소리는 사람을 죽이는 소리니 너도 살려거든 떠나라고 동생에게 말하고 뛰어 달아나는 소년[22)]

이처럼 소년(사내)이 의부와 누이 곁을 떠난 이유가 구체적으로 제시된다. 원작소설과는 달리 드라마에서는 의부의 예술에 대한 자존심과 그로 인한 가난, 죽은 어머니에 대한 의부의 무관심, 어머니의 재산을 가로챈 의부의 부도덕성, 의부의 예술에의 집착에 대한 반항, 반항하는 소년에 대한 의부의 체벌 등이 복합적으로 제시된다. 그리고 "소리가 어머니 복수를 하려는 자신의 마음을 흔든다"며 어른이 되어 복수하러 오겠다는 구체적인 계획까지 소년의 입을 빌어 표현하고 있다.

이렇듯 원작에는 없는 내용을 추가하여 구체화시킨 이유는 영상이라는 매체적 속성 때문이다. 원작소설에서는 '햇덩이'로 표현된 의부에 대한 거부반응과 살의를 드라마로 표현하기에는 한계를 가질 수밖에 없다. 영상으로 처리하기에는 너무나 추상적이고 관념적이다. 그런 한계를 인식한 각색자[23)]가 구체적인 이유를 제시하기 위하여 현실적으로 가능한

---

22) <소리의 빛>, ≪KBS TV문학관 DVD≫, KBS 미디어, 1984. 9. 17 방영분 요약 발췌.

23) TV드라마에서는 속성상 연출자의 의도보다는 각색자의 의도를 중시한다. 이에 대해 최현경은 다음과 같이 지적하고 있다. "영화가 감독의 예술이라면 TV드라마는 극본에 더 많이 의지하고 있다. 영화는 영상이나 몽따쥬에 보다 비중을 두기 때문에 감독의 작가주의 정신의 산물로 간주하기 때문이고 드라마는 스토리텔링에 비중을

갈등 양상을 삽입한 것으로 볼 수 있다. 따라서 이 시퀀스는 각색자가 원작소설 전체에 흐르는 의부(義父)에 대한 거부 반응과 살의를 효과적으로 제시하기 위해 갈등을 증폭시켜 놓은 것이다.

3) 요정(料亭)의 소리꾼 여자에게 누이의 소식을 들음

원작소설에는 소릿재 주막에서 주모에게서 들은 누이와 의붓아비의 소식을 <소리의 빛>에서는 요정(料亭)의 소리꾼 여자에게서 듣고 있다. 이는 드라마의 현대성을 살리기 위한 전략으로 보인다. 스토리 자체가 현실과는 먼 과거사이고, 배경 또한 시골이나 어촌, 주막을 중심으로 이루어지고 있어 현재 시대와는 너무나 동떨어진 느낌을 준다. 이런 점을 감안하여 현대성을 살리기 위해 요정을 설정한 것으로 보인다.

1.3.3 생략 또는 축소된 부분

앞서 <서편제>에서 살펴보았듯이 소릿재와 소리무덤의 내력, 소리꾼 아비에 대한 묘사는 생략되어 있다. 특히 <소리의 빛>에서는 <서편제>와 달리 소리꾼 아비에 대한 묘사는 전혀 이루어지지 않고 있음도 발견할 수 있다. 그 이유는 앞에서 살펴보았으므로 생략하기로 하고, <소리의 빛>에서 추가된 생략/축소된 부분만 살펴보겠다.

1) 선학동 포구의 과거와 현재의 모습 및 지령음

소설에서는 선학동 포구와 관음봉, 그리고 지령음에 대한 묘사가 제법 많은 분량으로 제시되어 있다. 그리고 사내의 눈으로 확인한 선학동의 현재 모습도 비교적 자세히 그려지고 있다. 그런데 드라마에서는 선학동 포구의 옛 모습이나 현재 모습을 단 한 번의 쇼트를 통해 제시하

두는 연속적인 형태이고 제한된 시간 내에 제작이 되어야 하고 안방극장을 주무대로 하기 때문에 쓰여진 극본에 의지할 수밖에 없다." 崔賢瓊, 앞의 논문, p. 37. 참조.

고 있을 뿐이다. 그것도 원작소설에서 그리는 선학동 포구의 모습이라기보다 평범한 포구의 모습이다. <천년학>에서는 비교적 원작소설의 내용을 재현하고 있는데 비해, <소리의 빛>에서는 이 부분을 간단히 처리하고 있다. 이는 원작소설에서 그리고 있는 선학동 포구의 옛 모습을 재현하기 어렵기 때문이다. 물론 세트나 그림을 이용하거나 특수촬영을 통해 재현할 수는 있겠지만, 앞에서 지적한 바처럼 1980년대 TV 제작 현실을 감안한다면 이 또한 어려운 일이었다. 또한 소설에서 그려지는 선학동의 모습은 현실적・실재적 선학동의 모습이라기보다 상상적・환상적 모습을 갖추고 있다. 즉, 화자나 선학동 사람들에 의해 꾸며졌거나 재창조된 모습이다. 그렇기 때문에 이를 영상으로 옮기는 데는 많은 어려움이 따른다. 또한 지령음(地靈音)에 대한 음향화도 어려움이 따르기는 마찬가지다. 그래서 과감히 생략하고 이필원 작곡의 비현실적이고 괴기(怪奇)스러운 음악으로 대체하고 있다.

2) 학의 비상

<천년학>에서 특수 촬영을 통해 그려지고 있는 비상학의 모습도 <소리의 빛>에서는 생략되었다. 앞에서 살펴본 바처럼, 도입부분에서 종이학이 날아가는 듯한 영상을 제시하고 있고, 누이와 사내가 소리로 어우러지는 장면에서 해가 뜨고 학이 날아오르는 모습으로만 제시하고 있다. 그 이유 또한 영상으로 표현하기 곤란하기 때문이다. 그래서 드라마에서는 비유를 통한 간접 제시의 방법을 택하고 있는 것이다.

1.4 〈천년학(千年鶴)〉 내용 분석

영화 <천년학(千年鶴)>은 「서편제」, 「소리의 빛」, 「선학동 나그네」의 스토리 전체를 아우르고 있는데, 그 중 중심이 되는 텍스트는 「선학동 나그네」다. 「선학동 나그네」의 스토리를 중심으로 하면서도 전체적인 내용이 원작소설을 변형하고 있어 '해석적 변형'을 보이고 있다.

영화 <천년학>은 임권택 감독의 백 번째 작품으로도 유명한데, 1993년 임권택 감독이 영화화하여 크게 흥행했던 영화 <서편제>의 후속편격이다. 그러나 <서편제>와는 달리 흥행하지 못했다. 평론가들의 호평과는 달리 관객들이 외면한 때문이었다. 그 이유를 여러 각도에서 조명할 수 있겠지만, <서편제>와의 차별성을 크게 두지 못했다는 점, <서편제>의 후속편이란 인식이 새로움을 추구하는 관객들의 기호를 만족시키지 못했다는 점, 상영 시점 등을 지적할 수 있다. 이에 대한 자세한 논의는 뒤(Ⅲ. 서술 기법 비교)에서 논의하기로 하고, 먼저 <천년학>의 스토리를 살펴보기로 하자.

1. 주막을 찾아가다 숲길에서 옛일을 회상하는 동호
2. 선학동 주막에서 용택과 다시 만나 식구들을 버리고 도망친 이유를 얘기함
3. 맹인이 된 송화의 사연을 듣고 눈이 먼 송화를 찾기 위해 태평양 창극단에 들어감
4. 홍단심과 동거 생활을 하면서도 송화를 찾아다님
5. 나이가 든 송화와 용택의 결혼을 반대하고 송화를 명창으로 키우겠다는 유봉
6. 소리 연습에 매진하는 송화와 유봉의 죽음
7. 송화를 찾아다니는 동호에게 거부반응을 보이는 홍단심
8. 강진에 있는 유봉의 묘를 찾아가 8년만에 송화와 재회
9. 홍단심과 동호의 위태로운 결혼 생활
10. 동호가 애까지 낳았다는 소리에 헛구역질하는 송화
11. 송내면장 부친인 백사 노인의 칠순 잔치에 갔다가 송화를 다시 만남

12. 백사의 소실 생활(1) : 백사노인의 잠동무
13. 싸구려 술집을 전전하며 고수로 연명하는 동호와 노름으로 탕진하는 홍단심
14. 백사의 소실 생활(2) : 백사노인의 죽음과 백사노인 별장을 떠나는 송화
15. 제주 애월까지 찾아가 송화와 만나 제주나들이를 함
16. 동호가 중동으로 떠난 후 TV를 구해다 중동 소식을 들으며 걱정하는 송화
17. 중동에서 돌아와 아들 기철이 죽었음을 알고 홍단심과의 결혼생활을 정리하는 동호
18. 송화를 위해 소리공부방을 짓는 동호
19. 송화가 진도 술집에서 일한다는 소식을 듣고 찾아가지만 만나지 못함
20. 새로 지은 소리방 처마에 풍경을 매다는 동호
21. 대문 밖을 내다보며 송화를 기다리다 송화가 찾아오는 환영을 보는 동호
22. 홍단심이 소리방을 찾아옴 : 집안 구조 전체를 맹인인 송화를 위해 배려한 동호
23. 홍단심의 정신병 수발을 위해 송화를 위해 지은 소리방까지 다 탕진한 동호
24. 송화가 나중에 또 다녀갔음을 알려주는 용택
25. 유봉이 동호에게 남겼다는 북을 꺼내 동호에게 전해주는 용택
26. 북을 앞에 둔 동호를 통해 학의 비상을 보는 용택
27. 학의 비상

영화 <천년학>은 27개의 시퀀스(sequence)와 221개의 신(scene)으로 구성되어 있다. 원작소설의 스토리를 바탕으로 '해석적 변형'을 뛰어넘어 원작소설을 '원자재로 사용'하고 있기 때문에 많은 부분에서 차이점을 발견할 수 있다.

1.4.1 첨가된 부분

원작소설을 '원자재로 사용'하고 있는 <천년학>은 스토리 전반에 걸쳐 원작소설에는 없는 내용들이 나타난다. 태평양 창극단에 입단과 홍단심과의 결혼생활, 백사의 소실(小室) 생활(1), (2), 송화와 동호의 제주 나들이, 동호의 중동행과 송화의 기다림, 송화를 위한 소리방을 짓는 동호, 홍단심의 정신병 치료를 위해 소리방까지 탕진함, 유봉이 남긴 북을 앞에 놓고 송화를 그리워하는 동호 등 거의 모든 스토리가 새롭다. 사내(동호)가 선학동을 찾아 누이(송화)의 후일담을 듣고, 비상학으로 날아오른다는 핵심모티프를 제외하면 완전히 새로운 텍스트로 전환되었다. 이런 전환의 모습 중 공통적 사항들로 묶어 동호와 송화의 사랑, 송화의 소실(小室) 생활, 동호의 결혼 생활, 동호와 송화의 제주 나들이로 살펴보기로 하겠다.

1) 동호와 송화의 사랑

<천년학>은 주제면에서 원작소설을 벗어난다. '소리를 통한 천지자연의 감응(感應)과 예술적 승화'란 원작소설의 주제가 '두 남녀의 사랑과 소리를 통한 승화'로 변주되고 있기 때문이다. <천년학>은 원작소설에 오누이로 설정되어 있는 동호와 송화 두 사람의 관계를 남남으로 변형시켜 사랑이야기로 그리고 있다. 이는 국악(판소리)이라는 따분하고 낯선 소재보다는 멜로드라마에 관심을 갖는 관객들을 고려한 변형이라고 할 수 있다. 영화텍스트 전편을 통해 부각되는 동호와 송화의 사랑을 먼저 살펴봄으로써 영화 이해의 길잡이로 삼아보자.

① 송화를 사이에 두고 어린 동호와 어린 용택의 다툼
② 군에서 송화에게 줄 탄피 반지를 만드는 동호
③ 유봉의 주기(週期)를 맞아 유봉의 묘에 찾아가서 송화와 만나

는 동호

④ 단심과 동거 하면서도 송화를 찾아다니는 동호

⑤ 동호가 애를 낳았다는 소식에 헛구역질을 하며 거부반응을 보이는 송화

⑥ 동호가 준 탄피 반지를 닦아 끼고 다니는 송화

⑦ 제주도까지 송화를 찾아가, 송화를 위해 점자까지 배우고 라디오 연속극 테이프도 구해두는 한편, 나중에 송화에게 들려주려고 책도 많이 읽었다고 말하는 동호와 그 말에 눈물을 흘리는 송화

⑧ 송화와 동호의 제주 나들이

⑨ 송화의 소리방을 만들어주기 위해 중동행을 강행하는 동호

⑩ 중동에 간 동호를 그리워하며 동호를 기다리는 송화

⑪ 중동에서 벌어온 돈을 다 들여 송화를 위해 소리방을 짓는 동호

⑫ 송화의 마지막 소식이라도 듣기 위해 선학동 주막을 찾는 동호

⑬ 두 마리 학이 되어 선학동 물 위를 날아오르는 동호와 송화의 승화된 사랑

이렇듯 <천년학>은 동호와 송화의 사랑이야기다. 소리의 마력으로부터 벗어날 수 없어 소리와 누이를 찾아서 전국을 떠도는 사내의 이야기란 원작소설의 스토리를 벗어난다. 따라서 한 작가의 연작소설이 한 감독에 의해 두 편의 영화로 제작, 새로운 해석과 형상화·예술화를 시도하고 있다고 볼 수 있다. <서편제>는 예술가 가족의 한과 삶, 예술적 승화에 초점을 맞춰 전개하면서 두 남녀의 사랑을 조미료로 가미하고 있다고 한다면, <천년학>은 두 남녀의 사랑을 전면에 부각시켜 사랑의 예술적 승화로 변화를 시도하고 있다. 따라서 두 영화는 같아 보이지만 다른 영화다.

2) 송화의 소실(小室) 생활

백사 노인의 소실 생활(1)・(2) 또한 원작소설에는 없는, 영화에서 첨가된 부분이다. 칠순 잔치에 소리꾼으로 초대되어 백사와 알게 된 송화는 백사의 소실(小室)이 되어 백사의 임종까지 동행하는 역할을 담당한다. 이는 소리를 좋아하는 백사의 개인적 취향을 반영한 해석이기도 하겠지만, 맹인 소리꾼으로서 세상을 살아가기 위해서는 일정한 거처와 돌봐줄 사람이 필요하다는 현실적인 인식이 작용한 것이다. 「소리의 빛」에서도 맹인 여자는 주막주인인 천씨의 소실쯤으로 설정되어 있다. 성 상대자(性相對者)가 아니라 말동무이자 소리로 적적함을 달래주는 상대자로서 설정한 것이다. 영화 <천년학>에서도 그런 첩살이 모습을 보여주고 있다. 잠자리에서 의붓아비에게서 배운 '새타령'을 불러준다든지, 백사 노인의 적적함을 소리로 달래준다든지 하는 첩살이의 모습을 보여주고 있다. 또한 백사 노인의 소실 생활 부분은 소리보다 영상미가 돋보이는 부분으로, 한국적 미를 영상으로 보여주고 있기도 하다.

3) 동호의 결혼 생활

원작소설에는 언급이 없어 사내의 결혼 여부가 불투명하다. 소리를 찾아 떠돌아다닌 점으로 보아 오히려 결혼을 못했을 가능성이 높다. 그런데 영화에서는 홍단심과의 결혼 생활이 비교적 자세히 그려진다.

운전병으로 군생활한 동호는 태평양극단 수송 트럭 운전사가 되어 전국을 돌아다닌다. 송화를 찾을 생각과 함께, 어렸을 때 의부(義父)로부터 배웠던 북장단이라도 배울 생각에서다. 그런 의도로 창극단 생활을 하던 중, 창극단원인 홍단심과 사랑을 하게 되고 동거를 하고 아이까지 갖게 된다. 그러나 두 사람의 결혼 생활은 순탄하지 않다. 단심이 노름에 빠져 가정을 돌보지 않기 때문이기도 하지만, 운전을 하며 전국을 돌아다니는 동호의 불안정한 생활과 송화에게 모든 마음을 뺏긴 동호의 태도도 한 몫 한다.

단심과 파경을 맞은 동호는 오로지 송화를 위해 살 생각으로 소리방을 지어 송화와의 삶을 꿈꾸지만, 헤어진 홍단심이 소리방을 찾아오게 되고, 그녀가 정신병원에 입원해 있음을 알게 되고, 홍단심의 병 수발을 하느라 송화를 위해 지었던 소리방까지 탕진하게 된다. 그렇게 동호가 모든 것을 다 바쳐 병 수발을 들었는데 단심은 끝내 자살해버림으로써 동호와 송화의 삶을 빼앗아버린다.

동호와 단심의 결혼 생활은 가족의 소중함을 일깨워주는 한편, 송화에 대한 동호의 그리움을 키우는 계기가 된다. 아버지를 일찍 여의고, 어머니마저 어린 날에 잃어버린 후 의부에게서 도망침으로써 정상적인 가정을 가지지 못했던 동호에게 가정과 가족은 남다른 의미를 가진다. 가족과 함께 오순도순 살아가는 것을 누구보다 그리워했을 동호였지만 그런 가정을 이루지 못한다. 떠돌이 생활을 계속해야 하는 그의 직업, 노름에 빠진 단심, 단심의 무관심으로 인한 아들 기철의 죽음이 동호를 방황하게 하고 그럴수록 송화에 대한 그리움은 커져간다. 송화에게 탄피 반지까지 주고서 왜 홍단심과 살았느냐고 묻는 용택에게 "아들을 낳자 합치게 됐고, 마음의 굴레를 쓰고 살게 되었다."는 동호의 대답이 그걸 말해준다.

이는 자신의 아들이 아닌 줄 알면서도 기철을 사생아로 만들지 않기 위한 동호의 배려에서 나온 것이다. 기철이 죽은 것을 알고 화를 내며 단심을 몰아세우자 기철의 친부(親父)는 태평양극단 단장이었다는 단심의 말에 동호는 그건 자기도 알고 있었다고 답한다. 그런데도 그렇게 기철을 애지중지했느냐는 단심의 말에 "나도 아비 없이 혼자 자랐으니까." 란 동호의 대답은 그런 판단을 확인시켜준다. 또한 동호가 애까지 낳았다는 소식에 욕지기까지 하는 송화가, 백사 노인의 칠순 잔치에서 만난 동호와 헤어지면서 "애 잘 키워 고아 만들지 말라."고 말하는 것도 같은 선상에서 이해할 수 있다. 아들을 자신들처럼 고아 만들지 말라는 당부는, 자식을 가진 사람에게는 그 어떤 책임보다 부모로서의 책임이 무겁다는 의미를 담고 있다.

4) 동호와 송화의 제주 나들이

원작소설에는 오누이로 그려진 송화와 동호의 관계가 <서편제>에서 남남으로 그려지고 그런 설정은 <천년학>에서도 이어진다. 더욱 두드러진 특징은 송화가 4·3 제주항쟁 때 소개 명령을 어겼다가 총에 맞아 죽은 제주 사람의 딸로, 뱃사람에 의해 유봉에게 넘겨진다는 구체적인 내력을 갖게 된다.

백사 노인의 첩살이를 마친 송화가 부모의 행적을 찾아 제주로 내려갔다가 술집에서 이어도 타령을 부르며 살고 있을 때 동호가 찾아간다. 그리고 둘은 팽나무 숲, 오름, 바닷가, 억새밭, 용문이오름 등을 돌아다니며 제주 여행을 한다. 장님인 송화가 가기 어려운 곳은 동호가 안기도 하고 업기도 하면서 함께 한다. 이는 단순한 여행이 아닌 밀월 여행적 성격을 갖는다. 직접적인 결혼에 대한 언급이나 약속은 없지만 마음으로 서로를 허락한다는 의미를 갖는다. 그리고 그 여행의 의미를 송화는 "동호 덕에 고향에 와서 일 년 만에 마음속에 고향을 담게 됐다"고 하며 기뻐하면서, 동호가 중동으로 돈 벌러 가겠다는 말에 "죽음의 길, 가지 않으면 안 되겠냐"고 말린다. 그리곤 한 둔덕에서 '갈까보다(상사가)'를 부르면서 동호와의 이별을 아쉬워한다. 또한 동호가 중동으로 떠난 후, 보지도 못 하는 텔레비전까지 구해다 중동 소식에 모든 신경을 모은다. 따라서 송화와 동호의 제주 나들이는 둘만의 밀월여행을 떠난 것으로 볼 수 있다. 그러기 위해 송화의 고향을 제주로 설정한 것이다. 이는 제주의 아름다운 풍광을 담아 영상미를 살리겠다는 감독의 의도를 반영한 것으로 볼 수도 있다. 또한 제주 역사의 아픔이자 우리 현대사의 아픔인 제주 4·3민중항쟁을 간접적으로 보여주고자 하는 의도도 담고 있다고 본다.

1.4.2 변형된 부분

영화 <천년학>이 원작소설을 '원자재로 사용'하고 있다는 점은 변형된 부분을 통해서도 얼마간 드러난다. 동호와 송화의 관계를 피 한 방울 섞이지 않은 남남으로 설정했다는 점이 그 첫째다. 동호와 송화의 관계를 변형시킴으로써 소설의 주제마저 바꾸고 있다. 그 외에 동호의 직업에 대한 구체적인 제시, 동호가 유봉과 송화 곁을 떠난 이유, 송화를 장님으로 만든 이유, 주막집 주인 역할의 변화, 학의 비상 모습과 이유 등이 변형되고 있다.

1) 동호와 송화의 관계

동호와 송화의 관계는 <서편제>에서 이미 남남으로 바뀌고 있고 그 이유 또한 앞에서 살펴보았기 때문에 생략하기로 하겠다. 다만 <서편제>와는 달리 송화의 부모와 고향 등이 자세히 서술되고 있음은 <서편제>와 다른 면이라 하겠다.

2) 동호의 직업

원작소설에는 나타나지 않는 사내(동호)의 직업이 <서편제>에서는 약재 수집상이었다가, <천년학>에서는 태평양 창극단 운전기사, 중동 건설공사 인부 등으로 바뀌고 있다. 이렇게 동호의 직업을 구체적으로 언급하는 것은 당시 시대상을 반영한 결과다. 또한 원작소설에서처럼 일정한 직업도 없이 소리만을 찾아 떠돈다는 것은 현실적으로 무리가 따른다. 소설에서는 얼마간 가능한 설정이 대중성을 기반으로 하는 영화에서는 핍진성의 문제로 인해 변형되고 있는 것이다. 특히 1970년대

중동 건설 붐이 일었던 상황을 바탕으로 하여 동호를 중동 건설 역군으로 그린 것은 인물의 현실감을 부여한다는 점에서도 의의가 있다 하겠다.

3) 동호가 송화와 유봉에게서 떠난 이유

<천년학>에서도 동호가 송화와 유봉에게서 떠나는 이유는 가난과 송화에 대한 유봉의 핍박 때문이다. 배가 고파 술지게미를 먹고 취해 낮잠을 자고 있는 송화에게 소리연습은 안 하고 낮잠만 잔다고 유봉이 송화를 닦아세우자 동호가 그에 반발하여 유봉과 다툼으로써 떠나고 있다. 돈이 되지 않는 소리를 위해 사는 것에 대한 어려움, 미래에 대한 불투명성은 <서편제>나 같다. 그러나 <천년학>에서는 한 가지가 더 추가되고 있다. 그것은 바로 유봉이 송화에 대한 닦달을 동호는 송화에 대한 핍박으로 인식하고 있다는 점이다. 자기가 좋아하는 사람을 핍박한다고 느꼈기 때문에 동호는 유봉에게 극단적인 반발과 폭력을 행사하고 떠나 버리고 있다. 이는 전체적인 스토리라인과도 부합되는 것으로, 동호와 송화의 사랑을 영화의 중심에 놓았기 때문에 생긴 변형이다.

4) 송화를 장님으로 만든 이유

원작소설에서는 사람들의 입을 빌어 소리를 위해 딸애(송화)를 맹인으로 만들었을 것이라고 추측하고 있다. 그런데 <천년학>에서는 성(性)을 위해서일지도 모른다고 추정을 하고 있다. 한 마디로 유봉은 자신의 성욕을 충족시키기 위해 송화의 눈을 멀게 했을지도 모른다고 추측한다.

송화를 찾아다니다 혁필화를 그리는 낙산거사를 찾아간 자리에서 동호는, 홀아비 유봉이 송화가 여자로 자라기를 기다렸을 것이라고 주장한다. 그 말을 들은 낙산거사는 '호로새끼'라고 욕하며 자리를 뜸으로써 거부되고 있기는 하지만, 동호의 주장은 소멸되지 않는다. 새로운 관점에서 송화가 장님이 된 이유를 제기하고 있기 때문이다. 사실, 낙산거사와의 대화 장면에서 송화가 맹인이 된 이유가 전부 제시되고 있다. 낙산이 언젠가 유봉과 만난 자리에서, 부자를 써서 송화를 일부러 맹인으로 만든 것 아니냐는 물음에 "제 딸을 맹인으로 만드는 애비가 어딨어!"라고 대답하고는 "부자는 심신을 보하기 위해 썼"느라고 대답한다. 따라서 유봉의 입장에서는 송화의 몸을 위해 부자를 쓴 게 잘못돼 송화가 맹인이 된 것이라고 주장한다.

그리고 사람들은 "한을 심어줘 소리꾼으로 만들기 위해 맹인으로 만들었다"고 추측하는가 하면, "딸이 동호처럼 제 곁을 떠날까봐 그랬다"고 말하기도 한다. 따라서 사람들은 소리꾼으로 키우기 위해서거나 자신의 곁을 떠나지 못하게 하기 위한 방편으로 추정한다. 이렇듯 송화가 맹인이 된 사연을 유봉, 사람들, 동호의 입장에서 고찰함으로써 누구의 말도 신뢰할 수 없음을 부각시킨다. 따라서 모든 판단은 관객들에게 맡기는 이른바 대화주의의 입장을 취하고 있는 것이다. 모든 사건을 바라보고 판단하는 것은 관객 각자의 입장에 따라서 달라질 수 있음을 보여주는 시퀀스라 하겠다.

5) 주막집 주인의 역할

원작소설 「선학동 나그네」에서 주막집 주인의 역할은 학이 다시 날게 된 사연과 사내가 모르는 누이와 의붓아비의 행적, 선학동에 아비의 유골을 암매장한 과정 등을 전달하는 서술자 내지는 전달자의 역할을 맡고 있다. 그러나 <천년학>에서는 자신이 알고 있는 유봉과 송화의 과거담을 전달하는 단순한 전달자가 아닌 대화자로 자리매김한다. 과거부터 동호와 잘 알고 있는 사이로, 송화를 놓고 동호와 경쟁관계에 있었던 용택이 동호의 과거사를 묻고 동호의 행동에 대한 비난·옹호·동정까지

하는 평가자로서의 면모까지 보인다. 특히 '24. 홍단심의 정신병 수발을 위해 송화를 위해 지은 소리방까지 다 탕진한 동호 시퀀스'는 용택의 역할을 가장 명확히 보여주는 시퀀스다. 이 시퀀스에서 용택은 송화를 위해 지은 소리방까지 탕진하게 해놓고 끝내는 자살해 버린 홍단심을 성토하는가 하면, 동호를 알다가도 모를 사람이라고 애정을 보내기도 하고, 애지중지하는 매실주를 꺼내 동호에게 권하기까지 한다. 어찌보면 영화 전개의 동력을 용택이 쥐고 조정하고 있는 것 같은 느낌까지 준다. 따라서 마지막 장면에서 두 마리 학이 비상하는 모습을 용택의 눈으로 보게 된다는 설정은 결코 어색하지 않고 자연스럽게 수용된다. 다른 사람이 아니라 송화와 결혼까지 생각했었고, 동호와 연적(戀敵) 관계에 있었고, 그 누구보다 송화 가족사를 잘 알고 있던 용택의 눈에 그렇게 보인다면 관객들은 한 사람의 환상이 아니라 객관적이고 현실적인 사건으로 파악하려 하기 때문이다.

6) 학의 비상

주제가 바뀌면 스토리뿐만 아니라 담론 구조, 서술 전략까지 바뀐다. 주제가 서사물이 핵심이자 지향하는 목적이라 볼 때 주제의 변화에 따라 구조와 전략이 바뀌는 것은 너무나 당연한 일일지도 모른다. 영화 <천년학>이 이루지 못한, 그러나 더 큰 사랑으로 승화하는 두 남녀의 사랑을 그리고 있다고 본다면 주제면에서 원작소설과는 완전히 벗어나 있다. 그러다 보니 스토리, 구조, 전략이 바뀐다. 그 모습을 가장 극명하게 보여주는 것이 영화의 마지막 장면이다.

원작소설에서는 학이 되어 선학동 포구를 지키겠다는 여자(누이)의 말로 말미암아 사내가 산등성이에 올라앉자 여자의 소리가 들리는 듯하고, 사내가 한 마리 학이 날아오르는 환상을 주막집 주인 사내의 눈으로 보게 된다. 그러나 영화에서는 전혀 새로운 스토리로 변형된다. 유봉이 동호에게 남겼다는 북을 용택이 동호에게 전달하고, 그 북을 앞에 놓고 툇마루에 앉은 동호의 모습에서 용택은 선학의 비상을 보게 되는 것이다. 그것도 한 마리가 아닌 송화와 동호의 현신(現身)인 듯, 두 마리 학이 선학동 주막을 맴돌고 선학동을 벗어나 바다로 날아간다. 마치 다시는 못 올 그리운 곳인 양 선학동 주막 주변을 한 번 돌고는 밀물이 가득 찬 선학동 포구를 벗어나 자유롭게 바다로 날아간다. 이는 현실적으로 이루지 못한 송화와 동호의 사랑이 학으로 변해 아름답고 영원한 사랑을 나눈다는 의미로 해석할 수 있다. 따라서 사랑의 완성이고 승화다. 그것도 다른 사람의 눈이 아닌 용택의 눈을 통해 봄으로써 사실성과 객관성을 확보하고 있다. 따라서 이 장면은 두 마리 학의 비상이 환상이 아니라 현실임을 관객들에게 일깨우려는 장치라 볼 수 있다.

여기서 또 한 가지 지적할 사항은 컴퓨터 그래픽과 3D 입체 촬영을 통해 선학동 주막 및 선학동 포구의 과거와 현재의 모습을 완벽한 재현했음을 물론, 비상학의 모습을 아름답게 그려냈다는 점이다. 이는 이 영화가 지향하고 있는 서술 전략을 드러내는 부분이기도 한데, <서편제>가 소리를 통해 숨은 의도를 전달하고 있다고 본다면 <천년학>은 남녀의 사랑을 아름다운 풍경과 한국적인 영상을 통해 채색하고 있다고 볼 수 있다.

1.4.3 생략 또는 축소된 부분

<천년학>은 「선학동 나그네」의 핵심모티프를 주축으로 하여 「서편제」와 「소리의 빛」의 핵심모티프까지 조금 빌려와 새로운 내용의 서사물을 만들고 있다. 따라서 생략 또는 축소된 부분을 살핀다는 것은 큰 의미가 없다. 원작소설을 '원자재로 사용'하여 구성이나 플롯, 인물까지 독자적으로 만든 영화에서 첨가, 변형, 생략, 축소는 너무나 당연하기 때문이다.

영화 <천년학>에서 생략된 부분은 앞에서 살펴본 <서편제>, <소리의

빛>과 같고, 그 두 편의 영화를 살피면서 자세히 다룬 만큼 생략하기로 하겠다.

2. 「이어도」와 <이어도>

「이어도」는 제주의 전설 '이어도(이여도)'를 소재로 '사실을 뛰어넘는 허구의 진실성'과 '현실의 질곡과 낙원 · 구원의식', '삶과 죽음의 관계'를 추적하는 작품이다. 소재도 특이하지만 주제 또한 만만치 않다. 그래서 김치수도 '작가 이청준은 어떤 주제든지 쉽게 넘어가지 않'는다고 지적하고 있다.[24] 이청준을 다양한 주제와 소재로 새로움을 추구하여 한국현대문학의 새 지평을 연 작가라 평가하는 것이다. 또한 여러 논자들이 지적하고 있듯이, 이청준은 자신이 하고자 하는 말을 직접적으로 제시하기보다 우회적으로 제시하며, 비유적 공간이나 상징적인 공간을 통해 드러낸다. 이 때문에 대체로 관념적이라는 평가를 받기도 한다.[25] 특히 김주연은 이청준 소설에 나타난 주제를 구원과 화해로 파악하며, 이러한 주제의식이 신과 같은 초월자에 의해서가 아닌 인간적 노력에 의해 이루어지기에 작품이 난해하며 관념적으로 흐른다고 지적한다. 또한 소설 전개와 문체 자체가 사변적이라는 점을 통해 이청준 작품에 나타난 관념성이 소설의 긴장을 만들어낸다고 분석하고 있다. 이런 속성과

24) 김치수, 「언어와 현실의 갈등」, 권오룡 엮음, 『이청준 깊이읽기』, 문학과 지성사, 1980.

25) 이런 평가에 대해서는 다음의 글을 참고할 수 있다.
① 김주연, 앞의 평론.
② 김지원, 「원형의 샘」, ≪현대문학 : 이청준의 관념세계≫, 현대문학사, 1979. 6.
③ 김교선, 「관념소설론」, ≪표현≫, 전라문학회, 1980.

지적들을 가장 잘 보여주는 작품이 바로 「이어도」라 할 수 있다.

서론에서 살펴본 바와 같이 「이어도」에 대한 연구는 다른 작품들과 마찬가지로 활발히 이루어지고 있다. '환상성', '관념성', '낙원의식' 등의 주제를 다루는 논문들에 언급되고 있는 것까지 포함하면 다른 작품들에 비해 많은 조명을 받고 있는 것이 사실이다. 그러나 「이어도」를 각색한 드라마 <이어도>에 대한 연구는 전무한 상태다. 이는 본격적인 영화가 아닌 TV드라마이기 때문에 별다른 주목을 받지 못하고 있는 것으로 보인다. 그러나 관념적인 소설일수록 영상화하기 곤란하다는 점을 고려할 때, 드라마 <이어도>와 영화 <석화촌>은 원작소설과 각색영상물의 비교 연구에는 꼭 필요한 텍스트가 아닌가 한다.

2.1 「이어도」의 내용 분석

제주의 '이어도 전설'은 아주 간단하다. 제주의 전설을 정리해 놓은 책[26]에도 언급되지 않는, 단편적인 내용[27]만이 전해지는 섬이다. 이어도는 제주섬에서 남쪽으로 수백 리나 떨어져 있는 파도로 뒤덮인 섬, 한

26) 玄容駿,『濟州島傳說』, 瑞文堂, 1976.
玄容駿·金榮敦,『韓國口碑文學大系 9－1 : 제주도 북제주군 편』, 韓國精神文化研究院, 1980.
玄容駿·金榮敦,『韓國口碑文學大系 9－2 : 제주도 제주시 편』, 韓國精神文化研究院, 1981.
玄容駿·金榮敦,『韓國口碑文學大系 9－3 : 제주도 서귀포·남제주군 편』, 韓國精神文化研究院, 1982.
秦聖麒,『南國의 傳說』, 교학사, 1982.
金榮敦·玄容駿·玄吉彦,『濟州說話集成(1)』, 濟州大學校 耽羅文化研究所, 1985.

27) 제주설화 중에는 단편적인 내용의 것들이 많은데, 그 이유를 필자는 오랜 시간의 경과, 관심도의 축소 등으로 보았다. 이에 대한 자세한 내용은 졸고「설문대할망說話研究－特徵과 變異過程을 中心으로」, ≪國文學報·10≫, 濟州大學校國語國文學科, 1990. 참조.

번 그 섬을 본 사람은 곧 죽어 버리는 저주의 섬, 해녀나 뱃사람들이 지난(至難)한 이승의 삶을 마치면 가는 복락(福樂)의 섬이다. 스토리적 차원에서 보자면 환상적인 이상향인 동시에 죽음을 부르는 저주의 섬이라는 이중성을 가진다. 그러나 제주민들은 이 섬을 저주의 섬으로 보기보다는 지난한 현실의 삶을 다하면 가게 되는 복락의 섬으로 인식한다. 이런 경향은 전설에는 거의 나타나고 있지 않지만, 해녀노래를 위시한 많은 제주 민요에 나타나고 있다. 이런 점에 유의하면서 이청준의 소설 「이어도」의 스토리를 살펴본다면 그 의미가 더욱 새로울 것이다.

1. 프롤로그 : 섬의 존재와 인간의 미확인
2. 파랑도 수색 작전 실패와 천남석의 실종
3. 중위의 거동이나 생김새에 긴장하는 양주호
4. 양주호의 시큰둥한 태도와 중위의 자제력
5. 수수께끼 같은 호기심이 발동하는 중위
6. 천남석의 동행 이유와 자살 이유 추정
7. 이어도에 대한 선우 중위의 인식
8. 파랑도와 이어도를 동일시하며 수색작전을 비웃는 천남석
9. 섬의 부재를 확인하자 여유를 잃고, 이어도를 비난하는 천남석
10. 자신과 이어도와의 절망적인 얘기 끝에 실종된 천남석
11. 술집 〈이어도〉에서 이어도 여자와의 만남
12. 이어도 여자와 천남석의 관계를 알리는 양주호
13. 이어도 술집, 이어도 타령, 이어도에 미쳐 있는 양주호
14. 천남석이 자살로 이어도를 지켜냈다고 강변하는 양주호
15. 양주호의 권유로 천남석의 집으로 향하는 두 사람
16. 천남석의 어린 시절의 삶과 이어도와의 관련성
17. 양주호의 완력에 무당집 같은 천남석의 집에서 여자를 기다리는 중위
18. 여자에게 홀려 옴짝달싹 못하고 동침하는 중위

19. 이어도의 존재를 부정할수록 이어도에서 벗어나지 못했던 천남석을 떠올리는 중위
20. 천남석의 영혼인 양 여자를 학대하는 중위와 교합 중에 이어도 노래를 부르는 '이어도 여자'
21. 여자와 하룻밤을 보낸 후 천남석 죽음의 수수께끼가 풀려가는 듯한 중위
22. 섬을 떠나겠다는 여자의 말에서 천남석이 여자의 운명을 완전히 지배하고 있음을 느끼는 중위
23. 늘 음모를 숨기고 있는 듯한 양주호를 찾아가는 중위
24. 여자도 섬을 떠날 수 없을 것이라고 단정하는 양주호
25. 모든 것이 정리되어 있는 것 같은 양주호를 괴물처럼 느끼는 중위
26. 천남석을 자살로 단정하는 양주호의 논리
27. 비약과 영감투성이의 양주호의 얘기에서 천남석의 자살을 묵인하는 중위
28. 에필로그 : 제주도가 이어도라는 듯 상처 하나 없이 되돌아온 천남석의 시체

텍스트의 담론 시간은 하루쯤, 에필로그를 제외한 담론을 중심으로 하면, 선우 중위가 함정에서 내려 양주호와의 탐색을 끝내고 다음 날 함정에 오를 때까지의 탐색담이다. 그러나 스토리 시간은 30년 이상이다. 담론의 측면에서는 천남석 기자의 자살(실종) 이유를 추적하여 밝히는 탐색구조를 취하고 있다. 천남석 기자의 어린 시절의 체험과 인식, 제주민을 대표하는 양주호와 '이어도 여인'의 삶과 인식, 선우 중위가 천남석 기자의 실종 사건의 이유를 탐색하는 과정에 겪는 다양한 체험과 인식을 이청준이 즐겨 사용하는 다층구조를 채택하여 다양한 각도에서 조명하고 있다. 이를 구조화하여 살펴보면 다음 페이지 <그림 2>와 같다.

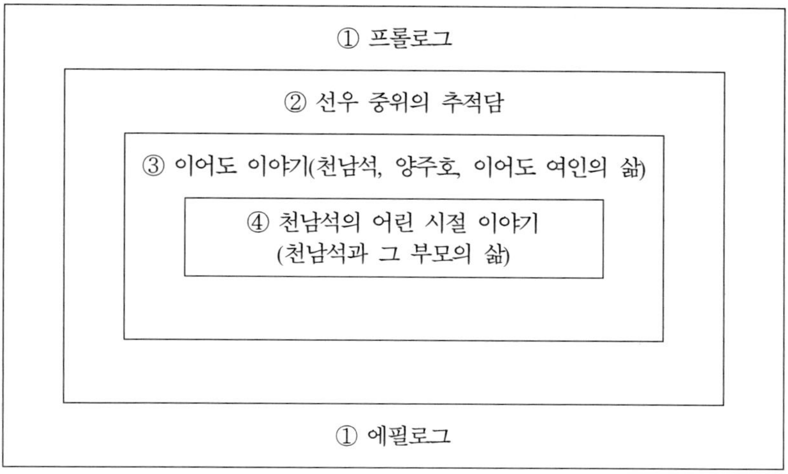

〈그림 2〉「이어도」의 구조

담론의 핵심은 천남석의 자살의 이유다. 파랑도 수색작전에 등행취재하기 위해 동행했던 천남석의 실종 소식을 전하러 <남양일보사>를 찾았던 선우 중위가 양주호 국장의 반응과 태도에 궁금증을 느끼면서 탐색은 시작된다. 천남석의 기이한 의식과 행동, 실종에 대해 궁금했던 차에 양주호가 불을 지른 것이다. 그러나 결국 그 궁금증은 수수께끼가 되어 선우 중위를 뒤덮는다. 천남석의 인식과 행동뿐만 아니라 양주호, 이어도 여인의 인식과 행동까지 수수께끼가 되어 다가온다. 그리고 양주호와의 동행, 이어도 여인과의 동침을 통해 그들의 의식과 삶의 방식을 깨닫게 되고, 방관자였던 선우 중위는 마침내 제주민의 의식과 삶을 이해하고 배에 오른다.

천남석의 유년 시절의 경험과 인식은 천남석 개인의 것이 아니다. 그 인식은 천남석 부모에게서부터 생겨난 것이다. 즉, 천남석의 인식은 부모의 인식과 행동, 삶에서부터 받은 것이다. 천남석의 부모는 또한 그 부모나 제주민에게서 영향을 받은 것으로 볼 수 있다. 따라서, 천남석의 의식이나 인식은 제주민의 인식과 크게 다르지 않다. 다만, 천남석이 이어도의 환상성, 복락을 미끼로 해서 제주민을 기만하고 있다고 인식한다는 점은 조금 다르지만, 결국 천남석도 이어도 전설로부터 자유롭지 못하다. 허구가 진실을 능가할 수 있다는 인식이 그것이다. 또한 이 인식은 탐색의 주체인 선우 중위에게도 영향을 준다.

2.2 〈이어도〉의 내용 분석

드라마 <이어도>는 '도해적 전환'의 양상을 잘 보여준다. 매체를 변화시켰을 뿐, 주제나 인물 등이 거의 변형되지 않고 원작소설을 충실히 재현하고 있다. 이는 앞에서 살펴보았듯이 ≪TV문학관≫의 의도와 밀접한 관련을 맺고 있다. 앞에서 살펴본 소설텍스트와 비교를 위해 스토리라인을 먼저 살펴보자.

1. 척박한 제주민의 삶과 이어도의 탄생 : 나레이션과 함께
2. 파랑도 수색 실패와 천기자의 실종
3. 천기자의 실종 소식에 냉담한 반응을 보이는 양국장
4. 제주민을 속이는 이어도의 환상에 대한 천기자의 거부 반응
5. 술집 '이어도'에서 '이어도 미인'과의 만남
6. 제주민의 지난한 삶의 모습과 이어도 타령 속에 사는 천기자
7. 천기자가 섬을 찾았다고 확신하는 양주호
8. 막무가내로 선우 경장을 천기자의 집으로 끌고가는 양주호
9. 천기자의 어린 시절과 이어도
10. '이어도 여자'에게 천기자의 실종을 전하는 선우 경장
11. 천기자의 실종 직전의 행적을 회상하는 선우경장
12. 선우 경장을 잡는 여인의 이상한 힘에 끌려 동침하는 선우 경장

13. 섬을 떠나겠다는 '이어도 여인'의 과거담
14. 다시 양주호를 찾아 여자와의 일을 알리는 선우 경장
15. 여자의 삶과 천기자와의 관계를 알리는 양국장
16. 섬을 떠나지 못하는 '이어도 여인'과 이어도에 매인 운명
17. 이어도란 숙명에서 벗어나려는 노력과 한계
18. 천기자의 자살을 확신하는 양국장
19. 섬에서 살아봐야, 제주민만이 알 수 있는 이어도
20. 천기자가 자신의 섬을 찾아간 것으로 매듭짓자는 양주호
21. 제주도가 이어도임을 증명하기 위해 돌아온 천기자의 시신

드라마 <이어도>는 21개의 시퀀스와 91개의 신으로 나누어 살필 수 있다. 앞에서 밝혔듯이 '도상적 전환'을 하고 있기 때문에 원작소설과 별다른 차이점은 없다.

2.2.1 첨가된 부분

매체가 변한 만큼 변형은 필수적이다. 문자언어를 통해 인간의 상상력에 호소하는 소설이 시청각언어[28]를 통해 인간의 감각에 호소하는 영상으로 전환하는 과정에서 변형은 피치 못할 요소다. 그 전환이 '도해적 전환'이라 할지라도 마찬가지다.

1) 척박한 제주의 모습

원작소설은 프롤로그로 시작된다. 섬의 실존과 인간이 지각하지 못하는 이유를 단 네 개의 문장으로 압축적으로 제시하고 있다. 섬은 분명히 존재하는데 섬을 볼 수 없는 것은, 섬을 본 사람은 모두 섬으로 가서 돌

28) 일반적으로 시각언어란 말을 사용하지만, 필자는 시청각언어란 단어를 쓰고자 한다. 영화는 시각적 요소 못지않게 청각적 요소 또한 중요하기 때문이다. 무성영화 시대에 쓰던 시각언어란 용어는 시청각언어란 말로 바뀌어야 할 것이다.

아오지 않았기 때문이란 것이다. 따라서 그 섬은 '죽음의 섬'이다. 보는 순간 그곳으로 가서 영원히 돌아올 수 없기 때문이다. 그러나 드라마는 다른 방식으로 섬의 존재와 지각하지 못하는 이유를 제시한다.

시퀀스 '1. 척박한 제주민의 삶과 이어도의 탄생'은 내레이션과 함께 시작된다. 돌투성이의 땅과 바람 그리고 파도를 보여줌으로써 제주의 척박한 자연환경을 제시한다. 그런 다음 모진 환경 속에서 생존하기 위해 어부로, 해녀로 바다의 위험에 노출된 삶을 제시한다. 그러나 바다의 삶도 결코 안전할 수는 없어 환상이 필요했고, 그 환상이 이어도를 만들어 냈다고 제시한다. 이는 관념적이고 추상적인 제주인의 의식을 척박하고 모진 자연환경을 통해 가시적이고 구체적으로 제시하기 위해 변형한 것이다. 문자를 통해서 인간의 의식을 전달하기는 비교적 쉽지만, 구체적인 영상으로 인간의 의식을 표현하는 데는 한계가 있기 때문에 구체적이고 가시적인 제주의 자연환경과 그 자연환경에 적응하며 살아가는 제주민의 모습을 그리면서, 내레이션을 통해 제시하고 있다. 이 시퀀스는 드라마의 주제, 전체적인 분위기, 내용을 함축적으로 표현하고 있어 중핵 시퀀스[29]으로 볼 수 있다.

29) 버나드 F. 딕은 시퀀스를 직선 시퀀스, 연상 시퀀스, 에피소드 시퀀스로 그 형태와 기능에 따라 나누고 있다. 직선 시퀀스는 각 신들이 액션(행동)을 따라가는 것처럼 순차적으로 구성된 시퀀스고, 연상 시퀀스는 시작, 중간, 끝이 어떤 대상 혹은 일련의 대상들에 의해 함께 연결되는 시퀀스다. 즉, 연상 연결 시퀀스를 말한다. 마지막으로 에피소드 시퀀스는 액션의 세부 사항에 대해 일일이 설명하지 않으며 등장인물의 행위에 대한 이유에 대해서도 말하지 않으면서 관객 스스로 결합하도록 하는 시퀀스다(버나드 F. 딕, 김시무 역, 『영화의 해부』, 시각과 언어, 1994, pp. 48~53.). 그러나 딕의 시퀀스 구분에는 문제점이 있다. 시퀀스를 나누는 기준점이 불명확하다는 점이다. 직선 시퀀스는 구성방식, 연상 시퀀스와 에피소드 시퀀스는 의미적 차원의 구분이기 때문이다.

필자는 시퀀스가 영화의 구성점임을 고려하여, 토마체프스키와 토도로프의 연관 모티프(motif associ)와 자유 모티프(motif libre), 바르트의 핵(noyau)과 위성(catalyse), 채트먼의 중핵(kernel)과 위성(satellite)를 변형하여 중핵 시퀀스와 위성 시퀀스란 용어를 쓰기로 하겠다. 중핵과 위성이라는 용어가 일반 서사학에서 널리 쓰이는 용어인 만큼 영화의 시퀀스를 나눌 때도 유용하리라 보기 때문이다.

2) 이어도 타령을 취재하는 천남석

원작소설에는 '이어도 타령'에 대한 언급이 두 번 나타난다. 술집 '이어도'에서 '이어도 미인'이 '이어도 타령'을 부르는 것, 또 하나는 천남석의 어머니가 자갈밭을 고르면서 알 수 없는 소리로 '이어도 타령'을 부르는 것. 그런데 드라마에서는 천남석이 '이어도 타령'과 제주민의 삶을 취재하는 것으로 그려지고 있다. 마치 천남석이 민요수집가 내지는 민요연구가가 된 것처럼 '이어도 타령'을 취재하고 다니는 것으로 묘사된다. 원작에서는 '이어도 타령'이 천남석의 삶에 한 부분이라면, 드라마에서는 이어도와 '이어도 타령'에 대한 취재 및 연구를 하고 있는 천남석으로 그리고 있는 것이다.

이는 천남석이 이어도에 대한 강한 애정과 집착을 가지고 있음을 보여주기 위한 장치라고 할 수 있다. 부모의 영향으로 이어도와 '이어도 타령'을 알게 된 천남석이 기자가 되어 이어도 타령을 취재하고 다닌다는 것은 이어도에 대한 천남석의 애정과 집착이 남달랐음을 보여준다. 사실, 이런 장치가 없다면 이어도를 위해 목숨을 바치는 천남석의 행동은 개연성을 확보하기 어렵다. 어머니에게서 물려받은 이어도와 '이어도 타령'만으로 이어도를 위해 자신의 목숨을 던진다는 것은 언뜻 이해하기 어렵기 때문이다. 이런 문제점을 해결하기 위해 평상시에도 천남석은 해녀나 어부들을 찾아 그들이 가지고 있는 이어도에 대한 의식과 '이어도 타령'을 부르는 그들의 삶을 취재하고 다녔다는 것은 적절한 장치로 보인다.

3) 제주를 떠나지 못하는 '이어도 미인'

원작소설에서는 '이어도 미인'이 제주섬을 떠날 수 없을 것이란 양주호의 말과, 선우 중위와의 동침 이후에도 술집 <이어도>에 남아 있었다고 언급되고 있다. 외적 초점화로 '이어도 미인'의 제주 잔류를 전하고 있다. 그러나 드라마에서는 '이어도 미인'이 제주항 터미널까지 갔다가 발길을 되돌리는 것으로 그려진다. 이는 소설의 시점과 드라마의 시점이 다르기 때문에 발생하는 서술 기법의 차이로 볼 수 있다. 소설에서는 외적 화자가 잠시 지나가는 말투로 제시할 수 있지만, 영상물에서는 직접적으로 보여줘야 하기 때문에 '이어도 미인'이 터미널까지 갔다가 되돌아오는 것으로 그리고 있는 것이다.

천남석은 제주인(濟州人)이 아닌 타지인(他地人)을 만나 제주를 떠나기를 바랐지만 '이어도 여자'는 제주를 떠나지 않고 있다. 아니, 제주를 떠날 수 없는 것이다. 그것을 원작소설에서는 '제주민의 숙명'이라고 표현하고 있다. 따라서 제주인의 숙명을 구체적으로 표현하는 것이 바로 이 장면이다. 떠날 수 있는 데도 떠날 수 없는 것이 바로 숙명이라는 의미를 이 장면에서 제시하고 있는 것이다. 따라서 이 장면은 '이어도 여인'이 제주를 떠나지 않음이란 단순한 의미를 뛰어넘어 제주를 떠날 수 없는 제주인의 숙명을 표현한 것이다.

2.2.2 변형된 부분

드라마 <이어도>를 보고 난 후 느낌은, 한 편의 드라마나 영화를 본 느낌보다 두 사람의 대화를 엿들은 듯한, 또는 한 편의 라디오방송극을 청취한 듯한 느낌을 받는다. 드라마가 대화 위주로 전개되기 때문이다. 원작소설이 대화 위주의 탐색담으로 되어 있기 때문이기도 하지만 한편으로는 관념적이고 추상적인 내용을 영상화한다는 게 얼마나 어려운 일인가를 보여주는 일례라 하겠다.

1) 선우 중위의 신분

원작소설에 충실하고 있는 드라마 <이어도>는 변형된 부분이 거의 없다. 주제, 인물, 사건 들이 원작소설과 거의 일치한다. 그런 중에도 변형된 부분은 있으니, 탐색의 주체인 선우 현의 신분이다. 원작소설에서는 선우 현의 신분이 해군 중위로 정훈장교다. 그런데 드라마에서는 해양경찰대 정보과 경장으로 바뀌었고, 인상도 원작소설과는 거리가 있다. 원작소설에서는 "크지도 작지도 않은 적당한 몸매에 대리석을 깎아지른 듯 하얀 얼굴이 드물게 세련돼 보이는 젊은 장교"로 묘사하고 있다. 거기에다 단정하면서도 짧게 깎은 머리에 해군장교 복장인 하얀 제복을 입은 모습은 지적이면서 차가운 인상을 주기에 충분하다. 인간적인 감정이 없을 것 같은 냉정한 느낌을 준다. 그러나 드라마에서는 이런 느낌과는 제법 거리가 있다. 젊은 날의 노주현(선우 경장 역)의 모습은 정돈된 느낌을 주기도 하지만 후덕하게 보이고 방한(防寒) 자켓을 입은 모습이 인간적인 느낌을 준다. 그래서 느낌 자체가 원작소설과는 거리가 있고, 이 느낌은 드라마 전개 과정에서 중요한 역할을 하게 된다. 선우 경장은 얼마간 천남석이나 양주호, 천남석의 부모, '이어도 여자', 제주인을 이해하는 입장에서 천남석의 실종 사건과 제주인의 의식에 접근하고 있기 때문이다.

2) 천남석 가족의 제주어30) 사용

원작소설에서는 모든 대화가 표준어로 되어 있다. 이는 이청준 소설의 한 특징이라고도 볼 수 있다. 그런데 드라마 <이어도>에서는 제주어를 사용하고 있다. 천남석의 어린 시절을 그리고 있는 '시퀀스 9'가 그것이다. <이어도>에서 가장 긴 시퀀스(전체 1시간 30분 13초 중 18분 47초)인 이 시퀀스에는 제주 토박이가 본다면 어줍잖지만 대화를 제주어

30) '제주도 방언' 또는 '제주 방언'이라는 용어는 표준어에 대한 지역어를 낮춰 부르는 의미가 강하다. 방언(方言)이란 단어 자체가 지방어, 지역어란 뜻으로, 특정 지방이나 지역에서만 사용되는 말이란 뜻이기 때문이다. 따라서 필자는 방언이란 말 대신에 지역명칭에다 '-어'를 붙여 고유의 의미로 사용하고자 한다. 이는 지방의 언어는 표준어에 비해 격이 낮거나 그 지방에서만 사용되는 언어란 비하적인 의미에서 벗어나고자 하는 노력이다.

로 하고 있다. 어린 천남석, 천남석의 어머니, 천남석의 아버지 모두 제주어를 사용하고 있다. 이는 제주지역 상황을 반영한 것이라 하겠다. 제주 사람들은 표준어에 익숙하다. 특히 초등교육 이상을 받은 사람들은 표준어에 익숙하고, 학교에서는 표준어를 사용한다. 그러나 가족이나 동네 사람, 같은 제주인끼리는 제주어를 사용한다. 이런 점을 감안하여 외지인인 선우 경장과의 대화에서는 표준어를 쓰고, 제주어를 알 만한 제주인끼리는 제주어를 구사하고 있다. 이는 적절한 현실의 반영이라고 생각한다. 소설의 시대적 배경이 학교 교육이 대중화되기 이전 상황임을 고려할 때 더욱 적절한 표현이 아닐까 한다. 다만, 제주어에 대한 정확한 구사가 아쉽다.

2.2.3 축소 또는 생략된 부분

<이어도>에는 축소 생략된 부분이 거의 없다. 원작소설을 충실히 재현하기 위해 장면 자체의 대화보다 인물들의 대화를 위한 장면이 많이 제시된다. 즉, 장면을 위한 대화보다 대화를 표현하기 위한 장면이 주로 제시된다. 이는 원작소설의 많은 정보를 효율적으로 제시하기 위한 자구책으로 본다. 특히 디졸브의 잦은 활용도 눈에 띈다.

축소된 부분은 하나 정도로, '이어도 미인'의 과거담이 축소됐다. 원작소설에서는 제법 많은 양의 정보가 주어진다. '이어도 미인'의 탄생, 부모가 수평선을 넘어가 버림, 오라비가 노를 저을 만큼 팔힘이 생기자 부모를 따라 수평선을 넘어가 버림, 스스로 자라고 떠돌이 생활을 한 내용 등. 그러나 드라마에서는 단 한 번 언급함으로써 '이어도 미인'의 삶을 정리하고 있다. 그것도 양주호가 선우 경장에게 이야기하는 형태로 잠시 언급되고 있을 뿐이다.

'이어도 미인'의 이야기를 축소한 것은 아무래도 사건 전개에 직접적인 관련이 적다고 판단했기 때문인 듯하다. 드라마의 이야기는 천남석,

천남석의 부모, 제주민의 의식과 행동에 초점을 맞추고 있기 때문에 '이어도 미인'에 대한 정보는 그다지 중요하지 않다고 생각해서 축소한 것으로 보인다. 그러나 원작소설의 내용을 고려할 때 이는 잘못된 판단이 아닌가 한다. 천남석이 부모에게서 그 의식과 행동을 물려받은 것이라면, 천남석의 어머니에게 그 의식과 행동을 물려받는 사람은 '이어도 미인'으로 볼 수 있다. 따라서 '이어도 미인'을 소홀히 다루어서는 안 된다.

3. ≪축제≫

소설과 영화의 매체전이는 시간의 경과를 전제로 한다. 보통의 경우 원작소설이 먼저 창작되고, 그 원작소설을 텍스트로 삼아 시나리오로 각색된다.[31] 그런데 『축제』는 소설 창작과 시나리오 작업, 그리고 영화 촬영이 동시에 이루어진 '동반창작'의 지평을 열어놓은 작품이다. 우리 나라 예술사상 최초로 동반창작을 시도한 『축제』는 다른 어떤 텍스트보다 소설과 영화의 비교 연구에 좋은 텍스트가 된다. 소설과 영화의 속성과 차이점이 잘 드러날 뿐만 아니라, 매체간의 상호텍스트성이 동시적으로 양방향에서 이루어졌기 때문이다.

그러나 아무리 동시 동반창작이라 해도 매체가 다른 만큼 차이점을

31) 물론 모든 경우가 그렇지는 않다. 영화가 선행하는 경우도 있기 때문이다. 허진호 감독의 영화 <외출>(2005)과 김형경의 『외출』(2005)이 그것이다.
『외출』은 영화를 감상한 후 영화의 세계에 대한 심미적 체험을 바탕으로 소설을 썼다기보다는 시나리오가 먼저 나오고 그 시나리오를 바탕으로 작가가 영화촬영 현장을 방문하여 집필한 것이며, 분명 영화 <외출>이 선행텍스트이기는 하지만 <외출>의 상영과 『외출』의 출판까지는 그다지 긴 시간이 경과하지는 않았다. 이채원, 『소설과 영화의 매체 전이 양상에 대한 수사학적 연구』, 서강대 박사논문, pp. 146~147.

가지고 있다. 두 매체의 특성에 따라 미학적 구조와 서술 전략, 표현 방식 등이 바뀐 것이다.

3.1 ≪축제≫의 내용 분석

≪축제≫는 동반창작에 대한 부담감과 상대에 대한 배려가 보인다. 창작과정에서 소설가와 영화감독이 서로의 의견을 개진하면서 이루어졌기 때문에 소설은 소설만이 가질 수 있는 특징을, 영화는 영화가 가질 수 있는 특징을 서로에게 양보하는 형식을 취하고 있다. ≪축제≫는 대가와 거장이 만나서 서로의 영역을 넘어서지 않으려는 조심스러움이 여기저기서 엿보인다. 그러나 그 배려가 한계로 작용하고 있는 것처럼 보인다. 기본적으로 소설의 세계가 서술과 묘사를 통해 작가의 상상력을 무한정 펼치는 공간이라면 영상의 세계는 카메라 기법의 활용을 통해 연출자의 과감한 생략과 극적 표현이 생동감 있게 펼쳐지는 공간이라고 할 수 있다. 그러나 작가는 영상으로 보여주기 쉽게 하기 위해 고군분투하고 있고, 감독은 영상으로 보여주기보다는 장황한 대사와 자막을 통해 '설명'을 하고 있다. 서로에 대한 배려인 듯 보이나, 소설이 영상에 대한 배려를 하는 순간, 또 영상이 소설에 대한 배려를 하는 순간, 각각의 독자적 생명력을 그만큼 줄어들고 만다.[32)]

≪축제≫는 동반창작된 작품이므로, 다른 텍스트의 비교 방법과는 달리 두 텍스트의 스토리를 동시에 비교 고찰하여 그 의미를 살펴보도록 하겠다.

---

32) 강호정, 「<축제>를 통해 본 소설과 영화의 소통방식」, 이정숙 외, 『이청준 소설 벽 허물기 열두 마당』, 한성대학교출판부, 2007, p. 265.

표 1. 『축제』와 〈축제〉의 스토리 비교

원작소설 『축제』	영화 〈축제〉
	1. 발인제 모습 : 타이틀 백
1. 어머니의 치매에 대한 수상문을 쓰다 어머니의 임종 소식을 들음	2. 노인의 치매와 그런 노인을 돌보는 외동댁 : 준섭의 내레이션으로 제시
2. 큰일 채비를 갖추고 시골로 내려감	3. 부음을 듣고 장흥으로 향하던 중 어머니 회생 소식을 들음
3. 감독에게 보내는 편지(1) ① 부모 잃은 슬픔까지 팔아먹는 죄스러운 마음. ② 3인칭 화자로 설정한 이유 : 객관적 진술로 주관성을 극복코자.	
4. 감독에게 보내는 편지(2) ① 영화의 주제가 '효(孝)'가 되어야 한다는 데는 이견 없음. ② 제목을 '축제'로 생각함은 흥행성을 염두에 둔 것 같아 마음에 걸림. ③ 영화와 연관성 있는 동화 <할미꽃은…>를 보내니 참고 바람.	
5. 고속도로에서 의연함과 걱정 말라는 매정스런 손사래질의 의미를 떠올림	24. 노인의 담력과 매정함과 인정, 그리고 손사래질
6. 장례의 의미와 장례 때의 마음가짐을 다지는데 어머니의 소생 소식이 옴	3. 부음을 듣고 장흥으로 향하던 중 어머니 회생 소식을 들음
7. 어머니의 손사래질에 가위눌려 침묵의 수렁에 빠져듦	24. 노인의 담력과 매정함과 인정, 그리고 손사래질
8. 감독에게 보내는 편지(3) ① 손사래질의 의미. ② 영화의 도입부에 대한 감독의 판단 고려	
9. 어머니의 소생을 기뻐할 수만은 없는 자식들	4. 어머니의 용태를 살피고, 노인의 곁을 지키며 동화의 내용을 떠올림

원작소설 『축제』	영화 〈축제〉
	5. 동화 내용(봄, 낮) : 자식과 손자들에게 나이를 나눠주느라 점점 키가 작아지시는 할머니
10. 노인의 여장부적 기질을 들춰내는 가족들	24. 노인의 담력과 매정함과 인정, 그리고 손사래질
11. 용순에 대한 언급으로 거북해 하는 가족들과 마지막 온힘으로 비녀를 찾으시다 눈을 감는 어머니	6. 어머니의 사망과 장례 준비
12. 감독에게 보내는 글(4) ① 용순의 얘기에 허구가 들어간 것은 소설가의 욕망이니 이해 바람. ② 체험 사실이 허구화될 때 변질과정과 차이 정도를 보여주기 위해 <할미꽃은…>의 '지은이 말'을 첨부하니 참고 바람.	
13. 치상 절차나 의례를 짜고 장례 준비를 서두름	
14. 불청객 용순의 출현과 가족들의 불안감	7. 발상(發喪), 문상객과 계산 선생 도착, 용순 출현과 비아냥거림
15. 장례 준비를 갖추기 시작함	
16. 용순의 어두운 과거사와 파행(跛行), 가족들에 대한 반감	8. 용순과 노인의 친밀감과 용순의 눈물 10. 용순이 가족에 대한 반감 표출과 관심을 가지고 취재하는 장혜림
17. 감독에게 보내는 편지(5) : 고부간의 정의(情誼)로웠던 일화를 덧붙임	
18. 직접 염습을 하고 용순의 위상을 확인시킴	
	12. 동화 내용(여름, 낮) : 은지와 키가 같아진 할머니 치매 증세를 보임. 나이와 지혜를 나눠주셔서 어린애가 되어감

원작소설『축제』	영화 〈축제〉
19. 외동댁이 빼었었던 은비녀를 찾아 정표로 관속에 놓아줌	14. 입관(入棺), 비녀와 부적뭉치, 정표들을 관에 넣는 가족들
	15. 동화 내용(가을, 낮) : 은지보다 작아져 어린애가 되어가는 할머니. 노인의 보호자가 되겠다고 다짐하는 은지
20. 성복제와 용순의 상복차림새로 입씨름이 오감	16. 성복(成服), 영좌(靈座), 빈소 설치, 한복을 입은 용순과 마찰하는 외동댁
21. 묘자리를 살피러 가다 장혜림의 질문 공세에 노인의 과거사를 떠올림	9. 젊은 날 준섭 모의 미모와 박복한 팔자
22. 용순을 소설에 등장시키지 않은 이유를 물으며 용순의 얘기를 물고 늘어지는 장혜림	17. 작품에 용순을 언급하지 않은 이유를 따지는 장혜림과 용순과의 일들을 전하는 준섭
23. 노인의 형벌 같은 부끄러움의 내력과 자존심의 표상이었던 은비녀	13. 소렴과 반함, 염. 노인의 치매담(외동댁과의 갈등)을 취재하는 장혜림
24. <빗새 이야기>는 용순의 가출과 부재에 대한 이야기였음을 전하는 준섭	27. 빗새이야기를 하며 동화를 용순에게 건네주는 장혜림
25. 감독에게 보내는 편지(6) ① '부적' 이야기는 제외하고 비녀 이야기만 쓴 이유. ② 수필 <단 한 번의 보은> : 부모에게서 받은 사랑과 은혜를 마지막으로 보답하는 일이 바로 염습임.	
26. 조문객이 몰리면서 노인의 조용하고 편안한 저승길만을 고집할 수 없게 됨	20. 조문객의 문상과 혼잡상
27. 뒤틀림과 어그러짐이 함께 하는 카니발적인 장례식장	19. 상중에도 자신의 이익을 위해 편을 가르는 식구들 21. 상가의 축제적 모습(1) 22. 새말의 초경 치루는 모습을 지켜보며 눈물을 흘리는 준섭 25. 상가의 축제적 모습(2)

원작소설 『축제』	영화 〈축제〉
28. 가족들의 허물털이와 어머니와의 관계를 안타까워 하는 준섭	
29 동화 <할미꽃은…>의 출간과 그 내용을 되새기는 준섭	23. 동화 내용(겨울, 낮과 밤) : 갓난아기가 되어 세상을 떠나는 할머니. 나이를 나눠먹지 않겠다고 다짐하는 은지
	26. 동화 내용(봄, 낮) : 웅크린 채 긴 잠을 자시는 할머니. 새 아기로 태어나지 말고 같이 살았으면 하는 은지.
30. 용순의 계속되는 패악(悖惡)과 준섭에 대한 비난	11. 술에 취한 용순이 시신을 지키는 준섭을 인중인격자라고 비난함
31. 동화의 내용과 하얀 배추꽃 나비가 되어 푸른 하늘로 승천하는 어머니	29. 동화 내용(따뜻한 봄, 낮) : 깊은 낮잠을 주무시다 일어난 할머니께서 오랫동안 창밖을 바라봄 31. 동화 내용(봄, 낮) : 할머니가 배추꽃 나비로 날아오르고 있음을 느끼는 은지. 나눠주신 나이를 간직하고 있다가 새로 태어나는 아이에게 나눠주겠다고 다짐하는 은지
32. 감독에게 보내는 편지(7) ① <눈물>이란 시를 읽어보시고 영화에 소용이 되면 활용하시길 ② 유교적 개념에서 장례식은 등신의식이므로 유불선이 혼융된 우리식 정서에서 크게 벗어나지 않으면 활용하기를	18. 장례 준비와 유교식 장례의 의미
33. 운구(運柩)와 식을 줄 모르는 정회와 아쉬움	28. 발인제(發靷祭), 천구(遷柩), 노제(路祭) 30. 묘지를 향해 가는 상여, 하관(下棺), 평토제(平土祭), 실토(實土) 33. 반혼(返魂), 초우제(初虞祭). 둔덕 위에서 상가를 바라다보는 용순

원작소설 『축제』	영화 〈축제〉
34. 용순까지 참석한 고아들의 가족사진을 찍음	34. 용순과 함께 활짝 웃는 모습으로 가족사진을 촬영함
35. 감독에게 보내는 편지(8) ① 몇 달 동안 글을 쓰면서 어머니의 장례를 계속 다시 치러내는 기분이었음. ② 덧붙인 글(묘지 둘러보기) : 용순이 동화를 읽었음을 알고 마음이 놓임. 나비로의 승화. 어머니의 손사래질이 선명하게 살아남. 사진 찍을 때 그의 등 뒤로 가득 늘어섰을 얼굴들이 하나하나 다시 떠오름	31. 동화 내용(봄, 낮) : 남은 나이를 모두 나눠주신 할머니. 배추꽃 나비로 날아오르는 할머니를 느끼는 은지. 나눠주신 나이를 간직하고 있다가 새로 태어나는 아이에게 나눠주겠다고 다짐하는 은지 32. 동화책을 다 읽고 덮은 후 눈물을 흘리는 용순

『축제』는 노모의 죽음과 장례 과정을 3인칭시점('준섭')으로 서술하고 있다. 그러나 내용으로 보아 작가의 자전적 소설로 볼 수 있다. 중간 중간에 삽입된 에피소드들은 이청준 소설(「기억여행」, 『할미꽃은 봄을 세는 술래란다』, 「귀향연습」, 「키 작은 자유인」, 「눈길」, 「빗새 이야기」, 「해변아리랑」)의 내용과 일치한다.

서술기법 또한 이청준이 즐겨쓰는 다층구조를 취하고 있다. 편지글의 외부이야기와 장례와 관련된 내부이야기, 내부이야기 속 준섭의 회상을 통해 제시되는 에피소드들은 스토리의 한 단층을 형성한다. 그 에피소드들은 대부분 어머니와 관련된 것들이지만 용순과 관련된 것들도 있다. 중간 중간에 삽입된 "임감독님께" 보내는 편지글은 외부이야기를 형성하면서 현실과 허구의 경계를 무너뜨리고 있다. 현실과 허구를 무너뜨리는 행위는 실화임을 강조하려는 작가의 의지가 반영된 것으로 볼 수 있다. 아무리 실제의 이야기라 할지라도 소설인 이상 허구일 수밖에 없다는 독자들을 혼란에 빠트림으로써 이야기의 진실성을 강화하는 장치다. 이를 그림으로 표현하면 다음 페이지의 <그림 3>과 같다.

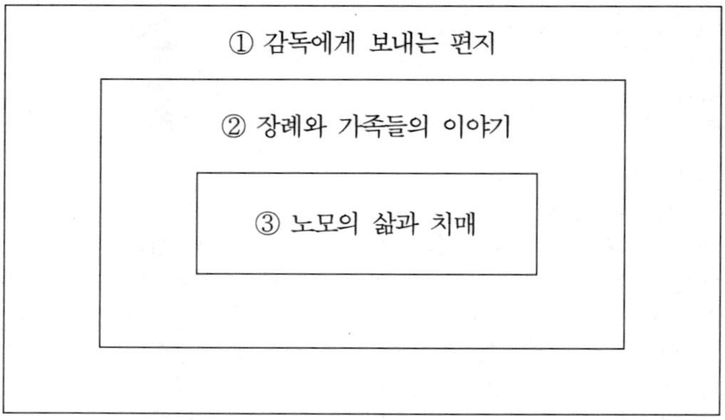

〈그림 3〉『축제』의 구조

이런 점들을 고려할 때 『축제』는 '영화를 위한 소설'이면서 현실과 허구의 경계가 무너진 소설, '소설이란 무엇인가'란 질문에 답하는 메타소설이라 볼 수 있다. 또한 「눈길」에 대한 후일담, 혹은 연작으로서의 성격까지 가지고 있다.[33] 어머니의 임종과 장례를 통해 어머니와 관련된 이야기들을 정리해놓은 '씻김굿'적 성격을 갖는 소설로 볼 수 있다.

3.2 〈축제〉의 변형

아무리 동반창작이 이루어진 <축제>라 해도 카메라의 눈(camera－eye)을 통해 재현될 수밖에 없는 영화는 시점에서부터 달라진다. 또한 소설

33) 전지은은 이에 대해 다음과 같이 각주(脚注)를 달고 있다.
"본문 211쪽부터 213쪽까지 상당한 분량에 걸쳐 소설 「눈길」의 클라이막스 부분이 그대로 재현되고 있다. 며느리와 노모의 대화를 그대로 인용한 후에 이준섭은 노모의 기억이 아닌 자신만의 기억을 재구성하여 소설 「눈길」에 대한 후일담, 혹은 연작으로서의 위치를 보인다."
전지은, 『이청준 소설의 매체 변용양상 연구－『서편제』, 『축제』, 『벌레이야기』를 중심으로』, 한양대 석사논문, 2008, p. 60, 각주 103) 참조.

에서는 '준섭'이라는 서술자에 의해 시종일관 이야기가 서술되고 있으나 영화에서는 그럴 수가 없다. 준섭이 직접 경험하지 못했고, 준섭이 직접 보지 못한 내용들을 영화화하지 못한다면 그것은 영화가 될 수 없다. 그런 문제들을 해결하기 위해 감독은 다양한 서술자를 내세운다.

영화 <축제>는 34개의 시퀀스와 169개의 신으로 이루어져 있다. 보통 영화들이 23~24개의 시퀀스와 100여 개의 장면으로 구성된다는 점을 고려할 때, 다른 영화에 비해 장면이 많은 편이다. 압축적으로 제시하면서 이야기의 탄력성을 부여하기 위한 장치라 하겠다. 특히 소설에서 언급되고 있는 작가 이청준의 다른 소설에 대한 이야기들을 거의 생략하는 한편, 전체적으로 대화를 줄여 속도감을 주고 있다.

영화의 스토리 또한 소설의 스토리와는 다른 모습을 하고 있다. 영화는 작가의 고뇌, 감독에게 보내는 편지들을 배제하고 내부이야기인 장례과정과 노인의 과거담에 초점을 맞추고 있다. 또한 원작소설에서는 비중있게 다루고 있지 않은 동화『할미꽃은…』을 영화 중간 중간에 삽입하여 전체적인 이야기를 아우르는 은유적 장치로 사용하고 있다.

3.2.1 첨가된 부분

장편소설을 영화한 <축제>에는 첨가된 내용이 거의 없다. 원작소설의 내용을 축소·생략한 게 대부분이다. 있다면 자막을 활용한 장례 절차에 대한 설명 정도가 있을 뿐이다. 장혜림의 역할이나 동화의 활용도 첨가된 부분이라고 볼 수 있지만, 그것은 첨가라기보다 원작소설에 언급되고 있는 내용을 변형한 것으로 볼 수 있다.

1) 장례 절차의 설명

영화에서 설명은 제한적일 수밖에 없다. 영화는 설명하는 글이 아니라 시각적으로 보여주는 장르이기 때문이다. 그래서 영화에서는 보이스 오버 내레이션(voice over narration)이나 자막을 활용하곤 한다. <축제>도 마찬가지다. 소설에 나타나지 않는 장례 절차에 대한 설명이 자막을 통해 곁들여지고 있다. 장례 절차를 자막을 통해 제시함으로써 화면상에 진행되고 있는 행동들이 무엇을 의미하는지, 어떤 절차로 진행되는지를 알려주고 있다. 그 내용을 차례대로 정리하면 표 2.와 같다.

표 2. 〈축제〉에 나타난 장례 절차

일자	장례 절차
첫째 날 (임종일)	속굉(屬紘) → 임종(臨終) → 수시(收屍) → 고복(皐復) → 초혼(招魂) → 사자상 차림 → 부고(訃告) 및 발송 → 수시(收屍) → 발인(發靷) → 발상(發喪)
둘째 날	염습(殮襲) → 반함(飯含) → 입관(入棺) → 성복(成服) → 영좌(靈座) → 빈소(殯所) 설치 → 초경(初更)·이경(二更) → 삼경(三更)
셋째 날	발인제(發靷祭) → 천구(遷柩) → 노제(路祭) → 하관(下官) → 평토제(平土祭) → 실토(實土) → 반혼(返魂) → 초우제(初虞祭)

2) 이해관계에 따른 가족간 편 가르기와 준섭에 대한 자랑

소설에는 없는 이해관계에 따른 가족간 편 가르기 장면이 영화에 나온다. S#99와 S#100이 그것이다. 문상객이 많지 않자 만들어놓은 음식은 다 어쩔 거냐며 외동댁은 노골적으로 준섭을 비난한다. 또한 동서 지현(준섭의 처)에게 손가락 하나 까딱하지 않는다며 비난의 화살을 쏜다. 이에 화가 난 지현이 준섭 모(母)의 방으로 들어가 화난 얼굴을 하자 광주누님이 외동댁을 비난하기 시작한다. 지현을 편들며 그간 노모를 모신다는 핑계로 저지른 각종 비리를 들춰내는가 하면 지현에게도 솔찬히 고통을 줬을 것이라며 지현을 달랜다. 그런 후에 자신의 작은 아들 수철의 출판사 취직을 부탁한다. 이는 아무리 장례식장이라 해도 살아있는

사람들의 이해관계는 엄연히 존재함을 보여주는 장면이다. 죽은 사람을 보내는 마당이기는 하지만 살아있는 사람은 살아갈 방도를 마련하고, 편가르기를 통해서라도 자신의 이익을 챙기는 술수가 엄존하고 있음을 보이기 위한 장치라 하겠다. 또한 술 취한 조카사위가 문학도들의 자리에 끼어들어 우리나라에서 노벨상 일순위는 당연히 준섭이라고 외치는 모습에서는 쓴웃음이 인다. 장례의 마당에서 자기 처삼촌을 자랑하는 조카사위야말로 허세를 부리고 싶은 인간의 마음을 표현한 것이라 할 것이다.

3.2.2 변형된 부분

매체의 변화에 따라 가장 많이 변형되는 부분은 아무래도 서술자일 것이다. 소설은 단일서술자를 통해 사건을 제시할 수 있다. 서술자가 직접 보지 못했거나 잘 알지 못하는 경우에는 추측·상상의 방법을 사용할 수 있다. 그러나 시각적으로 보여주어야 하고 '카메라의 눈(camera-eye)'을 가지고 표현해야 하는 영화에서는 그런 방법을 사용할 수가 없다. 물론 플래시백 기법을 사용하여 상상하는 내용을 제시할 수 있고, 만화에서 활용하는 머리 위 말풍선 속에 상상하는 내용을 담을 수는 있다. 그러나 그렇게 된다면 영화는 탄력있는 이야기가 아니라 추측과 상상이 난무하는 지루하고도 재미없는 이야기로 전락하고 말 것이다. 그런 난점을 풀기 위해 영화에서는 다양한 서술자를 등장시킨다. <축제>도 마찬가지다. 일정 부분은 준섭이 담당하지만, 상제(喪制)로 행동이 제한된 준섭 대신 장혜림이 전면에 등장하게 된다.

1) 장혜림의 역할 확대

<축제>는 서술자를 다양하게 등장시키고 변화시킨 결과물이라 할 수 있다. 준섭과 장혜림, 그외 많은 서술자가 등장한다. 작가가 다층구조로

소설을 형상화하였듯이 영화에서도 다중화자를 활용하고 있다. 이야기 전달 방식이 텍스트를 예술적으로 형상화시키는데 있어서 어떠한 미학적 효과를 거두고 있으며, 나아가 그러한 기법이 작가가 독자에게 자신의 신념이나 가치관을 전달하는데 있어서 어떠한 수사학적 효과를 획득하고 있는가[34]를 고찰하기 위해 장혜림의 역할은 중요한 의미를 갖는다.

『축제』의 장혜림은 잡지사 기자로 준섭에게 관심이 많고 준섭의 소설을 빠짐없이 읽었으며 준섭의 마음을 부인보다도 더 잘 알고 있는 존재다. 그러기에 준섭의 어머니 상을 취재하고자 장지(葬地)로 달려온다. 그런 그녀가 영화에서는 서술자의 기능을 떠맡게 된다. 인물 설명을 하는 설명자 역할과 용순에게 동화를 전하며 준섭의 마음을 알려주어 용순과 가족 간의 화해를 이루게 하는 중재자 역할도 한다. 이곳저곳 다니면서 노모의 삶과 에피소드 등을 취재하여 알려주고, 준섭에 대한 마을 사람들의 상반된 평가를 관객들에게 제시할 뿐만 아니라, 준섭에게 그런 평가를 전달하기도 한다. 또한 준섭과 너무 가까이 접근함으로써 지현(준섭의 부인)과 또 다른 갈등의 축을 이루기도 한다. 이처럼 장혜림이 전면에 등장하는 이유는 카메라의 눈(camera－eye)이라는 제한성을 극복하고자 하는 감독의 의도 때문이다. 상제(喪制)의 신분이라 행동이 제한적일 수밖에 없는 준섭을 대신하여 장혜림을 서술자로 등장시켜 다양한 각도에서 노모와 준섭을 조명하기 위해서 마련된 장치라고 볼 수 있다.

2) 보이스 오버 내레이션과 자막의 활용

자막과 서술자의 목소리에 대해서는 『영화서술학』[35]에서 자세히 다루

34) 金俊善, 『한국 액자소설 연구－서술상황과 담론 특성을 중심으로』, 전북대 박사논문, 2001.

고 있다. 이 책에서는 자막의 효과를 두 가지 차원에서 나누어 살피고 있다. 먼저 언어적 효과로는 ① 의미 정착 기능으로, 시각적으로 재현된 행위에 대해 여러 기의들의 가능성 사이에서 관객을 안내한다. ② 지시 기능으로, 이데올로기적 의미를 부여하고 영상이 단정적으로밖에 제시할 수 없는 것에 대해 가치판단을 내릴 수 있게 해준다. ③ 명명 기능으로, 영상이 '보여 줄' 수밖에 없는 것(장소 · 시간 · 인물)을 명명한다. ④ 인물의 대화를 전달함으로써 '서술행위'에 직접화법의 가능성을 첨가한다. 다음으로 서술적 효과로는 ① 디에게시스 세계를 구축하는 데 기여한다. ② 우리가 보지 못하는 행위들을 요약하거나, 지속 기간을 요약 제시한다. ③ 뒷부분에 대해 예상함으로써 영상 필름의 시간 순서를 바꾼다. ④ 영상 서술의 진행을 방해한다.

또한 서술자의 목소리에 대해서는 "말의 역할은 영상의 의미를 정착시키고 보완하는 것으로 그치지 않는다. 이 말들은 '발음된' 이상, 언어 서술자와 그의 인간성, 디에게시스와의 관계에 대한 의문을 한꺼번에 불러일으킨다."고 말한다. 결국 보이스 오버(voice over)든 보이스 오프(voice off)든 서술자의 목소리는 서술 또는 설명과 연결될 수밖에 없다고 보고 있다. 또한 목소리는 ① 서술자의 보이스 오버와 여러 인물들의 보이스 인, ② 보이스 오버 서술행위와 대화가 뒤섞인 형태, ③ 보이스 오버 서술행위와 대화의 삭제, ④ 하나의 육체에 두 개의 목소리, ⑤ 두 육체에 하나의 목소리로 나눌 수 있다고 지적한다.

이렇게 볼 때 <서편제> 첫부분에 나타나는 서술자의 목소리는 사건을 압축 제시하는 한편 서술자의 심리상태를 관객들에게 직접 전달하는 기능을 한다. 또한 그 형태로는 '서술자의 보이스 오버와 여러 인물들의 보이스 인'의 방법을 활용하고 있다.

---

35) 앙드레 고드로 · 프랑수와 조스트, 송지연 역, 『영화서술학』, 東文選, 2001, pp. 104～120. 참조.

장례절차에 대한 자막 해설은 앞에서 살펴보았으니 생략하기로 하겠다.

3) 동화의 적극적 활용

동화 『할미꽃은…』은 영화의 중심축을 이루고 있다. 임권택 감독도 "『축제』의 장례식에서 테마는 동화다. 그리고 그것을 끌어가는 축이자 소재는 장례식이라고 보았다."36)고 말한 바 있다. 동화라는 형식을 빌려 주제를 시각적으로 제시하고자 했다는 뜻이다.

<축제>는 동화의 내용을 컴퓨터 그래픽의 도움을 받아 세트에서 찍음으로써 사실적인 공간인 장례식장과 대조시키고 있다. 또한 성인이 가질 수 없는 순수하고 티 없는 세계를 강조하기 위해 내레이션을 어린 아이의 목소리로 전하고 있다. 따라서 영화에 삽입된 동화의 세계는 원초적 순수의 세계로, 모든 인간이 동경하는 이상의 세계이기도 하다. 그래서 배경이 되는 세트도 로케의 방식을 사용하지 않고 그림을 활용하고 있고, 카메라의 움직임도 거의 없이 하여 의도적으로 편안하고도 안정적인 느낌을 주었다. 그렇게 함으로써 관객들이 편안하게 주제에 접근할 수 있게 유도했다고 볼 수 있다.

또한 사철의 흐름과 사람의 늙음과 죽음을 순환적으로 그림은 물론, 새봄에 나비로 다시 태어난다는 불교적 윤회관을 제시함으로써 죽음은 끝이 아니라 시작이라는 작가와 감독의 의도를 효과적으로 그려냈다. 작가와 감독이 ≪축제≫에서 함께 추구했던 내용을 동화 장면으로 처리한 것이다. 할머니의 죽음은 끝이 아니라 시작이라는 동화의 의미는, 노모의 장례를 통해 모든 가족이 화해하고 새로운 길로 들어서고 있음과 잇닿아 있다. 그 의도를 핵심적으로 표출한 것이 바로 마지막 장면인 '고아들의 사진 촬영' 장면이다. 할머니의 상징물인 둔덕의 나무 그늘에서

---

36) 임권택, 「인터뷰 : 축제—즐거운 장례식」, 『KINO · 14』, 월간 키노, 1996. 5., p. 158.

어정대는 용순을 불러 가운데 앉히고 환하게 웃으며 사진 촬영하는 마지막 장면은 동화의 한 장면을 그대로 옮겨다 놓은 인상을 주기에 충분하다.

4) 염습(殮襲) 실행자의 변화

소설에서는 염습의 의미를 대단히 강조하고 있다. 그래서 소설에서는 준섭과 새말이 직접 망자의 몸을 씻기고, 수의(壽衣·襚衣)를 입히고 있다. 뿐만 아니라 작가는 감독에게 보내는 여섯 번째 편지에 준섭의 친구 백야의 <단 한 번의 보은>이라는 수필까지 동봉하고 있고, 다섯 번째 장(章)의 제목을 '단 한번, 마지막을 씻겨드리다'라고 붙이고 있다. 그런데도 영화에서는 장의사가 염을 하는 것으로 그리고 있다. 작가의 다른 주문들에 대해서는 각별한 신경을 썼던 임권택 감독이 작가가 그렇게 강조한 염습을 장의사에게 맡겨 버린 이유에 대해 감독의 입장은 간단한다.

필자 : 원작에서는 염에 대해 대단히 중요한 의미를 부여하고, '준섭'이 직접 염을 하는 것으로 그려지고 있는데 영화에서는 장의사에게 맡겨 단순히 처리하고 있는 이유가 궁금하거든요.

감독 : 제 생각으로는 동화를 삽입하여 그림으로써 부모님에 대한 효심이나 삶과 죽음의 관계를 다 그렸다고 생각해요. 그런 상황에서… 염까지 준섭에게 할 필요가 있을까…. 글쎄요, 감독은 그 정도로 다 표현했다고 봐요.

필자 : 저도 그렇게 추정은 하고 있었습니다만, 제 경험을 보더라도, 물론 제 고향은 제주입니다만, 염이란 친척이나 주변 사람이 하거나 동네에서 장의 경험이 있는 분이나 장의사가 하는 게 보통인데, 그래서 그렇게 처리했나 궁금

했거든요.

감독 : 그렇게 생각했다면 비슷하네요. 그런 거까지 다 논문에 넣어야 하나요?[37)]

5) 등장인물의 역할과 내용 변경

<축제>에는 이외에도 많은 부분이 소설 『축제』와 다르게 설정되어 있다. 먼저 '새말'의 역할이 달라졌다. 호상(護喪)이 영화에서는 집사(執事)로 바뀌었다. 소리꾼을 대신하여 초경과 삼경을 치루고 장례에 대한 모든 일을 처리하며 정리하기 위해서 그 역할을 변화시킨 것이 아닌가 한다. 또한 '새말'의 역할을 강조하기 위한 중용(重用)이 아닐까 싶기도 하다. 별달리 드러나지 않는 인물을 집사로 세우기보다 눈에 띄는 행동을 하는 '새말'을 내세움으로써 인물의 역할 비중을 높이기 위한 것이 아닐까 한다.

다음으로, 회생 후 곡기(穀氣)를 좀 드시게 하자는 말을 한 사람은 광주누님인데 영화에서는 준섭으로 바뀌었고, 노모가 회생하자 집으로 되돌아가는 사람은 함평누님인데 영화에서는 광주누님으로 바뀐 것도 눈에 띈다.

셋째로, 소설에는 장례와 관련된 계산과 우록이 동시에 들어오는데 비해 영화에서는 계산이 먼저 들어와 융숭한 대접을 받는 반면, 풍수꾼 우록은 나중에 와서 집안 어른들로부터 괄시와 눈총을 받고 있다.

그 다음, 용순이 서울 사람들과 술을 마시고 노래방까지 갔다는 행적을 알려주는 인물은 동팔인데, 영화에서는 형자가 용순에 대한 반감을 노골적으로 드러내며 공격하고 있다. 이는 형자를 통해 형자네 가족(형자, 외동댁, 원일)의 용순에 대한 반감을 표현하기 위한 장치로 보인다. 또한 용순이 훔쳐 달아난 돈은 소설에서는 형자의 중학교 입학금인데

---

37) 필자와 임권택 감독과의 대화, 2009. 11. 14. 임권택 감독 댁에서.

비해 영화에서는 고등학교 입학금으로 바뀌고 있다.

다섯째로, 노모의 강단(剛斷)을 보여주는 사례가 바뀌었다. 소설에서는 일가댁 어른을 비밀장소에 감춰 살려준 이야기와 한국전쟁 중 한밤중에 방으로 뛰어든 동네 청년을 이불로 덮어 구해준 이야기가 나오는데, 영화에서는 성노인의 증언에 의해 한국전쟁 때 버려진 시체를 치워준 이야기로 변형된다. 이는 내용을 압축 제시하기 위해 감독이 선택한 방법일 것이다.

여섯째로, 유교적 세계관에서 본 죽음과 장례 그리고 등신의식(等神儀式)은 원래 장터거리 이교장이 준섭과의 대화 중에 한 말인데 준섭의 요청에 의해 낚싯배 위에서 홍교수가 하는 것으로 되어 있다. 불교적 윤회와 환생을 함축하고 있는 동화와는 엇갈린 대목이 있기 때문에 낚싯배 위에서 하는 소리쯤으로 처리해 달라는 부탁이 감독에게 보내는 일곱 번째 편지에 들어 있다.

마지막으로 '빗새' 이야기는 왜 준섭의 소설에는 용순이 등장하지 않느냐는 장혜림의 질문에 준섭이 해주고 있다. 그런데 영화에서는 준섭의 이야기를 들은 장혜림이 용순에게 해줌으로써 가족간의 화해 분위기를 조성하고 있다. 이는 앞에서 살펴본 바 있으므로 생략하기로 한다.

3.2.3 축소 또는 생략된 부분

장편소설을 바탕으로 제작된 영화 <축제>의 스토리는 축소될 수밖에 없다. 특히 장례이야기를 중심으로 진행되고 있는 영화 <축제>는 소설에서 다루고 있는 준섭과 노모와의 일화를 대거 생략하고 있다. 이는 매체의 변화에 따른 피치 못할 생략이기도 하지만 전체적인 스토리 전개를 위해 빼버린 것으로 판단할 수 있다. 산만하고 지루한 전개보다는 집중적이고 탄력있는 전개를 위해 내린 조치로 보인다.

1) 사건의 축소 생략

먼저 노인과 관계된 것들로는 게 잡기와 게자루 이야기가 영화에서는 빠졌다. 손사래질에 대한 의미와 부끄러움에 대한 서술자의 의식을 보여주는 부분으로 서술자의 심리가 중심으로 그려지고 있어 생략한 것으로 보인다. 또한 「눈길」 이후의 후일담에 대한 이야기도 생략되었고 노모의 준섭과 용순에 대한 그리움의 표현인 '옷보퉁이'가 생략되었다. 물론 시작 장면에서 새색시 차림을 한 노모가 옷보퉁이를 들고 친정으로 가려고 들판 한가운데 서 있는 모습에서 옷보퉁이가 잠시 등장하기는 하지만 그리움의 표현으로 나타나지는 않는다. 또한 일제 말기 놋쇠 공출 거부 일화와 둑방축조공사 때 금기를 깨트려 남정네들을 무안케 했던 일화도 생략되었다. 또한 딸의 부종 치료를 위해 뱀의 생피를 다리에 바른 일도 생략되었다. 비녀와 자존심, 사람들의 놀림과 깊은 침묵으로 빠져듦에 대한 이야기도 생략되었다. 용순과 관련된 일로는, 용순을 데리고 서울로 왔다가 되돌아간 일이 생략되었다.

이렇게 이 일화들은 나열하면 짧게 여겨지지만 소설 분량면에서 보면 많은 부분을 차지하고 있다. 그런데 이런 일화들을 생략해 버린 이유는 영화가 노모의 행장과 장례식에 초점을 맞추고 있기 때문이다. 노모와 준섭이 관계된 이야기도 중요하지만 전체적인 맥락에서 부차적이라고 판단하여 과감히 생략해 버린 것이다. 또한 영화는 시간적 제약 때문에, 매체적 특성 때문에 부차적인 것까지 다룰 수가 없다. 부차적인 것까지 다루게 된다면 영화는 탄력성을 잃게 된다. 지루하게 에피소드만 나열되는 영화를 보려는 사람은 없을 것이다. 그렇게 된다면 그 영화는 흥행에 실패하게 되고, 흥행에 실패한 영화는 영화로서 설 자리를 잃어버린 것이나 다름없다. 여기서 소설과 영화의 차이를 다시 한 번 실감하게 된다.

2) 대화의 생략·축소·변형

소설의 내용 중 많은 에피소드들이 빠졌다는 것은 많은 부분의 대화도 축소되었음을 뜻한다. 특히 대화를 통해 주제나 관념, 인물의 심리를 표출하는 이청준 소설의 특징을 고려한다면 많은 양의 대화가 생략·축소·변형되었다. 인물들의 기억을 통해 제시되는 노모에 관련된 에피소드들은 단순한 대화 형식으로 앞부분만 제시될 뿐 전체적인 내용은 이미지를 통해 제시하고 있다. 준섭이 고향집에 도착하여 어머니의 용태를 살피는 부분을 예로 들어보자.

> "어머니……! 어머니, 접니다. 저 준섭이가 왔습니다."
> "어머니, 어머님. 눈 좀 떠 보세요. 여기 은지랑 저희들이 왔어요."
> 긴장한 눈길로 곁에서 기미를 지켜보고 있던 아내도 몸을 굽히고 나서며 그 감감한 의식을 깨워 일으키려 하였다.
> "엄미, 정신 차리고 눈 좀 떠 보시오. 아들을 못 보고 가서 저승길까지 되짚어 왔음시로, 그 아들 준섭이네가 왔는디 어째 그러고만 계신다요. 어서 눈 좀 떠 보시란 말이요."
> 나중에는 등뒤에서 외동댁까지 나서서 대고 큰소리를 들이댔다.
> 노인은 시종 이렇다 할 반응이 없었다. 가물가물 뭔가 기척을 알아차린 듯한 희미한 실룩거림이 잠시 야윈 입가를 스쳐갔을 뿐 힘없이 감긴 눈꺼풀은 미동도 하지 않았다. (…중략…)
> "아재…… 우리는 대충…… 요기를 했소마는…… 아재는 어쨌소…… 아재도 오신 김에…… 거기 앉은 자리에서 무얼 좀…… 드시고…… 놀다 가시지라……"
> "젠장! 사람만 보면 옛날맹키로 늘상 무엇을 묵고 가라, 방 있으니 자고 가라…… 그럼시로 당신은 항상 먼저 다 하셨으니 마음 쓸 거 없다시제. 그거 다 누구를 애먹이는 일이라고. 당신은 늘 인심만 쓰시고 늙은 며느리 귀찮으라고? 안 그러요, 숙모님?" (…중략…)

"아재…… 그참에 또…… 가실라고? 그라믄…… 가셨다가…… 또…… 오시제이?"[38]

S#17. 준섭 모의 방(밤)
어머니 곁으로 들어와 앉는 준섭, 외동댁.
가족들 모두 들어와 앉는다.

광주 누님 : 엄니, 준섭이 왔어라우.

어머니 쪽으로 굽히는 준섭.
준섭 너머의 준섭 모.
준섭 : 저 준섭이에요. 뭐 좀 드셨어요?
준섭 모 : 우리는 대충 혓소. 요기나 좀 허고 방도 있응께, 자고 가시오.
광주 누님 : (소리) 어휴, 저렇게 아들도 못 알아보신당께.
준섭 : (몸 일으키며) 기력이 많이 떨어지신 것 같은데, 뭣 좀 보되는 거라도 드셔야……
외동댁 : 보는 뭔 보! 가실 제 힘만 드시제…….
외동댁 : (소리) 안 그러요.
대선 : 호남일보에 부고가 이렇게 나부렀네요. 서울 친구분들이 알린 모양이구만요.[39]

소설에는 약 3페이지에 걸쳐 긴 대화가 13회나 나타나고 있다. 그런데 시나리오를 보면 8회의 대화 속에 몸보신에 대한 얘기뿐만 아니라 부고가 난 것까지 표현하고 있다. 준섭의 처, 외동댁, 새말의 말은 완전 생략되어 있고, 노모의 말들도 압축 생략하여 "우리는 대충 혓소. 요기나 좀

38) 이청준, 『축제』, 열림원, 1996, pp. 85~87.

39) 육상효 각색, 『축제』, 커뮤니케이션북스, 2005, p. 13.

허고 방도 있응께, 자고 가시오"로 나타난다. 몸보신과 부고에 대한 대화를 빼버리면 단 4회의 대화만 나타난다. 13회의 대화가 단 4회로 생략·압축된 셈이다.

III

소설텍스트와 영상텍스트의 서술기법

서사는 서술자와 더불어 언어를 매체로 하여 이야기를 제시한다.[1] 서술자, 매체(언어), 이야기는 서사의 기본 조건으로, 특히 서술자는 언어를 매개로 일련의 사건을 중개하는 기능을 한다. 서사는 일련의 사건이 직접적으로 제시되는 것이 아니라 서술자에 의해 걸러진 형태로 청자(피서술자)에게 전달되기 때문이다. 따라서 서술자는 서사 전체를 지배하고 통제하는 역할을 한다. 일정한 시점을 가지고 사건을 볼 뿐만 아니라 그 시점을 통해 사건을 전달하기 때문이다.

서술의 문제는 다시 '누가 보느냐'와 '누가 말하느냐'의 문제로 나눌 수 있다. '누가 보느냐'의 문제가 시점(초점화)의 문제라면, '누가 말하느냐'의 문제는 서술의 문제다. 누구의 눈으로 보느냐에 따라 어떤 위치에서 어느 만큼 볼 수 있느냐가 결정되고, 누가 말하느냐에 따라 어떤 방식으로 어떻게 이야기하느냐가 결정된다. 동일한 사건이라 하더라도 서술자의 위치(서술자가 서술되는 대상 속에서 바라보는가, 바깥에서 바라보는가), 서술 방식(어떤 방식으로 이야기하는가)에 따라 같은 이야기도 전혀 다른 이야기로 느껴질 수 있다. 그런데 시점의 문제는 모든 서사장르에서 중시되는 개념이지만, 서술의 문제는 특히 소설 담론과 깊은 관계를 맺고 있다. 소설은 등장인물 사이에 있었던 일(들)을 서술자가 중개하는 형식을 취하기 때문이다.

문학 영역에서 서술이란, 전달 내용으로서의 이야기가 송신자(화자)로부터 수신자(독자)로 이전되는 소통의 과정[2]이라고 할 수 있다. 즉, 어떤 효과(분할·연장·놀라움·서스펜스 등)를 목적으로, 어떤 논리(일상생활의 현실이나 예외적 사건의 논리뿐 아니라 기이하거나 환상적인 것의 논리)를 참조하여 하나의 결말(혹은 결말의 부재)을 향해 나아가는 일련의 사건들을 엮어가는 과정[3]이라고 할 수 있다. 그러므로 서술은

1) 한일섭, 『서사의 이론―이야기와 서술』, 한국문화사, 2009, p. 27.

2) 한용환, 『소설학 사전』, 고려원, 1992, p. 233.

시점, 서술기법, 인식론, 수용미학과 관련성을 갖는다. 서술자가 누구이고 어떻게 사건을 바라보며, 어떻게 서술하느냐의 문제는 결국 시점과 서술기법과 연결되고, 피화자가 서술자의 이야기를 어떻게 수용하느냐의 문제는 수용미학의 관점에서 고찰되어야 한다. 또한 서술자가 사건을 어떻게 인식하느냐의 문제와 피화자가 서술자의 이야기를 어떻게 인식하느냐의 문제는 인식론의 영역이라 할 것이다.

서술기법은 대체로 시점과의 관계를 중심으로 이루어져 왔다. 서술자의 문제가 서사 기법의 가장 중요한 요소로 작용하기 때문이다. 사실 소설의 서술기법은 어떤 서술자를 어느 위치에 배치해서, 어떻게 보고 전달하느냐의 문제와 직결된다고 봐도 과언은 아니다. 그러나 소설의 서술기법은 단순히 시점과의 문제로 끝나지 않는다. 작가는 끊임없이 새로움을 추구하고, 그 결과 다양한 기법이 개발되기 때문이다. 특히 현대작가들은 새로운 기법을 통해 자신의 영역을 구축했다고 볼 수도 있다.

현대소설 서술기법의 새로운 장을 개척한 것으로 평가받고 있는 조이스의 소설 『율리시즈』는 다양한 서술기법 사용으로 유명하다. 『율리시즈』를 분석한 대부분의 연구자들은 그 어떤 점보다 『율리시즈』의 서술기법을 높이 평가한다. 연구자들이 밝히고 있는 기법은 대체로 10가지를 상회한다.[4] 특히 엄미숙은 『율리시즈』의 서술기법을 18가지로 분석해냈다. 그러나 이 연구는 대부분 시점적 차원에서 서술 기법을 분석한 것이라 일정한 한계를 갖는다. 기법의 문제는 단순히 시점의 문제로만 볼 수는 없기 때문이다. 소설의 기법을 단순히 시점의 문제와 결부시키는 것은 소설 및 소설 기법의 다양성을 간과하는 처사가 될 수 있다. 따

3) 프랑시스 바누아, 송지연 역, 『영화와 문학의 서술학』, 東文選, 2003, p. 19.

4) 엄미숙, 『"서술기법의 백과사전" 율리시즈』, 한신문화사, 1995.에서 저자는 『율리시즈』는 각 장별로 그 서술기법을 달리하고 있다고 보고 '서술기법의 백과사전'이란 부제까지 달면서 총 18가지 기법을 제시하고 있다. 한편, 전선주(『제임스 조이스의 『율리시즈』의 서술 전략』, 동인, 2006.)는 10가지를 제시하고 있다.

라서 소설의 서술기법은 시점의 차원을 뛰어넘어 다양한 관점에서 접근할 필요성을 가지고 있다 하겠다.

언어를 매체로 이루어지는 문학과는 달리, 영화는 영상, 소리(음향, 음악), 언어(발화, 내레이션, 자막) 등 다양한 방식과 채널을 통해 이루어진다. 따라서 매체뿐만 아니라 서술 방식도 문학과는 다를 수밖에 없다.

영화의 가장 중요한 질료는 이미지(영상)다. 문학이 추상적인 관념을 구체적인 사건을 통해 제시한다면, 영화는 이와는 정반대로 구체적이고 세부적인 이미지를 통해 관념을 표현한다. 이미지는 영화에서 없어서는 안 될 영화 서술의 가장 중요한 핵심 질료다. 그런데 영화의 이미지는 회화나 사진처럼 고정적이지 않다. 연속적이고 역동적인 이미지를 통해 서술되는 영화는 고정적인 화면에 의해서가 아니라 연속적인 쇼트나 몽타주, 신, 시퀀스에 의해 서술된다. 그러므로 영화의 이미지는 가변적이고 불확정적이라고 할 수 있다. 또한 다양하고 연속적인 이미지는 행위와 시간, 공간과 연결되어 의미를 형성하고 사건을 서술한다. 이것이 바로 영상 서술이다. 따라서 영화의 서술기법을 살피고자 할 때는 카메라의 각도와 이동, 미장센, 색채, 편집 등의 요소를 살펴야 한다. 이 책에서는 이에 대해 자세히 살핌으로써 영화 서술기법의 다양성을 보여주려 한다.

영화에서 빼놓을 수 없는 점은 바로 소리다. 물론 역사적으로 볼 때 최초의 영화는 소리가 없는 무성영화였다. 그러나 무성영화 시절에도 오케스트라를 이용하여 무성영화의 분위기를 살렸다는 점을 고려할 때 영화는 소리와 불가분의 관계를 가지고 있다 할 수 있다. 영화의 소리는 두 영역으로 나누어 볼 수 있다. 하나는 자연의 소리인 음향(音響)이고, 다른 하나는 음악(音樂)이다. 영화의 음향은 순수한 자연적인 소리라기보다 일정한 효과를 위해 과장 내지는 증폭된 음향이다. 예를 들어 공포영화에서 소리는 대단히 중요한 작용을 한다. 분위기를 전달하기도 하지만 스토리를 사전 제시하는 기능을 갖기도 한다. 그러나 서술기법을 연구하는 이 책의 목적과는 직접적인 관련이 적기 때문에 음향보다는 음악에 중점을 두어 살펴보기로 하겠다. 필자는 영화음악에 대한 심도 있는 분석을 통해 기존 연구들과 차별화하려 하며, 기존 연구에서 간과한 음악도 영화 서술 방식의 하나임을 분명히 밝힘으로써 기존 연구와의 변별성을 두려 한다.

한편, 영화는 다양한 언어 형식을 통해 서술된다. 소설이 문자에 전적으로 의존하는데 비해 영화는 이미지와 함께 발화, 내레이션, 자막이라는 언어에 의해서도 서술된다. 자막은 문자를 화면상에 직접 삽입하는 형태로 존재하는 언어이고, 발화와 내레이션은 소리에 의해 의미를 전달하는 음성언어다. 그런데 문자언어인 자막의 역할은 음성언어인 발화와 내레이션에 비해 미미하다. 그러므로 영화는 음성언어에 의한 서술이 주를 이룬다고 하겠다. 그런 점에서 문자에 전적으로 의존하는 소설과는 달리 소리와 깊은 연관성이 있다는 점은 영화가 가지고 있는 또다른 특징이라 할 수 있다.

전통적으로 시점에는 두 가지 개념이 포함되어 왔다. 하나는 작중 상황을 바라보는 방식이며, 다른 하나는 작중 상황을 말하는(전달하는) 방식이다. 즉, 시점은 사건을 바라보는 의식의 작용이고, 하나의 스토리가 서술자에 의해 이야기되는 방식, 또는 서술자가 작중 상황을 독자에게 전달하는 방식을 의미한다. 모든 언화행위(speech act)는 발화자와 문맥, 청자 혹은 소통행위와 내용 사이의 관계인 시점을 함축[5]하고 있기 때문에, 시점과 서술은 불가분의 관계를 맺고 있다. 시점은 작가의 입장에서 보면 누구의 눈으로, 어떻게 보고, 어떤 관점에서 스토리를 서술할 것인

5) 수잔 스나이더 랜서, 김형민 역, 『시점의 시학』, 좋은날, 1998, p. 68.

가의 문제라면, 독자의 입장에서 보면 누구의 눈을 통해, 어떻게, 스토리를 읽을 것인가의 문제라 할 수 있다.

랜서는 기존의 시점 논의를 체계적으로 점검하여, 자격(status), 접촉(contact), 그리고 입장(stance)이라는 세 가지 차원에서 시점이론을 정리한다. 발화행위를 발신자의 위치나 입장뿐만 아니라 수신자와의 관계까지 고려한 역동적 상호 관련의 양상으로 살핀다. 담론은 담론의 산출에 '선행'하는 사회적 현실의 산물이며, 각각은 텍스트의 시점으로 표현되기 때문이다.

랜서의 이론은 미시적 접근과 거시적 접근의 통합적 방법을 구축하기 위한 것이다. 그녀는 소설 텍스트의 미학적 형식은 물론 문학의 생산을 결정하는 이데올로기와 물질적 환경, 작가의 사회적 정체(social identity), 문화적 문맥(relation to culture text)과의 관계까지 포괄하였다. 이는 궁극적으로 추구해야 할 원리이긴 하지만 실제 텍스트 분석에서 이 모든 범주를 포괄하기란 매우 어려운 일이다.[6] 따라서 이 책에서는 랜서의 이론 중 필요한 부분만을 적용하여 소설과 영화의 기법을 살펴보도록 하겠다.

먼저, 소설텍스트의 경우는 텍스트 자체로 한정하도록 하겠다. 물론, 공간지평, 시간지평, 언어적 지평처럼 거의 모든 지평에서 시점연구는 문화, 언어권에 따라 차별화되어야 할 당위성[7]을 가지고 있고, 작가에 의한 차별화도 고려되어야 한다. 그러나 모든 차원에서 소설텍스트를 살핀다는 것은 이 연구의 범위를 넘어선다. 이에 대한 깊이 있는 논의는 앞으로의 과제로 남겨두고, 이 연구에서는 소설텍스트로 범위를 한정하

6) 정혜경, 「1960년대 소설의 서술 구조와 양가성(兩價性)」, 『한국 현대소설의 서사와 서술』, 月印, 2005, p. 23.

7) 최현무, 「시점이론에 대한 반성적 모색」, 한국소설학회 편, 『현대소설 視點의 시학』, 새문사, 1996, p. 47.

여 살펴보기로 하겠다.

그러나 영상텍스트는 소설텍스트와는 다르기 때문에 작가(감독)적 측면, 사회적 측면, 이데올로기 측면을 고려해야 한다. 영화 시점이 소설 시점과 다르기 때문이기도 하지만, 서술방식 및 소통구조, 관객·사회와의 관계 등이 복잡한 양상을 띠기 때문이다. 따라서 영상텍스트의 경우는 랜서의 기준을 좀 더 폭넓게 적용하여 서술의 문제를 살펴보도록 하겠다.

1. 소설텍스트의 서술기법

이청준 소설의 독자는 궁금증 내지는 호기심을 느끼기도 하고, 의혹에 사로잡히기도 하고, 답답함을 느끼기도 하고, 지적 재미에 빠지기도 한다. 이는 추리소설적 기법[8]을 거의 모든 작품에 활용하고 있기 때문에 생기는 독자의 반응이다. 끊임없는 질문과 해답 찾기, 질문에 대한 해답을 지속적으로 지연('시치미떼기', '의뭉스럽게 감춰두기')시키기는 추리소설적 기법을 활용하는 이청준이 즐겨 쓰는 서술기법이라 하겠다. 한 계단씩 점층적으로 의혹을 제기하는 다층구조와 그 의혹의 다층구조를 둘러싼 서술자의 추적 과정은 이청준 소설의 기본 플롯을 형성[9]하는

8) 보통 탐색구조 내지는 탐색담, 탐색기법이란 용어를 사용하지만, 필자는 추리소설적 기법이라고 명명하려 한다. 탐색구조나 탐색담이란 용어에서 '탐색'이란 단어는 '조사(照査)'란 의미가 강해서 안-이야기를 지칭할 때나 어울릴 만한 용어이고, '-구조'나 '-담'이란 용어가 가지고 있는 뉘앙스는 구조주의적 색채가 강해 서술 기법을 논하려는 이 연구의 목적과 부합되지 않기 때문이다. 또한 탐색기법이란 용어는 이청준 소설에만 나타나는 특수한 서술 기법이라는 인상을 주기 때문에 피해야 할 용어가 아닌가 한다. 명칭이란 특수성보다는 보편성과 일반성을 가지고 있어야 일반적으로 통용될 수 있고, 의미혼란을 막을 수 있기 때문이다.

데 이런 기법이 이청준 소설의 근간을 이루고 있음을 알 수 있다. 이처럼 다층구조와 추리소설적 기법은 각각의 기법이라기보다 상호 보완적인 기법으로 볼 수 있다. 이 둘은 서로를 보완하면서 작품의 완결에 기여하고 있기 때문이다.

이청준은 다양한 기법으로 소설의 지평을 넓힌 작가로 평가받고 있다. 다층구조, 추리소설적 기법, 다성성, 열린 구조, 대화주의 등이 많은 연구자들에 의해 이청준 소설의 기법으로 언급되고 있다. 이외에도 변용된 판소리의 서술기법, 다중서술기법, 자기반영적 서술기법 등을 추가할 수 있다.[10] 이런 점으로 미루어 볼 때, 이청준의 소설은 모더니즘적 속성과 포스트모더니즘적 속성을 동시에 가지고 있는 것 같다. 다원성(다층구조, 다중서술자 및 다성성)과 상대성(대화주의, 열린 결말)의 중시, 자기반영적 서술기법, '형이상학적' 탐정소설적 경향, 반(反)리얼리즘과 환상성의 강조, 탈장르화 또는 장르 확산(판소리 기법) 등이 포스트모더니즘적 속성과 가깝기 때문이다.[11]

1.1 다층 구조

이청준 소설의 서술 전략 중 가장 먼저 눈에 띄는 것은 무엇보다 다층구조의 활용이다. 다층구조를 통해 작가는 과거와 현재의 교류 및 소통, 문제 제기와 해답 찾기, 인물 간의 소통과 풀림, 과거에 대한 성찰과 해결책 찾기, 타인에 대한 이해와 긍정적 포용, 글쓰기에 대한 근원적인

9) 최애순, 『이청준 소설의 추리소설적 구조 연구』, 고려대 석사논문, 2001, p. 1.

10) 이에 대한 자세한 내용은 이 책 뒤에 덧붙인 '부록 2 : 이청준 연구 논문 목록'을 참조하기 바란다.

11) 김욱동, 『모더니즘과 포스트모더니즘』, 현암사, 1992. pp. 181~239. 참조

성찰을 하고 있다고 본다. 이 책에서 살펴볼 『서편제』와 「이어도」, 『축제』도 예외는 아니다. 『서편제』가 다층구조를 활용하여 과거에 대한 성찰과 타자에 대한 이해와 긍정적 포용을 그리고 있다면, 「이어도」는 타자에 대한 이해와 긍정적 포용을 핵심으로 삼고 있고, 『축제』는 장례를 통해 효의 의미와 인간간의 관계, 삶과 죽음의 문제를 돌아보고 있다. 이청준이 거의 모든 작품에 다층구조를 서술기법으로 활용하는 것은 일정한 의도를 가지고 있다고 하겠다. 먼저, 이청준의 다층구조에 대한 인식과 그것을 통하여 거두려는 효과를 먼저 살펴봄으로써 논의의 방향을 설정하도록 하자.

> 나는 흔히 이러한 작가로서의 나의 몫을 분명히 해 두기 위하여 이른바 격자소설(格子小說)이니 중층구조(中層構造)니 하는 말로 알려진 소설 구성법을 즐겨 사용하는 편이다. 이야기 속에 또 이야기가 들어 있는 소설형식 말이다.
>
> 이때 안쪽에 담겨진 이야기는 대개 평면적 스토리의 전개로 한 인간의 경험과 삶의 태도에 관한 유형을 보여준다. 그리고 그 이야기를 바라보고 그것과의 교유와 관찰 속에서 우리의 삶에 대한 종합적인 반성과 평가의 역할을 수행해나가는 시선을 또 하나 바깥에 마련한다. 바깥에 마련된 관찰자의 시선은 그러니까 그 안쪽에 진술된 일회적이고 평면적인 경험의 유형을 최종적 진실로 확정지으려는 목적에서가 아니라 그것을 의심하고 시험하며 반성하는 역할의 수행자로서 마련되어지고 있는 것이다. (…중략…) 작가의 일회적 경험을 작가 자신과 독자들 공유의 총체적 세계 안으로 귀속시키려는 노력으로서 그 자신의 최종적인 판단을 겸손하게 유보해버리는 자세를 취해 보인다.[12)]

12) 이청준, 「책 속에 길 없다」, 『작가의 작은 손』, 열화당, 1978, p. 187.

이청준은 다층구조를 통하여 "교유와 관찰"을 시도하고 있다고 밝힌다. 이는 그가 다층구조를 통해 이루고자 하는 목적이라고 볼 수 있다. 인물과 인물, 과거와 현재, 인식과 세계관을 새로이 조명하려는 것이다. 이를 이청준은 "의심하고 시험하며 반성하는 역할의 수행자"를 등장시켜 "종합적인 반성과 평가의 역할을 수행"하려 한다고 말하고 있다. 즉, 다른 "시선"으로 세상과 삶을 바라보려는 것이다. 이 목적에 부합되는 것이 바로 다층구조라 생각할 때, 이청준은 내용(담론)은 물론 형식(서술)에도 많은 관심을 가진 작가로 볼 수 있겠다.

다층구조의 효과를 권택영은 화자의 객관화('통증'으로부터의 격리, 현재에서의 부재를 완성, 돌이켜 행해지는 이중 증거), 화자의 해체화란 측면에서 살피고 있다[13]. 또한 김정숙은 "자기 내향성으로 치닫거나 그와는 반대로 외부로만 지향하려는 극단적인 지점을 경계하기 위한 방법으로" 다층구조를 사용하고 있다고 피력하면서 '열린 소설'의 지향과 작가의 '겸손'을 지적하고 있다.[14] 필자는 다층구조의 의의 및 효과에 대해 『서편제』, 「이어도」, 『축제』를 통해 살핌으로써 두 사람의 견해를 좀 더 심화시켜 보고자 한다.

1.1.1 거리감 유지(객관화)

먼저 지적해야 할 것은 '거리감 유지 즉, 객관화'다. 권택영은 이를 ''통증'으로부터의 격리'라고 지적하고 있다.

『서편제』[15]를 예로 들어 살펴보면, 바깥—이야기는 안—이야기와 상

---

13) 권택영, 「이청준 소설의 중층 구조」, 권오룡 엮음, 앞의 책, pp. 161~191.

14) 김정숙, 「서사 주체의 다층적 탐색정신—이청준 소설을 중심으로」, ≪어문연구·30≫, 어문연구학회, 1998, p. 103.

15) 텍스트는 이청준, 『서편제—이청준 문학전집 연작소설 ②』, 열림원, 1998.이다. 이후, 『서편제』에서 인용한 인용문은 페이지만 밝히기로 하겠다.

당히 떨어져 있다. 사건 · 시공간 · 인물로부터 상당한 거리감이 있다. 『서편제』는 "마흔 줄에 갓 올라섰을"(p. 36) 사내가 누이동생의 행적을 수소문하고 다니다 "전라도 보성읍 밖의 한 한적한 길목 주막"(p. 11)인 "소릿재 주막"에서 주모로부터 맹인이 되어 아비의 소리를 이어받은 누이의 후일담과 누이의 소리를 이어받은 주모의 이야기를 하고 있다. 그로부터 몇 년 지난 후 전라도 "장흥읍(長興邑)을 아직 10여 리쯤 남겨 놓고 탐진강(耽津江) 물굽이의 한 자락을 끼고 돌아앉아"(p. 34) 있는 주막집에서 누이와 만나 소리로 서로의 한(恨)을 아껴주고 다시 헤어지고 난 후, "남도 땅 장흥에서도"(p. 60) "해안 도로를 한 시간 남짓"(p. 60) 달려야 하는 버스 "종점지인 회진(會鎭)"(p. 60)에서 다시 10여 리쯤 "한동안 물깃을 따라 돌던 해변길"(p. 62)을 지나 산을 넘어야 도착할 수 있는 "선학동" "주막"에서 "말라버린 포구"에 다시 선학을 띄운 누이의 후일담을 듣는 형식을 취하고 있다. 스토리의 시간은 사내가 "고삐가 매인 짐승 꼴로"(p. 19) "어미의 웅얼거리는 소리"(p. 19)를 들으며 "언덕배기 무덤가에서"(p. 19) 평온한 시간을 보내던 날부터 시작되고 있으므로 약 30년 가까이 흘렀다. 그리고 누이 · 의부와 헤어진 시간으로부터도 20여 년 넘게 흘렀다. 이처럼 먼 과거의 일을 현재적 관점에서 되돌아보고 있다는 점에서 객관적인 거리가 유지되고 있는 것이다.

단편소설 세 편의 내용은 공간적으로도 상당히 떨어져 있다. "전라도 보성읍 밖의 한 한적한 길목 주막"인 "소릿재", "장흥읍(長興邑)을 아직 10여 리쯤 남겨 놓고 탐진강(耽津江) 물굽이의 한 자락을 끼고 돌아앉아" 있는 "주막", "종점지인 회진(會鎭)"에서 다시 10여 리쯤 산을 넘어야 도착할 수 있는 "선학동" "주막"으로 설정되어 있음을 생각할 때 공간적인 거리도 상당하다. 남도땅 전체가 주무대로 설정되어 있다. 사내의 어린 시절 성장했던 곳은 구체적으로 언급되고 있지 않지만 스토리로 봐서 남도의 어느 해변가로 추정할 수 있다. 「소리의 빛」에서는 "한약재를 수집하기 위해 전국 방방곡곡을 헤매 다니노라"(p. 36)고 서술하고 있지만, 「서편제」에서 아비와 누이가 "그저 남도 일대를 쉴새없이 두루 떠돌아다녔다"(p. 23)는 소릿재 주모의 말옮김으로 볼 때, 공간은 남도땅 전체가 될 것이다.

사건으로부터도 상당한 거리감이 있다. 「소리의 빛」에서 누이와 만나 소리로 어우러지고 서로의 한(恨)을 다치지 않기 위해 말없이 헤어진 것을 제외하면, 사내가 누이나 의부를 직접적으로 만나고 있지 않다. 다만 제3자의 입을 통해 누이와 의부의 이야기를 전해듣고 있다. 사건을 객관화시키려는 작가의 의지를 반영한 것이라 하겠다. 이는 서술자가 이미 알고 있으면서도 일부러 끝까지 지연('시치미떼기'나 '의뭉스럽게 감춰두기')시키는 서술기법과 관련이 있고, 짐작하고 있으면서도 상대 화자의 입을 통해 사건의 전말을 확인하려는 서술자의 태도와도 깊은 관련이 있다.

① "한데…… 한데 말이네. 자넨 대체 언제부터 이런 곳에다 자네 소리를 묻고 살아오던가"(「서편제」, p. 13)

② "이 고갯길을 소릿재라 이름하고, 자네 주막을 두고는 소릿재 주막이라 하던 것을 듣고 왔네. 그래 이 고을 사람들이 그런 이름을 지어 부르는 건 자네 소리에 내력을 두고 한 말이 아니던가?"(p. 13)

③ "그렇다면, …… 그렇다면 이 소릿재 주막의 사연은 자네가 첫 번 임자가 아니더란 말인가? 자네 먼저 여기에 소리를 하던 사람이 있었더란 말인가?"(p. 13)

④ "자네 소리에도 그러니까 앞서 이를 내력이 따로 있었더란 말이 아닌가?"(pp. 13~14.)

⑤ "그 사람이 누군가? 자네 먼저 소리를 하던 분이 어떤 사람이었던가 말이네."(p. 14)

⑥ "그래 그 여잔 한번 여길 떠나고 나선 그걸로 그만 소식이 아주 끊기고 말았더란 말인가?"(p. 22)

⑦ "소식이 아주 끊겼다면 자넨 그래 짐작조차 가는 곳이 없었던가? 그때 그 여자가 여길 떠나면 어느쪽으로 갔음직하다고 짐작조차 떠오르는 데가 없었던가 말이네."(p. 22)

⑧ "가는 곳을 짐작할 수 없었다면, 그 사람들 부녀가 어디서부터 이 고을로 흘러들었는지, 전부터 지내오던 곳을 얘기 들은 일은 있었을 게 아닌가?"(pp. 22~23.)

⑨ "소리를 하던 부녀간 외에 따로 친척 같은 것도 없고? 그 여자한테 무슨 동기간 비슷한 것이라도 말이네……."(p. 23)

⑩ "아니, 그 여자가 그럼 앞을 못 보는 장님이었단 말인가? 그리 된 내력이 도대체 어떤 것이었다던가? 그 여자 아마 태생부터가 장님으로 난 여잔 아니었을 거 아닌가 말이네."(p. 23)

⑪ "그래, 어떻게 되어서 눈을 잃게 되었다던가? 사연을 들은 것이 있었으면 들은 대로 얘기를 좀 털어놔 보게."(pp. 23~24.)

⑫ "그래 여자는 그럼 자기의 눈을 멀게 한 비정스런 아비를 어떻게 말하던가?"(p. 31)

⑬ "여자가 말한 일이 없더라도 평소에 아비를 대하는 거동 같은 것을 보아 그 여자가 제 아비를 용서하고 있는지 못하고 있는지는 맘 속으로 짐작해 볼 수가 있었을 것 아닌가 말이네."(p. 31)

⑭ "그 목청을 다스리기 위해 눈을 멀게 했을 거라는 얘기 말인가?"(p. 31)

⑮ "그래서 그 한을 심어 주려고 아비가 자식 눈을 빼앗았단 말인가?"(pp. 31~32.)

「서편제」에서만 보더라도 대부분은 일정한 거리를 유지한 채 상대에게 질문하고 그 질문에 대한 대답을 듣고 나서 서술자 나름대로 추리하는 형식을 취하고 있다. 텍스트의 내용을 다 읽지 않은 독자라 하더라도

위 인용문만 제대로 읽어 나름대로 추리한다면 그 내용을 거의 알 수 있을 정도다. 이는 작가나 서술자가 이미 다 알고 있으면서도 의도적으로 모른 체함으로써 사건을 객관화시키려는 작가의 의도를 반영한 것이라고 볼 수 있다. 이런 양상은 「소리의 빛」이나 「선학동 나그네」에서도 마찬가지다. 「소리의 빛」에서는 맹인 여자와 사내, 맹인 여자와 천씨의 14번의 질문과 대답을 통해, 「선학동 나그네」에서는 사내와 주인 사내의 13번의 질문과 대답으로 사건의 핵심을 전하고 있다. 서술자가 이야기를 풀어놓는다는 느낌보다 전혀 모르는 상태에서 독자와 함께 추적해나가는 모양새를 보인다. 이는 인물과의 거리가 그만큼 멀다는 의미와 함께 인터뷰나 대화를 통해 탐색하는 추리소설적 기법과도 깊은 관련을 가진다.

사건, 시공간, 인물로부터 거리감을 갖는다는 것은 객관성을 유지하려는 것이다. 이는 감정의 설익은 분출을 막기 위한 장치일 뿐 아니라 논리적인 비약을 피하는 방법이며, 독자와의 거리를 좁히기 위한 방편이기도 하다. 이런 효과를 위해 작가는 다층구조를 활용하는 것이다.

「이어도」에서도 거리감을 통한 객관화는 극적 효과를 극대화하고 있다. 먼저, 추적자의 위치에 있는 선우현 중위의 생김과 기질, 그리고 그의 생각을 살펴보면 객관화에 대한 작가의 의지가 얼마나 강한 지 알 수 있다. 선우 중위는 "크지도 작지도 않은 적당한 몸매에 대리석을 깎아지른 듯"(p. 54)한 사람이다. "면도가 잘된 정결한 얼굴"(p. 56)의 소유자로, "절도 있는 말씨"(p. 56)를 쓰고 있다. 한눈에 빈틈이 없어 보인다. 그런 그가 방관자적인 입장을 취하기 때문에 일은 더욱 엇나가게 된다. 택시를 거꾸로 타놓고도 "아무쪽으로나…… 빨리만 데려다주시오."(p. 55)라고 서두르는 모습에서 그는 목적만을 추구하는 사람임을 알 수 있다. "그야 물론 저희 입장에선 그럴수록 일이 간단해지긴 합니다만……."(p. 61)이라고 말을 흐리는 부분에서는 그의 방관자적 자세를 읽을 수 있다. 그런 그이기에 "적당한 여관에서 하룻밤을 지내고 이튿날은 아침 일찍 배를 탈 예정"(p. 73)이었던 것은 조금도 이상하지 않다. 천남석 기자의 실종 이유를 알고 싶지도 않고, 애도할 이유도 없으므로 자신은 "구두로나마 일차 사고의 전말을 확인해 드리고 저희 작전 부대의 유감의 뜻을 전하면 그것으로 임무"(p. 59)를 끝내고 싶은 것이다. 철저하게 방관자·국외자적 자세를 유지하고 있다. 선우 중위는 객관적인 입장에서 탐색담을 이끌어갈 적격자인 셈이다. "자신의 감정을 함부로 표현해 버리지 않을 만큼 충분한 참을성이 훈련되어"(p. 58) 있어 "언짢은 기색을 얼굴에 나타내지 않은 채"(p. 58) 말을 한다든지, "섣부른 상상이나 추리만으로 사고를 설명할 수는 없"(p. 62)는 일에 대해서는 단정짓지 않는다는 점에서 "무슨 일에 대해서나 명확한 사실을 근거로 해야 하는 선우 중위의 사고방식"(p. 75)을 보여준다 할 것이다. 사실만을 신봉하고 "사실에의 봉사"(p. 75)를 최고의 미덕으로 삼는다. 그런 그이기에 "전 사실을 볼 수가 없었으니까요. 사실의 확인 없이 그의 자살을 믿어버릴 수는 없는 일 아닙니까?"(p. 121)라고 말함으로써 객관적인 입장을 강화한다.

사건으로부터도 거리감을 유지하고 있다. 선우 중위가 파악하고 있는 천남석과 천남석 부모, '이어도 여인'의 삶은 선우 중위가 체험하지 못한 '타인의 과거'일 뿐이다. 시간적으로도 30년 이상의 시간이 흐른 후일 뿐만 아니라 공간적으로도 선우 중위와는 너무나 멀리 떨어져 있는 제주도다. 또한 선우 중위는 인식적인 면에서도 제주민의 삶이나 인식을 전혀 이해하지 못하고 있음을 알 수 있다.

이처럼 「이어도」에도 『서편제』에서 활용한 객관화 전략이 사용된다. 이는 하나의 전략이요, 다층구조가 노리는 효과라 할 것이다.

『축제』에서는 이와는 조금 다른 양상을 보인다. 작가 자신의 체험담을 재구성한 작품으로 논픽션적 요소를 가지고 있다. 그런데도 작가는 최대한 객관성을 유지하기 위해 거리를 두고 있다.

> 이런 글에서 굳이 제3자 시점의 화자를 내세운 것은, 1인칭 시점이 당시의 제 감정과 실제 정황에 더 충실할 수는 있겠지만, 그보다 자식으로서 제 어머니의 일을 직접 말하기가 매우 어색하고 송구스러울 뿐 아니라, 심정적으로 훨씬 노인의 일을 미화하고 과장할 가능성이 클 것 같아섭니다. 1인칭보다는 3인칭 시점의 객관적 진술 형식으로 그 폐해를 줄여 보자는 의도에서지 심정적 시점에 혼동을 빚지 않으리라는 보장이 없으니, 감독님께서는 그 점는 감안해 읽어 주시기 바랍니다.(『축제』, pp. 33~34.)

감독에게 보내는 첫 편지에서 작가는 이미 객관화에 대한 자신의 의지를 피력한다. 객관성을 확보하기 위해 3인칭 객관적 진술 형식을 취하겠다는 것이다. 작가는 자신의 체험담을 서술함에도 불구하고 3인칭 초점화자의 눈을 통해 보고, 그 내용을 서술하겠다는 것이다. 자신의 관점을 최대한 자제함으로써 객관화시키겠다는 의지의 표현이다.

> ① "아이고 아재! 이 일이 뭔 일이라요, 아재 이 노릇을 어쨌으면 좋겄소. 아이고, 아재. 아이고호……."
>
> (…중략…)
>
> "그런께 그것이……."
>
> 외동댁의 젖은 목소리가 왠지 거기서 잠시 대답을 망설이고 있었다. 그러다간 또 갑자기 울음소리를 터뜨리며 그간의 정황을 줄줄이 털어놨다.(p. 18)
>
> ② 그게 오산이었다. 눈을 감자마자 잠이나 휴식은커녕 기다렸단 듯한 영상이 어두운 망막을 비추고 나타났다. 그 차가운 겨울날 새벽녘 눈 덮인 찻길가의 어둠 속으로 사라져간 노인의 손사래질—. 당신의 숙명 같은 그 기약없는 손사래질이 느닷없이 그를

향해 나부껴온 것이다.

……상한 게자루와 함께 간절한 청운의 꿈을 짊어지고 준섭이 광주로 떠나갔던 그해 여름, 3년여 동안의 긴 군대생활을 마치고 나온 그의 형 원일 부는 그로부터 몇 달 만에 지금의 형수 외동댁과 결혼을 하였다. 그리고 그것으로 고향집과 노인의 일은 어느 정도 그때까지의 힘들고 어려운 처지를 벗는 듯했다.(p. 69)

③ 나는 결국 그 노인과 용순으로부터 다시 고개를 돌리고 말았다. 그리고 잠시 더 용순의 저주어린 악담소리가 사라지기를 기다렸다가 천천히 다시 펜을 집어들었다. (…중략…)

—하지만 당신이 베푸신 것이 어찌 그 강건스런 체질로해서만 일 것인가. 그리고 비록 당신이 더욱더 멀고 오랜 유년으로까지 되돌아가신다 한들 거기서 또 베풀고 깨우쳐 주실 것이 없으실 것인가. 그것이 당신의 변함없는 인생이요 사람의 숙명인 것을.(pp. 115~116.)

④ "할머니, 할머닌 정말로 나를 그렇게 기다렸어……?"

년은 그러면서 그 할머니의 차가운 볼을 가만가만 손으로 쓰다듬다가 나중엔 어린애처럼 제 볼을 그 위로 얹어대고 비비대며 생시의 노인에게 하듯이 도란도란 속삭였다.

"그래, 나도 알아, 할머니가 항상 나를 기다리신 거. (…중략…) 나는 이렇게…… 할머니가 떠나가셔도 아무것도 드릴 것이 없는데…… 응, 할머니……."(p. 192)

⑤ 장혜림이 비로소 꽃장난질에 몰두하던 손길을 멈추며 준섭을 쳐다보았다.

"그래요. 이제 보니 그게 바로 할머니와 용순 언니 이야기였군요. 할머님이 용순 언닐 애타게 기다리시는…… 할머님은 물론 그렇게 언니를 기다리셨을 게 당연한 일이지만요." (…중략…)

준섭은 이제 그 이야기를 꺼낸 본심을 드러냈다. 그는 묻고 나서 혜림의 대답을 기다리지 않고 자신이 계속 말을 이어갔다.

"장 기자도 물론 짐작하고 있겠지만, 그 이야기를 쓴 사람, 그에게 그런 기다림이 없었다면 노인네의 기다림을 알 수가 있었겠어요? (…후략…)"(pp. 225~228.)

예문에서 보듯, 실제로는 다중서술자를 채택하고 있다. 1인칭과 3인칭, 주인공과 관찰자시점을 상황에 따라 적절하게 활용하고 있다. 이에 대해서는 뒤('다중서술 기법'항)에서 자세히 살펴보기로 하겠다.

그러나 전체적인 관점에서 볼 때, 준섭의 눈을 통해서 본다는 점에서 초점화자는 3인칭인 준섭이고, 관찰자 내지는 제한적 시점을 활용하고 있다. 그러나 준섭의 입을 통해 서술한다는 점에서는 모두 같다. 이렇듯 『축제』에서도 다중서술자를 채택하고 있기는 하지만 특정 에피소드 외에는 모두 제한적 시점을 사용하여 거리감을 유지하고 있다.

1.1.2 과거에 대한 고찰 및 성찰

둘째는 '과거에 대한 고찰 및 성찰'이다. 다층구조는 "일상의 이야기로 전개되는 현재사"와 "비일상의 이야기로 전개되는 과거사"가 끊임없이 "교유와 관찰 속에서 우리의 삶에 대한 종합적인 반성과 평가의 역할"을 수행하기 위해 쓰인 기법이다. 그것은 "안쪽에 진술된 일회적이고 평면적인 경험의 유형을 최종적 진실로 확정지으려는 목적에서가 아니라 그것을 의심하고 시험하며 반성하는 역할"을 한다.

『서편제』에서 추적자의 역할을 담당하는 사내는 바깥-이야기인 탐색담에서 수도 없이 자신을 되돌아보고, 반성한다. "여인의 소리로 하여 끊임없이 어떤 예감 같은 것을 견디고 있는 표정"(p. 11)의 사내를 그림으로써 「서편제」는 시작부터 사내의 견딤에 시선이 모아지고 있다. "끊임없는 어떤 예감"이란 다름아닌 주막집 여자의 소리가 자신의 누이와 관련이 있을 것이란 예감이다. 아니, 주막집 여자의 소리에서 의부와 누이동생의 소리를 듣고 과거를 되돌아보고 있다는 뜻이다. 시작부터가 과거사를 되돌아보고 있는 사내의 모습이 제시되고 있다. 그런 모습은 글 전체에 고루 나타난다.

여인의 소리가 "더욱 견딜 수 없는 예감 속으로 깊이 사내를 휘몰아 들어가"(p. 12)기 때문에 사내는 "거푸 다급한 목소리로"(p. 13) 물을 수밖에 없고, 여자의 이야기를 들으면서 "두 눈길엔 이상스런 열기 같은 것이 담기기 시작"(p. 18)하고, "뜨거운 어떤 태양의 불볕을 견디고"(p. 18) 있는가 하면 "무서운 인내 속에서 그 뜨겁고 고통스런 숙명의 태양볕을 끈질기게 견뎌 내고 있었다."(p. 21) 그런 그이기에 "굵은 땀방울이 맺"(p. 22)히는 건 당연하다. 그러나 "내력을 알 수 없는 살기 같은 것"(p. 25)은 곧 "제풀에 힘이 파한 얼굴"(p. 30)이 되어 "사내는 이제 얼굴빛이 참혹할 만큼 힘이 빠"(p. 30)지게 된다. 그런 후 사내는 "한참이나 깊은 상념 속을 헤매듯이 아득하고 몽롱한 목소리로 혼자말처럼 중얼거리"(p. 32)는 것이다. 이처럼 사내의 되돌아봄, 후회, 반성과 관련된 감정이나 표정의 변화를 자세히 그리고 있다. 그러나 이야기를 전해주는 여인의 태도는 이와 반대다. "이미 사내의 흉중을 환히 꿰뚫고 나서 선부른 말대답을 부러 삼가고 있는지도"(p. 22) 모르고, "말을 자꾸 피하고 싶은 기색이 역력했다."(p. 22) "사내의 표정이 갑자기 사납게 흔들리고 있"(p. 23)는데도 여인은 "여자가 짐짓 심통을 좀 부려 보고 싶은 어조로"(p. 25) "도대체 영문을 알 수 없다는 듯 천연스럽게 말꼬리를 다시 눙치고 들었다."(p. 23) "사내의 목소리는 억제할 수 없는 예감을 떨고 있"(p. 24)는데도 "이젠 여자 쪽에서도 벌써 사내의 그런 눈치를 알아차린 듯, 그러나 어딘가 지레 시치미를 떼고 있는 목소리로 엉뚱스레 의뭉을 떨어대고 있었다."(p. 33)

이처럼 사내는 과거를 되돌아보고 있고, 되돌아보는 행위는 단순히 되돌아보는 행위로 끝나지 않고 과거에 대한 반성으로 이어진다. 이는 이청준 소설의 다층구조가 갖는 하나의 특징이라 할 것이다. 현재적 입장에서 과거를 되돌아보고, 그 되돌아봄을 통해 과거를 반성하고 평가함은 물론, 과거사의 현재적 조명을 통해 과거와의 화해를 시도하고 있다. 『서편제』의 다른 작품인 「소리의 빛」, 「선학동 나그네」에서도 그건 마찬가지다. 「소리의 빛」에는 되돌아봄이 16번 나타나고 있고, 「선학동 나그네」에서도 13번 나타난다.

「서편제」의 구조를 살펴보면 되돌아봄의 양상을 뚜렷이 발견하게 된다.

사내가 소릿재 주막에서 주모에게 소릿재 내력을 물음

↓

주모의 회상
: 소리꾼 부녀의 삶과 자신이 소리를 이어받게 된 내력

↓

주모가 얘기를 마치고 소리를 시작하자 북장단을 잡으며
뜨거운 회상의 골짜기에 빠져드는 사내

↓

사내의 회상(1)
: 소리꾼 의부와 햇덩이에 대한 기억 및
햇덩이를 피할 수 없는 자신의 숙명

↓

소리꾼 여자가 장님이었음을 전하는 주모와 알 수 없는 예감에 떠는 사내

↓

주모의 진술
: 소리꾼 여자가 장님이 된 이유(추정)

↓

주모의 소리에서 햇덩이의 소리를 듣는 사내

↓

사내의 회상(2)
: 소리꾼 의부에 대한 살의와 그 살의를 무력화시키는
소리의 힘을 감당하지 못하고 부녀를 버리고 도망침

↓
소리꾼 여자를 맹인으로 만든 이유를 추정하는 사내
: 딸이 자신의 곁을 떠나지 못하게 했을 거라고
↓
소리꾼 여자의 오라비임을 알고
장님인 누이를 계속 찾아다니겠냐고 묻는 주모

이처럼 「서편제」는 다층구조(이중의 액자 형태)를 취하고 있다(□는 안－이야기를 표시하기 위해 구분한 것이다.). 하나의 바깥－이야기에 두 개의 안－이야기가 겹쳐 있는 것이다. 구조를 통해서는 정확히 알 수 없지만, 사내의 이야기나 주모의 이야기는 단순히 사내의 추적담 속에 안겨 있는 형태는 아니라는 점에 주목해야 한다. 사내의 이야기나 주모의 이야기는 사내의 추적담과 함께 어우러져 하나의 유기체를 형성하고 있고, 이 세 이야기는 현재라는 시간에 의해 재구성되고 있다. 즉, 현재 사건(추적)이 진행되는 과정 속에서 과거의 이야기들이 유기적으로 얽히고 있고, 현재와 과거가 쉼 없이 넘나들고 있다. 따라서 사내의 이야기와 주모의 이야기는 사내의 추적담 속에 안겨 있는 형태가 아니라 추적담과 함께 뛰고 있는 구조를 갖고 있다. 그래서 이청준의 다층구조는 '역동적인 구조'[16]라 명명할 만하다. 이런 구조는 「서편제」뿐만 아니라 「소리의 빛」, 「선학동 나그네」에도 그대로 나타나고 있기에 「서편제」 한 편을 분석하는 것으로 대체하기로 하겠다.

그러나 「이어도」는 이와는 다른 양상을 보인다. 「이어도」는 추적자인 선우 중위의 과거사를 다루는 게 아니라 천남석의 과거사와 천남석의

16) 이에 대해서 권택영은 앞의 논문 p. 171.에서 다음과 같이 밝히고 있다.
"중층 구조라는 기법은 이런 방식으로 어떤 일회적 현상의 기술에만 겸추지 않고, 그것을 전달하는 화자를 등장시킴으로써 역동적 대응 관계를 통해 주제의 전달에 한몫을 담당한다고 볼 수 있겠다."
그러나 필자는 권택영의 논지를 넘어, 이청준 소설의 다층구조를 '역동적인 구조'라고 명명하고자 한다. 안－이야기와 바깥－이야기가 유기적으로 결합되는 한편, 교호작용(交互作用)하기 때문이다.

심리와 의식 파악에 주력하고 있기 때문이다. 따라서 「이어도」는 『서편제』보다 추리소설적 요소가 더 강하다 할 것이다.

선우 중위는 이어도와 관련된 어떤 체험도 가지고 있지 않다. 다만 선우 중위가 알고 있는 것은 천남석의 입을 통해 전해들은 추상적인 관념들뿐이다. 섬사람이 아니기 때문에 천남석 및 제주민의 의식에 접근하기 어려운 것이다. 결말부에서는 얼마간 천남석의 의식에 접근하고 있긴 하지만, 그것도 자발적이고 능동적인 것이라기보다 양주호의 강요에 의해 인정하는 형식을 취하고 있다. 마지막 부분에서 양주호는 '해둡시다'가 아닌 "해줍시다"라고 말하고 있다. 결론을 내린다기보다 묵인을 권유하고 있다. 확증은 없지만 심증만으로라도 천남석이 이어도를 찾아간 것으로 인정을 해주자는 의미다.

이처럼 선우 중위는 추적자의 위치에서 천남석의 의식 세계를 추적하는 역할만 하고 있는 셈이다. 이는 추적자가 자신의 과거사를 통해 과거를 되돌아보고, 성찰하고 반성하는 『서편제』와는 다른 형식을 취하고 있지만 선우 중위를 통해 천남석과 양주호, '이어도 여인', 넓게는 제주민의 의식세계를 되돌아보고, 성찰하는 의미만은 퇴색되고 있지 않다. 이런 논지는 「이어도」의 구조를 살펴보면 명확해진다.

프롤로그 : 섬의 존재와 섬의 비가시성(미확인성)

↓

1. 천남석 기자의 실종 사고와 양주호를 만나 추적 시작
: 천남석의 실종사고를 자살이라고 확신하는 양주호와
이에 의문을 품는 선우 중위

↓

2. 천남석의 이어도 부정 : 허구가 현실을 간섭하고 있다고 분개함

↓

3. 술집 <이어도>에서 '이어도 여인'과의 만남
양주호로부터 이어도와 제주민의 의식을 들음

↓

4. 양주호의 강요에 의한 천남석 집 방문

↓

천남석의 어린 시절 : 이어도 노래의 의미와 이어도로 떠난 아버지를 기다리다 생을 마친 천남석의 어머니

↓

5. 천남석의 여자인 '이어도 여인'과의 동침

↓

천남석의 마지막 : 어린 시절 얘기를 들려주고 넋이 나간 사람처럼 비바람 몰아치는 갑판에 서 있었음

↓

천남석의 혼이 쓰인 듯 말을 하는 선우 중위와
이어도 타령을 부르는 '이어도 여인'

↓

6. '이어도 여인'의 과거담 : 수평선을 넘어가 버린 가족사, 천남석과의 관계, 천남석이 길들인 운명

↓

섬을 떠나겠다는 여인과 헤어져 양주호를 찾아감

↓

섬사람에게 숙명이자 구원인 이어도에 대한 양주호의 피력
사실보다는 허구를 통해 진실을 추구하려는 제주민의 의식

↓

제주민의 의식을 이해하고 천남석의 자살을 인정하는 선우 중위

↓

7. 에필로그 : 상처 하나 없이 제주로 되돌아온 천남석의 시체

선우 중위는 추적자의 입장에서 천남석이 들려준 이야기와 양주호와의 동행과 대화, '이어도 여인'과의 만남과 동침을 통해 "사실에서보다는 허구 쪽에서 진실"(p. 121)을 찾는 천남석의 의식, 즉 제주민의 의식을 깨닫게 된다. 과거와 현재의 교차와 상호작용, 유기체적 결합이 빚어

내는 추적담을 통해 환상적·초월적 진실로 접근하고 있다.

「이어도」도 『서편제』와 마찬가지로 다층구조를 통해 현재와 과거가 쉼 없이 교차하고 서로 의미를 보완하는 구조로 되어있다(p. 81. <그림 2> 참조). 안–이야기와 바깥–이야기, 과거와 현재가 교호작용(交互作用)[17]하고 있는 것이다. 층위간의 교호작용(交互作用)이 없다면 이야기는 성립되지 않는다. 이렇듯 이청준 소설은 과거와 현재의 끊임없는 "교유와 관찰 속에서 우리의 삶에 대한 종합적인 반성과 평가의 역할"을 수행하게 한다. 이는 대화성과도 밀접한 관련을 맺고 있다.

『축제』에서도 마찬가지다. 이 작품은 과거에 대한 고찰과 성찰이 주를 이루고 있다. 자식인 아들의 입장에서 돌아가신 어머니의 삶을 되돌아보고, 자식으로서의 도리를 되새기고 있다. 또한 과거에 대한 고찰과 반성은 현재적 관점에서 평가되어 일정한 의미를 형성한다는 점도 눈여겨보아야 할 점이다.

> ① 소식을 접하던 날 아침녘, 준섭은 어이없게도 어머니의 노년 시절에 대한 짤막한 수상문 한편을 기초하고 있었다.
>
> –내 어머니의 연세는 올해로 미수(米壽)를 한 해 앞두신 87세.
>
> 그 어머니는 지금 당신이 살아오신 지난날의 생애를 현재에서 과거 쪽으로 다시 한 번 거꾸로 살고 계신 격이다. 머릿속 기억이 자꾸만 가까운 시절의 일에서 옛날 일 쪽으로 거슬러 올라가며 걷혀 나가는 때문이다. (p. 11)
>
> ② 노인은 마치 집이 빚에 넘어간 일이 없는 양 낌새를 보인 일

17) 교호(交互)란 '① 서로 엇바꿈. 서로 번갈아 함. ② 서로 어긋나게 맞춤'의 뜻을 가지고 있다(이기문 감수, 『동아 새국어사전』, 두산동아, 1989.). 또한 교호작용(交互作用)이란 '둘 또는 둘 이상의 사물·현상이 서로 작용하여 원인이 되고 결과도 되는 일'(이희승 편저, 『국어대사전』, 민중서림, 1982.)이다. 그러나 이 책에서 교호작용이란 용어는 교차와 엇갈림, 뒤바뀜의 의미뿐만 아니라 상보작용이란 의미까지 포괄하는 개념으로 썼다. 따라서 이 책에서는 '서로 교차하거나 뒤바뀌면서도 둘 또는 그 이상의 대상이 상호 작용하여 보완하는 일'의 뜻으로 교호작용이란 용어를 썼다.

이 없었고, 그런 만큼 준섭 역시 그간의 궁금한 곡절이나 당신의 새 거처에 관한 일들을 섣불리 입에 올릴 수가 없었다. 입을 열자니 서로간에 가슴이 메이고 쓰라린 말들뿐이었다. 뜬눈으로 마주 앉아 그저 밤을 새울 수도 없었다.

—일찍 자자. 일찍 자고 일찍 일어나 아침 날 새는 길로 너는 다시 광주로 올라가거라.

(…중략…)

하여 이튿날 아침, 눈을 붙인 둥 만 둥 으뭉자뭉 하다가 도자는 아직 어두운 새벽녘에 일찍 자리를 털고 일어났다. 일어나 보니 바깥엔 이날따라 밤새 눈이 하얗게 내려 있었다. 사방이 온통 하얀 눈천지였다. 여느 때 일 같으면 길을 나설 수가 없었다. (pp. 73~74.)

③ 아내는 덜컥 그 준섭의 오랜 숙제를 함께 떠맡기로 한 것 같았다. (…중략…) 그리고 마침내 노인의 변고에 대비한 별도의 은행적금 하나를 새로 들어 둔 채 나머지 돈을 모두 찾아들고 시골로 노인을 보러 간 것이었다.

외동댁은 물론 그 준섭네를 크게 반겨, 헌 집 이리저리 다시 손볼 것 없이 차제에 옛 참나무골(갯나들 큰 윗동네)에다 자그마한 새집을 지어 가고 싶다는 소망을 털어놨다. 그런데 노인은 왠지 그걸 내켜잖아 하였다. (pp. 171~172.)

예문 ①에서 보듯이, 텍스트 시작부터가 어머니의 삶을 되돌아보는 수필로 시작되고 있다. 현재적 상황에서 어머니의 삶을 되돌아보고 서술자와 관련된 일들을 되돌아보려는 것이다. 그러던 중에 어머니 상을 당하게 되고, 어머니 장례를 치루면서 어머니의 삶을 되돌아보며 자신을 되돌아보고 있다. 서술자가 되돌아보는 어머니의 삶은, 다른 사람들과의 관계가 아니라 자신을 비롯한 형·누나·용순·외동댁과 관련된 일들이 주를 이루고 있다. 특히 서술자 준섭과의 일이 주를 이루고 있다. 이는 서술자의 입장에서 어머니와의 관계, 즉 자신의 과거를 되돌아보고 반성함으로써 자식된 자로서의 도리를 깨닫게 되는 것이다. 그것이 예문 ②와 ③이다. 이렇듯 『축제』는 돌아가신 어머니의 삶과 자신과의 관계를 되새기고 반성하면서 효의 의미를 되새기고 있다고 볼 수 있다. 이런 속성은 『축제』의 서사구조를 살펴보면 분명해진다.

수상록을 집필하다 어머니 임종 소식을 듣고 고향으로 향함

↓

감독에게 보내는 편지(1)
부모 잃은 슬픔까지 팔아먹는 것 같아 죄스러움
3인칭 화자로 주관성 극복코자 함

↓

감독에게 보내는 편지(2)
영화 주제가 '효(孝)'가 되어야 함에는 동의
'축제'란 제목은 흥행성을 염두에 둔 것 같아 의구심이 잆
『할미꽃은…』을 보내니 참고하기 바람

↓

어머니의 손사래질의 의미와 함께 과거사(게자루) 회상

↓

고속도로에서 어머니 회생 소식을 들음

↓

손사래질에 가위눌려 과거사(형의 과거와 <눈길>) 회상

↓

감독에게 보내는 편지(3)
손사래질의 의미와 우리 부모님들의 공통적인 마음가짐과 정서

↓

어머니의 여장부적 기질 : 가족들에 의한 진술

↓

용순에 대한 언급으로 거북해 하는 가족들

↓

신장 이식과 관련된 이야기를 떠올리며 어머니의 희생에 감사함

↓

마지막 온힘으로 비녀를 찾으시다 눈을 감는 어머니

↓

감독에게 보내는 편지(4)
용순에 대한 언급은 용순의 등장을 위해 인위적으로 삽입한 것임
허구가 들어간 것은 소설가의 욕망이니 이해 바람
『할미꽃은…』의 '지은이의 말'의 내용

↓

불청객 용순의 출현과 가족들의 불안감

↓

장례 준비를 갖추기 시작함

↓

용순과 용순 부(父)의 어두운 과거사와 노인과의 관계

↓

술 취한 용순이 새벽에 돌아와 날 선 말들을 쏟아냄

↓

감독에게 보내는 편지(5)
외동댁과 노인과의 정의로웠던 에피소드
우록의 묘자리 정하기의 헤프닝에 대한 언급

↓

직접 염을 하고 용순의 위상을 가족들에게 확인시킴

↓

외동댁이 노인에게 빼앗았던 은비녀를 찾아 정표로 관속에 놓아줌

↓

성복제와 용순의 상복차림새로 입싸움이 오감

↓

묘자리를 살피러 가다 장혜림의 질문 공세에 노인의 과거사를 떠올림

↓

박복하고 지난했던 노인의 과거사 회상

↓

용순을 소설에 등장시키지 않은 이유를 따지는 장혜림

↓

**노인의 형벌 같은 부끄러움의 내력과 자존심의 표상이었던 은비녀,
치매로 인한 외동댁과의 갈등 회상**

↓

<빗새 이야기>는 용순의 부재에 대한 이야기였음을 전하는 준섭
↓
감독에게 보내는 편지(6)
부적 이야기를 제외한 이유
「빗새 이야기」를 구할 수 없어 부모님 시신 염(殮)에
관련된 <단 하나의 보은>을 보냄
↓
조문객이 몰려 노인의 조용하고 편안한 저승길만을 고집할 수 없게 됨
↓
뒤틀림과 어그러짐이 함께 하는 카니발적 장례식장
↓
가족들의 허물털이(노인의 과거사 살피기)
↓
동화 『할미꽃은…』의 출간과 그 내용을 되새기는 준섭
↓
용순의 계속되는 패악(悖惡)과 준섭에 대한 비난
↓
동화 내용 : 하얀 배추꽃 나비가 되어 승천하는 어머니
↓
감독에게 보내는 편지(7)
자신과 관련된 정진규의 시 <눈물>을 보냄
유교적 세계관에서 본 장례의식(등신의식)
외동댁쪽 사돈들의 당부에 대한 이야기를 전함
↓
용순까지 참석한 고아들이 가족사진을 찍음
↓
감독에게 보내는 편지(8)
일이 마무리되어 시원섭섭함. 원고를 잘 간직해주면 소설 쓸 때 참고하겠음
묘지 둘러보기 덧붙임 : 나비로 승천과 어머니의 손사래질,
그리고 가족들에 대한 생각

『축제』도 앞에서 살펴본 다른 텍스트들처럼 다층구조를 통해 현재와 과거가 쉼 없이 교차하며 의미를 보완하는 구조로 되어있고, 과거에 대한 고찰과 성찰이 주를 이루고 있다. 이를 그림으로 표현한 것이 p. 96

의 <그림 3>이다.

1.1.3 현재성의 강조

'현재성의 강조'는 앞에서 살펴본 '과거에 대한 고찰 및 성찰'과도 연결되는 사항으로, 회상이나 과거담을 언급한다는 자체가 현재성과 주체성을 강조하고 있는 것으로 볼 수 있다. 회상이나 과거담은 과거 사건을 현재 재생하는 형식이고, 탐색자의 입장에서 과거사를 돌아보는 일이기 때문이다. 따라서 이청준 소설의 다층구조 중 안-이야기는 현재성과 주체성을 강조하기 위한 장치라 봐도 무방하리라 본다. 또한 이청준 소설의 다층구조는 현재성과 주체성을 중시한다는 점에서 일반적인 추리소설과 차별화된다.

추리소설에는 두 개의 스토리가 존재하는데, 하나는 '범죄의 스토리'로서 소설의 겉면에는 부재하나 의미있는 것이고, 하나는 '조사의 스토리'로서 소설의 겉면에 실재하나 중요하지 않은 것[18]이다. '범죄의 스토리'는 실제로 일어났던 일, 곧 사건의 동기, 발생, 숨김의 과정이 우리의 일상 흐름에 따라 자연스럽게 일어났던 일을 말하는 것인데, 이런 이야기는 소설의 시작 이전의 것(흔히 추리소설은 범죄의 발생 직후부터 시작된다)이기에 소설 속에 직접 나타날 수 없고, 탐정의 추론 과정을 통해 화자나 관찰자에 매개되어 나타난다. 그것은 사건의 실제 이야기며, 탐정이 사건의 단서를 통해 찾아가야만 하는 진정한 이야기에 해당한다. 반면에 '조사의 스토리'는 탐정이 사건을 추리하고 그것을 해결해 가는 소설의 바깥-이야기로, 작가가 범죄의 스토리를 꾸며 독자에게 보여주는 방법이다. 여기에서 진정한 '범죄의 스토리'는 생략되고 도치되며, 각 정보단위로 분화되고 통합된다. 말하자면 '조사의 스토리'는 자연스럽게

18) 츠베탕 토도로프, 신동욱 역, 『산문의 시학』, 문예출판사, 1992, pp. 47~60.

일어났던 사건을 단서와 증거의 기호로 분화시켜 독자에게 보여주는 방법이며, 궁극적으로는 단지 '범죄의 스토리'를 변형한 것에 불과하다. 이런 점에서 보자면 추리소설에서 이 두 영역의 역학관계는 추론의 묘미가 숨쉬는 공간이 되고, 추리 해법의 기본적 구도가 해결되는 영역이 된다.[19]

추리소설의 이런 속성과는 달리, 이청준 소설은 서술자가 바깥-이야기에서 추적 대상에 대한 의문을 품고 안-이야기 속으로 들어가지만, 안-이야기에서는 서술자가 처음에 품었던 의문이 아닌 추적 대상이 품고 있는 의문을 추적해 나간다. 그러나 결국 그 의문의 추적 과정을 통해 추적자가 처음에 품었던 의문에 대한 해답도 같이 얻는다.[20] 추적과정에서 추적자와 추적 대상의 의문점이 동시에 풀려간다. 이는 현재와 과거, 과거와 현재가 서로 동떨어져 있거나 다른 것이 아니라 교호작용(交互作用)을 통해 등위성(等位性)과 동시성(同時性)을 가진다는 의미다. 안-이야기인지 바깥-이야기인지 명확히 구분되지 않는 서술 방식은 작가의 의도적인 서술기법이면서 작가가 현재성을 강조하기 위한 장치로 볼 수 있다. 특히 서술자가 처음부터 다 알고 있으면서도 일정한 거리감을 유지하며 독자와의 소통을 중시하는 한편, 의도적으로 제한적 시점을 사용하는 것은 모두 현재성을 강조하기 위한 장치라 할 것이다.

『서편제』는 소리를 찾아 떠도는 사내가 중심이 된다. 사내가 소리를 찾아 떠도는 과정에서 발생하는 사건들을 과거사와 연결하여 한 겹씩 풀어놓고 있다. 과거에 중심이 맞춰져 있는 것 같지만 사실은 현재에 초점이 맞춰져 있다. 누이를 찾아 소릿재를 찾아가 누이와 의부(義父)의

19) 정희모, 「추리기법의 변용, 서사화의 가능성-김성종의 『최후의 증인』에 나타난 추리기법을 중심으로」, 대중문학연구회 편, 『추리소설이란 무엇인가?』, 국학자료원, 1997, p. 211.

20) 최애순, 앞의 논문, p. 45.

소식을 들으면서 느끼는 사내의 심회, 누이를 힘들게 만나고서도 한을 다치지 않기 위해 끝내 모른 채 떠나는 사내의 한과 해한(解恨)에 대한 사고, 누이로 인해 다시 학이 날게 되었다는 주인 사내의 말에 스스로 학이 되는 사내 등 『서편제』에는 현재적 상황에 초점이 맞춰져 있다. 그건 「이어도」에서도 마찬가지다. 천남석의 실종을 계기로 천남석과 제주민의 이어도에 대한 거부와 애정, 천남석과 제주민의 의식세계를 알 수 없어 방황하다 양주호, 천남석, '이어도 여자'의 사고 방식과 삶을 통해 천남석은 물론 제주민의 의식을 이해하는 선우 중위의 탐색담 역시 같은 선상에서 정리될 수 있다. 이는 이청준 소설이 추리소설처럼 사건의 동기, 발생, 숨김의 과정인 사건담에 초점을 맞추기보다 사건을 추리하고 그것을 해결해 가는 탐색담에 초점을 맞추고 있기 때문이요, 오히려 이 두 스토리를 하나로 통합하여 새로운 의미 창출하려 하기 때문이다. 즉, 이청준 소설은 사건의 해결과정이라기보다 '깨달음의 과정'을 중시하고, 그 깨달음을 통해 새로운 의미로의 전환을 중시한다는 말이다.

『서편제』는 누이와 소리를 찾아다니는 사내가 추적자가 되어 남도땅을 떠도는 이야기로 로드무비적 성격도 갖고 있다. 「서편제」→「소리의 빛」→「선학동 나그네」로 이어지는 이야기 속에는 직접적으로 드러나지 않고 있지만 사내는 누이와 의부(義父)를 떠난 직후부터 30년 가까이 그들의 자취를 추적하고 있다. 그렇기 때문에 텍스트에 드러나지 않는 두 부녀와 소리를 찾아 헤매는 사건이 따로 있는 것이다. 그러나 텍스트에서는 그에 대한 언급이 없다. 철저하게 두 부녀와 소리에 대한 이야기에 초점이 맞춰져 있다. 그것도 "주막"이라는 공간에서 주막집 여자/사내를 통해 두 부녀의 과거담을 묻고 듣는 이야기만 할 뿐 다른 일체의 사건은 생략된다. "서울에서 무슨 한약재 수집을 위해 전국 방방곡곡을 헤매 다니"(p. 36)는 발자취는 하나도 언급되고 있지 않다. 혈육과 소리를 찾아다니다 겪은 해프닝도 있을 것이요, 혈육의 정을 느낄 만한 사건과 소리와 관련된 다른 이야기들도 있을 것이다. 그러나 텍스트에는 오로지 두 부녀와 소리와 관련된 에피소드에 초점을 맞추고 있다. 텍스트에서는 그것을 "햇덩이", "거부할 수 없는 숙명"이라고 표현하고 있지만 그것은 '소리와 혈육에 대한 끌림'에 의한 '찾기의 과정'이라고 말할 수 있을 것이다. 또한 이 '찾기의 과정'은 '깨달음의 과정'과도 밀접한 관련이 있다. '찾기의 과정'을 중시했다면 「소리의 빛」에서 누이와의 만남을 통해 종결되었을 것이다. 그러나 정작 누이를 만나고서는 서로 모른 체 헤어진다. 그것은 바로 깨달음을 얻었기 때문이다. 한(恨)과 해한(解恨), 그리고 한의 승화란 인위적으로 얻어지는 것이 아니라 삭임의 과정과 용서, 풀어버림의 과정을 통해서만 이루어질 수 있음[21]을 깨달았던 것이다. 따라서 사내의 여정은 두 부녀와 소리를 찾는 여정이고, 그 여정은 두 부녀의 후일담을 통해 깨달음을 얻는 여정이다.

> "그래서 그 한을 심어 주려고 아비가 자식 눈을 빼앗았단 말인가?" (…중략…)
> "사람의 한이라는 것이 그렇게 심어 주려 해서 심어 줄 수 있는 것은 아닌 걸세. 사람의 한이라는 건 그런 식으로 누구한테 받아 지닐 수 있는 것이 아니라, 인생살이 한평생을 살아가면서 긴긴 세월 동안 먼지처럼 쌓여 생기는 것이라네. (…중략…)"
> 여자는 드디어 입을 다물어 버리고 말았다. 사내는 이제 그 여자가 알아듣거나 말거나 아직도 한참이나 깊은 상념 속을 헤매듯이 아득하고 몽롱한 목소리로 혼자말처럼 중얼거리고 있었다.
> "하지만 어쨌거나 그 여자가 제 아비를 용서한 것은 다행한 일이었을지 모르는 노릇이지. 아비를 위해서도 그렇고 그 여자 자신을 위해서도 그렇고……. (…후략…)." (「서편제」, pp. 31~32.)

21) 천이두, 『한의 구조 연구』, 문학과지성사, 1993.의 논지를 참조했다.

"그러고 보면 아마 자네 오라비라는 사람이 그렇게 가버린 것도 자네의 그 한을 다치지 않으려는 것이 아니었는가 싶네. 사람들 중엔 때로 자기 한 덩어리를 지니고 그것을 소중스럽게 아끼던서 그 한 덩어리를 조금씩 갈아 마시면서 살아가는 위인들이 있는 듯 싶데그랴. (…중략…) 자네 오라빈 자네 소리에 서린 한을 아껴 주고 싶은 나머지, 자네한테서 그것을 빼앗지 않고 떠나기를 소망했음에 틀림없을 걸세." (…중략…)

"오라버니가 예까지 다시 절 찾아온다고 해도 우리 남매는 이제 이것으로 두 번 다시 상면을 할 수도 없는 처지고요." (…중략…)

"오라버니가 제 소리를 아껴주시는데, 저한테도 그 오라비의 한이나마 제것 한가지로 소중스럽게 아껴 드릴 도리를 다 해드려야 할 듯싶소." (「소리의 빛」, pp. 54～56.)

"그래, 노형은 아직도 그 누이의 종적을 찾아다닐 참이오?" (…중략…)

"아니요, 그도 뭐 이제는 다 부질없는 노릇 아니겠소. 하기야 이번 길도 꼭 그 여자 소식을 만나리라는 생각에서 나선 건 아니지만 말이오. 글쎄 어쩌다 마음에 기리는 일이 생기면 여기나 한 번 더 찾아오게 될는지…… 여기 선학동이라도 찾아와서 학의 넋이 되어 떠도는 그 여자 소리나 듣고 가고 싶소마는……."

그러고는 지금도 그 선학동 어디선가 여자의 노랫가락 소리가 들려오고 있는 듯, 그리고 그 노랫가락 속에 한 마리 학이 되어 물 위를 떠도는 여인의 모습을 보고 있기라도 하듯 눈길이 새삼 아득해지고 있었다. (…중략…)

그리고 사내는 그때 그런 몽롱한 심기 속에서 또 한 가지 기이한 광경을 보았다. 사내가 다시 눈을 들어보았을 때, 길손의 모습이 사라지고 푸르름만 무심히 비껴 흐르고 있는 고갯마루 위로 언제부턴가 백학 한 마리가 문득 날개를 펴고 솟아올라 빈 하늘을 하염없이 떠돌고 있었다. (「선학동 나그네」, pp. 88～90.)

「서편제」에서는 사내의 입을 통해 깨달음의 내용이 서술되고 있다. 사내와는 달리 자신을 맹인으로 만든 아버지를 원망하지 않고 받아들이는 누이를 통해, 살기를 이기지 못해 두 부녀를 버리고 떠났던 자신을 반성하고 있다. 주막집 여자가 "그걸 외려 당연하고 장한 일처럼 여기고들 있었으니께요."라는 말은 주막집 여자의 발화라기보다 사내의 속말을 대신한 것으로 볼 수도 있다. '그래, 내 누이동생 장하기도 하구나.'란 말을 사내의 입을 통해 한다면 너무 직접적인 제시이므로 작가가 일부러 돌려 표현한 것으로 볼 수 있다. 그건 "노인은 아마 그 여자의 소리보다 자식년이 당신 곁을 떠나지 못하게 해 두고 싶은 생각이 앞섰을지도 모르는 일일 거네."란 사내의 말을 통해서도 알 수 있다. 자신이 의부 곁을 떠났기 때문에 누이동생이라도 곁에 두고 싶었던 의부의 마음을 읽은 발화이기도 하지만, 자기 때문에 누이동생이 맹인이 되어 한스런 삶을 살고 있다는 자책감을 표현한 것으로도 볼 수 있기 때문이다.

또한 예문에서 눈길을 끄는 단어가 하나 있는데, 그것은 바로 "혼자말"이란 표현이다. 사내의 말은 청자를 고려한 의도적이고 목적적인 말이라기보다 자신에게 하는 독백에 가깝다는 점이다. 혼잣말로 자신의 깨달음을 자신에게 중얼중얼 이야기하는 형식을 통해 그 깨달음은 과거의 깨달음이 아니라 이제 비로소 깨닫게 된 일임을 강조한다. 즉, 자신의 과거사와 누이의 과거사를 통해 이제 비로소 깨달음을 얻는다는 것은 현재성을 강화하기에 충분하다.

「소리의 빛」에서는 사내가 깨달은 바를 제시하는 게 아니라, 천씨와 누이동생이 전하는 형식을 취한다. 그러나 천씨와 누이동생이 이야기하고 있지만 사실은 사내가 깨달은 바를 추정하여 말하고 있는 것으로 볼 수 있다. 즉, 사내가 직접적으로 말하지 않았지만 사내의 마음을 이심전심으로 파악한 천씨가 대신 전하고 있다고 볼 수 있다.

천씨의 추측은 천씨의 추측이라기보다 사내가 떠나면서 천씨에게 남길 만한 말이다. 그러기에 천씨의 마지막 말은 정당성을 확보한다. 둘 다 사내가 떠나면서 미리 천씨에게 남기고 갔을 만한 말이기 때문에 거부감이 없다. 그러기에 누이동생의 말은 천씨의 말을 인정한다는 뜻이고, 그걸 인정한다면 오라비는 다시 찾아오지 않을 것이고 찾아온다 해도 자신은 다시 만나지 않겠다는 의지를 표명하고 있는 것이다.

「선학동 나그네」의 결말부는, 주막집 주인사내의 시점에서 사건을 보고 작가-서술자 입장에서 서술하고 있다. 누이동생과의 재회를 기약할 수 없는 사내는 과거는 기왕지사라 어쩔 수 없는 일이지만 앞으로나 가끔씩 누이의 영혼이나 만나보겠다고 말함으로써 현재성을 강조하는 한편 미래지향적인 사고로 나아가고 있다.

현재성의 강조는 그뿐만이 아니다. 사내가 모습을 감춘 후, "백학 한 마리가" 되어 "빈 하늘을 하염없이" 떠돈다는 주막집 주인의 증언은 이제 정작 사내가 백학이 되어 선학동 위를 날고 있다는 말이 된다. 사내는 과거의 분노, 증오, 한(恨)을 다 떨쳐내고 방금 한을 승화시켜 백학으로 날아오른 것이다. 과거의 한이 오늘의 학(鶴)으로 비상하고 있는 것이다. 누이동생의 이야기를 통해 해한(解恨)의 과정을 거쳐 학으로 승화되고 있는 것이다. 맹인인 누이동생이 선학동에 사라져버린 선학을 소리로 날려 올렸다면 그 오라비인 사내는 바로 선학이 되었다는 말이다. 이는 해한으로 과거를 정리하고 학으로 승화됨을 보여줌으로써 현재성을 강조하고 미래지향적인 사고로 전환되고 있는 것이다. 현재는 영원한 현재가 아니라 미래의 과거이기에 과거가 아닌 미래로 비상하고 있는 것이다.

이렇듯 『서편제』는 다층구조를 통해 철저히 현재성을 강조하고 있고, 미래지향적인 관점으로 전환하고 있다. 이런 점에서 이청준의 다층구조는 현재성과 주체성을 강조하기 위한 장치라고 볼 수 있다.

한편 「이어도」에서는 호기심 또는 궁금증 발동, 추리, 회상, 사건의 현재적 해석을 통해 현재성을 강조한다. 방관자적 자세를 취하던 선우 중위는 양주호 국장의 태도에서 호기심이 발동한다. 천남석의 실종 소식을 들으려고도 하지 않고, "방심스런 그의 목소리가 오히려 더 단정적"(p. 62)으로 느껴질 만큼 천남석의 자살을 기정사실화하는데 어떤 "수수께끼가 숨어 있는 것 같았다."(p. 62)란 느낌 때문이다. "천 기자의 실종이 확인되고 난 다음에 제게 떠오른 생각이라곤 이상하게도 늘 그날 밤 그 천 기자의 이어도 이야기뿐이었으니까요. 하지만 천 기잔 정말로 자살을 한 것일까요?"(p. 65) "그는 양주호로부터 그 죽음의 수수께끼를 풀어내고 싶었다."(p. 75) 이처럼 추적의 발단이 되는 호기심 또는 궁금증이 발동한다. 이는 현재적 관점에서 사건을 되돌아보게 하는 시발점이 되는 동시에, 추적의 추동력이 된다. 따라서 호기심 또는 궁금증의 발동은 현재성을 강조하는 요소로 작용한다.

또한 추리 또는 추론을 통해 사건을 현재화하는데, "양주호는 다시 술잔을 집어 들며 타이르듯 하나하나 중위의 추리를 뒤엎기 시작"(p. 82)하여, "이 섬사람들에게마저 영영 우리 이어도를 빼앗아 가버릴 뻔"(p. 83)했던 이어도 수색작전으로부터 이어도를 "천 기자가 다시 살려낸 것이지요. 천 기자의 죽음이 우리 이어도를 지켜낸 것"(p. 83)이라고 결론을 내린다. 그리고 선우 중위가 '이어도 여인'과의 동침을 통해 얼마간 제주민의 의식을 깨달았다고 판단한 양주호는 천남석의 의식을 추리하는 한편 자신의 미래상까지 제시한다. "천남석 기자도 그걸(선우 중위와 '이어도 여인'과의 동침 : 필자 주) 바랐을까요?"(p. 115)라는 선우 중위의 질문에 "적어도 자기 계집이 옛날 그의 어머니처럼 되지 않게 된 것만은 다행스러워하겠지요."(p. 115)라고 대답한다. 이는 '이어도 여인'과 자신의 어머니를 동일시하는 천남석의 의식을 파악함은 물론, 제주도 사람이 아닌 타지 사람에게 자신의 운명을 맡기게 된 '이어도 여인'의 운명을 긍정적으로 평가할 것이라는 추리를 바탕에 깔고 있는 대답이다. 그리고 "국장님은 앞으로 <이어도>엘 다시 가시게 될까요?"(p. 115)라는 자신의 미래에 대한 질문에 "글쎄요…… 아마 그렇게 되겠지요."(p. 115)라고 대답한다. 이 또한 현재적 관점에서 미래를 판단하는 행위라 할 것이다.

이처럼 추리 또는 추론을 통해 사건을 현재화한다. 사건을 추리 또는 추론한다는 것은 현재적 관점에서 해석하는 행위다. 과거에 발생한 사건을 현재란 시간대에 펼쳐놓고 그 원인과 이유, 과정, 결과 등을 재고한다는 점에서 현재성을 띈다.

> "이 섬이 어떻게 그 천 기자의 자살을 설명할 수 있는지 전 아직 이해할 수가 없군요."
> "그건 선우 중위가 아직도 이 섬을 잘 이해하지 못하기 때문입니다. 천 기자는 무엇보다 우선 이 섬에 운명이 걸린 사람이었습니다."
> "국장님께선 어제도 같은 말씀을 하셨습니다만, 그가 이 섬사람이었다 건 무엇을 뜻합니까?"
> "싫든 좋든, 그리고 알고 있든 모르고 있든 이 섬사람들은 언제 어디서나 그 이어도와 함께 살아가고 있습니다. (…중략…) 이어도가 없이는 이 섬에선 삶을 계속할 수가 없다는 걸 배우게 되기 때문입니다. 그리고 그러다가 마침내 어느 날은 그 이어도를 만나 이어도로 떠나갑니다. 그것이 이 섬사람들의 숙명이자 구원인 것입니다."(p. 117)

> "천남석의 영혼 속에도 다른 누구나와 마찬가지로 어렸을 때부터 이어도는 은밀히 다가들고 있었습니다. (…중략…) 그는 결국 자신의 섬을 부인할 수가 없었습니다. 끝내는 이 섬을 떠나지 못하고 섬의 운명을 좇을 수밖에 없으리라는 걸 누구보다 잘 알고 있었습니다. 그래서 그는 자기 계집에게까지 예감 어린 당부를 남

겨두지 않았습니까. 위인은 처음부터 자기 속에 숨어 있는 그 섬의 운명을 부인할 수가 없었단 말입니다. 두려워하고만 있었지요. 하지만 그 두려움이야말로 그가 그 자기의 섬을 사랑하는 또 하나의 방법이 아니었겠습니까. 그는 이어도가 없는 곳으로 섬을 떠나고 싶어하면 할수록 더욱더 자기의 섬을 떠날 수가 없었고, 그리고 자기의 이어도를 두려워하면 할수록 그만큼 그 이어도를 사랑하게 되고 만 것이었습니다. (…후략…)"(pp. 118～119.)

위 예문은 현재적 관점에서 사건이나 관념을 재해석한다는 점에서 현재적이다. 관념의 해석은 해석하는 시점(時點)을 중시하므로 늘 현재적인 관점을 유지한다 할 것이다.

또한 「이어도」에는 여러 번 과거와 현재가 교차하면서 안-이야기를 형성하고 있다. 그리고 안-이야기는 추적자인 선우 중위가 주체가 되어 회상하는 형식으로 되어 있다. 물론, 선우 중위가 직접 경험한 내용이 아니라 천남석의 경험담을 듣고 그 경험담을 간접적으로 전달하는 입장을 취하고 있기는 하지만 회상의 주체는 선우 중위다. 따라서 함정 위에서 선우 중위에게 얘기한 천남석의 어린 시절과 이어도에 관련된 이야기, '이어도 여인'의 과거사 등은 모두 '현재성의 강조' 및 '주체의 강조'와 깊은 관련을 맺고 있다. 안-이야기는 추적자가 주체가 되어 과거를 돌아보는 행위이자, 과거를 통해 현재 진행 중인 추적담의 정당성을 부여하는 한편, 추리의 개연성을 부여하기 위한 행위이기 때문이다. 따라서 다층구조 자체가 '현재성'과 '주체성'을 내포하고 있다고 볼 수 있다.

『축제』는 돌아가신 어머니의 장례를 치루면서 어머니의 삶을 되돌아보는 한편 그간 소원했던 가족끼리 가족의 소중함을 깨달음으로써 하나가 되고 있다는 점에서 현재성을 가지고 있다 하겠다. 과거사는 다 묻어버리고 현재적인 관점에서 모든 일들이 풀려간다. 그것은 어머니와 준섭, 준섭과 용순, 용순과 외동댁을 비롯한 가족들의 현재적 관점에서 이해 · 화해 · 포용 · 화합이라는 차원에서도 그렇고, 어머니의 장례를 치루면서 있었던 일들을 영화로 만들기 위해 소설을 쓰는 일에서도 현재적이라 할 것이다. 특히 소설을 다 쓰고 나서 감독에게 보내는 편지는 그 의미가 다른 것들에 비해 현재성을 현저히 드러내는 예라 하겠다.

> "여기 상청 앞으로 식구들 좀 모이시래라. 우리 여기자님이 가족 사진을 한 장 찍어 주고 가시겠단다." (…중략…)
>
> "용순 언니 뭐하세요. 빨리 이리 와서 끼어 서지 않구요. 삼촌이랑 식구들이 기다리고 있지 않아요." (…중략…)
>
> 그리고 용순이 비로소 못 이긴 척 스적스적 식구들 한쪽 가로 자리를 붙여 서는 것을 보고 아까부터 옆에서 팔짱을 지로고 구경하던 새말까지 그 용순을 핑계삼아 한바탕 허물없는 농담소리를 보냈다.
>
> "그래라. 그렇게 한쪽 가상이로 빼꼼히 붙어 서지 말고 그 한가운데, 니 자애롭고 인정 많은 큰엄니 곁으로. 너는 속이 어쩔랑가 모르겄다만, 너를 빼놓고 이런 사진을 찍었다간 돌아가신 할머님이 다시 벌떡 일어나 쫓아내려 오실지도 모른께……!" (pp. 290~291.)
>
> 어쨌거나 이제 일이 이쯤이나마 끝맺게 되니 시원섭섭합니다. 일의 어려움은 둘째치고 저는 이 몇 달 동안 날마다 어머니의 장례를 계속 다시 치러내고 있는 기분이었거든요.
>
> 감독님께서도 지루한 글 읽고 바로잡아 나가시느라 힘이 많이 드셨을 줄 압니다. 무엇인지 좀 새로운 것을 말씀 드리고 싶고, 거기다 형식까지 제약이 없는 글이 되다 보니 이런 요령부득의 기괴한 장광설 꼴이 불가피해진 듯싶습니다. (pp. 292~293.)

1.1.4 주체의 강조

'주체의 강조'는 '현재성의 강조'와 동일한 맥락에서 이해할 수 있다.

현재성이 강조는 현재적 인물인 주체의 강조와 연결된다. 현재성을 강조한다는 것은 과거보다 현재적 상황을 중시한다는 말이고, 과거적 인물보다는 현재적 인물이 강조된다는 뜻이다. 그렇기 때문에 과거의 주체보다는 현재적 인물이 강조되는 것이다. 이는 권택영의 "현재에서의 부재를 완성"한다는 지적과도 같은 논지다. 현재적 관점에서 과거의 부재를 완성한다는 말은 그만큼 현재 탐색의 주체가 강조된다는 말이 되기 때문이다. 현재성과 주체(추적자)를 강조한다는 것은 일반적인 추리소설과 다른 이청준 소설만이 갖는 특장이라 할 것이다.

'현재성의 강조'에서 살펴보았듯이, 이청준 소설의 다층구조는 현재와 과거의 교호작용을 통해 대화주의를 지향하는 역동적인 구조다. 과거와 현재가 서로 엇갈리기도 하고 서로 보완하기도 하면서 과거와 현재, 현재와 과거의 대화를 시도하는 대화주의를 지향하는 한편, 변증법적으로 통합되는 역동성을 갖는다. 그렇기 때문에 '현재성의 강조'와 '주체의 강조'는 서로 다른 것이라기보다 상보적이다. 추리소설 기법과 다층구조처럼 둘이 밀접한 관련을 가지고 있어 한 몸처럼 붙어다니는 것처럼.

먼저 「서편제」에서 모든 판단을 사내가 하고 있고, 깨달음의 주체 또한 사내다. "사람의 한이라는 것이 그렇게 심어 주려 해서 심어 줄 수 있는 것은 아닌 걸세."(p. 32)라는 판단이나, "노인은 아마 그 여자의 소리보다 자식년이 당신 곁을 떠나지 못하게 해 두고 싶은 생각이 앞섰을지도 모르는 일일 거네."(p. 32)라는 추정도 사내가 직접하고 있고, 사내의 입을 통해 진술된다. 사내는 단순한 추적자의 입장이 아니라 과거 사건의 중심인물이면서 추적자의 위치에 있기 때문에 사건담과 탐색담의 주체가 되는 것이다. 그렇기 때문에 「서편제」는 자신과 관련된 사건담을 자신이 직접 조사하는 형식이다.

그러나 「소리의 빛」은 다르다. 사내가 누이동생인 맹인 소리꾼 여자와 소리로 어우러지는 상황까지는 주체가 사내다. 그러나 사내가 소리도 없이 사라지고 난 후의 주체는 천씨와 누이동생이다. 둘의 대화를 통해 뒷마무리가 이루어진다. 그렇지만 천씨의 발화를 어떻게 보느냐에 따라 그 의미는 달라진다. 앞에서 이미 지적한 것처럼 천씨의 발화는 사내가 떠나면서 천씨에게 남겼을 만한 말이라고 생각하면 천씨 또한 사내의 대체자일 뿐이다. 따라서 사내는 떠난 후 천씨의 입을 빌려 자신의 이야기를 하고 있다고 볼 수 있고, 천씨와 누이동생과의 대화 또한 사내와 누이동생의 대화가 된다. 그렇다면 여기서도 주체는 사내가 된다. 추정을 통한 간접 제시의 방법으로 우회하고 있긴 하지만, 결국 주체는 변함이 없는 것이다. 따라서 다층구조의 효과인 '주체의 강조'는 「소리의 빛」에서도 변함없이 유지되고 있는 셈이다.

「선학동 나그네」는 좀 다른 양상을 보인다. 환상성을 바탕으로 결말부가 주막집 주인의 시점으로 제시되고 있기 때문이다. 서술자는 변함이 없지만 시점은 사내에게서 주막집 주인에게로 넘어간다. 그러나 시점의 변화는 텍스트 전체적으로 볼 때 결말부 일부에만 제한적으로 나타난다. 그리고 이 부분은 전체적 스토리와는 일정한 거리가 있어, 에필로그로 볼 수도 있다. 즉, "선학동이라도 찾아와서 학의 넋이 되어 떠도는 그 여자 소리나 듣고 가고 싶소마는……."(p. 88)이라는 얘기 끝에 아득해지는 사내의 눈길 묘사로 스토리는 끝났다고 보는 것이다. 그럼에도 작가는 주인 사내의 눈을 빌어 뒷얘기를 덧붙이고 있다. 파랑도 부근에서 실종된 천남석 기자를 상처 하나 없이 제주 바닷가로 다시 귀향시킨 「이어도」처럼, 작가는 미진한 뒷얘기를 정리하고 싶었던 것 같다. 인간으로서는 미지의 세계고, 판단불가의 영역이기 때문에 환상성을 그 바탕에 깔고 바람이나 소원을 성취하고 있는 것이다. 주막집 사내의 시점으로 보는 결말부를 에필로그로 본다면, 「선학동 나그네」 또한 '주체의 강조'라는 다층구조의 효과와 깊은 관련을 맺고 있다.

이런 경향은 「이어도」에서도 마찬가지다.

"기분/생각이 들었다/느껴졌다"(p. 57, 68, 69, 72, 115), "같았다/터였다"(p. 58, 61, 69, 71), "보였다"(p. 67, 68), "알/설명할 수 없었다"(p. 59, 62, 75), "분명/당연했다"(p. 68, 69), "동해 올랐다"(p. 59), "어려 있곤 했다"(p. 68), "싫어했다"(p. 70), "농후했다"(p. 73), "이유가 있을 것이었다"(p. 74), "궁금했다"(p. 74), "알아야 했다"(p. 74), "있었다고 했다"(p. 89) 등은 모두가 선우 중위의 시선으로 보고, 선우 중위가 주체가 되어 추리하고, 판단하고, 서술하고 있다. 「이어도」 전체적으로 볼 때 선우 중위보다 전지적인 위치에 있는 서술자가 분명히 존재함에도 탐색담에는 선우 중위의 입장에서 서술하는 제한적 시점을 사용하고 있다. 이는 추적의 주체인 선우 중위를 강조하기 위한 전략으로 볼 수 있다. 중간중간 전지적 서술자의 입장에서 서술하고 있기는 하지만 탐색담에서는 선우 중위의 관점을 유지하고 있다.

특히 선우 중위와 천남석이 함께 함상(艦上) 생활을 할 때(「이어도」, pp. 67~72)는 철저하게 선우 중위의 시점을 유지하고 있다. 선우 중위는 천남석의 관찰자로서 천남석의 심리나 행동을 추측하거나 추리하고 있다. 이는 천남석에게 초점을 맞추고 있기는 하지만, 초점화자는 선우 중위임을 분명히 함으로써 주체를 강조하기 위한 것이다.

『축제』의 주체성 강조는 앞('과거에 대한 고찰 및 성찰')에서 살펴보았으므로 생략하도록 하겠다.

1.1.5 관념의 구체화

다층 구조의 효과를 정리하면서 마지막으로 살펴볼 문제는 '관념의 구체화'다.

이청준 소설의 주제는 대체로 관념적이다. 이는 이청준 소설 연구자들이 공통적으로 지적하는 바로, 특히 김주연은, 이청준 소설의 주제가 지향하는 관념성, 소설 전개와 문체가 사변적이라는 점과 관련하여 그를 관념 소설의 계보에 넣고 있다.[22] 그러나 필자는 김주연과는 다른 입장에서 이청준 소설의 관념의 문제를 보고자 한다.

김주연과 많은 연구자들이 지적하고 있듯, 이청준 소설의 주제는 관념적이다. 소설의 내용을 꼼꼼히 읽지 않는다면 주제 파악이 쉽지 않다. 그 이유는 앞에서 지적한대로 끊임없는 질문과 해답 찾아가기, 의도적인 지연, 의뭉스럽게 감추기, 시치미떼기 등에 의해 감춰지기 때문이다. 그러나 이런 이청준 소설의 특징과 다층구조, 추리소설적 기법들을 알고 나면 주제 파악이 그리 어렵지 않다. 그런 점에서 필자는 작가 이청준이 관념성을 구체화시키는 전략으로 다층구조를 활용하고 있다고 보는 것이다.

이청준 소설의 특징 중 하나는 아무래도 사변적인 대화일 것이다. 너무 장황할 정도로 긴 대화가 있는가하면 등장인물의 입장이나 관점, 추리, 판단 등을 독자들 앞에 제시하기도 한다. 이는 관념적인 주제를 효과적으로 전달하기 위한 전략일 것이다. 아무리 구체적인 사건을 통해 주제를 전달하려 해도 독자는 그 의도를 파악하는데 어려움을 겪는다. 그렇기 때문에 작가적 서술과 대화를 통해 작가의 의도나 주제를 전달하려고 시도한다. 그것이 바로 '관념의 구체화'다.

『서편제』는 한(恨)과 소리에 대한 소설이다. '서편제(西便制)'라는 제목이 암시하듯이 한과 소리, 한의 맺힘과 한의 삭임, 그리고 한의 예술적 승화를 주제로 하고 있다. 그러나 이런 추상적이고 관념적인 주제를 언어로 형상화하기는 어렵다. 그래서 선택한 방법이 바로 다층구조인 것이다. 당사자가 아닌 제3자적 입장에서 한과 소리의 관계를 되돌아보고, 그 의미를 추적해 가고 있다. 다층구조를 통해 한이 어떻게 쌓이는지,

22) 김주연, 「관념소설의 역사적 당위－최인훈, 이청준, 박상륭 등과 관련하여」, ≪문학정신·68≫, 열음사, 1992. 6.에서 관념소설의 당위성을 강조하면서 이청준 소설의 관념성을 추리의 기법, 문체적 특징과 연관시켜 살피고 있다.

한을 어떻게 삭이는지, 한과 소리의 관계는 과연 어떤 것인지를 밝힌 것이 바로 『서편제』인 것이다. 이는 작가가 밝힌 "관찰자의 시선"을 통해 "교유와 관찰"을 하는 한편 "의심하고 시험하며 반성하는 역할"을 하게 하려는 작가의 의도와도 부합된다. 여기에 작가가 의도했든 안했든 하나의 효과를 덧붙인다면, 그것이 바로 '관념의 구체화'가 아닐까 한다.

「이어도」 또한 마찬가지다. 제주민의 낙원의식과 삶의 관계를 추적한 이 작품 또한 관념을 구체화한다는 점에서는 『서편제』와 크게 다르지 않다. "이 섬에 살고 있는 사람들의 운명은 이 섬의 내력이나 현실이 스스로 말"(p. 73)한다는 전제하에 낙원의 문제를 "사실이라는 걸 단념"(p. 121)해야, "가시적인 현실을 모두 포기해버렸을 때"(p. 121)야 "허구 쪽에서 오히려 더 깊은 진실"(p. 125)을 볼 수 있다고 본 결말부 양주호의 말은, 추적자인 선우 중위가 찾고자 했던 대답인 것이다. 즉, 선우 중위가 추구하는 사실과 가시적인 현상에의 맹신에서부터 벗어나야만 낙원이 보이고, 이어도에 대한 천남석 기자와 제주민의 의식이 보인다는 논지를 이해하기 위해 선우 중위는 결국 양주호에 끌려 다녔고, 체험했고, 그것들을 통해 느끼게 된 것이다. 따라서 「이어도」는 결국 관념을 구체화하기 위한 스토리요 담론이라 할 것이다.

한편 『축제』도 효(孝)에 관한 이야기란 점에서 관념성을 내포하고 있다. 이는 작가-서술자의 입을 통해 직접 제시되기도 하지만 전체적인 관점에서 볼 때 효와 가족의 의미를 되새긴다는 면에서는 관념적이라 할 것이다. 또한 장례의 등신의식(等神儀式)과 의미를 고찰한다는 점에서도 관념적이다. 장례에 드러나는 절차 즉, 현상의 문제를 의식과 연결시키고 있는 것이다.

> 불효의 이야기가 나왔으니 말씀입니다만, 영화의 주제가 어차피 '이 시대의 효(孝)'가 되어야 한다는 데에는 저도 감독님의 생

> 각에 이견이 없습니다. 하지만 영화의 제목으로 '축제'를 생각하고 계시다는 데에는 우선 의문과 의구심이 앞섭니다. (p. 36)
>
> 우리 전통의 유교적 세계관에서는 제사를 지낼 때 보듯이 우리 조상들이 신으로 숭앙받고 대접을 받는다. 우리 조상들은 죽어서 가족신이 되는 것이다. 그처럼 우리가 말하는 유교적 개념이 효라는 것은 조상이 살아 있을 때는 생활의 계율을 이루고, 조상이 죽어서는 종교적 차원의 의식 규범을 이룬다. 제사라는 것은 그러니까 죽어 신이 되어 간 조상들에 대한 종교적 효의 형식인 셈이고, 장례식은 그 현세적 공경의 대상이었던 조상을 종교적 신앙의 대상으로 섬기는 유교적 방식의 이전 의식, 즉 등신의식인 셈이다. 그러니 그것이 얼마나 뜻깊고 엄숙한 일이냐. 죽어 신이 되어 가는 망자에게나 뒷사람들에게나 가히 큰 기쁨이 될 수도 있을 만한 일이다……. (p. 271)

다층구조의 효과를 살피면서 『서편제』와 「이어도」, 그리고 『축제』에 나타나는 다층구조의 모습도 함께 살펴보았다. 그 결과, 이청준 소설의 다층구조는 다양한 효과를 위해 전략적으로 활용한 서술기법이란 점이 드러났다.

현재적 관점에서, 객관적인 시각으로, 과거와 우리의 삶을 반성하고 성찰하고자 하는 작가의 의도가 추리소설적 기법을 변용한 다층구조를 통해 효과적으로 드러나고 있다. 시·공간적인 거리를 유지한 채 객관적으로 과거를 바라봄으로써 설익은 감정의 분출을 막는 한편 논리적인 비약을 피하기 위한 방안이기도 했다. 또한 안-이야기인지 바깥-이야기인지 명확히 구분되지 않는 모호성을 통해 현재성을 강조하는 한편, 탐색자인 주체를 강조하기도 한다. 작가는 자신의 관념적인 주제를 효과적이면서도 구체적으로 전달하기 위한 장치로 다층구조를 활용하고 있음도 알 수 있다.

그러나 다층구조는 작가 이청준의 독자적인 서술기법이라고 보기보다 추리소설적 기법과 액자소설의 기법을 변용한 것이라고 보는 것이 타당하다. 이청준은 일반 소설에서 추리소설적 기법을 활용하는 많은 소설가들처럼, 자신이 추구하는 소설의 세계와 주제를 담을 그릇을 다층구조에서 찾았다고 보는 것이다.

1.2 추리소설적 기법

추리소설은 쫓는 자(추적자)와 쫓기는 자(피추적자)와의 사활을 건 도망과 추적 즉, '추적의 모티프'를 활용한다. 따라서 추리소설은 이중적인 구조를 갖는다. '범죄 이야기'와 '조사 이야기'[23]가 서로 다른 층위로 따로 존재하기 때문이다. 그렇기 때문에 추리소설적 기법을 활용하는 이청준의 작품에서도 이 구조는 안-이야기와 바깥-이야기를 형성하여 다층적인 구조를 갖는다.

> 의혹과 호기심을 유발하는 서두는 액자구조에 의해 본 이야기와 구분된다. 바깥 이야기가 일상의 이야기로 전개되는 현재사에 해당한다면, 안 이야기는 비일상의 이야기로 전개되는 과거사에 해당한다. 이러한 역전의 구성 방식은 〈범죄의 스토리〉와 〈조사의 스토리〉로 전개되는 추리소설의 이중구조와 잘 어울린다. 추리소

---

23) 추리소설에 나타나는 두 이야기와 이청준 소설의 다층구조를 연결해 정리하면 다음과 같다.
추적/조사의 스토리 – 추리/추적담, 조사담, 탐색담 – 현재담 – 바깥-이야기
범죄/사건의 스토리 – 사건담, 범죄담 – 과거담 – 안 -이야기
이런 여러 국면의 용어들 중에서 이청준 소설을 연구하는 이 책에서는 '탐색담'과 '사건담'이라는 용어를 쓰고자 한다. '추리, 조사, 추적'이라는 단어와 '범죄'란 단어는 본격적인 추리소설에나 어울릴 만한 용어로, 의미 탐색 과정을 중시하는 이청준 소설의 담론과는 거리가 있다고 보기 때문이다. 또한 현재담이나 과거담은 시간적인 요인을 중시할 때, 바깥-이야기나 안-이야기는 이야기 구조적인 요인을 중시할 때, 삽입텍스트와 기초텍스트란 용어는 텍스트적 차원에서 살필 때 쓰기로 하겠다.

> 설에서 현재 탐정이 밟아나가는 〈조사의 스토리〉는 과거에 일어난 〈범죄의 스토리〉를 재구하는 것이다. 액자구조의 바깥 이야기가 추적 대상과 추적 동기를 제공하는 〈범죄의 스토리〉에 해당하고, 본격적인 추적의 과정이 펼쳐지는 안 이야기가 〈조사의 스토리〉에 해당한다.[24]

최애순은 추리소설적 기법 자체가 이중구조를 가지고 있고, 이청준 소설은 추리소설적 기법을 활용하고 있다고 지적하고 있다. 기존 연구자들처럼 탐색담, 탐색구조, 탐색기법이란 용어로 이청준 소설을 파악하지 않고 추리소설적 기법을 활용한 것으로 파악하고 있다. 이청준 소설이 추리소설의 기법을 수용・변형・재창조하고 있기 때문이다.

다층구조는 추리소설적 기법을 수행하기 위한 장치로 볼 수 있다. 추리소설의 성격상 탐색담을 통해 현재적 관점에서 과거를 되돌아보고 그 원인과 이유를 규명하기 위한 일임을 생각할 때, 다층구조는 추리소설적 기법을 담기에 가장 적당한 그릇일 수 있음은 앞에서 지적한 사항이다.

이청준 소설은 추리소설과 다르다. 많은 논자들이 지적처럼, 추리소설적 기법을 활용하고 있기는 하지만 추리소설의 기본 구조와는 다른 이청준만의 구조를 가지고 있다. 천이두는 이청준 소설과 추리소설의 차이를 추리 주체와 대상 사이의 관계에 두고 있다. 추리소설의 명탐정은 대상의 경계를 포착하는 것이 그 본업일 뿐이지만, 이청준 소설의 경우에는 추리 과정에서 대상과 주체 사이가 상호 투사의 관계에 놓이게 된다[25]고 지적하고 있다. 이는 필자가 앞서 밝힌 교호작용(交互作用)과 같은 맥락에서 이청준 소설을 보는 것이다. 즉, 추리소설에서는 탐정의 추

24) 최애순, 앞의 책, p. 15.

25) 千二斗, 「二元的 構造의 美學」, 『韓國文學과 恨』, 二友出版社, 1983. p. 170.

리가 일방적으로 행해지지만 이청준 소설에서 추리의 주체자에 의하여 대상은 정체를 드러나게 되고, 그 정체를 포착하는 순간 그 주체자 자신의 정체도 아울러 드러나게 된다는 것이다.[26] 추리소설은 사건 해결이 목적이라면 이청준 소설의 탐색자는 기이한 인물의 행동과 사고를 추적하면서 추적자 자신도 반성하고 회의하고 깨달으면서 보다 근원적인 문제로 접근해간다. 즉, 바깥-이야기의 추적자와 안-이야기의 피추적자 사이에 알레고리적 겹침을 통해 주제를 드러낸다. 그렇기 때문에 이청준 소설에서 중요한 것은 과정이지 결과는 아니다. 과정을 통해 반성하고 회의하고 깨닫는 것이 이청준 소설의 특징이라고 볼 수 있다.

추리소설은 '수수께끼의 제시(사건 발생)→논리적 추론 과정→수수께끼의 풀기(사건 해결)'이라는 삼단 구성을 기본 구조로 한다. 그렇기 때문에 추리소설적 기법을 활용하는 이청준 소설은 서두 · 전개 · 결말이 다른 현대 소설에 비해 비교적 뚜렷하게 드러난다. 이제부터 추리소설의 기본 구조가 『서편제』와 「이어도」에는 어떤 양상으로 나타나는지 살펴보자.

1.2.1 호기심과 의문을 자극하는 서두

이청준 소설의 서두는 의혹을 제기하고 그 의혹을 지연시킴으로써 독자의 호기심을 자극하고 독자의 적극적인 참여를 유도한다. 그의 소설의 서두에는 단정적이고 확실한 상황이 등장하는 것이 아니라 미지의, 불확실한, 그래서 소설 속에서 찾아가야 될 상황이 등장한다. 그렇다고 해서 그 상황의 진정한 의미가 소설의 결말에 가면 완전히 드러난다고 할 수는 없다. 왜냐하면 그의 소설에서는 그러한 상황이 가능하게 한 여러 가지 조건들이 차츰 밝혀질 뿐, 그 상황에 하나의 의미만을 작가가 부여하

26) 천이두, 앞의 책, 같은 곳.

고 있지는 않기 때문이다.[27)]

또한 이청준 소설의 다층구조와 연결하여 생각하면, 다층구조의 '밖'이 주로 <서두>가 되고, '안'으로 들어오면서 본 이야기가 <전개>된다. <전개>에서 의문의 추적 과정을 따라가려면, <서두>에서 바깥-이야기의 화자(추적자)가 품었던 의문에서 시작해야 한다. <결말> 단계에서도 역시 '안'에서 '밖'으로 나오면서 화자가 처음 품었던 의문으로 다시 돌아와야 한다. 더불어 '안'과 '밖'의 의문 관계를 살핌으로써 작가의 세계관을 이해할 수 있다. 그러므로 각 단계에서 논의를 개진하는 과정에는 다른 단계의 영역이 어느 정도 공존하고 있는 것이다.

「서편제」 서두의 특징들은 의혹과 호기심을 유발하고 있다는 것이다. 서두를 읽으면서 계속 되는 질문은 '왜?'와 '어떤?'이다. 왜 그런지 이유는 나타나지 않아서 알 수 없고, 어떤 일이 일어날지 궁금하다. 여자와 사내가 누군지에서부터 시작된 궁금증은, 사내의 "어떤 예감"(p. 11)이란 무엇을 말하는지, 사내가 "땀방울이 솟"(p. 11)을 정도로 아무 말도 없이 북채를 잡는 이유는 무엇인지, "그 부푼 예감"(p. 12)이란 무엇이며, 왜 여자의 소리에도 "흡족하게 채워지질 못하고 있는 표정"(p. 12)을 짓고 있는지 궁금하다. 뿐만 아니라 "더욱 견딜 수 없는 예감"(p. 12)은 무엇이며, 왜 여자의 소리가 사내를 "예감 속으로 깊이 사내를 휘몰아 들어가고 있는"(p. 12)지가 여간 궁금하지 않다. 독자는 왜?라는 질문에 수도 없이 하게 되고, 그러면서 깊은 수렁 속으로 빠져 든다. 하나의 질문이나 궁금증이 아니라 연쇄적인 질문과 궁금증에서 헤어나오질 못한다. 그러면서 그 이유를 찾고야 말겠다는 의지를 다지기 시작한다. 이는 추리소설을 읽는 독자가 느끼는 감정 그대로다. 왜 이런 일이 발생했는지, 범인은 누군지, 어떻게 사건을 풀어가야 하는지 궁금증으로 무장을 하고

27) 김치수, 「언어와 현실의 갈등」, 권오룡 엮음, 『이청준 깊이 읽기』, 문학과 지성사, 1999, p. 83. 참조.

추리소설을 읽을 때와 같은 감정을 갖게 된다. 궁금증과 호기심을 자극해 독자를 흡인하는 것이다.

그러나 곧 추적 대상과 추적 동기가 제시되기 시작한다. '결핍', '결여'[28]의 부분이 서서히 드러나기 시작하는 것이다. "무덤의 주인"(p. 14)이 언급되면서 "소릿재 주막"(p. 12)과 "무덤의 주인"이 불가분의 관계에 있음을 암시하며, 안-이야기를 통해 사내(추적자)가 추적하고자 하는 내용에 접근해 간다. 사내의 끈질긴 질문에 여자가 드디어 자기만 알고 있는 "소릿재 주막"과 "무덤의 주인"에 대해 이야기하기 시작하는 것이다. 이는 사내가 추적하고자 하는 소리꾼 부녀의 후일담에 접근하게 됨을 의미한다.

「소리의 빛」에서는 "이 주막집에 좀 이상스런 여자가 하나 있었다."(p. 35)란 진술과 "손님도 맞고 술시중도 들곤 하는"(p. 35) "장님 색시"(p. 35)가 눈에 띈다. 뒤에 "술청 일이 완전히 손에 익어 있어 별다른 불편을 느끼는 것 같지는 않았지만"(p. 35)이란 진술이 이어져 얼마간 인정을 한다 해도 왜 하필 "장님 색시"를 "주모 격"으로 앉혀놓았을까는 궁금해지지 않을 수 없다. 그 뒤에 이어지는 "어딘지 좀 심상찮은 사연이 있음직했다."(p. 35)고 서술자가 직접 언급함으로써 궁금증을 증폭시킨다. 서술자마저도 궁금해하고 있다는 점에서 동질감을 느끼는 한편, 서술자가 독자보다 결코 많은 정보를 가지고 있거나, 판단력과 추리력이 빼어나지 않다는 점을 강조하여 '동반의 관점'을 유지한다. 또한 "낯이 익지 않은 외지 손님"(p. 36)은 누구며, 왜 "길 안내 한마디 물은 일 없이 단걸음에 곧장 주막을 찾아"(pp. 35~36)들었으며, 왜 "어떤 나른한 안도감 같은 것을 느끼고 있는"(p. 36)가가 궁금하기 짝이 없다. 그러나 곧 "장님 색시"가 "손님"이 "소리를 좋아하게 된 내력이라도 있으시

28) 슬라보예 지젝, 김소연 · 유재희 역, 『삐딱하게 보기』, 시각과 언어, 1995, pp. 106~140. 참조.

오?”(p. 41)란 질문에 손님은 “내력이 있었제”(p. 41)라고 답한다. 그러면서 “소리보다도 나는 그 소리 속에서 그것을 만나러 이 세월을 허송하고 다녔”(p. 41)다고 밝힌다. 바야흐로 안-이야기로 들어가기 시작한다. “소리 속에서” 만나고자 했던 “그것”이 바로 추적자가 추적하고자 하는 추적 대상인 것이다. ‘한(恨)과 삭임’ 그리고 ‘한(恨)의 보전’의 문제가 비로소 언급되기 시작하는 것이다. “자네가 정 듣고 싶다면 내 말을 해줌세……”(p. 41)는 안-이야기로 들어가는 표지다. 그러나 『서편제』는 일반적인 추리소설과는 달리 추적자와 피추적자가 동일인물인 까닭에 안팎의 초점화자가 같다. 이에 따라 추적자인 사내의 회상으로부터 시작된다는 점이 특이하다 할 것이다.

「선학동 나그네」에서는 사내가 “요즘 물때가 저녁 만조겠지요?”(p. 61)라고 묻는 이유가 불분명하다. 물때를 물을 때는 보통 썰물 시간을 묻는 게 보통인데, 사내는 정반대로 밀물 시간을 묻고 있다. 상식을 벗어난 만조 시간을 물음으로써 어떤 이유가 있음을 암시한다. 거기다 선학동에 “조그만 주막 하나가 있었던 걸로 알고 있습니다만……”(p. 61)이라는 발화를 통해 이 사내가 초행길이 아님을 알려준다. 그렇다면 주막에서 할 일은 무엇이고, 주막에서 할 일과 만조 시간과는 어떤 관계를 갖고 있는가. 꼬리에 꼬리를 무는 궁금증이 독자의 애간장을 녹인다.

그런 다음 한참동안 독자의 궁금증을 해소해주지 않는다. 선학동과 관음봉의 지령음, 선학동과 명당의 얘기로 뜸을 들인다. 그런 다음 사내가 주막을 찾은 이후, 주인 사내가 “포구물이 말랐다고 학이 아주 못 나는 것은 아니라오.”(p. 69)라고 “물도 없는 포구에 학이 다시 날기 시작했”(p. 69)음을 알림으로써 사내는 “어떤 질긴 예감이 움직여 오기 시작”(p. 69)한다. 이제 주인 사내의 이야기를 통해 선학동에서 “종적 모를 여인의 한스런 후일담”(p. 63)을 듣게 되는 것이다. 따라서 「선학동 나그네」는 앞에 든 「서편제」나 「소리의 빛」과는 다른 특징을 가지고 있다.

바로 「서편제」나 「소리의 빛」은 추적자와 피추적자가 한 인물인데 비해, 「선학동 나그네」는 추적자와 피추적자가 완전히 다른 인물이라는 사실이다. 탐색담이 주인 사내의 진술을 통해 제시된다. 이는 추리소설 탐색담에서 주로 사용하는 수법인 사건 용의자나 관련자들과의 인터뷰 형식의 대화와 대응한다.

「이어도」에서는 먼저 왜 수색작전을 "도깨비장난 같은 수색"(p. 54)이라 하는지가 궁금하다. "도깨비장난"이란 비유적인 표현은 많은 생각과 의문을 갖게 한다. 그리고 천남석의 실종 사고를 "한 가지 개운찮은 사고"(p. 54)니 "영문 모를 해상 실종사고"(p. 54)로 표현함으로써 이유는 정확하지 않지만 찜찜하기 그지없는 일임을 분명히 한다. 그런 후 "개운찮은 숙제를 남기고 있었던 셈"(p. 54)이라고 하여 그 숙제를 풀기 위한 여정을 시작하겠다는 뜻을 밝히고 있다. 그런데 바로 이어지는 추적자 선우현 중위는 "크지도 작지도 않은 적당한 몸매에 대리석을 깎아지른 듯 하얀 얼굴이 드물게 세련돼 보이는 젊은 장교"(p. 54)로 그려지고 있어, 외모로 보더라도 결코 개운찮거나 영문 모를 만한 사람이 아니다. 그런 그가 택시를 반대편에서 잡아타고는 "아무쪽으로나…… 빨리만 데려다주시오."(p. 55)라고 부산을 떠는 모습에서 무언가 뒤꼬이는 분위기를 감지할 수 있다. 선우 중위가 택시를 반대편에서 잡아탔다는 점은, 그의 사고나 행동이 일반인과는 반대이거나 거리가 있음을 보여주기 때문이다.

그런데 선우 중위는 <남양일보사>의 편집국장 양주호를 만나면서 "수수께끼가 숨어 있는 것 같다"(p. 62)란 느낌을 갖게 된다. 양주호의 태도에 "석연찮은 구석이 느껴져"(p. 61) 추적을 시작하게 된다. 사고를 알리는 선우 중위에게 모든 사실을 "통신실로 연락이 들어"(p. 57)와서 다 알고 있으면서도 "사고라니요? 무슨 사고가 있었습니까?"(p. 57)라고 전혀 모른 체한다든지, 사고의 경위를 설명하는 선우 중위에게 "아, 알겠습니다. 그런 말씀이시라면 난 자리가 아닌 것 같군요. 난 이 회살 대표할 만한 사람이 아니니까요. 우리 사장님을 한번 만나보시겠습니까?"(p. 58)라고 말을 막는다든지, "사고 책임 문제 때문에 무슨 말썽이라도 생길까봐 걱정이신가보군요. 하지만 그건 우리가 따지고 싶지 않다면 그걸로 그만 아니겠습니까?"(p. 73)라며 짜증스런 어조로 답한다든지 모두 선우 중위의 호기심을 자극하게 된다. 중위는 도대체 영문을 알 수 없다. 그러나 그는 "영문을 알 수 없었지만 한편으로 이 몸집 큰 중년 사내의 힐난조에 오히려 어떤 수수께끼 같은 호기심이 동해 올랐다."(p. 59)

더 큰 의혹은 양주호가 천남석의 죽음을 자살이라고 단정하는 데서 증폭된다. 중위 역시 천남석의 죽음이 "자살일지도 모른다는 생각이었다. 하지만 중위는 양주호 국장 앞에 그런 말을 할 처지가 못되었다. 섣부른 상상이나 추리만으로 사고를 설명할 수는 없었다."(p. 62) 그런데 양주호가 직접 천남석의 자살을 언급하자 중위는 추적할 의지를 갖게 된다. 천남석의 실종사고는 "자살"일지도 모르고, 그 원인이 "이어도"와 관련이 있음을 간접적으로 암시한다. 확신이 아닌 "천 기잔 정말로 자살을 한 것일까요?"(p. 65)라는 의문으로 서두를 정리하고 있기 때문이다. 이제 본격적인 안-이야기인 탐색담을 시작하겠다고 알리고 있다. 그 탐색담은 양주호와의 인터뷰를 통해 진전시키겠다는 의미에서 서두의 마지막 부분을 양주호에게 묻는 형식으로 매듭짓고 있다.

이처럼 이청준 소설에서 화자의 동기는 추리소설에서와 마찬가지로 기이하고 미심쩍고 모호한 부분에 대한 호기심에서 출발한다. 서술자(추적자/탐색자)의 추적 동기는 어떤 '석연찮은 점'이나 '수수께끼 같은 의문'에 대한 막연한 호기심이다. 그래서 이청준 소설의 서두 부분에는 일반적인 탐정소설에 나타나는 '묘한', '수상한', '낯선', '의심스러운', '이치에 닿지 않는', '기괴한', '실재하지 않는', '믿기 어려운'과 같은 표현들[29]이 자주 보인다. 이청준 소설에서 추적 동기는 어떤 구체적인 사건에서 기인하는 것이 아니라 막연하고 추상적인 호기심에서 기인한다.

「이어도」는 시작부터 이어도의 존재에 대한 문제를 제기하고 있다. 서로 모순되는 말들을 나란히 배치하여 진위 판별을 어렵게 하며, 작가―서술자가 어떤 입장에 있는지를 궁금하게 한다. 동화 속에나 나옴직한 서술을 통하여 독자를 혼란 속에 빠트리는 것이다.

이렇듯 『서편제』와 「이어도」의 서두는 궁금증을 유발하기 위해 전략적으로 배치된 것이다. 궁금증도 하나로 끝나는 것이 아니라 여러 궁금증들이 서로 꼬여있어 궁금증과 호기심을 증폭시키고 있다. 또한 서술자가 명확히 드러나지 않은 채, 추적자의 행동이나 표정 등을 아는 것으로 보아 서술자(사내/선우현 중위)보다 전지적 입장에 있는 사람임은 확실한데, 제한적 시점을 사용하고 있고 추적자보다 많은 정보를 알고 있는 것 같지는 않다. 서술자가 서술은 하고 있지만 독자들보다 많은 정보를 알고 있거나 높은 위치에서 내려다보는 입장은 아님을 분명히 함으로써 궁금하거든 직접 궁금증을 해결해 보라는 식으로 서술하고 있다. 이는 서두부터 독자를 유인하고 흡입하여 같이 문제를 해결해보자는 의도를 담고 있다. 이것이 바로 '동반의 관점'이다. 서술자가 이끄는 대로 끌려가지 말고 독자 스스로 문제를 해결해보라고 독자에게 과제를 제시한다.

1.2.2 사건의 전개와 논리적 추론 과정

본격적인 추론이 진행되는 단계로, 이청준 소설이 추리소설의 구조와 닮았다고 평가를 받는 부분이다. 발단부에서 제기된 의혹과 호기심, 수수께끼들이 끊임없는 질문과 해답, 해답에 따른 새로운 질문의 구조로

29) 슬라보예 지젝, 김소연·유재희 역, 앞의 책, pp. 103～104. 참조.

구체적인 사건이 전개된다. 작가는 질문에 대한 답을 계획적이고 지속적으로 연기함으로써 독자와 지적 게임을 벌이는 한편, 논리적으로 추론한 내용을 탐색자가 탐색하는 과정 중에 크고 작은 실마리를 통해 조금씩 제공한다. 이 단계에서는 바깥-이야기의 화자가 처음에 품었던 질문에 대한 답이 안-이야기의 다른 질문으로 중첩된다. 안-이야기에서 전개되는 질문→해답→다른 질문→해답→또다른 질문의 연속으로 제기되는 구조를 통해 독자는 소설이 제공하는 지적 재미에 빠지게 되고, 그 과정을 작가와 함께 따라가다 보면 작품의 주제와 마주치게 된다. 따라서 이청준 소설은 논리적 추론 과정에 의해 전개되는 플롯 형식을 취한다고 볼 수 있다.

『서편제』의 탐색담은 시간과 장소의 일치를 보인다. 이는 탐색자의 행동반경을 줄임으로써 초점을 한 곳에 모으겠다는 의도로 보인다. 「서편제」, 「소리의 빛」, 「선학동 나그네」 모두 '주막'이라는 공간에서, 하룻밤 사이에 모든 이야기를 풀어놓고 있다. 이는 미스터리소설이 보이는 전형적인 방법으로, 탐정은 거의 움직이지 않거나 어렵게 움직이는 '안락의자에 앉은 탐정'[30]이라는 속성과도 일치한다. 이청준 소설의 관념성과도 연결되는 부분으로, 대부분의 실마리나 추리는 인터뷰 형식의 대화를 통해 제시되고 있다. 그리고 탐색자 자신의 과거담을 액자형식으로 삽입함으로써 추리의 신빙성을 확보하고 있다.

이청준 소설의 안-이야기에서 전개되는 탐색담은 추리소설과 마찬가지로 사건에 대해 시간적으로 거슬러 올라가는 역전의 구성을 취하고 있다. 그러나 탐색담을 통해 사건에 대한 원인 규명이나 인물의 행동에 대한 이유가 과거에 얽혀 있을 뿐이지, 탐색담 전개 자체가 과거사에 해당하는 것은 아니다. 탐색담은 주요인물의 과거사가 현재 화자의 상황과

30) 이브 뢰테르, 김경현 역, 『추리소설』, 문학과지성사, 2000, p. 90.

맞물려 전개된다.

『서편제』 세 편의 텍스트는 모두 과거와 현재가 맞물려 전개된다. 사내의 과거, 누이와 의부의 과거가 현재라는 시간 속에서 일정한 의미를 획득하게 된다. 대화의 상대자(인터뷰 대상자)와의 대화와 인물들의 회상을 통해 점진적으로 사건의 핵심에 접근하게 된다. 이때 서술자는 철저하게 객관적인 관점을 보인다. 두 사람의 대화를 곁에서 엿듣는 형식을 취해 객관적인 입장에서 대화를 전달할 뿐 일체의 개입이나 판단을 자제한다. 다만, 초점화자가 과거를 회상하는 부분에서만 초점화자의 시점으로 이야기한다. 이는 앞에서 살펴본 객관성과 주체성, 현재성 강조와도 밀접한 관련을 맺고 있다 하겠다.

「서편제」는 이미 앞에서 살펴보았듯이 주모의 회상, 사내의 회상 1·2, 주모의 진술을 통해 추리를 하기 시작한다. 물론 그 동기는 소릿재의 내력을 궁금히 여긴 사내의 호기심 때문에 시작된다. 그러나 그 호기심은 금방 풀린다. 소릿재의 내력을 주모로부터 듣는 순간 금방 알 수 있기 때문이다. 그러나 그 소릿재의 내력을 듣던 사내가 자신의 과거를 회상하면서 사건은 새로운 국면으로 전환한다. "햇덩이", "고통스런 숙명", "소리의 얼굴"로 초점이 옮겨간다. 그러나 정작 중요한 것은 그 뒤에 숨겨져 있다. "그래 그 여잔 한번 여길 떠나고 나선 그걸로 그만 소식이 아주 끊기고 말았더란 말인가?"(p. 22)라고 사내가 여자의 행적을 묻는 것이다. 그에 대한 대답 끝에 여자는 "행여 또 그런 핏줄 같은 것이 한 사람쯤 있었다 해도 앞을 못 보는 그 여자 처지에 떳떳이 얼굴을 내밀고 찾아 나설 형편도 못 되었고요."(p. 23)라고 여자가 장님임을 흘린다. 이제 사건은 여자가 장님이 된 이유로 전환된 것이다. 그러나 그에 대한 정리가 곧 이루어진다. 주모가, 여자가 장님이 된 이유를 나름대로 추정하여 알려주기 때문이다. "목청도 목청이지만, 좋은 소리를 가꾸자면 소리를 지니는 사람의 가슴에다 말 못할 한을 심어줘야"(p. 31)하기 때문이라고. 그런 주모의 추정 이야기를 듣다 사내는 누이와 의부를 도망친 자신의 과거를 회상하고, 그 회상을 통해 여자가 맹인이 된 이유를 수정 추리한다. "그보다도 고인한테 좀 미안한 말이지만, 노인은 아마 그 여자의 소리보다 자식년이 당신 곁을 떠나지 못하게 해 두고 싶은 생각이 앞섰을지도 모르는 일일 거네."(p. 32)라고 정리한다. 이렇듯 「서편제」의 추리과정은 연쇄적으로 일어난다.

소릿재 내력에 대한 호기심→소릿재 내력→'햇덩이, 고통스런 숙명, 소리의 얼굴' 회상→여자의 행적에 대한 궁금증→장님이어서 남에게 나설 입장이 아님을 알림→맹인이 된 이유에 대한 주모의 추정→누이와 의부를 버리고 도망친 사내의 과거 회상→맹인이 된 이유 수정 추리(자기 곁을 떠나지 못하게 했을 거라고)로 이어진다. 꼬리에 꼬리를 물고 물음과 대답, 대답과 물음이 이어진다. '궁금증, 호기심→대답/새로운 의문 제기→대답/새로운 의문 제기→대답' 형태로 이어진다. 특히 "견디고 있는 표정으로"(p. 11), "알아차릴 수가 없었던지"(p. 13), "흉중을 헤아려내고 싶어진 듯"(p. 13), "뒤끝이 미진한 얼굴이었다"(p. 18), "열기 같은 것이 담기기 시작했다"(p. 18), "흥미가 없어진 모양이었다"(p. 22), "또한 알 수 없는 일이었다"(p. 22), "표정이 갑자기 사납게 흔들리고 있었다"(p. 23), "도대체 영문을 알 수 없다는 듯"(p. 23), "참혹할 만큼 힘이 빠져 있었다"(p. 31), "놀라워하는 기색 같은 것이 전혀 안 보였다"(p. 33) 등과 같은 관찰자적 입장을 유지함으로써 궁금증과 호기심을 배가시킨다. 이런 서술 방식은 '하드 보일드(hard-boiled)' 방식을 연상시킨다. 서술자의 개입이 철저하게 배제되고 행동과 사건들을 주로 대화와 묘사에 의해서만 제기되는 이 방식은, 작가-서술자의 역할을 '피사체를 포착하는 카메라의 눈'으로 제한시킨다. 이런 특징을 고려할 때 이청준 소설(특히 『서편제』)은 '하드 보일드' 방식과도 밀접한 관련이 있다 하겠다.

「소리의 빛」의 논리적 추론과정에 의한 전개 양상은 그 구조에서도 나타난다.

임자년 가을, 한 사내가 주막을 찾아들어 소리를 청함
↓
어떤 확신을 가지고, 소리를 좋아하게 된 내력을 묻는 여자
↓
'햇덩이'에 대한 기억과 자신의 도망에 대한 회상
↓
밤새 소리로 음양간의 틈이 없는 포옹으로 어우러졌다가
소리 없이 주막을 떠나버리는 사내
↓
간밤 오라비를 만났다고 천씨에게 전하는 여자
↓
오라비가 떠난 후의 상황을 천씨에게 전하는 여자
자신이 눈이 멀게 된 이유가 오라비의 도망에 있다고
↓
오라비가 떠나버린 이유를 추정하는 천씨
누이의 한을 지켜주기 위한 방책이었다고
↓
서로의 한을 지키기 위해 주막을 떠나겠다는 여자

이처럼 「소리의 빛」은 일반적인 액자소설 형식으로 사건을 전개하고 있다. 「서편제」에 삽입되었던 에피소드(사내의 과거담)와 사내가 떠난 후의 이야기를 다시 안-이야기로 싸안고 있는 구조로, 『서편제』에 수록된 작품들 중 가장 단순한 구조를 취하고 있다. 그러나 초점화자를 사내에게서 천씨로 옮겨 이중화자를 취하고 있다는 점은 이 텍스트만이 가지고 있는 특성으로, 이는 단막희곡에서 시간과 장소의 일치를 추구하는 양상과 유사하다 할 것이다.

「소리의 빛」은 "임자년(壬子年) 한 해가 다 저물어 가던 늦가을의 어

느 날 저녁 무렵, 인근에선 전혀 낯이 익지 않은 외지 손님"(p. 36)이 주막을 찾아들면서부터 의혹이 제기된다. "주막 여자가 눈이 건 장님인 것을 알고서도 조금도 이상해하거나 꺼림칙스러워하는 눈치"(p. 37)를 안 보인다든지, "오히려 어떤 나른한 안도감 같은 것을 느끼고 있는 듯한 그런 차분스런 표정"(p. 37)의 이유가 궁금해지는 것이다. 그리고 "어떻게…… 오늘 밤엔 자네 소리나 몇 대목 해줄 수 없겠는가?"(p. 37)라고 "뜻밖의 주문을 건네오는"(p. 37) 데서 의문이 증폭된다. 물론 그보다 앞의 "동네사람들한테 약재에 대한 이야기를 꺼내 보기는커녕 길 안내 한 마디 물은 일 없이 단걸음에 곧장 주막을 찾아들어 버린 것"(p. 37)이라는 진술을 통해 얼마간 짐작할 수는 있지만, "이미 여자의 소리에 대한 귀띔을 받고 찾아온 손님이 분명했다."(p. 37)는 진술이 없다면 궁금증은 계속 증폭될 수밖에 없다. 이처럼 궁금증과 호기심을 자극해 놓고선 답을 제시하고, 그리고선 바로 다음 궁금증으로 넘어간다. 사내의 뜻밖의 주문에 소리를 해놓고선 이번에는 여자가 자신의 궁금증을 털어놓는다. "소리를 좋아하시게 된 내력이라도 있으시오? 소리 좋아하시는 양반치고 내력 없는 분은 없습데다."(p. 41)가 그것이다. 사내가 여자에게 소리를 부탁할 때도 "사내답지 않게 간절한 어조"(p. 37)였지만, 여자가 사내에게 내력을 묻을 때도 "여자의 표정이 점점 초조하고 안타깝게 변해가고 있"(p. 41)어서 거부할 수 없게 만든다. 그 여자의 거부할 수 없는 청으로 사내는 자신의 과거사를 여자에게 털어놓음으로써 이에 대한 답을 제시한다. 그것은 「서편제」에서 이미 언급된 "햇덩이", "고통스런 숙명", "소리의 얼굴"에 관한 것이다. 그 애기를 듣고 "보이지 않는 눈길 속을 맴돌고 있던 어렴풋한 예감의 빛마저도 말끔히 흔적이 가시고 없었다."(p. 46)고 진술함으로써 여자가 사내의 과거사로부터 자신의 오라비임을 확인하게 된다. 그리고는 "그녀 앞에 안고 있던 북통과 장단막대를 말없이 사내 앞으로 밀어놓"(p. 46)음으로써 자신의 판단이 잘못되지 않았음을 확인한다. 그리고 둘은 소리와 장단으로 "음양간의 기막힌 희롱"(p. 48)과도 같이 "기묘하게 틈이 없는 포옹"(p. 48)으로 밤을 지샌다. 그리고 사내는 "말도 없이 슬그머니 주막을 떠나버리고 말았다."(p. 49) 사내가 누구이며, 왜 그냥 말도 없이 떠나버렸는가?란 의문을 남기고.

이렇듯 「소리의 빛」 전반부는 세 가지 의문과 답을 제시하고 난 후, 새로운 네 번째 의문을 남기고 끝난다. 그리고선 초점화자를 사내에게서 천씨로 넘겨 그 의문에 대한 답을 제시한다. 먼저 사내가 누구인지에 대한 답은 여자가 제시한다. "그리 되었소. 오라비는 말도 없이 혼자서 떠나셨소."(p. 49)가 바로 답이다. 그리고 여자의 오라비가 떠난 후의 삶을 이야기한다. 그것은 자신이 맹인이 된 사연과 "눈을 멀게 한 비정스런 아비의 업과들을 눈물로 사죄하고"(p. 51) 간 아비에 대한 것이다. 그러자 천씨가 어떻게 오라비인 줄 알았느냐는 물음에 "오라비의 솜씨는 옛날의 제 아비 되는 노인의 솜씨 그대로였소."(p. 52)가 여자의 답이다. 그러면서 "절 알고 여기까지 길을 찾아오신 건지도 모르고요. 모르고 오셨더라도 그 양반 장단을 놀아나가면서는 분명히 알고 계셨을 것이오."(p. 52)라고 답함으로써 새로운 의문을 제기한다. 그러면 왜 누이동생인 줄 뻔히 알면서도 모른 체 그냥 갔느냐는 것이다. 이 의문을 "자네를 알아보고도 오라비는 어째서 끝내 오라비라는 소리 한마디 못해 보고 그렇게 허망히 길을 떠나가고 말았단 말인가."(p. 52)라고 천씨가 제기한다. 그에 대한 답은 "오라비가 또 날 죽이고 싶었기 때문이었을 것이오."(p. 52)다. 그러나 천씨는 바로 그것을 수정 추리한다. '살기' 때문이 아니라 한(恨)을 보전해주기 위해서라는 것이다. 그 부분을 작가는 천씨의 입을 빌려 꽤 자세히 밝히고 있다.

> "그러고 보면 아마 자네 오라비라는 사람이 그렇게 가버린 것도 자네의 그 한을 다치지 않으려는 것이 아니었는가 싶네. (…중

> 략…) 자네 오라빈 자네 소리에 서린 한을 아껴 주고 싶은 나머지, 자네한테서 그것을 빼앗지 않고 떠나기를 소망했음에 틀림없을 걸세."(pp. 54~55.)

처음에는 자신이 없는 듯 추측 정도로 얘기하다가, 끝부분에 가서는 거의 확신하고 있다. 오라비가 그냥 떠나버린 것은 누이동생의 한을 빼앗고 싶지 않았기 때문이라고.

이처럼 처음에는 의도적으로 지연시켰던 질문에 대한 답을 차곡차곡 제시한다. 그러나 『서편제』의 다른 작품들과는 달리 '질문→대답/새로운 질문 → 대답/새로운 질문' 형식의 연쇄적 속성은 두드러지지 않다. 이중화자 방식을 활용하여 사내가 떠난 후에 맹인 여자와 천씨가 추리를 정리하는 형식을 취하고 있기 때문이다. 그런 점에서 「소리의 빛」은 『서편제』의 기본 구성방식에서 벗어난, 새로운 기법으로 담론을 전개한 것으로 볼 수 있다.

「소리의 빛」에서도 전지적 관점의 서술자가 있기는 하지만 철저하게 관찰자적 입장을 유지하고 있다. 작가-서술자는 초점화자 뒤에 숨어 초점화자가 보는 것만 보며 추측하거나 객관적인 입장에서 등장인물의 행동을 관찰하고 있다. "같았다/같지 않았다"(p. 35, 36, 40, 55), "있음직했다"(p. 35), "안 보였다"(p. 37), "느끼고 있는 듯"(p. 37), "고통의 빛이 어려 들었다"(p. 40), "흔적이 나타나지 않았다"(p. 46), "기색이라곤 없었다"(pp. 49~50), "알아채지 못하고 있었다"(p. 55) 등 관찰자적 관점을 유지하고 있다. 이에 대해서는 이미 「서편제」를 살피면서 언급한 내용이므로 생략하겠다.

「선학동 나그네」는 논리적인 추리와 환상성을 절묘하게 결합시켜 작품성을 높이고 있다. 탐색자와 피탐색자가 완전히 다른 인물이란 점에서 추리소설에 보다 가깝고, 탐색자인 사내가 조사대상자인 주인 사내와 인터뷰하는 형식으로 사건을 전개시키고 있다. 그것은 구조를 살펴보아도 알 수 있는 사실이다.

종적 모를 여인의 한스런 후일담을 듣기 위해 선학동을 찾음
↓
선학동의 지세와 명당과의 관련성, 선학동의 변모의 낙담함
↓
주막 주인으로부터 물이 마른 선학동에 학이 다시 날기 시작했다는 말을 들음
↓

선학동 주막과 관련된 소리꾼 부녀의 과거담(2)
아비의 유골을 선학동에 암매장함

↓

선학동 주막과 관련된 소리꾼 부녀의 과거담(1)
선학동에서의 연습을 통해
선학동 포구의 풍정을 소리에 담음

↓
여자가 맹인이었음을 확인하고서는 학이 날지 않는
선학동에 유골을 묻어봐야 아무 필요 없다는 사내
↓

선학동에 학이 다시 날게 된 사연
불가사의한 믿음으로 비상학을 본 사내와
이를 믿어주는 마을사람들

↓
오라비 얘기 추궁에 더 이상 종적을 찾아다니지 말라는 누이의 부탁을 전함
↓
사내가 앉았던 고갯마루에 백학 한 마리가 떠돎

「선학동 나그네」 역시 다층구조와 추리소설적 기법을 활용하고 있다. 처음에는 "종적 모를 여인의 한스런 후일담"(p. 63)에 초점을 맞추는 듯하다가 이내 선학동의 지세, 내력, 명당과의 관련성으로 넘어가고, 선학

동의 변모에 낙담하는 사내의 모습을 그림으로써 초점을 흐린다. 의문과 호기심만 자극하고 해답을 능쳐버린다. 그러다가 주막에서 주인 사내를 만나면서부터 본격적인 탐색담이 시작된다. "포구물이 말랐다고 학이 아주 못 나는 것은 아니라오."(p. 69)라는 주인 사내의 말에서부터 선학동과 비상학, 그리고 "종적 모를 여인의 한스런 후일담"(p. 63)이 한데 묶여 풀리기 시작한다. 그것은 사내와 주인 사내의 대화를 통해서다. 마치 탐정과 용의선상에 있는 피의자의 질문과 대답, 취재기자와 인터뷰 대상자의 질의와 대답의 형식으로 탐색의 실마리는 풀려간다. 그 인터뷰는 세 개의 안-이야기에 의해 구성된다. 그 안-이야기는 다름이 아니라 "이름 모를 여인"의 과거담이자 탐색자가 탐색하고자 하는 핵심 내용이다. 그러나 가장 중요하다고 할 수 있는 사내와 맹인 여자의 관계는 밝히지 않는다. 주인 사내는 그 관계와 맹인 여자의 당부까지도 뻔히 알고 있으면서도 이야기하지 않는다. 그리고는 결말부에 가서야 "그 여자의 부탁이 있었기 때문이랍니다."(p. 85)고 그 이유를 밝히면서 정리한다.

「선학동 나그네」의 논리적 추론과정은, 학이 다시 날기 시작한 내력에 대한 궁금증→한 여자와의 관련성/의문 제기→선학동 포구와 소리꾼 부녀의 과거담→아비의 유골을 선학동에 암매장한 여인의 과거담→선학동에 유골을 묻어봐야 아무 필요 없다는 사내→선학이 다시 날게 된 사연(환상성)→주인 사내의 믿음이 워낙 강해 괘념 않기로 함→오라비 얘기를 뺀 이유를 묻는 사내→여자의 부탁 때문임을 밝히는 주인 사내→한 마리 학으로 날아올라간 듯 종적을 감춰버린 여자로 정리할 수 있다. 추론과정이 인터뷰 형식을 취하고 있기 때문에 사내의 질문에 주인 사내가 답하는 구조로 되어 있다. 그러다보니 시퀀스 구분이 쉽지 않다. '질문→대답/대답에 대한 또 하나의 질문→대답/대답에 대한 또 하나의 질문' 형식으로 질문과 대답이 간단없이 연속되고 있어 시퀀스 구분점이 명확하지 않기 때문이다. 질문에 대한 주인 사내의 대답이 모호하여 의미파악도 쉽지 않다. 주인 사내의 대답은 정확한 의미를 밝혀 주기보다 의도적으로 둘러말함으로써 숨기려 하고, 그런 화법을 통해 사내의 호기심과 의문을 자극하고 있기 때문이다. 탐색자인 사내처럼 사전 정보(사내의 과거담)을 알지 못하는 독자들은 질문과 대답에 대한 의미조차 파악하기 쉽지 않다.

서술자는 철저하게 관찰자적이고 객관적인 입장을 유지할 뿐 그에 대한 평가를 전혀 하지 않는다. "같았다"(p. 69, 70, 73, 78), "듯했다."(p. 61), "눈치만 살피고 있었다."(p. 67), "심상찮은 소리를 덧붙여 왔다."(p. 69), "대답조차도 기다리는 표정이 아니었다."(p. 78), "녹초가 되어 버린 표정이었다."(p. 83)에서 보듯이 작가—서술자는 관찰자의 입장에 서 있다.

이청준 소설에서 추론의 과정은 두 가지 상이한 특성을 바탕으로 이루어진다. 하나는 논리성이고, 다른 하나는 환상성이다. 이 어울릴 것 같지 않는 두 가지 속성이 교묘하게 공존하면서 작품성을 높이는데 이 또한 추리소설의 영향으로 보인다. 추리소설이란 추리를 해나가는 과정에서의 논리성과 사건이 가지는 미스터리에 기인한 환상성을 동시에 가지고 있기 때문이다. 추적 과정의 논리성은 고도의 추리를 바탕으로 한다면, 사건 자체는 괴기나 경이 형식의 미스터리, 즉 환상으로 지속된다. 그런데 이청준 소설의 매력은 논리성이나 환상성이 추리소설에서처럼 뚜렷하게 구분되어 있는 데서 찾을 수 있는 것이 아니라, 환상성에 녹아 있는 논리성을 찾아내는 데서 찾을 수 있다. 그것은 추리소설의 환상성과 이청준 소설의 환상성은 다른 면모를 띠고 있으며, 그의 환상성은 작품 전체에 지배적인 분위기를 형성하는 경우가 많기 때문이다.[31]

「선학동 나그네」에서는 두 번이나 환상성을 바탕으로 추론하고 있다. 하나는 주인 사내가 맹인 여자의 소리를 들으면서 학이 다시 날아오르

31) 최애순, 앞의 논문, p. 54.

는 모습을 보는 것이고, 다른 하나는 사내가 떠난 자리에 학 한 마리가 떠돈다는 진술이다. 이는 실재하지 않는 것을 실재하는 것처럼 '초자연적 양상을 가진 사건에 직면해서 체험하는 애매한 지각'을 바탕으로 하고 있다. 이런 미스터리적 환상성이 논리적 추리 과정을 통해 풀린다는 점에서 토도로프가 나눈 '환상적 괴기'[32)]의 속성을 갖는다. 그러나 이청준 소설에서는 괴기성[33)]보다는 환상성[34)]이 강조되므로 '괴기적 환상'이라는 표현이 더 어울릴 것 같다.

이청준 소설은 환상성에서 끝나지 않는다. 환상성을 바탕으로 한 추리에도 '왜'라는 질문을 던짐으로써 그것을 논리적인 차원으로 끌어올린다. 전혀 풀릴 것 같지 않던 수수께끼 같은 질문들이 환상성과 논리성을 바탕으로 해답을 찾아 나간다. 어떤 작품에서는 논리적인 추적의 과정이 우위를 차지하거나 작품의 기본 플롯을 형성하고 있고, 또 일부 작품에서는 논리성과 환상성이 교묘하게 결합된 양상으로 나타나기도 한다. 그리고 또 다른 작품에서는 처음부터 끝까지 환상적인 분위기가 지배적인

---

32) 토도로프, 이기우 역, 「환상문학 서설」, 『덧없는 행복—루소론, 환상문학 서설 : 토도로프 저작집 · 5』, 한국문화사, 1996, p. 149. 참조.
　토도로프는 이 책에서 환상문학을 정리하면서, 괴기와 경이를 인접 장르로 설정하고 있다. 즉, 괴기와 경이는 독자의 망설임이 사라지는 영역에 위치한다는 것이다. 그리고 그 구분에 대해 언급하고 있는데, 순수 괴기, 환상적 괴기, 순수 환상, 환상적 경이, 순수 경이로 나누어 속성을 고찰하고 있다(pp. 148～162. 참조). '환상적 괴기'는 "이야기를 통해서 쭉 초자연적인 것으로 보였던 사건이 마지막에 와서 합리적 설명을 받게"(p. 149)되는 경우를 말한다.

33) 괴기는 과거의 체험이나 지식을 통해 설명하기 어려운 것으로, 어쩐지 믿기 어렵고, 이상하고, 징글맞고, 괴기스럽고, 불안을 불러일으키는 것이다. 토도로프, 위의 책, p. 146, p. 151. 참조.

34) 토도로프는 '환상'을 문학의 특정 '장르'로 규정하고 독자의 '망설임'을 강조했다. 망설임이란 자연 법칙밖에 모르는 사람이 초자연적 양상을 가진 사건에 직면해서 체험하는 애매한 지각이다. 그러므로 환상은 망설임이 지속되는 동안만 지속되며, 이 망설임은 독자와 작중인물에 공통된다. 그러나 작품의 결말에 이르면 자신들이 지각하고 있는 것이 세상의 통설로서의 '현실'에 속하는 것인지의 여부를 결정하게 된다. 최기숙, 『환상』, 연세대학교출판부, 2007, pp. 19～20. 참조.

경우도 있다. 「선학동 나그네」에서는 "포구물이 말랐다고 학이 아주 못 나는 것은 아니라오."(p. 69)라는 사내 주장의 근거를 제시하기 위해 환상성이 쓰이고 있다. 물이 말라버린 포구에 학이 날 수 없다는 일반적인 논리를 뒤집기 위해 환상성을 활용하고 있는 것이다.

> 하지만 사내는 여자가 그렇게 선학동을 떠나가고 나서도 그녀의 소리가 여전히 귓전을 맴돌고 있었다. 그 소리가 귓전을 울려 올 때마다 선학동은 다시 포구가 되었고, 그녀의 소리는 한 마리 선학과 함께 물 위를 노닐었다. 아니 이제는 그 소리가 아니라 여자 자신이 한 마리 학이 되어 선학동 포구 물 위를 끝없이 노닐었다.
> 그래 사내는 이따금 말했다.
> "여자는 어디로 떠나간 것이 아니여. 그 여자는 선학동의 학이 되어 버린 거여. 학이 되어서 언제까지나 이 고을 하늘을 떠돈단 말이여."
> 여자가 그토록 갑자기 마을을 떠나가 버린 데 대한 아쉬움 때문이었을까. 주막집 이웃들이나 벌판 건너 선학동 사람들마저 사내의 그런 소리엔 그리 허물을 해오는 눈치가 없었다. (「선학동 나그네」, p. 83)

사내의 환상은 '결핍된 것에 대한 갈망'을 통해 주어진 것을 변화시키고 리얼리티를 바꾸려는 욕구[35)]에서 나타난다. 결핍 즉, 포구에 물이 마르자 사라져버린 비상학을 다시 보고 싶은 갈망은 결국 리얼리티를 바꾸려는 욕구로 발전한다. 현실에서 이룰 수 없음을 잘 알기에 환상을 통해서라도 그 욕구를 충족시키고 싶은 것이다. 그 욕구가 환상으로 나타난다.

문학에서의 환상은 현실적으로는 부재하지만 심리적으로 실재하는 욕

35) 캐서린 흄, 한창엽 역, 『환상과 미메시스』, 푸른나무, 2000.

망이 가시화되는 지점에서 발생한다. 인간의 '욕망'은 현실적으로는 망각과 배제의 형식으로 은폐되고 억압되지만, 문학의 영역에서는 종종 환상의 형식을 통해 '충족'과 '도피'를 추구함으로써, 그 실체를 긍정하고 이것의 대리적 해소를 지향하게 된다. 그러한 심리적 반향의 반대 지점에서 환상은 현실이 억압하고 은폐했던 세계나 그 구성물들을 등장시킴으로써 현실에 대한 전복을 겨냥하기도 한다. 이들은 인간이 억압하거나 은폐했던 욕망들을 해방시키고, 현실의 질서나 법칙들이 배제한 요소들을 복원하는 반문화적 힘을 행사함으로써, 환상의 '심리학적 지형학'을 구축한다.[36)]

그러나 그 환상은 결코 황당무계한 일이 아니다. 그 환상은 포구의 성정을 담고 있는 소리꾼 여자의 소리에서부터 울려나오는 소리로 인해 생긴 것이기 때문이다. 여자의 소리에 담긴 비상학이 날아오르던 포구의 모습과 그 포구를 날아오르던 학의 자태가 여자의 소리를 통해 사내의 뇌리에 되살아난 것이기 때문이다. 따라서 학의 비상은 결국 소리를 통한 욕구의 실현이라 할 수 있다. 그런데 한 가지 관심을 가져야 할 것은, 주인 사내의 환상이 주인 사내에게서 끝나지 않는다는 점이다. 주인 사내의 환상은 마을 사람들에게까지 전이되고 있다. 마을사람들은 "사내를 탓"하기보다 "진중한 얼굴"로 사내의 믿음을 공유한다. 이는 사내의 말을 믿고, 자신들도 사내의 믿음에 동참하겠다는 묵언인 것이다. 개인적인 환상에서 공동체의 환상으로 확장·완성되고 있는 것이다.

환상의 세계는 그것의 창조주인 작가에게로 환원되는 고립된 세계가 아니라, 독자의 수용을 통해 비로소 사회성을 지닌 개방 세계로 완성[37)]되는 것이다. 이는 현실에는 존재하지 않는 세계를 가상하거나, 현실에서는 볼 수 없는 세계를 가시화함으로써 현실계와는 단절된 독자적인

36) 최기숙, 앞의 책, pp. 115~116.

37) 위의 책, p. 75. 참조.

세계로 탄생하는 환상문학의 특성을 잘 보여준다. 문학에서의 환상은 세계 인식을 겨냥한 적극적인 활동이자, 낯설고 새로운 우주와 존재론에 대한 새로운 문제 제기이며, 현실이 은닉하고 있는 법칙화의 오류나 언어적 기호의 한계나 모순들을 복원시키는 힘이 되기도 하기 때문이다.

「이어도」 역시 바깥-이야기기의 화자인 선우 중위가 탐색하고자 하는 의문이 안-이야기로 들어오면서 중첩된다. 작품에서 제기하는 의문은 두 가지다. 첫째는 천남석의 죽음에 대한 궁금증이고, 둘째는 이어도의 실체에 관한 것이다. <그림 2>(이 책 p. 81)에서 보듯이 첫째 의문은 '② 선우 중위의 추적담'에서 제기된다. 그러나 천남석의 죽음에 대한 궁금증은 이어도의 실체에 관한 의문으로 중첩됨으로써, ②·③·④가 한데 묶인다. 그런데 ②와 ③에서 제기되었던 의문의 해답은 ④에서 제시된다.

의문의 추적과정은 선우 중위가 거치게 되는 장소, 그 장소에서 만나게 되는 인물과 깊은 관련이 있다. 「이어도」의 공간적 배경은, ㉠ 바다(작전에서 돌아옴/배의 기항(寄港)) →㉡<남양 일보사>(양주호와의 만남) →㉢ 술집 <이어도>('이어도 여인'과의 만남) →㉣ 천남석의 집(천남석의 여자, '이어도 여인'과의 만남) →㉤<남양일보사>(양주호와의 재회) →㉥ 바다(이어도에서 돌아옴/천남석의 영원 회귀)다. 이 중에서 ㉠과 ㉥은 탐색담과 직접적인 관련을 갖지 않는다. ㉤ 또한 결말부로 추적담과는 직접적인 관련이 없다. 따라서 추적담은 ㉡, ㉢, ㉣이 되겠다.

선우 중위가 처음 찾아간 곳은 <남양일보사>고, 거기서 그는 편집국장 양주호를 만난다. 그는 양주호를 만나기 전부터 의문을 품고 있었다. 천남석이 자살한 것이 아닐까?하는 의문이다. 그런데 양주호를 만나면서 새로운 의문을 하나 더 품게 된다. 천남석은 이어도를 만나지 못했기 때문에 절망한 것일까, 아니면 오히려 이어도를 만났기 때문에 절망했는가다. 첫 번째 의문은 선우 중위와 양주호가 얼마간 의견의 일치를 보인다. 그러나 두 번째 의문은 두 사람이 서로 입장을 달리한다. 선우 중위는 전자로 보지만, 양주호는 후자로 본다. 첫 번째 의문도 그 근거가 명확하지 않은 단순한 추리에 불과한데, 두 번째 의문까지 겹치게 되자 선우 중위는 그 근거를 찾아 나서게 된다. 그러나 첫 번째 의문이 풀리면 두 번째 의문도 자연히 풀린다.

양주호는 선우 중위가 직접 이어도의 실체를 규명하도록 안내하는 안내자 역할을 한다. “어떤 커다랗고 불가사의한 괴물”(p. 115)처럼 “너무도 태연하고 정색스러운 편”(p. 115)인 그가 일부러 “맥이 빠진 눈초리로”(p. 58) “일부러 이야기를 피하고 있는”(p. 58) 듯, “무슨 딴전을 피우고 있는 것 같은 기분”(p. 57)이 들 정도로 “노골적으로 짜증스런 어조”(p. 5)로, “체신머리가 없어 보일 만큼 언동이 무질서”(p. 74)해 보이고, “마치 상습알코올 중독자의 그것처럼 아무렇게나 행동하고 아무렇게나 말을”(p. 74)하기도 하고 “폐인처럼 횡설수설 떠들어”(p. 80)대면서 선우 중위를 끌고 다닌다. 그것은 선우 중위를 처음 대면하는 순간 “가벼운 긴장기 같은 것을 느끼고”(p. 56), “사실을 알지 못하면 천 기자의 자살은 믿을 수 없었다”(p. 75)란 입장을 보일 것이고, 자신이 직접 경험하고 느끼지 못하면 결코 믿지 않을 사람이란 걸 알 수 있었기 때문이었다. 그걸 알고 있었기 때문에 양주호는 선우 중위를 술집 <이어도>로 끌고 간다. 이때부터 선우 중위는 자신의 의지와는 상관없이 양주호의 계획에 따라 끌려다니기 시작한다.

양주호는 <이어도> 밖에서의 그의 직책은 까맣게 잊어버린 듯 행동한다. 양주호는 천남석이 자기의 섬을 보았다고 말한다. 그 섬은 ‘가상의 섬’이다. 파랑도 수색작전에서 실재하지 않는 섬이란 사실도 밝혀졌다. 그런데도 양주호는, 천남석은 파랑도 수색작전으로 이어도가 없다는 것을 확인하는 순간 그는 그 섬을 보았기 때문에 죽을 수밖에 없었으며, 그 죽음으로써 이어도를 지켜냈다고 말한다. 그러나 선우 중위는 양주호의 말을 이해할 수가 없다. "결국 이어도의 부재가 천 기자의 사고를 낳게 되고 천 기자의 사고는 또 다른 이어도의 존재를 증명해낼 수 있었다는 말씀이 되겠군요."(p. 83)라는 선우 중위의 질문에 양주호는 "그렇습니다. 그렇게 된 셈이지요."(p. 84)라고 시인은 하면서도 천남석의 사고의 근본 원인은 파랑도 수색 작전 자체였다고 모든 책임을 수색 작전에 전가한다. 이어도란 원래 실재하는 섬이 아닌 '가상의 섬', '허구의 섬'이었기 때문에 파랑도 수색 작전은 실패로 끝날 수밖에 없었고, 천남석의 죽음은 미리 예정된 것이었다는 게 그의 논리다. 그러나 거기서도 선우 중위는 양주호의 말을 이해하지 못한다. 선우 중위는 자기가 원하지 않는 섬을 만났다는 양주호의 말이나 천남석이 왜 자기의 섬을 만나는 순간 절망해야 했는지 이해할 수가 없는 것이다. 그에 대해서 양주호는 "그는 누가 뭐래도 역시 이 제주도 사람이었습니다."(p. 84)란 애매모호한 답만 남긴다. 결국 선우 중위는 자기가 품었던 의문에 대한 해답을 하나도 얻지 못하고 술집 <이어도>를 나온다. 그러나 양주호는 거기서 멈추지 않고 자기 의도대로 선우 중위를 천남석의 집으로 끌고 간다. "이 섬을 알면 그쯤은 저절로 알게 됩니다."(p. 117)란 양주호의 말이 대변하듯이 이어도의 실체를 이해하기 위해서는 '이어도 사람'이 되어야 한다는 그의 논리에 따른 것이다.

양주호에 끌려 천남석의 집을 찾아간 선우 중위가 만난 인물은 천남석의 여자, 다름 아닌 '이어도 여인'이다. 그는 '이어도 여인'을 통해 천남석의 삶과 마주한다. 천남석의 죽음의 문제와 이어도의 실재 여부는, 천남석이 실종 상태에 있으므로, 천남석의 지나간 삶을 통해서 접근해 나갈 수밖에 없다. 천남석은 전설의 섬 이어도로 인해 불행한 삶을 산 인물이다. 그것은 천남석뿐만 아니라 천남석의 부모, '이어도 여인', 제주민 모두에게 해당된다. 그래서 그는 이어도를 미워했고 저주했던 것이다. "죽음의 섬이 마침내 구원의 섬이"(p. 71) 되어 제주도 사람들의 운명을 쥔 채 척박하고 모진 “이승에 살고 있는 사람들의 현세의 생활까지 염치없게 간섭을 해오고 있는”(p. 71) 섬을 그는 용납할 수가 없었던 것이다. 그런 제주민의 삶과 이어도의 관계를 알기에 그는 늘 제주를 떠나고 싶어했고, 자기 여자에게 제주도를 떠나라고 늘 말한다. 그리고 “천남석은 여자에게 두 가지 해괴한 버릇을 숙명처럼 길들여 놓고 있었다. 여자가 섬을 떠나지 않는 한 잠자리에서 언제나 그 이어도의 노랫가락을 읊조리도록 한 것이 그 첫번째였다. 그리고 천남석이 여인에게 길들인 두 번째 작업은 그녀의 미래의 운명에 관한 것이었다. 여자가 언젠가 자기 사내인 천남석이 다시 섬으로 돌아오지 못하게 되는 일이 생길 땐 반드시 그 소식을 가지고 오는 남자에게 옷을 벗도록 해놓고 있었다.”(pp. 107～108.) 여인의 운명은 천남석에게 묶여 있었지만, 천남석은 여인이 그 운명에 매달리는 것을 거부했던 것이다. 그러나 그것은 천남석의 바람일 뿐, 천남석이나 ‘이어도 여인’의 운명은 모두 제주도, 이어도를 벗어날 수 없다. 제주도 사람의 운명은 제주도, 제주도 사람들의 피안의 섬인 이어도와 운명을 같이 할 수밖에 없기 때문이다. 선우 중위가 이런 제주도 사람의 운명의 논리를 이해하기 위해서, 그 역시 이어도 사람이 되어야 한다. ‘사실의 진실’을 버리고 ‘허구의 진실’을 깨달아야만 비로소 이어도의 실체가 규명되는 것이다. 선우 중위는 “느낌부터 어수선하고 창연스런”(p. 97) 천남석의 집에서 “무엇엔가 홀려들고 있는 듯한 기분”(p. 97)을 느끼면서 ‘이어도 여인’과 동침하고 나서야 비로소 이어도의 실체를 보게 된다. 그리고 천남석, ‘이어도 여인’, 양주호, 제주도 사람들의 이어도에 얽힌 운명적 삶을 이해하게 되면서 천남석의 자살한 이유를 알게 되고, 천남석이 자살한 이유는 자연스레 선우 중위가 처음부터 품었던 천남석의 실종 사고에 대한 해답도 알려준다. 의문의 중첩구조와 그에 대한 해답 찾기의 과정이 도미노 형식을 취하고 있는 것이다.

「이어도」에서는 '이어도'라는 제목부터가 모호하고 환상적인 분위기를 자아낸다. 이어도는 실재하는 섬이 아니라 전설 속의 섬이기 때문이다. 또한 「이어도」는 이청준 작품 중에서 환상성이 가장 아름답게 녹아 있는 작품이다.

작품 전체를 지배하는 전설의 섬, 가상의 섬, 허구의 섬 이어도에 의한 환상적인 분위기는 선우 중위가 탐색하는 과정 곳곳에 나타난다. 그것은 마치 "무엇엔가 홀려들고 있는 듯한 기분"(p. 97)을 자아내기도 하고, "이상스런 요기마저 느끼"(p. 75)게 하고, "어떤 비밀스런 힘에 홀려들고 만 것 같은 야릇한 기분"(p. 96)을 만들기도 한다.

먼저 천남석의 실종 소식에 수수께끼 같은 태도를 보이는 양주호에게 호기심을 품은 선우 중위가 처음으로 끌려간 곳, 술집 <이어도>부터가 "진짜 그 저승의 섬에라도 들어서고 있는 것 같은 이상스런 요기마저 느끼"(p. 75)게 하는 곳이다. 그곳에서 "암무당의 외동딸이라고나 해야 알맞은 만큼 야릇한 분위기를 담고 있"(pp. 75~76)는 '이어도 여인'을 만난다. 또한 거기서 이어도 여인이 부르는 이어도 노래는 "실상 노래라곤 말할 수 없는 괴상한 것이었다. 가사도 분명치 않았고 곡조도 특별히 귀에 띨 만큼 구성진 대목이 없"(p. 79)는 "애매한 입 속 웅얼거림"(p. 79)이었다. 그런 노래를 여인은 "눈먼 여자 점쟁이처럼 창연하고 요기스럽게 소리를 거푸 두 번씩이나"(p. 79) 부른다. 술집 <이어도>와 '이어도 여인'은 환상의 섬 이어도를 연상시킬 만큼 신비한 마력과 분위기를 만들기에 충분하다. 술집 <이어도>는 술집이라기보다 무당집에 가깝고, '이어도 여인'은 술집 여자라기보다 무당처럼 느껴진다.

그런 분위기는 <이어도>를 나선 후 한밤중에 찾아간 천남석의 집에서도 느껴진다. 천남석의 집에 들어가면서 "이제 자신도 이어도의 어떤 비밀스런 힘에 홀려들고 만 것 같은 야릇한 기분"(p. 96)을 느끼는 선우 중위의 느낌이 이를 잘 보여준다. "느낌부터 어수선하고 창연스런 풍경

뿐"(p. 97)인 곳에서 그는 "또깨비 장난 같은 일"(p. 97)에 빠져든다. 알 수 없는 힘에 이끌려 "그 자신에게도 뜻이 분명치 않은 말을 꿈꾸듯 그녀에게 속삭이"(p. 101)며 '이어도 여자'와 동침을 하게 된다. 그것은 천남석이 이미 선우 중위에게 했던 "이어도는 사람을 홀리게"(p. 101)하고 "사람을 홀리는 마술을 지닌 섬"(p. 104)과 깊은 관련이 있음을 알 수 있다.

> 방안은 칠흑 속이었다. 칠흑 같은 어둠 속 어딘가에 사고가 있었던 날 밤의 그 천남석의 눈초리가 무섭게 중위를 노려보고 있었다.
>
> 양주호의 커다란 웃음소리가 그 어둠 뒤쪽 어딘가에서 기분 나쁘게 껄껄대고 있었다. 바닷바람이 치올라 오는 언덕배기 자갈밭에선 한 아낙의 가난하고 암울스런 노랫가락이 아직도 바닷소리에 묻어오고 있었다. 바닷가 자갈밭에 펼쳐 세운 그물코 사이로는 아직도 그 옛날의 바람소리가 쇄쇄 소리를 내며 지나가고 있었다. 선우 중위는 어둠 속에서 그 모든 것을 너무도 역력하게 보고 있었다. 그리고 그것들을 쫓기 위해 땀을 흘리며 안간힘을 써댔다. 쉴새없이 여자에게 허튼 소리를 지껄여댔다. (…중략…)
>
> "넌 이 제주도 자갈밭에서 죽을 때까지 돌을 추리던 여자였을 게다."
>
> "……."
>
> "바닷바람에 몸을 벗어 말린 여자다!"
>
> 뜻 같은 건 아무래도 상관이 없었다. 무슨 소리든지 지피는 대로 부지런히 놀려대지 않고는 질식을 하고 말 것 같았다. 그는 그 깜깜한 침묵을 타고 몰려드는 가지가지 환각을 쫓기 위해 잠시도 말을 쉬지 않았다. 여자로 하여금 무슨 소리든 입을 벌리게 해놓지 않고는 도대체 그 자신의 환각들을 끌 수가 없었다. (pp. 104~105.)

이어도 여인과의 동침은 선우 중위의 의지와는 상관이 없다. 어떤 알 수 없는 힘에 이끌려 말하고 행동하고 있는 것이다. 마치 빙의현상(憑依現象)를 보는 듯하다. 이는 또한 작가가 알고 있었든 모르고 있었든, 제주도 무속과도 깊은 관련을 맺고 있다. 바로 '귀양풀이'[38]다. 이 또한 환상성을 공고히 하는 장치이자, 선우 중위가 천남석의 영혼과 하나가 됨으로써 이어도로 간 천남석과 함께 이어도 사람이 되었음을 알려주는 단서가 된다.

그리고 한 가지 덧붙여 지적해야 할 것은 바로 '이어도 여인'의 정체성이다. '이어도 여인'은 타자성도 함께 가지고 있다. 인용문을 통해서 알 수 있듯이 '이어도 여인'은 천남석의 어머니와 제주 여인네들의 표상이다. 따라서 '이어도 여인'의 의미는 개인적인 차원에서 역사적, 사회적 차원으로 확장되고 있다.

작품 전체가 환상의 섬 이어도에 의한 환상적인 분위기가 지배적이지만, 작가는 그 환상의 섬 이어도를 현실화한다. 현실→환상→현실로 되돌아오는 구조를 취하고 있기 때문이다. 척박한 땅과 자연환경으로 제주도 사람들은 바다를 터전으로 삼아 살 수밖에 없다. 남자는 뱃사람으로, 여자는 해녀로 바다와 함께 살아야만 했다. 그 바다는 늘 위험과 죽음이 도사리는 위험의 공간이자 죽음의 공간이다. 그래서 제주 사람들은 제주를, 섬을 떠나고 싶어한다. 죽음의 섬을 벗어나고 싶은 것이다. 뭍에 대한 동경이 얼마나 강했으면 설화를 통해서까지 뭍에 대한 동경을 표출했을까. 제주 설화 중 설문대할망설화는 제주민의 육지부(한반도 본토)에 대한 동경을 잘 보여준다.[39] 그러나 결국 그들은 제주를, 섬을 떠

38) 사람이 죽어 장사를 지낸 날 밤에 행하는 굿 이름. 장사를 치르고 나면 그날 저녁에 심방(神房)을 불러다가 죽은 영혼을 저승에 잘 보내는 굿을 하는데, 이것을 귀양풀이라 한다. 이 굿의 중심은 죽은 영혼을 불러 영혼의 생전의 심회(心懷) 또는 죽을 때의 마음, 저승으로 가면서의 심정 등 여러 가지 죽은 영혼의 이야기를 심방(神房)의 입을 빌어 근친(近親)들에게 말하게 하고 이어서 체스본풀이를 하여 차사(差使)에게 저승으로 영혼을 잘 데려가 주도록 비는 것이 중심이 되어 있다.
玄容駿, 『濟州島巫俗資料事典』, 新丘文化社, 1980, p. 860. 참조.

날 수 없다. 섬이 그들의 운명을 검어쥐고 있기 때문이다.[40)]

그래서 그들은 이어도란 환상의 섬, 구원의 섬, 이상의 섬을 창조해냈을 것이다. 이승의 고통과 아픔이 다하는 날, 이어도란 구원의 섬을 만나게 된다고 스스로 믿었던 것이다. 그래야만 죽음의 바닷길을 두려워하지 않을 수 있기 때문이다. 선우 중위는 이런 제주민의 삶을 논리적 탐색 과정을 통해 이해하고, 천남석의 환상의 세계에 도달한다. 그 환상의 세계에 닿기 위해서는 조력자가 필요한데 그 조력자가 바로 양주호다. 불완전하고 신뢰할 수 없는 말로 설명하기보다 직접 체험을 통해 선우 중위 스스로 느끼고 깨닫게 돕는다. 그리고 마침내 선우 중위는 양주호의 의도대로 죽음의 섬이자 구원의 섬이요, 저승의 섬이자 이승의 섬인 이어도를 느끼게 된다. '현실의 논리'와 '이성의 논리'의 소유자가 마침내 '허구의 논리'와 '감정의 논리'를 깨닫고 이해하게 되는 것이다. 이는 제주민이 아닌 선우 중위가 제주민으로 재탄생함을 의미한다. 그러기 때문에 그도 마침내 천남석이 이어도로 갔음을 인정하게 되는 것이다.

이처럼 환상성이 논리적 추적 과정의 핵심부에 자리하고 있다. 선우 중위의 탐색담은 결국 자신이 신봉하던 '사실'을 포기하는 곳에 '진실'

---

39) 제주 설화 중 거녀 신화(巨女神話)로 한라산과 제주의 오름[岳]들을 만든 장본인이다. 키가 얼마나 큰지 아무리 깊은 제주바다라 할지라도 무릎 정도밖에 안 잠길 정도로 키가 큰 거녀인데, 제주민들은 설문대할망에게 속옷(또는 두루마기) 한 벌을 만들어줄테니 제주와 육지 사이에 다리를 놓아달라고 간청한다. 그러나 가난한 제주민들은 설문대할망의 옷을 만들어줄 명주 100통을 마련하지 못한다. 그러자 할망은 육지와 놓던 다리 공사를 그만 둔다. 제주 바닷가에 널려있는 돌무더기들이 설문대할망이 육지와 다리를 놓던 흔적이라고 한다. 이에 대한 참고 자료는 앞에 든 이어도 관련 도서와 필자의 졸고(「설문대할망說話 硏究」)를 참조 바란다.

40) 역사적으로 보면 조선조 250년 동안 제주도민들에게는 출륙금지령(出陸禁止令, 장혜련, 「조선 중기 제주 유민의 발생과 대책」, 제주대 석사논문, 2006. 참조)이 내려져 있었다. 제주민은 자유의지에 의해 한본토로 이주하는 것은 물론, 상륙하는 일까지 막혀 있었던 것이다. 그야말로 제주도는 한본토와 멀리 떨어져 있는 절해고도(絶海孤島)란 지정학적 상황뿐만 아니라 중죄(重罪)를 지어 귀양이나 가는, 도저히 살 수 없는 죽음의 섬이자 타자의 섬이었다.

이 있음을 인식하면서 끝이 난다. 가시적인 세계가 아닌 비가시적인 세계, 논리적인 세계가 아닌 환상의 세계, 사실의 세계가 아닌 허구의 세계를 통해서만 비로소 '진실'에 접근하고 있다.

1.2.3 해답 유보적인 결말

이 단계는 추리소설의 마지막 단계인 수수께끼 풀기에 해당한다. 그러나 이청준 소설은 추리소설과는 달리 명쾌한 답을 제시하지 않는다. 마지막에 해답을 제시하지 않고 또 다른 문제 제기나 의문으로 끝나는 것이 이청준 소설이 일반적인 추리소설과 차이를 보이는 부분이다. 오히려 판단을 유보함으로써 독자들이 답을 찾도록 유도한다. 질문에 대한 해답을 구하는 것에 중점을 두지 않고 해답을 찾아가는 과정을 중시하기 때문이다. 따라서 그의 소설은 결말부보다는 탐색을 해나가는 과정인 전개 과정에 초점을 맞춰야 할 것이다.

그렇다고 결말부가 단순히 매듭지어지지는 않는다. 지연을 통해 안-이야기에서 마련한 의문이 바깥-이야기에 겹쳐져 우의구조를 형성할 뿐 아니라, 주제를 암시하기 때문이다. 따라서 작가는 결말 상황에 의미를 부여함으로 인하여 상황 자체가 닫혀버리는 것을 예방하는 차원에서, 그 상황을 가능하게 한 조건들만을 밝혀냄으로써 그 상황의 의미를 열어놓고 있는 것처럼 보인다. 환언하면 독자들 스스로 여러 가지 조건들과 상황의 관계를 생각함으로써 소설의 독서 자체를 소비적이 아니라 창조적인 행위가 되도록 유도하고 있다는 말이다.

「서편제」는 "어렸을 때 소리 장단을 부축해 준 북채잡이 어린 오라비가 한 분 계셨더라는데, 제가 여태 그걸 말씀드리지 않고 있던가요?"(p. 33)라고 반문하면서 끝을 내고 있다. 주막집 여자는 사내가 맹인 소리꾼의 오라비임을 벌써 다 알고 있었다는 뜻이다. 그런데도 그걸 끝까지 숨기고 있었던 것이다. 그렇다면 독자의 입장에서 왜 그랬는지가 궁금해진다. 그것이 바로 대화 상황을 통해 드러난다는 것이다. 사내와 주모는 서로 대화를 나누면서 독자들이 알지 못하는 표정이나 태도, 자세 들을 통해 이미 짐작하고 있었고, 알고 있었다. 그런데도 서술자는 그 옆에서 의뭉스럽게 감추고 있었던 것이다. 서술자는 자기도 몰랐다고, 자기도 독자들에 비해 더 알고 있었던 게 없다고 너스레를 떠는 것이다. 그리고 한 가지 의문을 독자의 몫으로 남겨둔다. 사내는 누이동생을 만날 수 있을 것인지 만날 수 없을 것인지. 이에 대한 대답은 독자 스스로가 내릴 수밖에 없다. 그 답은 바로 「소리의 빛」에서 얻게 된다. 따라서 작가는 열린 결말을 통해 수수께끼에 대한 해답을 2년이나 지연시킨 셈[41]이다.

「소리의 빛」에서는 결말이 얼마간 명확히 드러난다. 오라비의 한을 소중히 보존해주기 위해, 자신의 한을 가슴 속 깊이 간직하기 위해 천씨 곁을 떠나겠다는 것이다. 그러나 그 말도 명확히 제시하고 있지는 않다. "이젠 그만 어디론가 몸을 옮겨야 할 때도 되었지요……."(p. 56)라고 애매한 말을 흘림으로써 자신의 의지를 표현하고 있다. 천씨 곁을 떠난다면 갈 곳이 없을 텐데, 맹인인 여자가 간다면 어디로 간다는 말인가. 오라비의 한을 보전해주기 위해 떠난다는 게 말이 되는가, 그것도 눈도 성치 않은 사람이. 이런 의문들을 남겨둔다. 그리고 그에 대한 대답도 독자들이 구하기를 바라고 있다.

「선학동 나그네」에서는 앞에서 지적한 바처럼 에필로그 형식을 빌어 한의 승화를 그리고 있다. 환상성을 바탕으로 사내가 한 마리 학이 되어 선학동을 날고 있는 모습으로 그려지면서 한(恨)이 승화되고 있음을 보여준다. 맹인 여자가 선학동에서 사라져버린 학을 다시 날아오르게 해놓고 스스로 학이 되어 선학동을 떠도는 것에 맞춰, 사내도 한 마리 학이 되어 선학동을 지키는 것이다. 모든 한을 털어내고 한 마리 학으로 비상

41) 「서편제」가 1976년에 발표되고, 「소리의 빛」이 1978년에 발표되었으니 약 2년이란 시간 동안 수수께끼인 상태로 남아있었다고 볼 수 있다.

함으로써 한을 승화시키고 있다. 그런데 한 가지 짚고 넘어가야 할 것은 과연 사내가 학으로 날아올랐을까? 주인 사내가 본 학이 과연 사내의 영혼이 변한 것인가? 주인 사내의 눈을 믿고 기이한 광경을 받아들일 것인가? 이에 대한 대답도 독자가 해야 한다. 작가는 그것에 대해서는 말을 하지 않고 있기 때문이다. 어쩌면 이는 모순 상황 자체를 인정하고, 그 인정을 통해 삶을 이해해야 한다는 작가의 생각을 반영한 것일지도 모른다. 이는 '모순 상황의 인정을 통한 삶과 세계의 이해'란 작가의 일관된 관점과도 밀접한 관련을 맺고 있는 것처럼 보이기 때문이다. '지금 이곳을 떠날 수 없다'라는 인식, 다시 말해 현실 속에서 모순을 껴안으며 살아야 한다는 인식은 데뷔 이후 이청준 소설이 보여준 일관된 주제였다.[42]는 원기중의 지적도 같은 선상에서 이청준을 조명한 발언이다.

「이어도」에서는 에필로그를 통해 이상향 이어도는 바다 저편 피안의 세계에 있는 것이 아니라 바로 제주도 사람들의 삶의 공간이자 현실의 공간인 제주도라는 사실을 분명히 한다. 이어도의 실체가 해명되면서 천남석의 죽음에 대한 의문도 역시 해결된다. 그는 이어도로 돌아간 것이다. 그러나 소설은 이 기본 구도에 하나의 작은 사건을 제시함으로써 반전의 효과를 거둔다. 이어도로 갔을 거라던 천남석의 시체가 상처 하나 없이 고스란히 제주도로 돌아온 것이다. 이것은 제주도가 곧 이어도임을 말해준다. 제주도 사람들에게 전설의 섬이자 구원의 섬이었던 이어도는 결국 현실이 닿을 수 없는 가상이자 상상 속에서가 아니라 제주도 사람들의 삶 그 자체, 현실 속에 존재하고 있었던 것이다. 마테를링크(Maeterlinck)의 『파랑새』와도 유사한 결말이다. 전설의 새, 행복의 새인 파랑새는 요정들이 사는 숲속이나 멀리 있는 게 아니라 바로 처마 밑에서 새끼를 치고 있었다는 깨달음과 비슷하다.

---

42) 원기중, 앞의 논문, p. 73.

1.3 다중서술기법

소설에서 서술자가 어떤 위치에서, 어느 정도의 거리를 가지고, 어떤 방식으로 대상을 바라보는가의 문제는 작품의 의미 해석 및 작가의 인식 태도를 이해하는데 중요한 기준이 된다. 다른 서술자에 비해, 전지적 서술자는 작가의 의도에 따라 서술자가 사건의 외부에 위치할 수도 있고 내부에 위치할 수도 있고, 대상과의 거리도 자유롭게 조절할 수 있다는 장점을 지니고 있다. 그러나 전지적 서술자는 기본적으로 사건 외부에 존재하는 외부 초점자다. 물론, 서술자가 인물의 내면으로 틈입해 내부 초점화로 서술할 수도 있고 여러 인물들을 초점화자로 내세워 다중 초점화를 시도할 수도 있지만 근본적인 성격만은 변하지 않는다.

이청준 소설은 다층구조를 기본 골격으로 삼기 때문에 서술자도 각 층위에 맞게 다중서술자를 즐겨 사용한다. 바깥-이야기와 안-이야기의 서술자를 달리함은 물론, 안-이야기의 서술자마저도 상황에 따라 성격을 달리한다. 대체로 바깥-이야기에 제한 전지적 서술자를 활용한다면 안-이야기는 관찰자 내지는 주인공 서술자를 사용한다. 그러나 안-이야기 전부가 관찰자적 서술자에 의해 서술되는 것은 아니다. 관찰자적 시점의 한계를 극복하기 위해 주인공 시점을 사용하기도 한다. 관찰자 시점과 주인공 시점의 교차를 통해 제시와 지연, 지연과 제시를 반복함으로써 독자를 끝까지 긴장시킨다. 이런 수법은 추리소설적 기법에서 파생된 특징으로 볼 수 있는데, 적절한 정보의 조절을 통해 독자를 긴장시키는 한편, 독자 스스로가 문제를 해결하기를 바라는 '동반자적 관점'과도 밀접한 관련을 맺고 있는 것으로 본다. 이청준 소설의 서술 구조를 각 텍스트별로 살펴보면 다음과 같다.

① 「서편제」 : 제한 전지적→주모 관찰자적→제한 전지적→

사내 주인공적→제한 전지적→주모 관찰자적→제한 전지적→사내 주인공적→제한 전지적

② 「소리의 빛」 : 제한 전지적→사내 주인공적→제한 전지적→여자 주인공적→제한 전지적

③ 「선학동 나그네」 : 제한 전지적→사내 주인공적→주인 관찰자적→제한 전지적→주인 관찰자적→제한 전지적→주인 주인공적→제한 전지적→주인 주인공적

④ 「이어도」 : 제한 전지적→중위 관찰자적→중위 주인공적→남석 주인공적→중위 주인공적→중위 관찰자적→중위 주인공적→제한 전지적→중위 주인공적→제한 전지적

이처럼 서술자와 초점화자를 상황에 따라 변화시킨다. 초점화자는 같지만 서술자가 달라지는가 하면 서술자는 같지만 초점화자가 달라지기도 하고, 서술자와 초점화자가 전부 바뀌는 경우도 있다. 이런 경향은 구조와도 밀접한 관련이 있다. 안-이야기와 바깥-이야기는 그 성격상 초점화자와 서술자가 달라질 가능성이 많기 때문이다. 일반적으로 액자소설이나 추리소설은 바깥-이야기와 안-이야기의 서술자가 달라진다. 그러나 이청준 소설에서는 구조 때문에 초점화자나 서술자가 달라지는 것이 아니라 작가의 의도에 따라 바뀌고 있음을 알 수 있다. 「서편제」를 예로 들어 그 양상을 살펴보면 좀 더 쉽게 이해할 수 있을 것이다.

사내가 소릿재 주막에서 주모에게 소릿재 내력을 물음(제한 전지적 서술) →주모의 회상 : 소리꾼 부녀의 삶과 자신이 소리를 이어받게 된 내력(주모 관찰자 서술) →주모가 얘기를 마치고 소리를 시작하자 북장단을 잡으며 뜨거운 회상의 골짜기에 빠져드는 사내(제한 전지적 서술) →사내의 회상 1 : 소리꾼 의부와 햇덩이에 대한 기억 및 햇덩이를 피할 수 없는 자신의 숙명(사내 주인공 서술) →소리꾼 여자가 장님이었음을 전하고, 장님이 된 사

연 추정(제한 전지적 서술) →주모의 소리에서 햇덩이의 소리를 듣는 사내(제한 전지적 서술) →사내의 회상 2 : 소리꾼 의부에 대한 살의와 그 살의를 무력화시키는 소리의 힘을 감당하지 못하고 부녀를 버리고 도망침(사내 주인공 서술) →소리꾼 여자를 맹인으로 만든 이유를 추정하는 사내. 소리꾼 여자의 오라비임을 알고 장님인 누이를 계속 찾아다니겠냐고 묻는 주모(제한 전지적 서술)

상황과 내용에 따라 초점화자와 서술자가 변하고 있다. 제한 전지적 인물(작가-서술자), 주모, 사내가 초점화자로 등장하고, 전지적, 관찰자, 주인공으로 위치가 변함은 물론, 서술자도 제한 전지적 인물(작가-서술자), 주모, 사내로 바뀌고 있다. 이는 결국 제한 전지적 서술의 한계를 보완하기 위한 방편일 수도 있지만, 보다 중요한 이유는 정보량의 조절에 있다고 본다. 지연을 통한 정보 은폐 전략 및 다양한 입장과 소리를 강조하는 다성성과도 깊은 관련이 있다. 그럼으로써 독자를 끝까지 긴장시킴은 물론 독자 참여를 활성화시키는 것이다. 이런 점으로 볼 때 이청준 소설의 기법은 전달방식에 초점을 맞춘 것이라 볼 수 있다.

이런 다중서술기법은 『서편제』 뿐만 아니라 「이어도」에서도 활용되는데, 「이어도」를 분석해보면 그 모습은 더욱 선명해질 것이다.

프롤로그 : 섬의 존재와 섬의 비가시성(제한 전지적 서술) →천남석 기자의 실종 사고와 양주호를 만나 추적 시작 : 천남석의 실종사고를 자살이라고 확신하는 양주호와 이에 의문을 품는 선우중위(제한 전지적 서술) →천남석의 이어도 부정 : 허구가 현실을 간섭하고 있다고 분개함(중위 관찰자적 서술) →술집 〈이어도〉에서 '이어도 여인'과의 만남. 양주호의 강요에 의한 천남석 집 방문 : 양주호로부터 이어도와 제주민의 의식을 들음(중위 주인공적 서술) →천남석의 어린 시절 : 이어도 노래의 의미와 이어도로 떠난 아버지를 기다리다 생을 마친 천남석의 어머니(남석 주인공적

> 서술) → 천남석의 여자인 '이어도 여인'과의 동침(중위 주인공적 서술) → 천남석의 마지막 : 어린 시절 얘기를 들려주고 넋이 나간 사람처럼 비바람 몰아치는 갑판에 서 있었음(중위 관찰자적 서술) → 천남석의 혼이 씐 듯 말을 하는 선우 중위와 이어도 노래를 부르는 '이어도 여인'(중위 주인공적 서술) →'이어도 여인'의 과거담. 천남석이 길들인 운명(제한 전지적 서술) → 양주호와 다시 만나 제주민의 의식을 이해하고 천남석의 자살을 인정하는 선우 중위(중위 주인공적 서술) → 에필로그 : 상처 하나 없이 제주로 되돌아온 천남석의 시체(제한 전지적 서술)

중위 주인공적 서술과 중위 관찰자적 서술이 주를 이루고 있지만, 제한 전지적 서술도 빈도나 분량 면에서 결코 만만치 않다. 따라서 이어도의 초점화자는 중위가 주를 이루고 있지만 제한 전지적 서술자(작가-서술자)도 전체 담론을 이끌어간다는 점에서는 만만찮은 위상을 가지고 있다. 서술자로는 중위와 작가-서술자를 들 수 있는데, 중위가 안-이야기를 담당하고 있다면 바깥-이야기는 작가-서술자가 담당하고 있음을 알 수 있다. 이를 그림으로 그리면 <그림 4>와 같다.

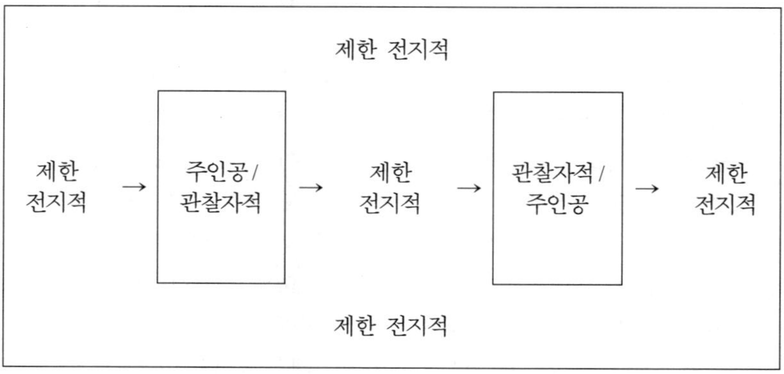

〈그림 4〉 이청준 소설의 서술 구조

그림에서 보는 바처럼 바깥-이야기는 제한 전지적 서술자가 전체를 싸안은 상태에서 서술하고 있다면 안-이야기는 다양한 초점화자와 서술자가 사건을 보고, 서술하고 있다. 이런 구조는 이청준의 거의 모든 다층구조 형식의 소설에 나타나는 현상으로 이는 다층구조를 효과적으로 드러내기 위한 서술기법이기도 하지만, 다양한 화자를 통해 대화하는 한편, 다성성을 확립시키고자 하는 고도의 전략으로 볼 수도 있다.

『축제』는 '준섭'이라는 3인칭 초점화자를 통해 보고, '준섭'의 입을 통해 서술하고 있기 때문에 다중서술과는 거리가 있다. 그러나 『축제』도 전적으로 '준섭'에 의존하고 있는 것은 아니다. 『축제』에서도 동화 『할미꽃은…』의 내용을 직접 삽입함으로써 초점화자와 서술자의 변화를 주고 있으나 단순한 구조를 취하고 있기 때문에 생략하기로 하겠다.

1.4 다성담화기법

이청준은 소설을 통해 소설 쓰는 행위를 반성하는, 이른바 창작과 비평 행위를 동시에 수행하고 있는 작가[43]로 평가되고 있다. 「병신과 머저리」, 「매잡이」, 「소문의 벽」, 「조율사」, 「가수(假睡)」, 연작 『사회언어학서설』, 『자서전들 쓰십시다』, 『제3의 현장』, 『축제』 등은 지식인 서술자를 등장시켜 소설 창작 행위의 의미와 소설 창작의 문제점 등을 예리하게 살피고 있다. 이는 소설 창작에 대한 반성과 문제성을 살펴봄으로써 새로운 진로를 개척하려는 노력의 일환으로 볼 수 있다. 이는 또한 20세기 소설에 나타나는 주요 특징 가운데 하나인, 소설을 통해 소설 창작 행위에 대해 반성하는 '자기 비평적 응시'의 메타픽션적 속성을 보여준다. 그런데 메타픽션은 창작과 창작과정에 대한 진술을 동시에 수행함

43) 천이두, 앞의 논문, p. 166.

으로써 필연적으로 이중적 혹은 다성적일 수밖에 없다. 따라서 다층구조를 통해 '회의와 반성'을 동시에 수행하는 이청준 소설은 다성성, 대화주의, 열린 결말과 불가분의 관계를 가지고 있고, 이들은 동시적·상보적으로 작용하여 텍스트의 서술 전략을 높이는 요소로 활용된다.

다성성을 문학적 용어로 수용한 바흐친은 다성적 소설의 기본적 틀을 '주인공과 저자가 동등한 권리를 가지고 참여하는 커다란 대화'에서 찾고 있다. 그러나 텍스트에서의 다성성은 인물들을 중심으로 한 대화성에 의해서만 구현되는 것은 아니다. 텍스트의 다성담화는 서사소통구조(저자—텍스트—독자)를 중심으로 한 다양한 서사 요소들의 중첩과 혼성구조를 통해서는 물론이고 텍스트 내외적인 상호텍스트성에 의해서도 다양하게 생성된다.

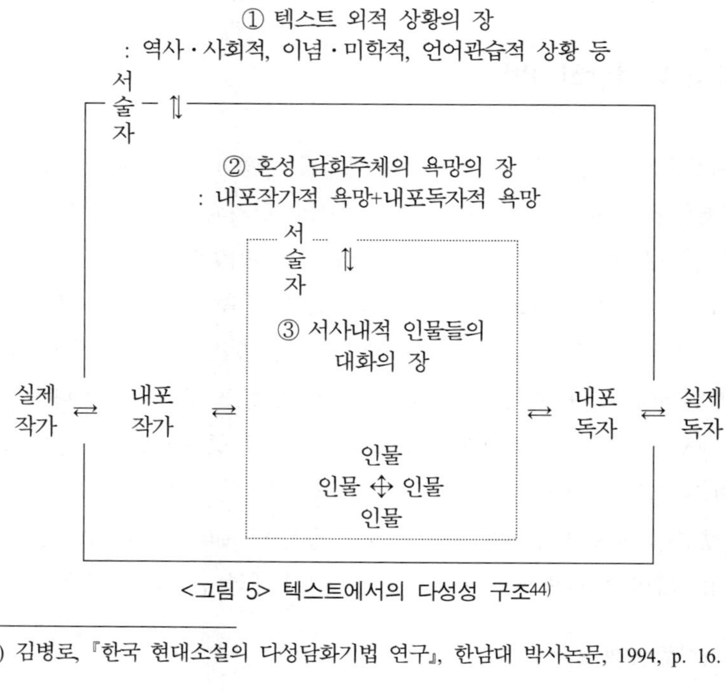

<그림 5> 텍스트에서의 다성성 구조[44]

44) 김병로, 『한국 현대소설의 다성담화기법 연구』, 한남대 박사논문, 1994, p. 16.

다성성에 대한 고찰은 김병로의 지적처럼 세 차원에서 접근할 수 있다. 서사내적 인물들의 대화의 장, 혼성 담화주체의 욕망의 장, 텍스트 외적 상황의 장이 그것이다. 그러나 이 연구는 다성성에 대한 본격적인 연구가 아니라 서술기법 고찰을 목적으로 하는 만큼 범위 한정이 불가피하다. 세 차원 전체를 살핀다는 것은 이 연구 범위를 넘어서기 때문이다. 이런 점을 감안하여 필자는 텍스트 내적 요소 중심으로 다성담화기법을 살피기로 하겠다. 그러나 텍스트 외적 상황을 무시하기는 어렵다. 특히 다성성 자체가 사회성과 상황성을 중시하는 바흐친에 의해 소설기법으로 수용된 것임을 생각할 때 더욱 그렇다. 그래서 필자는 텍스트 내적 요소를 먼저 살피고 난 후, 텍스트 외적 요소를 간단히 정리함으로써 다성담화기법을 일별하기로 하겠다.

먼저, 다성담화기법은 등장인물을 통해 접근할 수 있다.

소설의 다성성은 '한 작가의 의식에 비친 통일된 객관적 세계의 여러 성격과 운명이 아니라, 동등한 권리와 각자 자신의 세계를 가진 다수의 의식이 비융합성을 간직한 채 어떤 사건의 통일성 안으로 들어가는 것'[45]을 말한다. 즉, 등장인물은 단순히 작가에 의해 창조된 수동적인 객체가 아니라, 스스로가 욕망의 목소리를 들려주고 스스로 행동하는 적극적이고 능동적인 주체다. 따라서 작가는 이미 만들어진 관념을 독백적으로 설명하거나 주장하지 않고 항상 등장인물과 대화적 형식으로 재현시키려 한다. 즉, 작가는 자신의 이데올로기를 등장인물에게 강요하거나 설득하지 않고 대화적인 방법을 통해 간접적으로 자신의 이데올로기를 표현한다.

『서편제』의 등장인물들은 주체성을 가지고 대화하고, 자신의 인식이나 이데올로기를 표현할 뿐만 아니라 그것을 근거로 행동한다. 또한 서

45) 미하일 바흐친, 김근식 역, 『도스또예프스키 창작론』, 중앙대학교출판부, 2003, p. 5.

술자는 끝까지 객관성을 유지하기 위하여 관찰자적 입장을 고수하고, 이를 통해 등장인물이 주체성을 가지고 사고하고 행동하게 한다. 작가나 서술자의 이데올로기는 최대한 억제한다. 이런 점은 대화 위주의 사건 전개와도 밀접한 관련을 가진다. 대화를 통한 인물들의 사고와 심리 표현은 인물들의 자율성과 독자성을 보장해주는 방편인 것이다. 심지어 등장인물들은 대화 상대자의 의도까지 다 알고 있으면서도 의뭉스럽게 뭉쳐두거나 해답을 지연시키기도 한다. 이에 대해서는 앞에서 이미 살펴보았으므로 구체적인 언급은 생략하도록 하겠다.

「이어도」에서도 이런 경향은 마찬가지다. 탐색자인 선우 중위가 서술자의 역할도 동시에 수행하는데 선우 중위의 입장에서 모든 것을 보고, 추리하고, 판단하고, 서술한다. '이어도 사람'이 되어야 천남석이나 제주민의 의식을 알 수 있다고 판단하고 선우 중위를 끌고 다니는 양주호나, 양주호의 의도를 알지 못한 채 끌려다니는 선우 중위는 각자의 입장에서 충돌한다. 선우 중위는 "양주호라는 위인의 속셈을 알 수 없"(p. 75)어 하며 "더욱 갈피를 잡을 수 없게"(p. 75) 된다. 선우 중위는 양주호란 인물과 의식, 행동을 "도대체 영문을 알 수 없었다."(p. 59) 양주호는 양주호 나름대로 "거동이나 생김새가 너무도 분명해 보이는 젊은 중위에 대해 자신도 모르게 가벼운 긴장기 같은 것을 느끼고"(p. 56) 자신의 의도를 숨긴 채, 선우 중위 스스로 체험하고, 체험을 통해 깨닫게 해야겠다는 의도를 가지게 된다. 따라서 양주호는 얼마간 선우 중위를 판단하고 있지만 선우 중위로서는 모든 게 수수께끼다. 그렇기 때문에 이 두 사람 사이에는 대화적 관계가 형성된다. "객관적 사실"을 중시하는 선우 중위와 "허구적 진실"을 통해 삶의 의미를 되새기고자 하는 양주호는 애초부터 상충되는 가치관을 가지고 있음으로 해서 대화적 관계를 가지고 있다 하겠다. 또한 탐색자이자 서술자인 선우 중위와는 다른, 제한 전지적 관점을 유지하는 작가—서술자의 경우도 이 둘의 관계에 일체 관여

하지 않는다. 두 사람의 대화적 관계를 중시하여 처음부터 끝까지 객관적인 입장에서 두 사람의 관계를 서술하고 있을 뿐 자신의 관점이나 인식, 이데올로기를 표명하지 않는다. 이런 점이 이 텍스트를 다성적으로 만드는 것이다. 인식의 주체인 선우 중위와 양주호 두 사람의 자율성과 주체성을 보장해 주는 것이다. 또한 독자는 선우 중위의 인식의 변화를 통해서만 이어도의 실체를 파악할 수 있다. 제한적 서술자를 등장시켜 철저히 객관화하고 있는 것이다.

『축제』의 경우도 다르지 않다. 초점화자이면서 서술자인 '준섭'이 등장인물들의 사고나 행동을 통제할 수가 없다. 오히려 준섭의 의도와는 반대의 생각을 하고 행동함으로써 준섭을 혼란스럽게 한다. 그 대표적인 경우가 용순이고, 그 외에도 장혜림 기자, 외동댁, 누님들이며 가족들, 집안 어른들, 친구며 문상객, 마을 사람들이 모두 주체가 되어 장례식장을 카니발의 장으로 만들어 간다. 만약 준섭이 상제의 신분이 아니었더라도 혼자서 카니발적 장례식장을 통제한다는 것은 사실상 불가능하다. 이런 점을 감안하여 작가는 등장인물 각자에게 자율권을 부여하고 있다. 주체적인 판단과 사고, 행동을 통해 등장인물들의 개성을 드러내고 있다.

가장 눈에 띄는 인물은 역시 용순으로, 그녀는 카니발적 성격을 가장 많이 가진 인물로 역전과 비하, 대중성과 하부 지향적 요소를 가지고 자신의 개성을 유감없이 발휘한다. 작은아버지인 '준섭'을 매도하는가 하면(pp. 174~177.), 계모(繼母)인 외동댁과 맞대거리를 하기도 하고(pp. 141~143.), 양주와 과자 등속을 제상에 올리는가 하면(p. 264), 상여길을 인도해갈 소리꾼 최 영감에게 술을 권해 대취케 하기도 하고(p. 151), 서울에서 온 준섭 동료들과 어울려 노래방까지 가서 잡음을 일으키는가 하면(p. 152), 순백색 옥양목 옷감에 저고리나 치마가 다 화사한 외출옷 마름을 상복으로 입기도 한다(p. 195). 이는 기존 질서를 거부 내지는 부정하는 행위로 카니발적 인물의 속성을 잘 보여준다 할 것이다. 그런 그녀가 초점화자이자 서술자인 준섭의 통제의 통제하에 있을 리 만무하다.

장혜림 또한 불청객으로 준섭의 통제하에 있지 않다. 여기저기 다니며 취재를 한답시고 노인의 과거사를 들추기도 하고(p. 134, pp. 203～204.), 용순과 술을 마시면서 용순의 과거를 묻는 등 용순을 자극하기도 하며(pp. 175～176.), 노인과 용순에 대한 얘기를 앞세워 준섭을 닦아세우기도 한다(p. 197, pp. 201～208.). '새말' 또한 준섭으로서는 통제 가능 영역에 있는 사람이 아니다. 초경놀이 때부터 장난기가 좀 끼인 사설을 늘어놓기도 하고(pp. 249～251.), 술에 잔뜩 취해 시간의 분별력을 놓치고 삼경을 한 시간이나 일찍 시작하는가 하면(p. 261), 삼경 때는 선소리를 외동댁에 대한 놀림소리로 매기기도 한다(p. 262). 뿐만 아니라 장례식에 참석한 사람들의 모습은 엄숙하고 경건함과는 거리가 먼 축제 마당에라도 온 것처럼 엇나가고 빗나간다.

> "자네 여기 온 지가 벌써 그렇게 되었나? 그렇다면 이거 더 야단인걸. 저 조화를 다시 치우든지, 군수님이 얼른 자리를 피해주시든지 하셔야지……."
>
> "거 야단은 무슨 야단! 아무 걱정 말라고. 그렇다고 이 김가 원님께서 친구 상사에 왔다가 술도 취하지 않고 대문을 나가시겠어? 그러다 백성들한테 상투를 붙들리게 되면, 기왕지사 자리를 바꿔 가는 길에 제일 큰일거리 가져온 놈 얼굴에다 김 원님 도장을 하나 꽝 찍어 주고 가면 되는 거지. 자 그런 뜻에서 상주 자네도 한 잔!"(p. 238)
>
> "아, 거 거기 서울서 오신 양반들, 여기 지금 노래방 아니여. 마이크 잡고 콧구멍만 벌름거리는 것이 상엿소리가 아니란 말이시. 자, 입을 좀 쫙쫙 벌리고 다시…… 예에 예에 예에으이 아아ㅡ."
>
> "거기 거 머리에 까치집 지어진 양반! 당신은 어디서 왔소. 소리가 그래 가지고 어뜨케 고인의 혼백을 극락천도 하시겠소. 똥심들을 좀 쓰고 맞춰 가면서…… 예에 으이이 과아남 보오살

> …….”(p. 250)
> “형님, 인자 그만둡시다. 초상집서 그냥 날새기 겸해 놀자는 것이제 형님네 살림까지 털자는 것 아니니께.”
> “씨팔 내가 살림 밑천을 털든 말든 좆 같은 소리 그만하고 어서 윷이나 놀란 말여! 오늘 밤 내 돈 따묵고 그냥 온전히 대문을 나갈 수 없을 것인께.”
> 윷판 쪽에서 나이 지긋한 태영과 동팔 사이에 험상궂은 소리들이 오가기 시작했다. (p. 251)

『축제』의 등장인물들은 서술자의 통제에서 벗어나 자율성과 주체성을 가지고 각자 자신의 소리를 내고 있다. 그것은 작가로서도 통제가 불가능한 것으로, 일상의 일시적인 정지, 일상으로부터의 일탈, 혼돈과 무질서가 개입하는 카니발적 속성을 드러내고 있기 때문이다. 따라서 등장인물들을 통한 다성성은 『축제』에서 두드러지게 나타난다 할 것이다.

다음으로, 대화 참여자로서의 서술자를 통해 다성담화기법을 살필 수 있다.

소설 텍스트에서 의미를 갖는 담론 생성의 대표적인 주체는 서술자와 작중인물이라 할 수 있다. 서술자는 인물들을 묘사하고, 설명하고, 평가하는 가운데 자신을 이데올로기적 주체로 형성해 나간다. 서술자는 텍스트 내부에서 발화 행위를 담지하는 주체로서 자신이 직접 혹은 간접적으로 경험한 서사를 선택하여 배열한다. 그리고 장르적 규칙과 사회 역사적 상황이 가하는 제한을 수용하면서 마침내 하나의 완전한 담론을 형성해 나가는 것이다. 그런데 등장인물의 언어도 서술자의 언어와 마찬가지로 의미와 구성 그리고 형식에 있어서 독자성을 지니고 있기 때문에 서술자와 등장인물의 대화적 관계는 매우 복잡하다.[46)]

---

46) 정민영, 『이청준 소설의 다성성 연구』, 강원대 석사논문, 2000, p. 16.

『서편제』는 탐색자인 사내가 서술자이자 중심인물이 된다. 그런데 사내와 등장인물의 대화를 관찰자적 입장에서 서술하는 또 다른 서술자가 있다.

> ① 여자는 초저녁부터 목이 아픈 줄도 모르고 줄창 소리를 뽑아대고, 사내는 그 여인의 소리로 하여 끊임없이 어떤 예감 같은 것을 견디고 있는 표정으로 북장단을 잡고 있었다. 소리를 쉬지 않는 여자나, 묵묵히 장단 가락만 잡고 있는 사내나 양쪽 다 이마에 힘든 땀방울이 솟고 있었다. (「서편제」, p. 11)
>
> ①′ 소문을 전해 들은 주인어른이 그때의 그 심부름꾼 계집이던 여자에게 다시 양식거리를 그곳까지 이어 보내곤 했다. 그녀가 심부름을 나가 보면 모든 게 소문대로였다. 고개 아랫마을 사람들은 밤만 되면 그 아비의 소리를 듣는댔다. 고갯길 주변에 공동 묘지가 생긴 이래로 어느 때보다도 깊은 통한과 허망스러움이 깃들인 소리라 했다. (「서편제」, p. 15)
>
> ①″ 여름마다 콩이 아니면 콩과 수수를 함께 섞어 심은 밭고랑 사이를 타고 들어간 어미는 소년의 그런 기다림 따위는 아랑곳이 없었다. 물결 위를 떠도는 부표처럼 가물가물 콩밭 사이를 오락가락하면서 하루 종일 그 노랫소리도 같고 울음소리도 같은 이상스런 콧소리 같은 것을 웅웅거리고 있었다. (「서편제」, p. 19)

> ② 임자년(壬子年) 한 해가 다 저물어 가던 늦가을의 어느 날 저녁 무렵, 인근에선 전혀 낯이 익지 않은 외지 손님 하나가 이 주막을 찾아 들었다. 초가집 울타리 너머로 탐스럽게 휘어 뻗은 늦가을의 서리 감나무라도 구경하듯 차도 타지 않고 읍내 쪽에서 터벅터벅 버스길을 걸어 들어온 사내는, 어딘지 피곤기 같은 것이 짙게 어려 있어 잘해야 마흔 줄을 갓 올라섰을 그의 나이가 쉰 살도 더 넘어 보일 만큼 추연스런 인상이었다. (「소리의 빛」, p. 36)

②′ 괴롭고 고통스런 얼굴이었다. 하지만 어떻게 된 심판인지 사내는 그 고통스런 소리의 얼굴을 버리고는 살 수가 없었다. 머리 위에 햇덩이가 뜨겁게 불타고 있지 않으면 그의 육신과 영혼이 속절없이 맥을 놓고 늘어졌다. 그는 그의 햇덩이를 만나기 위해 끊임없이 소리를 찾아다니지 않으면 안 되었다. 그런 식으로 이날 이때까지 반생을 지내온 숙명의 태양이요 소리의 얼굴이었다. (「소리의 빛」, p. 45)

②″ 하지만 눈을 죽이고 나니까 그 죽은 눈빛이 다시 목청으로 살아났던지 그녀의 소리는 윤택해지고, 그 덕분에 부녀는 오라비가 곁을 떠나고 난 다음에도 힘들이지 않고 이 고을 저 고을로 구걸유랑을 계속해 다닐 수가 있었다고 했다. 그리고 그럭저럭 환갑길에 들어선 노인이 어느 겨울날 저녁 보성 고을 근처 한 헛간 같은 빈집에서 피를 토하며 마지막 숨을 거두게 되었을 때 아비는 비로소 그녀가 모르고 있던 몇 가지 비밀―여자와 그녀의 달아난 오라비 사이의 어정쩡한 인륜관계 하며 잠든 딸에게 청강수를 찍어 넣어 그녀의 눈을 멀게 한 비정스런 아비의 업과들을 눈물로 사죄하고 갔다는 것이었다. (「소리의 빛」, p. 51)

③ 차가 정류소에 멎어 서자 막판까지 넓은 차칸을 지키고 앉아 있던 일고여덟 명 손님이 서둘러 자리를 일어섰다. 젊은 운전기사 녀석은 그 새 운전석 옆 비상구로 차를 빠져나가 머리와 옷자락에 뒤집어쓴 흙먼지를 길가에서 훌훌 털어 내고 있었다.

사내는 맨 마지막으로 차에서 내려섰다. 차에서 내린 다른 손님들은 방금 완도 연락을 대기하고 있던 여객선의 뱃고동소리에 발걸음들이 갑자기 바빠지고 있었다. (「선학동 나그네」, p. 60)

③′ 여자는 옛날 소리를 하고 떠돌다가 보성 고을 어디선가 숨이 걷혀 묻힌 아비의 유골을 20여 년 만에 다시 선학동으로 수습해 온 것이었다. 그것은 물론 이 선학동 산하에 당신의 유골을 묻어 드리기 위해서였는데 그게 당신의 유언인 듯싶었고, 여자로서도

그게 오랜 소망이 되어 왔다는 것이었다. (「선학동 나그네」, p. 71)

①, ②, ③ 모두 사내가 아니라 다른 시선이 사내의 행동을 관찰하며 서술하고 있다. 그런데도 서술자는 일체의 판단이나 평가를 자제한다. 다만 눈에 보이는 대로 객관적인 입장에서 전달하고 있다. 서술자라기보다는 전달자(announcer)에 가깝다. 그러나 추적담과는 달리 사건담에서는 서술자가 바뀐다. 그것도 층위에 따라 서술자를 달리한다. ①′은 주막 주모가 자신이 경험한 바를 서술하고 있다. 초점화자나 서술자는 주모다. ①″는 소년(사내)이 그 역할을 담당하고 있다. ②′는 사내가 서술자인데 비해 ②″에서는 맹인 여자가 자신의 과거담을 서술하고 있다. 한편 ③′에서는 주인사내가 자신의 경험담을 자신의 관점에서 서술하고 있다. 이처럼 서술자가 안-이야기와 바깥-이야기에 따라 변하고 있다. 한 서술자의 목소리로 단일한 관점에서 담론을 전개하려는 것이 아니라, 서로 다른 서술자의 목소리를 통해 다양한 차원에서 대화를 하려는 것이다. 이는 다층구조와 다중서술자를 통해 다성성을 구체화하려는 작가의 의도를 반영한 것이라 하겠다. 따라서 『서편제』의 서술자들은 단순히 자신의 정보나 이데올로기를 전달하고 주입하려는 것이 아니라 서로 다른 소리에 귀기울여주고 서술자 간에 대화를 하고 있는 것이다.

「이어도」는 탐색자인 선우 중위가 양주호, '이어도 여인'과의 대화를 통해 천남석의 자살 이유를 추적하고 있다. 천남석과 제주민의 의식 세계를 모르는 선우 중위는 객관적인 입장에서 탐색할 수밖에 없다. 그러나 그 객관적이고 논리적인 관점에서 사실을 추구하는 선우 중위의 입장은 또 다른 주관을 형성하게 된다. 허구의 세계, 가상의 세계, 환상의 세계를 인정하지 않고서는 이해할 수 없는 이어도와 제주민의 의식에 접근해야 하기 때문이다. 여기서 동행 조력자인 양주호와는 상반된 입장을 가질 수밖에 없다. 그러나 서로 모순적이고 대립적인 두 사람이 의견의 일치를 보게 되는 것은 대화를 통해서다. 각자의 목소리로 자신의 입장에 서서 갈등하지만, 결국은 의견 통합을 이룬다. 이때 서술자의 입장은 객관적이고 관찰자적 입장을 유지한다.

「이어도」의 서술자는 층위에 따라 달라진다. 전체적인 관점에서는 제한적 서술자가 서술을 하지만, 탐색담에서는 선우 중위가 서술자가 된다. 그러나 천남석의 과거담에서는 천남석이 서술자 역할을 담당한다.

① 해군 함정까지 동원한 파랑도 수색전은 작전 개시 2주일 만에 완전히 끝이 났다. 마라도 한 곳을 제외하고 나면 제주도 남단으로부터 동지나해 일대의 광막한 해역 안에는 섬 비슷한 것 하나도 떠올라 있는 것이 없었다. 예정된 해역 안을 갈아엎듯이 누비고 다닌 2주일간의 치밀한 수색전에도 불구하고 배들은 끝내 섬을 찾아낼 수 없었다.

섬은 없었다. 배들은 다시 항구로 돌아왔다.

작전 임무가 끝난 것이다. (「이어도」, p. 53)

② "굉장하군요. 전 이런 잠자리 대접은 처음입니다. 술이나 마십시다."

천남석이 선우 중위의 방을 들어서면서 한 말이었다. (…중략…)

"아, 이거 너무한걸. 이래도 배가 괜찮을까요?"

그렇게 한참 술을 마시다 보니 선우 중위는 이날 밤 천남석의 거동이 여느 때하곤 좀 이상하게 달라지고 있다는 것을 알아차리기 시작했다. (「이어도」, p. 69)

②′ "어떻게 이쯤 되면 선우 중위도 좀 신용이 가는 것 같소? 천 기자가 자살을 했을지 모른다는 거 말이요?"

"그야 국장님께서 이미 그렇게 생각하고 계신 거 아닙니까?" (…중략…)

"이미 짐작은 하고 있었던 일입니다만 국장님께선 역시 처음부터 이번 일을 그렇게 생각하고 계셨던 게 틀림없었어요. 아니 그렇게 믿으려고 애를 쓰고 계셨지요."

중위가 다시 양주호의 내심을 대신 말하고 나서 자리를 고쳐 앉았다. 말을 하다 보니 그는 실상 가장 궁금했던 말을 빠뜨리고 있었다는 생각이 들었다. (「이어도」, p. 116)

③ 소년은 언제나 어머니가 추려 내다놓은 돌더미 근처에서 그 어머니의 소리를 들었다. 소리를 듣고 있으면 공연히 사지에서 힘이 다 빠져나가 버리는 것 같았고, 마음까지도 그 축축한 바닷바람의 습기에 젖어든 것처럼 기분이 암울스러워지곤 했다. 무엇인가 몹시 슬픈 일이 생길 것 같은 예감 때문에 가위눌린 사람처럼 가슴이 답답해져 올 때도 있었고, 그러다간 또 자신도 모르게 터무니없이 긴 한숨이 터져나올 때도 있었다. (「이어도」, p. 90)

①은 제한 전지적 입장의 서술자가 조감(鳥瞰)적 위치에서 파랑도 수색작전의 실패와 배들의 귀환을 서술한다. 아직 탐색자이자 서술자인 선우 중위의 시선이나 담론은 느껴지지 않는다. 전지적 관점에서 이야기를 제시하는 서술자만 눈에 띈다. ②는 선우 중위의 관점에서 천남석을 관찰하는 한편 선우 중위 입장에서 서술하고 있다. 선우 중위가 초점화자이면서 서술자가 되는 것이다. 이런 속성은 ②′에서도 마찬가지다. 양주호와의 대화하는 과정에서도 관찰하고 서술하는 사람은 선우 중위다. 따라서 텍스트 전체적인 관점에서 보면 거의 대부분을 선우 중위의 입장에서 보고 선우 중위의 입으로 서술하고 있다. 그러나 ③에서 보듯이, 천남석의 어린 시절에 대해서는 천남석의 눈과 입을 빌린다. 물론 내용상으로는 천남석에게 들은 이야기를 선우 중위가 회상하는 형식을 취하고 있지만, 서술주체는 천남석이다.

이처럼 「이어도」에서도 다층구조와 다중서술자를 활용하여 다성성을 확보함은 물론 대화주의적 입장을 취하고 있다. 다층구조가 층위에 따른 대화성을 바탕으로 전체 텍스트에 혼합·흡입된다면, 다중서술자는 각각의 서술자가 자신의 입장과 이데올로기를 바탕으로 다른 서술자와 대화를 함으로써 다성성의 울림을 강화하고 있다. 이는 다층구조와 다중서술자를 통해 다성성의 울림을 강화하려는 작가의 의도를 반영한 것이라 하겠다.

『축제』에서도 양상은 비슷하다. 텍스트 전체를 서술하는 것은 준섭이다. 준섭이 서술주체가 되어 서술하고 있다. 그러나 삽입텍스트로 사용된 『할미꽃은…』의 경우는 삽입텍스트 내용을 그대로 인용함으로써 서술자를 바꾸고 있다.

> ……어느 따스한 봄날 오후였습니다. '나 새옷 입혀 줘.'
> 할머니는 이날도 몸을 조그맣게 오므리고 어린 아기처럼 쌔근쌔근 깊은 낮잠을 주무시다 일어나셨습니다. 그리고 모처럼 맑은 정신이 드신 목소리로 엄마에게 갑자기 새 옷을 졸라 대셨습니다.
> (…중략…)
> '할머니께서는 오늘 마지막 남은 나이를 다 나눠 주신 모양이다. 할머니의 영혼이 옛 모습의 옷을 벗고 우리 곁을 떠나가셨구나…….'
> 은지는 그 할머니의 영혼이 조용한 숨결을 타고 슬며시 은지네를 떠나시며, 옷을 벗어 개켜 놓듯 곱게 벗어놓고 가신 하얗고 조그만 옛날 모습 앞에 혼자 다짐하였습니다. (pp. 267~268.)

그 외에도 준섭이 노모와 가족들의 과거사를 회상하는 부분이나, 다른 이로부터 이야기를 들을 때는 서술자의 입장을 고려하여 그대로 인용하고 있다.

> "그런께 시국이 다시 바뀌고 난 어느 날 저녁에, 그날 밤엔 성님들도 다 마실을 나가고 없었던지 어쨌던지 엄니 혼자서 막 잠을 자려고 이불을 펴고 누웠는디, 느닷없이 우당탕탕 웬 사람 발자국 소리가 황급히 마당으로 달려들더니 그대로 그냥 방문을 차고 들어와 당신 이불 속으로 파고듬서 사정을 하드래요. (…중략…) 그럼 저것은 누구냐고 다그친께 엄니가 능청스레 하품까지 해 가심서, 한손으로는 내외를 하드키 흘러내린 이부자락을 치켜 올려줌시로 이랬다고 안 합디여. 그거 우리 큰딸애기 아니요. 사람의 눈을 해갖고 이 긴 머리채를 보고도 처녀 총각도 분별을 못 하겠소들? ……기가 차서! 나는 그런 일 이야기만 들어도 속이 떨리고 똥끝이 다 올라붙는 것 같습디다……."(pp. 104~105.)

예문만 보면 서술자가 외동댁처럼 보인다. 그러나 전체적인 서술자는 준섭이다. 외동댁이 하는 이야기를 직접인용하고 있는 서술자는 준섭이기 때문이다. 이렇듯 서술자는 바뀌지 않지만 중간중간 서술자인 준섭이 아닌 제3자의 입장에서 서술하고 있는 듯한 서술이 삽입되고 있다. 외동댁, 광주누님, 함평누님 등의 이야기를 준섭이 듣고 직접인용하는 방식으로 서술된다. 망자가 자신의 이야기를 직접 할 수 없다는 제한성 때문에 가족 중 한 사람을 선택하여 기술하고 있다. 이는 주요인물의 사고나 가치관, 인물의 특성을 보여주기 위한 장치로, 주요인물의 입을 통해 직접 제시함으로써 다양한 소리들을 하나로 통합하려 한다는 점에서 다성성과 연결된다. 또한 서술자를 바꿈으로써 변화를 시도하고 있는 것으로 볼 수도 있다. 준섭이라는 서술자가 알지 못하는 에피소드나 사건들을 실감나게 재현하기 위해 취해진 조치라 생각할 수 있다. 이런 점에서 볼 때 『축제』도 다중화자를 활용하여 다성성을 확보하고 있다고 볼 수 있다.

다른 문학 장르에 비해 소설이 가지는 큰 특징은 서술자에 의한 서사 진행이라 할 수 있다. 서술자가 소설 속의 대상에 대해 어떤 태도를 가지고 있는가에 따라 소설의 담론 성격이 달라진다. 따라서 화자의 서술 태도는 소설 담론에서 중요한 역할을 한다. 이청준 소설에 나타나는 언술 주체로서의 서술자는 바깥-이야기에 머무는 데 그치지 않고 자기 문제를 해결하고자 하는데 이로 인해 담론체는 필연적으로 이중적으로 조직된다. 또한 대립적인 인물들의 설정 속에서 자기의 절대적인 관념을 주장하지 않고 그 인물들의 담화를 받아들이며 끊임없이 대화하는 역동적인 태도를 통해 담론을 형성해가고 있음을 알 수 있다.[47] 즉, 서술자 간의 대화는 결국 바깥-이야기를 통해 하나로 통합된다. 각기 층위를 달리는 하는 이야기 속에서 다른 목소리로 자신의 과거담이나 관찰담을 서술하지만 바깥-이야기를 통해 하나로 통합된다는 점이 이청준 소설의 특징이라 할 것이다. 안-이야기와 바깥-이야기의 교호작용을 통해 하나로 통합된다.

대화적 양상은 서술자의 발화 방식에서도 찾을 수 있다. 서술자 자신의 의견이나 청자의 반응을 전제로 한 서술자의 직접적인 발언은 서술자의 존재를 강하게 느끼게 한다. 이런 발언은 이야기 밖에 있는 발언으로, 독자의 반응과 요구를 서술자가 미리 판단하여 서술자의 발화 속에 직접 인용한다. 이는 이야기에 참여함으로써 이야기의 방향을 바꾸고자 하는 독자 혹은 청중의 반응을 직접 수용한 것이라 할 수 있다. 이처럼 서술자는 독자 편에 서서 작중 인물과 사건을 해설하고 논평하는 이야기꾼의 역할을 수행함으로써 서술자와 독자와의 상호 교환적 대화의 양상을 보인다.

추리소설적 기법을 활용하고 있는 『서편제』나 「이어도」와는 달리 『축제』에는 서술자의 설명·논평적인 서술이 자주 나타난다. '임감독께'라는 편지글이 대표적인 서술자의 직접적인 언술이다. 그 외에도 서술자인

47) 정민영, 앞의 논문, p. 32.

준섭의 해설·논평적 언술이 나타난다.

> 노인은 처음부터 나어린 도회 며느리를 썩 살갑게 대해 준 일이 흔치 않았다. 철부지 손주딸을 보듯이 별 믿음성도 없었고, 그래서 뭘 요구하거나 허물하는 일도 없었다. 속으론 당신의 궁상스런 주변 처지를 늘 민망스러워 하면서도 작은며느리 앞엔 그마저 별 괘념을 않은 듯 데면데면 대범스럽기만 하였다. 그런데도 아내는 천성 때문인지, 아니면 처지가 어려운 당신을 직접 모시지 못한 죄스러움 때문에선지, 처음부터 그 노인에게 무척 우호적이었다. 노인의 마음새가 어쨌든 버릇이 없어 보일 정도로 늘 허물없이 굴려 들었고, 당신의 모든 것을 이해하려 애썼다. 무엇보다 노인의 고초 많은 삶을 마음 아파하였고, 그것을 따뜻하게 감싸주고 싶어하였다. 자연히 그녀는 노인의 그 데면데면 무심스런 성품 속에 부드럽고 자상한 인정스러움을 찾고 싶어하였고, 그것을 스스로 믿고 싶어하였다. (pp. 51∼52.)

이처럼 서술자인 준섭이 나서서 직접적으로 해설·논평하는 방식은 텍스트 전체에 나타나는 현상이다.

셋째로, 다층구조와 열린 결말을 통해 다성성이 확보된다.

다층구조와 열린 결말에 대해서는 앞에서 살펴보았으므로 간단히 요약 정리하는 것으로 마무리 짓겠다.

이청준 소설에 드러나는 다층구조는 세계 인식 방법과도 매우 긴밀하게 연결되어 있음을 알 수 있다. 바깥-이야기는 안-이야기를 단순히 전달하기보다 안-이야기와 바깥-이야기를 유기적으로 연결하여 통합한다. 이를 '역동적인 구조'라 했었다. 이런 다층구조는 다층의 이야기에 나타나는 다양한 인식과 의식, 삶의 방식을 체험하게 하고, 이런 것들을 통해 세계를 수용하는 개인의 삶의 방식의 중요성을 깨닫게 한다는 데서 의의를 발견할 수 있다. 텍스트 내의 텍스트는 텍스트의 서사와 연결되어 각각의 의미를 지니면서 대화적 관계를 형성한다. 또 한편으로는 각각의 인물이 상황, 언술과 연결된다. 그래서 담화와 텍스트 내 텍스트의 긴밀한 연결이 이 작품을 더 다성적이게 한다. 그 둘은 각각 별개의 이야기가 아니라 같은 문제를 해결한다는 연장선상에서 진행되는 이야기다. 개별화된 목소리나 의식을 나란히 병치시킴으로써 그것들이 스스로 그들의 사고나 관념을 표현하게 한다.

열린 결말은 대화를 중시하는 '동반자적 관점'과 밀접한 관련을 가지고 있는 이청준 소설의 특징이라 할 것이다. 작가가 모든 판단의 주체가 되어 결말을 제시하기보다 독자와의 대화적인 관점을 끝까지 유지하려는 작가적 노력의 산물이라고 할 수 있다. 또한 열린 결말은 '의문 제기→해답/또 다른 의문 제기→해답/또 다른 의문 제기' 형식을 갖추고 있기 때문이기도 하지만, 삶이란 뚜렷한 답이 존재하지 않는다는 작가의 의식의 산물로 보이기도 한다. 삶이란 정의가 불가능할 뿐만 아니라 미완결성을 갖는 것이다. 그렇기 때문에 이청준은 소설을 통해 "회의하고 반성하는" 또 하나의 "시선"을 두고 삶의 진실성, 진지성을 탐색해보고 그것을 통해 삶의 의미를 되새겨 보고자 하는 것으로 보인다.

마지막으로, 텍스트 외적 상황과 다성성과의 관계를 살필 수 있다. 텍스트 외적 상황은 판단을 유보하려는 작가적 태도나 미학적 관점, 작가의 열린 세계관, 그리고 시대상황과 관련된다.

작가가 밝히고 있는 바처럼, "작가의 일회적 경험을 작가 자신과 독자들 공유의 총체적 세계 안으로 귀속시키려는 노력으로서 그 자신의 최종적인 판단을 겸손하게 유보해버리는 자세"(「책 속에 길 없다」, p. 187)를 염두에 두어야 할 것이다. 이처럼 작가는 독자와의 대화를 중시하여 '동반자적 관점'을 유지하려 한다. 작가의 권위를 "겸손하게" 포기함으로써 양방향 소통을 중시하겠다는 말이다. 이런 점은 이청준의 거의 모든 소설에 드러나고 있는데 이에 대해서는 앞에서 이미 살펴보았다. 그런데 작가의 이런 언급은, 작가가 자신의 관점을 서술자의 말을 통해서만 드러내지 않고, 작가 스스로 서술자의 관점과는 다른 관점으로 서술자의 이야기 내용에 영향을 미침으로써 작가의 의도를 굴절시키려는 것[48]이란 바흐친의 언급을 연상케 한다. 서술자를 통해서든 인물을 통해서든 작가의 관점이나 이데올로기를 직접적으로 드러내지 않고 다양한 인물들의 소리를 통해, 다양한 가치들의 상충을 통해 드러내려는 것이다. 이는 다성성과 대화주의를 중시한다는 말이 된다. 인물 상호 간의 갈등을 여과없이 드러냄으로써 다양한 울림을 보여주는 한편, 인물간의 대화를 통해 새로운 의미를 제시하려는 것이다.

다성적 문학에서의 작가는 목소리나 의식을 단일한 개인적 진리 속에 병합시키는 대신, 오히려 개별화된 목소리나 의식을 서로 병치시킴으로써 그것들로 하여금 스스로 그들의 사고나 관념을 표현하도록 한다. 다시 말해서 작가는 자신의 이데올로기를 강요하거나 설득하지 않고 대화적인 방법을 통해 간접적으로 자신의 이데올로기를 표현하는 것이다.

작가 이청준은 신체적인 질환 상태는 물론 정신의 장애 현상이나 병리적 증후를 문학적인 상징의 영역으로 가장 뚜렷하게 이끌어들이고 있는 작가다.[49] 이때의 신체적 정신적 질환은 6·25 같은 사회적 혼란에 의한 것도 있지만, 현대사회 전반의 위선적이고 폭력적인 억압과도 깊은 관련을 맺고 있다. 또한 변화하는 사회상이나 사회의 변화에 따른 의식의 변화와도 관련을 맺고 있다. 이런 상황에서 폭력적이고 억압적인 세계에 맞서 그 정체를 드러내고 그것을 부정함으로써 그같은 폭력과 억압이 존재하지 않는 세계를 끊임없이 모색하는 이청준 문학의 동력은 자유의 정신이다. 폭력과 억압의 세계로부터 벗어나고자 하는 욕망이 이

48) 바흐친, 김근식 역, 앞의 책, p. 127.

49) 이재선, 『현대한국소설사』, 민음사, 1991, p. 241.

청준 문학을 관류하고 있지만, 그 욕망은 무조건적인 부정과 벗어남의 낭만적 초월이 아니라 집요하고 꼼꼼한 탐구로 나타난다. 이에 따라 탐구하는 주체의 정신은 변화한다. 탐구자의 정신이 변화한다는 것은 "자기 자신이 탐색의 주체이며 대상이 되어, 자기 탐색의 과정이 의미가 되도록" 한다는 뜻이다. 이처럼 자신까지도 탐구의 대상으로 삼음으로써 이청준 문학의 자유정신은 더욱 철저한 것으로 된다.[50] 그는 소설 쓰기를 "자기 구제의 몸짓"이라 말한 바 있다. 여기에서 자기 구제라는 것은 두 가지 의미를 갖는다. 하나는 글쓰기의 의미에 대한 질문과 대답이며, 다른 하나는 자신의 존재를 규정하고 있는, 더 나아가 인간의 존재를 규정하고 있는 내외적 조건들에 대한 성찰이다. 이러한 그의 태도는 소설이라는 언어와 언어 그 자체에 관한 반성을 낳는다.[51] 자기구제는 '복수'행위다. "애초 우리가 살고 있는 현실 질서와의 싸움에서 패배한 자가 그 패배의 상처로부터 자기를 구해 내기 위한 위로와 그를 패배시킨 현실을 자기 이념의 질서로 거꾸로 지배해 나가는 강한 복수심"의 실천이 곧 그의 문학이다. 이를 더욱 일반화하면, 문학이란 그를 패배시킨 현실에 대한 패배자의 복수심과 지배욕망의 이념화 행위이며, 따라서 그것은 "그가 패배하지 않을 수 없었던 자신의 삶과 그를 패배시킨 현실의 질서를 끊임없이 관찰하고 반성해 나가는 정신행위"다.[52] 이처럼 시대적·작가적인 관점에서 봤을 때 그는 늘 "관찰하고 반성하는 정신행위"를 견지해 왔던 것이다. 이런 관찰과 반성은 그의 다층구조를 통해, 추리소설적 기법을 통해, 대화주의와 다성성을 통해 작품에 수용된다. 그래서 이청준은 의식의 분열을 아파하며, 주저하며, 그러면서도 주저앉지 않고 더 멀리, 더 깊이 나아갔으니 4·19세대 정신의 확장자이고 심

---

50) 김윤식·정호웅, 『한국소설사』, 예하, 1993, p. 360.

51) 권영민, 『한국현대문학사·2』, 민음사, 2002, p. 234.

52) 김윤식·정호웅, 위의 책, p. 362.

화자인 것이다.[53])란 평가를 받는 것이다.

다성적 소설에는 변증법적으로 해결될 수 없는, 다양한 의식의 대립이 있을 뿐이며 이런 다양한 의식은 결코 발전적인 영혼의 통일 속에 병합되지 않는다. 각각의 의식은 각자의 개별성과 독립성을 유지한 채 다른 의식과 나란히 병존한다. 마찬가지로 작가의 의식 역시 소설의 범위 안에서 발전하거나 진화하지 않고 작품 속에서 일종의 방관자와 같은 역할을 하거나 아니면 어느 한 행동이나 사건에 참여하는 인물이 된다.

1.5 판소리 기법의 변용

판소리에 대해서는 많은 비판이 있어왔다. 그 중에서도 서사와 관련해서 가장 많이 나오는 비판은 서사 전개에 통일성(統一性)이 결여되어 있다는 지적이다. 그러나 이는 서구 문학이론을 바탕으로 한 편협한 사고의 소치다. 모든 존재가 환경과 상황에서부터 자유로울 수 없듯이 문학 장르 또한 환경과 상황의 영향력에서부터 자유로울 수 없다. 그런데도 단일 논리, 그것도 서구인의 눈으로 판소리나 우리 문학을 재단하는 것은 시대착오적인 사고다. 이성 중심적이고 과학적 합리주의를 신봉하던 서구 현대 사상들이 많은 비판을 받고 있고, 새로운 대안을 모색하는 포스트모더니즘 시대에 구태의연하게 서구적인 관점으로 존재와 세상을 보려 하는 것은 잘못된 것이다. 최근 들어 우리 눈과 생각으로 우리 것을 보는 한편, 서구화된 평가기준에 대한 비판이 늘고 있는 것은 다행한 일이라 생각한다.[54])

53) 위의 책, p. 363.

54) 이런 관점은 다양한 분야에서 시도되고 있으니, 그 시초는 E. W. 사이드에게서 발견할 수 있을 것이다. 사이드는 『오리엔탈리즘』(박홍규 역, 교보문고, 1991.)과 『문화

판소리는 그 출발부터가 기존 장르의 반전을 통해서 이루어졌다. 서사무가(敍事巫歌)에 기원을 두고 있는 것으로 평가되는 판소리는 무속의 세계관을 거부하고, 관념적인 전제 때문에 가려져 있던 현실을 있는 그대로 사실적으로 나타내는 새로운 서사시로, 문학의 여러 소재며 음악적인 요소들을 스폰지처럼 빨아들임으로써 형성된 장르다.[55] 그렇기 때문에 판소리는 개방성을 바탕으로 하여 다양한 요소들이 공존하는 갈등과 충돌, 모순이 공존하는 혼돈의 장이다. 그러나 이 혼돈은 혼돈으로 끝나지 않고 더 큰 의미를 구가하고 있으니 그것이 바로 판소리의 미학이다.

이청준 소설에는 판소리와의 영향 관계를 가늠할 수 있는 요소들이 자주 발견된다. 구조적인 측면에서 뿐만 아니라 주제 내지는 세계 인식 등은 판소리와 닮은 점이 많다. 그의 문학과 판소리와의 깊은 관련성은 작품을 통해서나 자전적 수필 또는 산문, 인터뷰[56]를 통해서도 나타나는데, 판소리의 미학 내지는 구조를 변용하여 소설의 기법으로 활용하고

와 제국주의』(박홍규 역, 문예출판사, 2005.), 『평행과 역설』(장영준 역, 생각의나무, 2003.)을 비롯한 각종 저서에서 서구인의 눈으로 본 동양을 비판하고 있다. 또한 서구인의 입장에서 현대 물리학을 동양 사상으로 풀어보려는 노력도 보이고 있는데, 대표적으로 F. 카프라의 『현대물리학과 동양사상』(이성범・김용정 역, 범양사, 1998.)을 들 수 있고, 동양인의 눈으로 동양사상과 현대물리학의 관계를 고찰한 이시카와 미츠노의 『동양적 사고로 돌아오는 현대과학』(서상문 역, 인간사, 1990.)을 들 수 있다. 또한 불교사상을 바탕으로 현대물리학을 고찰한 김성규의 『아인슈타인이 깨달은 윤회의 법칙』(큰산, 1999.)도 같은 선상에서 언급할 수 있다. 문학분야에서는 신종한의 『한국소설의 서술양식 연구』(한국문화사, 2004.), 정재서의 『동양적인 것의 슬픔』(살림, 1996.), 『정재서 교수의 이야기 동양 신화 1・2』(황금부엉이, 2004.) 등이 탈(脫)오리엔탈리즘 또는 탈중화(脫中華)・탈중국(脫中國)의 입장에서 우리 것을 조명하고 있다.

55) 원기중, 앞의 논문, p. 58. 참조.

56) 대표적인 것들만 뽑으면, 『서편제』(열림원, 1998.)를 비롯한 작품들과 「해변(海邊)의 육자배기」, 강은교 외, 『나』, 청람, 1987, 「삶으로 맺고 소리로 풀고」, 김치수 외, 『이청준論』, 三人行, 1991. 등의 자전적 수필과 「영혼의 飛翔鶴을 위한 自由主義者의 소설탐색」, 권성우・우찬제와의 대담, ≪문학정신・45≫, 문학정신사, 1990. 6. 등의 인터뷰를 들 수 있다.

있음을 알 수 있다.

이청준 소설이 판소리로부터 변용한 판소리 기법은, 먼저 구조적인 차원에서 병렬적 탐색담을 꼽을 수 있다. 『서편제』나 「이어도」, 『축제』는 병렬적 탐색담의 구조를 갖추고 있다. 이를 구체적으로 살펴보면 아래와 같다.

① 「서편제」 : ㉠ 소릿재 내력을 묻는 사내－㉡ 주모의 회상(1)－㉠ 주모의 이야기에 회상으로 빠져드는 사내－㉢ 사내의 회상(1)－㉠ 소리꾼 여자가 장님이었음을 앎－㉡ 주모의 회상(2)－㉠ 햇덩이의 소리를 듣는 사내－㉢ 사내의 회상(2)－㉠ 맹인으로 만든 이유 추정－㉠ 계속 찾아다닐 것인지 묻는 주모

② 「소리의 빛」 : ㉠ 주막을 찾아 소리를 청하는 사내－㉠ 소리를 좋아하게 된 내력을 묻는 여자－㉡ '햇덩이'에 대한 기억(사내)－㉠ 소리로 어울렸다 헤어지는 두 사람－㉠′ 간밤에 오라비를 만났다고 전하는 여자－㉡ 눈이 멀게 된 이유－㉠′ 오라비가 도망친 이유 추정－㉠′ 한을 지키기 위해 주막을 떠나겠다는 여자

③ 「선학동 나그네」 : ㉠ 선학동을 찾는 사내－㉠ 명당과의 관련성 및 선학동의 변모－㉠ 선학동에 다시 학이 날게 됐다는 주인의 말－㉡ 소리꾼 부녀의 과거담(1)－㉡ 맹인 소리꾼의 과거담(2)－㉠ 맹인 여자의 노력이 도로(徒勞)였음을 지적하는 사내－㉡ 선학동에 학이 다시 날게 된 사연－㉠ 종적을 찾지 말라는 누이의 부탁을 전하는 주인－㉠ 백학으로 날아오르는 사내

④ 「이어도」 : ㉠ 프롤로그(섬의 존재와 비가시성)－㉠ 의문을 품는 선우 중위－㉡ 천남석의 이어도 부정－㉠ 술집 〈이어도〉에서 '이어도 여인'과 만남－㉠ 양주호의 강요에 의해 천남석의 집 방문－㉢ 천남석의 어린 시절－㉠ '이어도 여인'인 천남석의 여자와 동침－㉡ 천남석의 마지막－㉠ 동침 자리에서 이어도 노래를 부르는 '이어도 여인'－㉣ 이어도 여인의 과거담－㉠ 양주호를 다시 찾

아가는 선우 중위-㉠ 이어도에 대한 양주호의 피력-㉠ 사실보다 허구를 통해 진실을 추구하는 제주민의 의식-㉠ 천남석의 자살을 인정하는 선우 중위-㉠ 에필로그(상처 하나 없이 제주로 되돌아온 천남석의 시체)

⑤ 『축제』: ㉡ 어머니 임종 소식을 듣고 고향으로 향함-㉠ 감독에게 보내는 편지(1)-㉠ 감독에게 보내는 편지(2)-㉢ 손사래질에 가위눌려 과거사(형의 과거와 〈눈길〉) 회상-㉡ 고속도로에서 어머니 회생 소식을 들음-㉠ 감독에게 보내는 편지(3)-㉢ 어머니의 여장부적 기질을 들춰내는 가족들-㉡ 용순에 대한 언급으로 거북해 하는 가족들-㉡ 신장 이식과 관련된 이야기를 떠올리며 어머니의 희생에 감사함-㉡ 비녀를 찾으시다 눈을 감는 어머니-㉠ 감독에게 보내는 편지(4)-㉡ 용순의 출현과 가족들의 불안감-㉡ 장례 준비를 갖추기 시작함-㉢ 용순의 어두운 과거사와 노인과의 관계-㉡ 술 취한 용순의 준섭 비난-㉠ 감독에게 보내는 편지(5)-㉡ 직접 염을 함-㉡ 외동댁, 은비녀를 찾아 정표로 관속에 놓아줌-㉡ 성복제와 용순의 상복차림새로 입싸움이 오감-㉢ 박복하고 지난했던 노인의 과거사 회상-㉡ 장혜림의 질문 공세에 노인의 과거사를 떠올림-㉡ 용순을 소설에 등장시키지 않은 이유를 따지는 장혜림-㉢ 노인의 형벌 같은 부끄러움의 내력과 자존심의 표상이었던 은비녀, 치매로 인한 외동댁과의 갈등 회상-㉡ 〈빗새 이야기〉는 용순에 대한 이야기였음-㉠ 감독에게 보내는 편지(6)-㉡ 조문객이 몰림-㉡ 카니발적 장례식장-㉡ 가족들의 허물털이(노인의 과거사 살피기)-㉡ 동화 『할미꽃은…』의 출간-㉡ 용순의 계속되는 패악(悖惡)과 준섭에 대한 비난-㉣ 동화 내용 : 하얀 배추꽃 나비가 되어 승천하는 어머니-㉠ 감독에게 보내는 편지(7)-㉡ 용순까지 참석한 고아들이 가족사진 촬영-㉠ 감독에게 보내는 편지(8)

이를 다시 그림으로 그리면 다음 페이지의 <그림 6>과 같다.

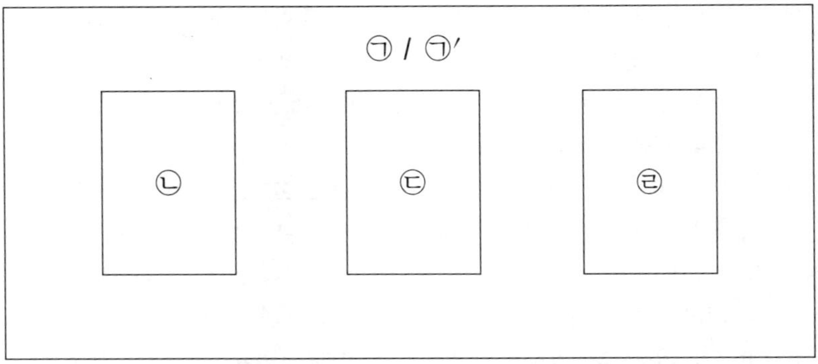

〈그림 6〉『서편제』와 「이어도」, 『축제』의 서사구조

이처럼 『서편제』와 「이어도」, 『축제』는 각각의 에피소드들이 전체 스토리에 종속되기보다 각기 나름대로의 생명력을 가지고 전체 스토리와 연관된다. 각 에피소드들이 자율성과 독자성을 가지고 있음을 의미한다. 이는 '대목'이라 불리는 에피소드들이 각기 독립성을 유지하는 판소리의 '자율적 서사구조'와 깊은 관련성을 가지고 있다. 판소리는 "부분이나 상황의 독자적인 미와 쾌감을 추구"[57)]하기 때문에 나타나는 현상으로, 각 대목을 강조함으로써 생기는 모순을 있는 그대로 인정하고 즐기는 판소리의 법칙과도 깊은 연관이 있다. 이런 구조적인 특징은 이청준뿐만 아니라, 채만식 · 김유정의 소설을 비롯하여 이문구 · 성석제의 소설에서도 두드러진 특징으로 작용하는 요소인데 모두 판소리의 구조를 변용한 것으로 볼 수 있다.[58)]

다음으로 '맺힘과 풀이의 서사구조'를 들 수 있다. 우리의 서사구조는 서구의 '기－승－전－결'의 구조와는 다르게, '기－승－결－해(解)'의 구

57) 김흥규, 「판소리의 서사적 구조」, 조동일 · 김흥규 편, 『판소리의 이해』, 창작과비평사, 1978, p. 116.

58) 채만식, 김유정, 이문구 소설의 판소리적 요소와 구술적 전통의 문제는 신종한, 앞의 책, pp. 171～250. 참조.

조를 가지고 있다고 본다. 맺고 푸는 이른 바 '뒤풀이'라 부를 수 있는 요소는 판소리뿐만 아니라 사회·문화 전반에서 찾을 수 있다. 사람이 죽으면 장례를 치루고 난 후 '자리걷이(귀양풀이)'를 함으로써 한 사람의 영혼을 저승으로 돌려보냈다고 생각한다든지, 어떤 일을 마치고 나서 꼭 뒤풀이를 한다든지, 술을 마시고 나서는 꼭 2차로 노래방에 가서 흥을 정리한다든지 하는 문화는 우리가 알지 못하는 사이에 우리 의식 깊이 뿌리박힌 요소다. 일이든 서사든 일차적인 완결을 보고 난 후, 꼭 뒷정리를 하는 것이다.[59] 판소리에도 이런 요소가 작용하고 있다. 즉, 창과 아니리의 반복적 구조는 '맺힘과 풀림'의 요소를 가지고 있다고 본다.

> (판소리는 : 필자) 창(唱)과 아니리(음률·장단에 의하지 않고 그저 일상적 어조로 말로 하는 부분)가 교체·연속되는 것이다. 창으로 처리되는 부분은 바로 앞에서 지적한 바 상황적 의미·정서가 강화·확장된 대목이다. (…중략…) 따라서 창자의 입장에서 볼 때 〈……창－아니리－창－아니리……〉의 양식은 곧 〈긴장－이완〉이 반복되는 구조라 할 것이다.[60]

> 맺힘과 풀이는 서로 이원적(二元的)인 대극의 짝이다. (…중략…) 맺힘이 긴장·울색·갈등·좌절·억압·피해·금지·관계의 경색·증오·구속·욕구불만의 닫힌 상태를 암시하는 반면, '풀이'는 이완·정상화·성취·해결·평정·화해·해방·자유·사랑·복수 등의 열린 상태를 암시한다. (…중략…)
>
> 우리의 민중적인 공동체 예술인 탈춤이나 판소리, 그리고 민속극이 벌어지는 축제의 판마당은 단적으로 문화성과 사회성을 지

59) 이에 대한 자세한 사항은 신종한, 앞의 책, pp. 119～132. 참조. 또한 '맺힘과 풀이의 서사구조'란 용어도 이 책에서 인용했음을 밝힌다.

60) 김흥규, 앞의 글, pp. 116～117.

닌 풀이의 마당이다. (…중략…) 맺혀진 정신적인 고뇌의 아픔이 풀려서 아름답게 승화될 때 예술이 되며, 또 문학과 예술의 정신이란 맺힌 현상으로부터 바로 인간을 찾고 인간을 풀고 인간을 사랑하는 것이기 때문이다. 인간에 대한 휴머니즘적 시선, 즉 슬픔도 에너지로 전환시키는 풀이의 기능은 한국인 특유의 낙천성이기도 하다.[61]

'맺힘과 풀이의 서사구조'를 이청준 소설에서 찾는다면 에필로그를 꼽을 수 있을 것이다. 원래는 연극에서 쓰이던 것이, 소설이나 담화시(譚話詩)에서 말미에 작자 자신의 주장·해석 또는 최종적인 결말을 진술하는 형태로 정착된 에필로그는 우리의 '맺힘과 풀이의 서사구조'와 닮은 점이 많다.

『서편제』와 「이어도」도 이런 구조를 보이는데, 「선학동 나그네」의 마지막 부분인 '학으로 날아오르는 사내' 시퀀스나 「이어도」의 '7. 천남석의 귀환' 시퀀스가 이에 해당한다.

셋째로 다성성의 문제를 들 수 있다. 이청준 소설의 다층구조의 다성성은 판소리의 더늠의 구조를 변용한 것이라 할 수 있다. '더늠'이란 판소리에서 특정 창자(唱者)만이 갖는 창법이나 사설상의 특징을 말한다. 이 용어는 '더 넓다', '더 늘다'에서 나온 말로 이해하는데 이는 창조적인 창자에 의해 이루어지는 의식적이고 계획적인 변이(變異)다. 판소리는 더늠이 쌓여서 이루어진 '더늠의 예술'이라고 칭할 만큼 판소리에서 창조성이 발휘되는 방식이기도 하다.[62] 있어도 되고 없어도 되는 자의적인 것들을 창자(唱者)에 의해 새롭게 흡인되어 하나의 구조를 만든다. 이것이 바로 청자나 관중을 의식한 행위임을 생각할 때 현장성·역동성

61) 신종한, 앞의 책, pp. 120~123.

62) 원기중, 앞의 논문, p. 27.

과 연결되고, 각각의 에피소드가 독자적이고 자의적이라는 특성에서는 다성성과도 깊은 관련을 맺고 있다 하겠다. 다성성에 대해서는 앞에서 살펴봤음으로 생략하기로 하겠다.

마지막으로 이청준 소설이 탈현대성 내지는 다가치성(융합)을 추구한다는 점에서 판소리 미학과 닮아 있다 하겠다. 앞에서도 지적하였듯이 판소리는 기존의 세계관과 질서에 대한 거부, 다양한 요소들의 공존·갈등·충돌하는 모순의 장이다. 이런 판소리의 속성은 이청준 소설에서도 그대로 나타나고 있다. 다원성과 상대성을 기본 정신으로 한다든지, 기존 형식을 파괴한다든지, 상호텍스트성을 중시한다든지, 자기 반영성과 반(反)리얼리즘적 성격을 갖는다든지, 탈장르화 또는 장르를 확산시킨다든지, 대중문화에 대한 관심을 보여 추리소설을 강조한다든지, 결과보다 과정을 중시하는 것들이 모두 포스트모더니즘 문학과의 밀접성을 보여준다 할 것이다. 포스트모더니즘 문학이론이 반드시 새로운 시대정신을 반영한 것은 아니라 할지라도 이청준 소설이 포스트모던을 지향한다는 것은, 판소리가 시대에 앞서 기존 질서와 세계관을 거부하고 새로움을 추구했다는 점과 밀접한 관련성 맺고 있다는 사실만은 부정할 수 없을 것이다. 이에 대한 세부적인 사항들은 앞에서 이미 언급되었거나 뒤에서 언급될 것이므로 여기서는 간단히 그 내용을 살피는 것으로 정리하겠다.

1.6 자기반영적 서술 기법

자기반영성(self－reflexivity)에 대한 논의는 외연을 어디까지 확장하느냐에 따라 기준이 달라진다. 쥬네뜨를 위시한 일군에서는 자기반영성을 넓은 의미에서 해석하여 다섯 가지 차원[63])에서 살피고 있지만, 일반적으로는 좁은 의미로 해석하고 있음을 알 수 있다. 협의의 자기반영성이란, 어떤 문학 텍스트가 텍스트 밖에 존재하는 다른 세계를 반영하거나 재현하는 것이 아니라 텍스트 그 자체를 반영한 소설을 말한다. 쉽게 말하면 자기반영적 소설은 그것이 창작되는 과정 그 자체를 중요한 주제로 다루는 소설을 가리킨다. 만약 리얼리즘 소설가들이 자연이라는 외부 세계를 향하여 거울을 들고 있다고 한다면, 포스트모더니즘 소설가들은 자연을 향하여 들고 있는 거울을 향하여 또 다른 거울을 들고 있다고 할 수 있을 것이다.64)

자기반영성을 넓게 해석한 쥬네트의 논지를 이어받은 로버트 스탬은 자기반영성을 아주 광범위하게 규정한다.65) 그리고 그 규정을 근거로, 세르반테스의 『돈 키호테』에서부터 장 뤽 고다르의 영화까지 분석하여 결론을 내리고 있다. 그 결론은, 자기반영성의 문학은 기존의 문학 관습들에 대해 의문을 던지고, 매혹으로서의 예술과 결별하며, 또한 텍스트

---

63) 제라르 쥬네트는 『양피지(Palimpsestes)』(Gerard Genette, Palimpsestes, Paris : seuil, 1982.)에서 '상호텍스트성'의 논의를 정교화, 세련화시켜 "명시적이건 은밀하게건 간에 한 텍스트를 다른 텍스트들과의 관계 속에 놓는 그 모든 것"을 가리키기 위해 '텍스트교류성(transtextuality)'라는 용어를 사용하는데, 그 유형은 다음과 같다.

① 상호텍스트성(intertextuality) : 두 텍스트가 인용, 표절, 그리고 언급의 형태를 통해 서로 효과적인 공존 관계를 유지함. ② 부(副)텍스트성(paratextuality) : 어떤 문학 작품 전체 속에서 텍스트 본체와 '부(副)텍스트'－제목, 머리말, 책의 속표지, 표제어, 도안, 심지어는 책 장정과 서명된 작가 친필－간의 관계를 말함. ③ 메타텍스트성(metatextuality) : 한 텍스트가 다른 텍스트에 대해 논평을 가하는 비평적 관계로서, 논평되는 텍스트는 공공연하게 거론될 수도 있고 아니면 아무 언급 없이 환기됨. ④ 텍스트 전형성(architextuality) : 어떤 텍스트의 제목이나 부제에 의해 시사 또는 부인되는 장르 분류. ⑤ 하이퍼텍스트성(hypertextuality) : '하이퍼텍스트(hypertext)'와, 이것이 변형시키고 수정을 가하고 정교화시키고 혹은 확장시키는 기존의 텍스트인 '하이포텍스트(hypotext)'와의 관계를 말함.

로버트 스탬, 오세필・구종상 역, 『자기 반영의 영화와 문학 : 돈 키호테에서 장 뤽 고다르까지』, 한나래, 2005, pp. 58～85.에서 발췌 재인용.

64) 김욱동, 『모더니즘과 포스트모더니즘』, 현암사, 1992. p. 214.

65) 문학 및 영화 텍스트가 스스로 만들어져 가는 모습, 작가성, 다른 텍스트들로부터의 영향, 텍스트 수용, 혹은 작가의 개인적 언술(enunciation)을 전면에 드러내는 과정으로 규정한다. 로버트 스탬, 오세필・구종상 역, 앞의 책, p. 15.

구축물로서 스스로의 인공성(人工性)을 강조한다. 내러티브의 단절, 작가의 개입, 에세이적인 방만함, 파격적인 스타일 실험 등을 특징으로 한다. 이들 텍스트들은 기존 규범 및 관습들을 패러디하고, 가지고 장난치며, 뒤흔들어 놓는다. 그럼으로써 허구 및 허구에 대한 우리의 순진한 믿음을 탈신비화하고, 이러한 탈신비화를 새로운 허구의 재료로 삼는다.[66]고 자기반영성의 의의를 정리하고 있다. 그러나 이 관점은 자기반영성을 너무 확대해석한 것 같다. 이런 관점에서 자기반영성을 논의하게 되면 쥬네트가 언급한 텍스트교류성(transtextuality) 전체를 포괄하게 되어 진정한 자기반영성의 모습을 찾기 어렵게 된다. 또한 서술기법을 살피는 이 책에는 합당한 정의가 아닌 것 같다.

이런 점을 감안하여 필자는 협의의 자기반영성을 기준으로 하여 이청준 소설에 나타나는 자기반영성을 살펴보고자 한다. 따라서 이 책에서는 이청준 소설의 메타픽션적 요소를 중심으로 추출하여 살펴보기로 하겠다.

기초이야기(primary pabula)와 삽입이야기(embedded pabula)[67]의 관계는, 삽입이야기가 기초이야기를 설명하고 결정하는 경우와 삽입이야기와 기초이야기가 서로 닮아가는 경우로 나누어 볼 수 있는데, 이청준 소설에서는 전자가 우세하게 나타난다. 이청준 소설들을 하나의 전체로 바라보면 개별 텍스트의 의미가 외부 현실을 향해 열려있다기보다는 텍스트들 사이에서 의미의 내적 순환이 형성되어 있고 각각의 텍스트는 서로가 서로의 메타텍스트적 기능을 담당한다는 특징이 발견된다. 이러한 현상은 거울-텍스트 장치를 통해 의미의 내적 반복을 일으키는 이청준

66) 위의 책, pp. 11~12.에서 발췌.

67) 미케 발은 그의 저서 『서사란 무엇인가』(한용한・강덕화 역, 문예출판사, 1999.)에서 '기초 파블라'와 '삽입 파블라'란 용어를 사용했다. 그러나 이 책에서는 '파블라'란 용어 대신 '이야기'란 단어를 쓰고자 한다. '파블라'란 용어의 개별 특성을 모르는 바 아니지만, 다른 용어와의 통일성을 유지하는 한편 우리말로 바꿔 쓰는 게 옳다고 생각하기에 '스토리'나 '파블라'를 '이야기'로 통일해서 쓰기로 하겠다.

의 개별 텍스트들이 마치 서로가 서로의 거울-텍스트인 것처럼 기능하면서 의미의 내적 순환과 확장을 일으키는 것으로 풀이된다.[68]

이런 이청준의 서술기법은 다른 작품에서도 드러나는 바, 이에 대한 언급은 많은 연구자들에 의해 지적되고 있다.[69] 『축제』는 메타픽션의 관점에서도 그 의미를 가지고 있는 텍스트다. 기초이야기 중간중간에 삽입되는 삽입이야기 뿐만 아니라 '감독에게 보내는 편지'를 통해 픽션과 논픽션의 영역을 넘나들면서 독자를 흡인하고 있기 때문이다.

『축제』는 3인칭의 서술자 '준섭'을 내세워 일인칭 서술을 피하려 했다. 작가가 '임감독님께(1)'을 통해서 "제3자 시점의 화자를 내세운 것은 1인칭 시점이 당시의 제 감정과 실제 정황에 더 충실할 수는 있겠지만, 그보다 자식으로서 제 어머니의 일을 직접 말하기가 매우 어색하고 송구스러"(pp. 33～34.)워서라고 밝히고 있다. 그러나 텍스트 자체는 1인칭 서술의 특성을 드러낸다. 기억과 고백을 특징으로 하는 1인칭 서술자의 특성을 드러내기 때문이다. 그러나 '임감독님께'란 편지글을 통해 현실과 허구의 경계를 무너트림은 물론 삼인칭 서술을 쓰는 이유를 밝힘으로써 메타픽션적 속성을 드러내고 있다.

이런 메타픽션적 가법으로 인해 수용자인 독자는 두 이야기를 한꺼번에 듣게 된다. 하나는 '준섭'이 노모의 임종 소식을 듣고 장례를 치르는 과정의 이야기요, 또 다른 하나는 작가 이청준이 '준섭'이라는 이름으로

---

68) 손유경, 『최인훈 · 이청준 소설에 나타난 텍스트의 자기반영성 연구』, 서울대 석사논문, 2000, p. 45.

69) 다층구조 또는 액자소설에 대한 연구나 이청준 소설의 기법에 대한 연구에서는 거의 이런 점이 공통적으로 지적되고 있다. 그 중에서도 ① 강미순, 『이청준의 메타픽션 연구』, 부산대 석사논문, 1996. ② 손유경, 위의 논문. ③ 유인숙, 『이청준 소설 연구-서술전략과 의미의 상관관계를 중심으로』, 성균관대 박사논문, 2005. ④ 이채원, 『소설과 영화의 매체 전이 양상에 대한 수사학적 연구』, 서강대 박사논문, 2008. 이 대표적이라 할 것이다. 이에 대한 자세한 사항은 이 책 말미에 덧붙여 놓은 '부록 2 : 이청준 관련 논문 목록'을 참고하기 바란다.

임권택 감독에게 보내는 편지글이다. 이 편지글은 소설 창작과 영화 제작에 대한 이야기다. 이 둘은 허구와 사실의 경계를 무너트림으로써 독자를 혼란에 빠트린다. 사실과 허구의 혼합물인 팩션(faction)을 연상시킨다. 그런 속성은 '감독에게 보내는 편지(2)'에서 극명히 드러난다.

> 불효의 이야기가 나왔으니 말씀입니다만, 영화의 주제가 어차피 '이 시대의 효(孝)'가 되어야 한다는 데에는 저도 감독님의 생각에 이견이 없습니다. 하지만 영화의 제목으로 '축제'를 생각하고 계시다는 데에는 우선 의문과 의구심이 앞섭니다. (…중략…) 그래서 어딘지 흥행성을 염두에 둔 것 같은 제목의 냄새가 나지 않습니까.
>
> 감독님의 흉중을 아직 다 헤아리지 못한 탓이겠지만, 저르선 무엇보다 사람의 죽음과 장례의 마당을 배경으로 이 시대의 효의 본질과 모습을 찾아보자는 이 영화의 주제가 어떻게 그 축제의 의미와 연결지어질 수 있을지 쉽게 이해가 안 갑니다. (p. 36)

여기서 작가는 두 가지 점을 명확히 밝히고 있다. 그 첫째가 제목 탄생의 배경을 알리는 것이다. 장례와 '축제'는 서로 어울리지 않을 것 같지만, 흥행만을 염두에 둔 제목 같지만, 나름대로 의미가 있다는 것이다. 장례식(장)의 카니발성과 우리의 생사관과 내세관까지를 포괄할 수 있기 때문이라는 것이다. 이는 텍스트 전체 내용을 미리 알려준다는 점에서도 의미가 있지만, 텍스트 생산과정에 대한 정보를 수용자에게 알려준다는 점에서도 의의가 있다. 즉, 스토리를 사전 제시함은 물론 저자의 탈신비화를 유도하고 있는 것이다. 그러나 『축제』 서사 전체의 서술 양상을 살펴보면 저자의 탈신비화보다는 독자의 사유와 판단을 작가–서술자의 의도대로 끌어가려는 의식이 강하게 작용하고 있음을 알 수 있다. 이런 단성적인 속성을 보완하기 위해 '임감독께'란 편지를 통해 메타서술을 감행하는 것이다.

둘째는 주제를 명시하고 있다. '효(孝)'에 대한 강조다. 장례식을 소재로 하는 소설인 만큼 다른 요소들이 강하게 작용할 수 있지만 효(孝)의 의미를 되돌아보고 되새기겠다는 것이다. 이는 독자에게 소설독법에 대한 방법론을 제시한다고 볼 수 있다. 다른 요소들보다 효의 의미를 먼저 생각하면서 소설을 읽으라는 당부의 뜻을 담고 있다. 이런 점에서 볼 때 작가가 다른 소설에서 일관적으로 유지해온 다성적 특징에서 이탈하고 있다고 볼 수 있다. 그러나 바로 이런 점이 다성적 속성을 보여준다 할 것이다. 안-이야기와 바깥-이야기의 내용이나 형식을 달리하여 서로 다른 목소리를 낸다는 자체가 바로 다성성을 염두에 둔 기술이기 때문이다. 삽입이야기에서는 '준섭'이라는 서술자를 내세워 관찰자적 관점을 유지하고 있다면, 기초이야기에서는 주인공 관점으로 서술함으로써 다성적 기술을 시도하고 있는 것이다.

① '손사래'는 조용히 하라고 하거나 어떤 일을 부인하려고 할 때에 손을 펴서 휘젓는 짓(손사래질, 손사래치다)으로 되어 있다. (…중략…) 그러니 '가라'는 뜻만을 따로 나타낼 손짓말은 '내치는 손짓' 혹은 '손내치다'가 되거나, 그 내침의 뜻을 내장한 '(쫓는 뜻의) 손사래질' 정도로 새로 취해 씀이 어떨지. (…중략…)

긴 설명이나 어떤 혼란스런 상념들도 몇 장면 짧은 화면 속에 매우 효과적으로 압축해보일 수 있는 영상 예술 매체에 오랜 장인이신 만큼, 감독님께선 아무쪼록 제 부실한 이야기로 하여 행여 화면의 속도와 경제성을 놓치는 일이 없으시기 바랍니다. (pp. 53~55.)

② 다음으로, 용순에 관한 이야기는 그날 실제로 오간 일이 없었습니다. 그러나 년의 이야기를 굳이 끝에 덧붙인 것은 지난 번 전화 때에 감독님께서 용순을 모든 갈등의 중심인물로 삼고 싶다

고 하신 말씀에 저도 동감이었고, 그러자면 그 갈등의 중심인물의 등장이 너무 늦어지고 있는 듯한 느낌이 들어 이쯤에서 우선 그 존재라도 소개해두고 넘어가고 싶어서였습니다. 이를테면 비로소 제 이야기에 허구가 끼어든 셈이라 할까요? (…중략…) 그리고 감독님은 어차피 노인의 그 잡다한 일화들까지 포함하여 그것이 사실이든 허구든 관계없이 필요한 것들만을 취사, 영화를 위한 또 한 번의 허구를 감행하시게 될 터이니까요. (p. 117)

③ 일전에 말씀하신 '부적'들의 이야기는 제외하고 은비녀의 사연만으로 이번 이야기를 끝냈습니다. (…중략…) 노인이 절을 다니지 않은 것은 아니고, 감독님께서 말씀하신 부적뭉치 이야기도 감동적인 건 사실입니다만, 비녀의 사연과 겹치면 이야기가 너무 장황해져 효과가 감소될 염려도 있었서요. 하지만 물론 부적 이야기까지 화면에 취해 쓰시고 안 쓰시고는 감독님의 평가와 결정에 달린 일이겠지요. 그 부적 이야기는 감독님께서 저보다 더 자세하게 들으셨을 터인 데다, 노인의 입관 때에 길지 않은 화면 처리로 큰 호소력을 자아낼 수도 있으실 테니까요. (p. 228)

④ 우리 전통의 유교적 세계관에서는 제사를 지낼 때 보듯이 우리 조상들이 신으로 숭앙받고 대접을 받는다. 우리 조상들은 죽어서 가족신이 되는 것이다. 그처럼 우리가 말하는 유교적 개념의 효라는 것은 조상이 살아 있을 때는 생활의 계율을 이루고, 조상이 죽어서는 종교적 차원의 의식 규범을 이룬다. 제사라는 것은 그러니까 죽어 신이 되어 간 조상들에 대한 종교적 효의 형식인 셈이고, 장례식은 그 현세적 공경의 대상이었던 조상을 종교적 신앙의 대상으로 섬기는 유교적 방식의 이전 의식, 즉 등신의식인 셈이다. (…중략…) 유불선이 함께 혼융된 우리식 정서에서 본지를 크게 해칠 소리가 아니라면 이도 어디에 적당히 깔아 넣어 볼 만하지 않겠습니까. (pp. 271~272.)

이처럼 작가는 편지글을 통해 자신의 의지를 분명히 드러내고 있다.

아니, 어쩌면 텍스트 전체를 자신의 의도대로 끌고 가려는 작가의 독단성마저 보인다. 독자와의 대화보다는 자신의 의지를 전면에 내세우는 것 같은 느낌을 주기 때문이다. 그러나 이런 작가의 의지를 드러내는 것이 편지라는 점을 생각한다면 그 의미는 충분히 달라질 수 있다. 이 편지글은 작가가 독자를 염두에 두고 쓴 글이 아니란 사실에 주목해야 할 것이다(『축제』 전체 텍스트를 바탕으로 추정하면 이는 독자를 염두에 두고 한 말이기는 하지만). 청자가 독자가 아니라 작가의 글을 바탕으로 동시 작업을 하고 있는 영화감독이란 점을 생각한다면, 이런 작가의 편지글은 영화감독에게 자신의 의지를 밝히는 것이라기보다 정중하게 상의하는 태도를 갖추고 있다. 즉, 자신의 의지는 이렇지만 매체의 속성이 다르니만큼 모든 것은 감독이 판단해서 결정하라는 배려에서 나온 글이다. 이런 점에서 볼 때 작가가 편지글을 장황하게 남기는 이유는 동시동반창작이라는 특수한 상황 때문이라는 것을 알 수 있다.

인용문 ①에서 보듯, 영상 매체의 속성을 잘 알고 계시니 '화면의 속도와 경제성을' 스스로 결정하라고 당부하고 있다. 이는 작가로서 소설을 쓰는 일과 영화감독으로서 영화를 만드는 일은 다른 만큼 감독이 판단하라는 권고다. 어찌 보면 감독에게 말하는 듯하지만, 사실은 독자에게 말하고 있다고 보는 게 타당하다. 소설과 영화는 매체의 속성상 다름을 알고 읽으라는 당부다. 영화는 이미지를 바탕으로 속도감과 경제성, 동시적인 표현이 가능하지만 언어를 매체로 하는 소설은 동시적인 표현이 불가능한 만큼 지루하게 늘어질 수밖에 없으므로 속도감과 경제성이 떨어진다고 불평하지 말라는 당부라고 볼 수 있기 때문이다. 이런 점이 바로 메타픽션적인 요소다. 영화와 소설의 근본적인 차이점을 밝힘으로써 소설이 가질 수밖에 없는 한계성을 인정하는 한편, 소설 서술의 한계성을 되돌아보고 있기 때문이다.

인용문 ② 또한 허구를 바탕으로 할 수밖에 없는 소설의 속성을 지적

함과 아울러 소설이 영화로 영상화될 때 변용될 요소들을 미리 언급하고 있다. 용순의 등장에서부터는 "허구가 끼어든 셈"이라고, 사실과 일치하지 않는다고 언급함으로써 사실과 허구가 혼합된 텍스트임을 밝히고 있다. 이는 아무리 사실을 강조한 소설이라 할지라도 소설인 이상 허구가 개입할 수밖에 없고, 그것은 자연스러운 현상임을 강조함으로써 소설의 속성을 밝히고 있는 것이다. 또한 작가가 쓰고 있는 이 텍스트도 영상텍스트로 매체가 바뀔 때는 다시 허구가 개입할 수밖에 없음도 언급하고 있다. "잡다한 일화들까지 포함하여 그것이 사실이든 허구든 관계없이 필요한 것들만을 취사, 영화를 위한 또 한 번의 허구를 감행하시게 될 터"라고.

인용문 ③에는 텍스트에 드러나지 않은 바를 언급하고 있다. '부적뭉치 이야기'라 명명할 수 있는 에피소드로 소설텍스트에서는 분명한 모습을 드러내지 않는다. 그러나 영화텍스트에서는 그 의미가 선명히 드러나는데, 영화텍스트에 그려지고 있는 '부적뭉치 이야기'를 시나리오를 통해 살펴보자.

S#77. 준섭 모의 방(아침)
(…전략…)
용순, 뒤로 가서 앉는다.

외동댁 : (방안으로 들어오며) 달포 전인가, 그날따라 엄니가 멀쩡한 얼굴로 이것을 내놓으시믄서 나 죽을 때 갖고 갈란다 안 허요. 알고 봉께 삼 년에 한 번 오는 윤달마다 하루 날 잡아서 세 군데 절을 댕기며 부적을 받아 모으믄은 자식들 무병허고 또 복 받는다는 소리를 어디서 들었는지, 생전 절간 근처도 댕기지 않으시는 분이, 천관사로 옥룡사로 또 장안사로 하루에 세 군데 절간을 찾아댕

기면서 이 부적을 모았다 안 허요. (…중략…) (보자기를 풀어 상자를 준섭에게 주며) 엄니가 누굴 위해 그렇게 간절한 정성을 들였겄소. 자, 한번 열어보고 아재 손으로 넣어드리쇼. 그만큼 부적을 모을라고 허문은 족히

외동댁 : (소리) 수십 년 세월을 다녔을 텐데, 날마다 얼굴 맞대고 산 나도 몰랐으니, 어이그, 누가 알면 행여 그 정성 새나갈까 그렇게 꾹꾹 숨겼을꼬.

상자 뚜껑이 열리고, 부적 위에 눈물이 떨어진다. (《축제》, pp. 40~41.)

외동댁의 입을 빌어 서술하고 있는 '부적뭉치'는 자식 '준섭'을 위한 노인의 정성과 간절한 기원의 의미를 지니고 있다. 그러나 소설텍스트에서는 편지글에서 잠시 지나가는 것처럼 비치고만 있을 뿐 상세한 내용은 언급하지 않고 있다. 이는 작가가 각색자나 감독에게 선택권을 넘겨주고 있는 것이다. 부적에 대한 언급만 하여 그 내용을 첨가 보충하라는 뜻이다. 그러나 감독에게 보내는 편지글이 독자를 상대로 한 발화라 한다면 의미는 달라진다. 편지글에는 "일전에 말씀하신 '부적'들의 이야기는 제외하고 은비녀의 사연만으로 이번 이야기를 끝냈습니다."라고 감독과 미리 이야기를 나눈 것으로 밝히고 있지만, 사실은 감독도 전혀 모르는 일일 것이다. 독자 또한 이에 대해서 아무것도 모르는 상태이므로 '부적 이야기'는 궁금할 수밖에 없다. 이는 감독과 독자, 즉 수용자에게 수수께끼를 하나 던져주는 행위라 할 것이다. '부적 이야기'를 수용자들이 상상력을 발휘해서 첨가하라는 주문이다. 이를 각색자나 감독은 작가의 뜻을 훌륭하게 이미지로 표현했고, 독자는 각자 수수께끼를 풀어야 한다. 이런 점에서 작가-서술자 입장으로 일관하는 듯 보이는 『축제』 역시, 다른 이청준 소설들과 마찬가지로, 다성성과 대화성을 가지고 있다 하겠다. 이는 또한 소설이란 모든 것을 서술자가 밝혀주는 이야기가

아니라 독자가 상상력을 발휘해 해석, 재구성해야 하는 예술장르임을 밝혀준다는 점에서는 메타픽션적 속성을 가진다 하겠다.

인용문 ⑤는 장례의 의미와 조상신 숭배 의식에 대한 작가의 소신을 피력한 것이다. 작가는 "장터 거리 그 이 교장 형님이 찾아와"(p. 271) 얘기 끝에 나온 것이라고 밝히고 있지만 이 또한 허구일 가능성이 높다. 이는 작가가 가지고 있던 장례와 등신의식에 대한 관념일 것이다. 그렇다면 소설에서는 자유로운 필치로 그렸어야 했다. 준섭의 입을 빌어서건, 준섭과 대화하는 이 교장의 입을 통해서건 서술할 수 있는 성질의 언술이다. 그런데도 이 교장의 생각인 양 편지글에서 간단히 언급하고 있는 것은 소설적인 서술이 아닐 뿐 아니라 작가-서술자로서의 지위를 포기하는 일과 다를 바 없다. 그런데도 작가가 이런 서술 방법을 쓰는 것은 감독에 대한 배려 내지는 예우라 할 것이다. 소설가로서의 자격을 포기하면서까지 감독에 대해 배려하는 모습은 작가가 감독에 대한 배려를 너무 앞세운 결과라 할 것이다. 그래서 "작가는 영상으로 보여주기 쉽게 하기 위해 고군분투하고 있고, 감독은 영상으로 보여주기보다는 장황한 대사와 자막을 통해 '설명'을 하고 있다. 서로에 대한 배려인 듯 보이나, 소설이 영상에 대한 배려를 하는 순간, 또 영상이 소설에 대한 배려를 하는 순간, 각각의 독자적 생명력을 그만큼 줄어들고 만다"는 평가를 받게 되는 것이다.

또한 위 인용문을 통해 알 수 있듯이, 작가는 장황한 설명으로 독자가 상상할 여지를 남겨두지 않음으로써 독자 참여의 폭을 제한하고 있다. 이청준 소설이 독자의 참여를 유도하여 동반자적 관점을 유지한다는 점을 고려할 때 『축제』의 유다른 면이라 할 수 있는데, 이는 동반창작의 한계로 볼 수 있다. 소설 창작과 영화 제작이 동시에 진행되다 보니 작가의 의도를 정확하게 전달하기 위해 많은 부분을 설명에 의존하는 게 아닌가 한다. 물론, 감독(각색자)을 못 믿어서는 아닐 것이다. 평상시 독자에 대한 작가의 태도를 고려할 때 수용자를 믿지 못한다는 것은 생각하기 어렵다. 그러나 임권택 감독이 밝힌 영화 제작 상황을 보면 작가가 그런 배려를 하지 않을 수 없음을 알게 된다.

> 그래서 이걸 써가면서 찍자, 한쪽으로는 소설 쓰고 한쪽으로는 시나리오 써가면서 찍자. 그게 왜 가능하냐면 장례식이 3일장이라면 첫 날 찍으면 되고, 다음에 둘째 날 이일목 찍으면 되고, 셋째 날 삼일목 찍으면, 순서대로 찍으면 되기 때문에 뒤에 책이 안 나와도 상관이 없다고, 내용은 뻔하고. 그런데 제작사인 태흥에서는 환장할 노릇이지, 책도 없는데, 장례식은 찍는다고 그러고, 얼마가 들어간다는 계획도 세울 수도 없고. (…중략…) 그래서 무조건 찍은 거요. 이청준 씨도 현장으로 나와 가지고 대사도 써주고 이러면서 찍은 거요.[70]

이런 점을 감안할 때 작가는 자신의 창작 태도를 바꿔 많은 부분을 설명하려 했음을 알 수 있다. 수용자의 상상력이나 동반자적 관계보다는 영화 제작자의 입장을 먼저 고려한 것이라 볼 수 있다.

이청준 소설의 서술 기법을 정리하면서 한 가지 덧붙일 사항은 앞에서 언급했던 알레고리 기법에 대한 정리다. 이는 자기반영성과도 연결되는 사항으로, 이청준은 그의 소설을 통해 예술과 삶의 관계를 우의적으로 고찰하고 있다는 사실이다. 『서편제』에서는 '예술과 삶의 의미'를, 「이어도」에서는 '허구와 사실, 사실과 진실의 의미와 삶의 관계'를 우의적으로 표현하고 있기 때문이다. 우의성이란 '돌려 표현하기'[71]란 점을 생각할 때 이청준 소설은 '돌려 표현하기'의 기법을 통해 현실의 문제를

70) 정성일 대담, 이지은 자료정리, 『임권택이 임권택을 말하다 · 2』, 현문서가, 2003, pp. 353～354.

71) 존 맥퀸, 송낙헌 역, 『알레고리－문학비평총서 · 19』, 서울대학교출판부, 1987.

드러내고 있음을 알 수 있다.

먼저 인물이 현실적이지 못하다는 점이 우의성을 드러낸다. 『서편제』의 사내나 의부·누이·주모·천씨·주막주인 들은 현실과 동떨어진 인물들이다. 비정상적이고 비일상적인 삶을 사는 사람들이다. 소리를 거부하여 혈육을 버리고 떠난 사내나, 소리를 위해 딸의 눈을 멀게 하는 아버지나 맹인이 되어서도 아버지의 소리에 대한 집념을 고집스레 이어가는 누이나, 의부와 누이의 소리를 이어받아 혈육이 찾아오기를 기다리는 주모나, 즐겨하는 소리를 듣기 위해 10년 넘게 맹인 소리꾼과 함께 사는 천씨나, 소리를 통해 학의 날아오르는 환상을 보고 그 환상을 현실로 믿고 혈육이 찾아오기만을 기다리는 주막 사내 모두 현실적인 인물로 보기 힘들다. 그건 「이어도」의 인물들도 마찬가지다. 이어도를 저주하고 미워하면서도 이어도를 지키기 위해 자살을 선택하는 천남석이나, 이어도와 천남석에게 매여 자신의 의지대로 제대로운 삶을 살지 못하는 '이어도 여인'이나, 현실적인 삶과 허구적인 삶을 혼동하며 주어진 하루하루의 삶을 소화하는 양주호나 비슷한 속성을 보인다. 비현실적이고 비일상적이고 비정상적인 일탈된 인물들이다. 이 인물들은 실제의 인물이라기보다 우의성을 가진 인물로 볼 수 있다.

공간 또한 우의성을 가지고 있다고 본다. 『서편제』의 '주막'은 소리와 이야기의 저장소라 칭할 수 있다. 소설이 말, 이야기(기억)의 저장소라면 주막은 소리와 사연, 이야기의 저장소다. 그런 면에서 본다면 '소리꾼'은 '소설가'로, '주막'은 '소리 또는 소설'로 치환 가능할 것이다. 그리고 소리에서 벗어나지 못하는 사내의 숙명은 바로 글쓰는 일에서 벗어나지 못하는 작가의 숙명이라 할 것이다. 「이어도」 또한 허구에서 벗어나지 못한 채 현실적인 삶을 포기하면서까지 허구적 진실을 추구하는 천남석, 양주호, '이어도 여인'은 작가나 예술가의 다른 이름일 것이다. 또한 환상적 분위기나 환상성을 바탕으로 소설을 전개시켜 나가는 기법도 우의성과 불가분의 관계를 맺고 있다고 본다. 우의란 직접성보다는 간접성을 앞세우는 장르[72]라 볼 수 있기 때문이다.

따라서 『서편제』는 자아 망각의 경지에서 자신의 영역을 고수하는 예술가(소리꾼, 이야기꾼)의 우의라면, 「이어도」는 목숨마저 버리면서까지 자신의 신념과 진실을 추구하는 기자, 모순과 고난의 삶을 허구에 의지하면서까지 주어진 삶에 최선을 다하는 사람들에 대한 우의라 할 것이다. 따라서 작가는 소설을 통해 소설에 대한 반성과 성찰을 하는 게 아니라, 다른 예술(판소리나 이야기)를 통해 소설을 돌아보는 메타픽션을 쓴 것으로 볼 수 있다. 이런 점이 이청준의 독창적인 면으로 이청준 소설이 예술로 남을 수 있는 근거가 아닐까 한다.

2. 영상텍스트의 서술기법

소설은 문자언어[73]를 매개로 서술되지만 영상물은 다중언어[74]를 매개로 서술된다. 따라서 두 매체는 서술방식이 다를 수밖에 없다. 문자언어로 서술되는 소설과는 달리 영상물은 영상(이미지), 음향, 음악, 구술언어(대화와 내레이션), 문자언어(자막) 등 다양한 언어로 서술되기 때문이

---

72) 위의 책.

73) 일반적으로 언어는 말과 글을 말한다. 그러나 구술문학과 문자문학으로 나누어지는 문학에서는 구술언어와 문자언어로 구분하여 사용하는 것이 바람직하다 할 것이다. 구술언어 · 문자언어 · 영상언어를 구분하기 위해서도 더욱 그렇다.

74) 보통 영상언어란 단어를 사용하지만, 영화는 영상만으로 기술되지 않는다. 영상 이외에도 소리(음악 및 음향), 구술언어(대화, 내레이션), 문자언어(자막)가 영화 서술의 중요한 도구가 되기 때문이다. 이런 속성을 감안하여 필자는 이를 '다중언어'로 부르려고 한다. 이후 '다중언어'란 영상텍스트에 나타나는 영상, 소리, 구술언어(대화, 내레이션)와 문자언어(자막)를 통칭하는 용어로 사용할 것이다.

다. 이 절에서는 복잡·다양한 영상물의 서술기법을 분석함으로써 영상물의 독창성과 고유성을 고찰해보기로 하겠다. 이런 일련의 고찰을 통해, 각색영상물은 원작소설의 스토리를 차용하여 일부 변형한 변이형태가 아니라 새로운 텍스트임이 밝혀질 것이다. 매체의 변용은 전달방식의 변화뿐만 아니라 전혀 새로운 텍스트를 창조하는 일임도 아울러 밝혀질 것이다. 이를 통해 소설과 영화는 대체재(代替財)라기보다 보완재(補完財)에 가까움을 밝혀 공존의 가능성을 모색하려는데 그 목적을 둔다.

앞에서 서술에 대해 논의하면서 서술은 언어화 과정이 반드시 필요하다고, 서술자, 피화자, 언어화 과정은 서술의 필요조건이라고 했다. 이는 소설의 서술에나 적합한 규정이라 할 수 있다. 왜냐하면 영상물의 경우는 언어화 과정을 거치지 않고 영상(이미지)만으로도 서술이 가능하고, 일부 영상물의 경우는 음악만으로도 서술이 가능하기 때문이다. 따라서 이제 서술이란 개념을 달리 표현해야 한다. '서술이란 사실이나 허구를 말이나 글, 영상, 음악(음향) 등으로 진술함을 뜻한다'고 개념화하여, 영상과 음악을 서술의 도구로 인정해야 할 것이다. 그렇게 할 때 서술에 대한 보다 정확한 개념이 정립되고, 영상서술과 음악서술도 서술의 한 영역임을 명확히 할 수 있기 때문이다.

영상텍스트의 서술기법은 그 영역이 너무 광대하기 때문에 전체를 검토한다는 것은 이 책의 범위를 벗어난다. 따라서 이 책에서는 영상텍스트에 나타나는 서술기법을 중심으로 하여 살핀 다음, 개별텍스트에 사용된 서술기법과 목적, 의미를 살펴보기로 하겠다.

2.1 〈소리의 빛〉의 서술기법

<소리의 빛>은 영상과 음악의 조화를 위해 많은 공을 들인 영상물이

라 하겠다. 국악을 소재로 하는 영상에 맞게 우리 토속적인 배경들을 적극적으로 활용하고 있는데 이는 후에 나온 <서편제>나 <천년학>에도 많은 영향을 미친다. 특히 고목 아래서 의부와 누이를 버리고 떠나는 사내와 사내를 목메게 부르는 장면이나, 길에서 길로 이어지는 소리꾼 부녀의 소릿길, 인생길은 <서편제>에도 수용되어 감동을 이어가고 있다. 또한 선곡에도 공을 들여 '사철가'나 <심청가> '범피중류', <심청가> '심봉사 황성 가는 길 대목' 등은 주제와 분위기에 아주 잘 맞는다. 1984년 9월 17일에 방영되었음을 상기할 때, 영상적인 면에서나 음악적인 면에서나 빼어난 작품이라 하겠다. 특히 당시로서는 별로 주목을 받지 못했던 판소리 관련 소재를 영상화했다는 점에서도 높은 평가를 받아 마땅하다. 뿐인가, 결말부의 맹인 소리꾼으로 등장한 김성녀의 판소리와 북장단은 그보다 10년 내지 20년 후에 제작된 <서편제>나 <천년학>과 비교하더라도 결코 뒤지지 않는다.

그러나 한계도 있다. 짧은 제작 기간과 예산으로 인해서인지, 국악에 숙달된 배역을 찾지 못해서인지 음악적인 면에서는 한계를 드러낸다. 특히 화면과 소리가 일치하지 않을 뿐만 아니라 북장단이 노래와 맞지 않는다는 점은 당시 드라마 제작의 한계로 봐도 무방할 것이다.

2.1.1 영상기법

카메라의 눈을 통해 모든 것을 보여주어야 하는 영화는 단일한 시점으로 서술하기 어렵다. 그래서 영화는 다양한 시점과 서술자를 활용한다. 상상을 할 줄 모르고 말 할 수 없는 카메라는 객관적인 입장에서 즉각적으로 보여줄 뿐이다. 그러다 보니 카메라는 자신이 서술하고자 하는 바를 보여주어야 하고, 보여주기 위해서는 다양한 시점을 가진 서술자로 변신해야 한다. 이렇듯 영화는 매체 속성상 다중시점과 다중서술자를 필요로 한다.

영상텍스트에는 거의 모든 시점과 서술자를 활용하는 경향이 있다. 필요에 따라 제한적 서술을 하지만 또 필요에 따라서는 전지적 서술을 하기도 한다. 전달하고자 하는 스토리와 담론에 따라 서술관점이 바뀐다. 어떤 시점(時點)에서 어느 만큼 알려주고 감출 것인가, 어떤 방법으로 알려주는 게 효과적인가, 관객들이 혼란을 최소화하면서 스토리를 전달할 방법은 무엇인가? 이런 것들을 고려하여 제작자(시나리오 작가, 감독/연출자)는 서술자와 서술 방식을 선택하게 된다. 따라서 서술자의 선택과 서술 방식의 결정은 영화의 전달과 표현을 위한 선결조건이라 할 수 있다.

먼저 <소리의 빛>에는 제한 전지적 서술자가 나타난다. 사내가 교도소에서 출감하는 장면을 위에서 내려다본다든지, 선학동으로 가는 버스에 동승하여 종이학을 차창을 배경으로 날리는 모습을 본다든지, 선학동으로 가는 사내와 동행하여 사내를 관찰하는 관찰자적 시점을 가진 서술자를 인식할 수 있다. 물론 직접적으로 드러나지 않지만 사내를 따라다니며 관찰하는 시선이 있는데 카메라가 그 역할을 한다. '카메라의 눈' 기법을 활용하고 있는 것이다. 그런 카메라의 눈은 필요할 때마다 등장하여 영화를 서술한다. 등장인물의 시선이 아닌, 인식하기 어려운 또는 인식하지 못하는 제3의 시선으로 사건을 기술할 때는 거의 전지적 서술자로 봐도 무방하다. 이런 전지적 서술자는 인물의 심리를 아느냐 모르느냐에 따라 완전 전지적이냐 제한 전지적이냐 나눌 수 있는데, 대체로 영화에서는 특별한 경우를 제외하고 제한 전지적 서술자가 등장한다.

다음으로 3인칭 객관적 서술자가 나타난다. <소리의 빛>에서는 사내의 눈으로 보고 사내의 입을 통해 서술되는 부분이 있다. 폭포수를 배경으로 사랑을 나누는 모습을 상기하면서 빠져드는 유년시절의 기억은 사내가 주체가 되어 회상하는 것으로, 사내의 입장에서 서술되고 있다. 한편, 주막집 주인의 눈으로 보고 들은 이야기를 서술하는 부분도 있다.

맹인 소리꾼 여자가 아비의 유골을 가지고 와 선학동에 암장한 이야기나 아비를 용서한 이야기 등은 주인 사내의 눈과 입을 빌어 서술하고 있다. 이런 현상은 카메라라는 즉물적이고 즉각적인 서술자는 추정하거나 상상하거나 하는 능력이 없어 자기가 보고 들은 것밖에 서술할 수 없으므로 취해지는 조치라 할 것이다. 추리 상상할 수 없다는 것은 보이는 것만 서술해야 한다는 단점을 가지고 있는데 이를 보완하기 위한 방안이 바로 다중시점, 다중서술자의 활용이다.

조감적 서술자도 보인다. 새의 위치에서 내려다보는 입장의 서술을 말하는데 <소리의 빛>에서 사내의 출소 장면을 위에서 내려다보는 눈은 조감적 서술자의 입장에서 내려다보는 것이다.

서술자의 종류를 유형화시켜 <소리의 빛>에서 찾아 정리한 것이 다음 페이지의 <자료화면 1>이다.

①은 사내의 얼굴을 클로즈업하여 보여줌으로써 뒤에 이어지는 장면들은 사내의 관점에서 서술됨을 보여준다. 한 인물에 대한 클로즈업은 표정을 통해 인물의 감정 변화를 보여준다든지, 인물의 관점으로 서술하겠다는 의도를 가지고 행해진다. 물론, 이런 목적만으로만 쓰이는 것은 아니지만 대체로 클로즈업에는 그만한 의도와 목적을 가지고 있다. ②는 선학동 포구의 모습을 객관적인 입장에서 보여주고 있다. 이 화면 앞에 사내가 선학동 포구를 바라보는 모습을 보여주기는 하지만, 이 화면은 사내의 입장에서 선학동 포구를 본다기보다 객관적인 입장에서 선학동 포구를 보고 있다고 볼 수 있다. 객관적 관점과 관찰자 관점은 서술자의 주관적 관점이 개입되지 않는다는 점에서는 같지만, 제시 화면에 일정한 의도성을 가지느냐 단순히 관찰한 바를 보여주느냐에 따라 구분할 수 있겠다. 그래서 사내와 누이가 만나 소리로 그간의 정회를 나누는 ③은 관찰자 관점에 가깝다. 서술자의 주관을 개입시키지 않고 객관적인 입장에서 두 사람의 모습을 보여주는 카메라는 관찰자의 입장에 가깝기 때

① 3인칭 서술

② 객관적 서술

③ 관찰자 서술

④ 조감적 서술

⑤ 주관적 서술

⑥ 전지적 서술

〈자료화면 1〉 서술자의 종류와 그 유형

문이다.

이와는 달리 ④는 교도소를 나서는 사내의 모습을 새의 눈으로 서술하는 입장을 취한다. 새의 눈을 통해 사내의 출소를 내려다보는 조감적 서술이다. 조감적 서술의 경우는 새의 눈으로 내려다보이는 모습을 객관적으로 서술한다는 점에서 객관적 서술에 가깝다. 그러나 조감적 서술이 반드시 객관적 서술인 것만은 아니다. 새의 눈으로 지상을 내려다본다 하더라도 필요한 부분만 부각시킬 수 있고, 정작 필요한 부분을 빼버릴 수 있다는 점에서는 주관성이 개입될 수도 있기 때문이다. ⑤는 <소리의 빛>에서 찾을 수 없어 <이어도>에서 찾은 화면으로, 선우 경장의 입장에서 천남석의 행동이나 의식을 서술한다는 점에서 주관적 서술이다. 선우 경장이 천남석의 행동을 중심으로 돌아볼 수밖에 없다는 점에서는 관찰자적 입장일 수도 있지만, 천남석의 행동을 관찰한 결과를 나름대로 판단하고, 천남석의 심리를 얼마간 안다는 점에서는 주관적 서술이 된다. ⑥은 누이의 소리에 감응하여 해가 떠오르고 누이의 소리가 마침내 학으로 날아오름을 서술한다는 점에서 전지적 서술이다. 사내와 누이가 북장단과 소리로 어우러지는 모습을 보고 있는 관객은 해가 떠오르고 학이 날아오름을 알 수가 없다. 두 사람의 북장단과 소리가 해를 떠오르게 하고 학을 날아오르게 한다는 서술은 전지적 인물이 아니면 알 수 없는 내용이다.

<소리의 빛>에 가장 많이 쓰이는 영상기법은 플래시 백(flash back)이다. 플래시 백은 이청준 소설을 영상화한 모든 영상텍스트에서 가장 많이 사용되는 서술기법이다. <소리의 빛>에는 일곱 번, <이어도>에는 열두 번, <서편제>에는 세 번, <축제>에는 열 번, <천년학>에는 열세 번이나 사용된다. 이는 원작텍스트가 현재적 관점에서 과거를 돌아보는 플래시 백 기법을 적절히 사용함으로써 '과거에 대한 성찰과 반성'을 기조로 하고 있는 것과 밀접한 관련이 있다 하겠다. 그러나 영상텍스트에는 원작의 플래시 백을 그대로 사용하고 있지는 않다. 영상텍스트에서의 플래시 백은 소설텍스트와는 다른 목적으로 사용되는데, 플래시 백이 스토리라인을 구축하고 있기 때문이다. <소리의 빛>을 예로 들어 간단히 도표로 살펴보자면 다음 페이지의 표 2.와 같다.

표 2. 〈소리의 빛〉에 나타난 플래시 백

중심내용	기간	시점	주체	서술 시간
사내의 어린 시절 : 어머니, 의부, 누이동생의 삶과 그들로부터의 도망	사내의 유년시절과 소년기	3인칭 주인공	사내	21분 27초
소릿재의 내력담	사내가 떠난 후의 상황	3인칭 관찰자	요정 여자	7분 38초
소리꾼 아비의 죽음 : 죽는 순간까지 학이 날기를 기원하는 의부	전란 직후의 상황	제한 전지적	전지적 인물	6분 12초
딸을 맹인으로 만드는 아비	사내가 도망치고 난 얼마 후	제한 전지적	전지적 인물	1분 00초
천가네 주막에서 누이와의 만남과 헤어짐	정확한 시기가 드러나지 않음	3인칭 주인공	사내	18분 24초
아비의 유골을 선학동에 매장하기 위해 선학동을 다시 찾은 여자	4, 5년 전, 선학동에 물이 막히고 난 후	3인칭 관찰자	주막집 주인	34초
유골을 선학동에 매장하고 말없이 떠나버린 여자	4, 5년 전, 선학동에 물이 막히고 난 후	3인칭 관찰자	주막집 주인	3분 9초

일곱 번의 플래시 백이 영상텍스트의 스토리와 담론 전체를 이끌어 간다. 현재적인 관점에서의 모든 궁금증과 수수께끼가 과거를 통해 풀리고 있는 것이다. 이는 추리소설적 기법에서 활용하는 과거와 현재와의 교류를 통해 단서 찾기를 하는 한편 문제를 해결하는 기법과도 얼마간 통한다. 영상텍스트의 전체적인 담론 구조로 보나 서술 시간적인 면에서 보나 플래시 백은 <소리의 빛>을 이끌어가는 주동력으로 작용하고 있다.

플래시 백 기법은 시점과 서술자를 바꾸면서 카메라가 가지고 있는 즉자성, 즉물성의 한계를 뛰어넘으려는 의지도 담고 있다. 영화의 서술자인 카메라는 현상이나 대상을 직접적으로 보여준다는 장점이 있지만 생각할 수 없고 상상할 수 없다는 단점도 가지고 있다. 인간이 가지고 있는 오감 중 오직 시각만을 가지고 있을 뿐, 두뇌를 가지고 있지 않기 때문에 상상할 수 없는 것이다. 이런 카메라의 제한성을 뛰어넘을 수 있는 여러 가지 방안들이 영화에 도입되는데 그 중 대표적인 것이 바로 플래시 백과 다중시점이고 다중서술이다. 또한 다양한 앵글을 통한 특이한 관점으로 접근도 시도한다. 그러나 그런 이미지들을 아무런 장치없이 배열한다는 것은 무의미한 나열이 될 뿐이다. 그래서 편집이 필요한 것이고, 편집을 통해 뇌가 없었던 영상은 비로소 뇌를 갖게 되고, 이야기를 시작한다. 플래시 백은 카메라가 뇌를 가지고 과거를 회상하는 모습을 구체화한 것이라 할 수 있다.

그 다음으로 자주 쓰이는 영상기법이 디졸브다. 영상과 영상을 겹칠 때는 나름대로 분명한 이유와 목적을 가지고 있다. 영상미를 표현하기 위해서라든지, 충돌몽타주처럼 두 이미지의 충돌 결합을 통해 새로운 의미를 창출하기 위해서 주로 쓰인다. 다음 페이지의 <자료화면 2>를 보면서 살펴보자.

①은 소리꾼 부녀가 길을 걸어가는 모습과 개울을 건너는 모습이 겹쳐진 화면이다. 이는 소리꾼 부녀가 먼길을 걸어가는 모습과 개울을 만나 위험스런 일을 당하기도 한다는 의미를 표출하기 위해 겹쳐놓은 것이다. 몽타주를 이용하여 이어도 좋을 프레임이다. ②는 소리꾼이 마지막을 맞이하기 위해 의관을 정제한 모습과 소리꾼이 현재 앉아 있는 비각을 잡고 있다. 다면성을 부여하고 영상적인 맛도 살렸다는 데서 높은 평가를 받을 만한 프레임이다. ③은 사내가 배에 기댄 채 쓰러져 있는 모습과 사내를 밀쳐내고 냉정하게 바다로 나가는 주인사내를 겹쳐놓은 프레임으로 ①과 마찬가지로 몽타주로 이어도 좋을 프레임이다. ④는 저무는 햇빛을 받아 출렁이는 바다와 두 오뉘가 마주앉아 소리하고 소리를 듣는 장면을 겹쳐놓은 프레임으로 영상미가 넘치는 구성이다. 두 사

① 길과 시냇물

② 비각과 의관 정제한 아비

③ 사내의 흐느낌과 주인사내

④ 금빛물결과 소리장면

⑤ 해돋이와 학의 비상

⑥ 사내의 달림과 대문

〈자료화면 2〉 〈소리의 빛〉에 쓰인 디졸브 장면

람이 남매인 줄 이미 알면서도 아무런 내색도 하지 않고 소리로 대화를 나누는 장면과 해가 지면서 뿜어내는 형형색색의 노을빛 물결을 겹침으로서 두 남매의 형언할 수 없는 복잡 미묘한 심리와 찬란한 슬픔 등을 한 장면에 잡고 있다. 겹침을 통해 그 의미를 강화시키는 한편 두 사람의 만남을 아름답게 채색해 놓는다. ⑤ 또한 영상미의 극치를 보여준다. 누이의 노래로 아침해가 떠오르기 시작하더니 어느 순간 의부가 죽어가면서까지도 그렇게도 염원했던 학이 날아오르기 시작한다. 의부의 표현대로 '소리의 승천'이 일어나 하늘까지 소리가 닿았는지 마침내 학이 창궁(蒼穹)을 훨훨 날기 시작한다. 그 모습을 하나의 프레임으로 잡아 창궁(蒼穹)을 나는 학이 마치 아침해를 끌어올리는 듯한 느낌을 준다. 이는 소리로 인해 학이 날아오르고, 학이 날아오르는 힘이 마침내는 아침해까지 끌어올린다는 환상적인 의미를 부여한다. 영상미가 돋보이는 장면으로, 소리가 예술로 승화하는 것에 그치지 않고 천지를 감동시킨다는 의미를 담고 있다 하겠다. ⑥은 괴로움에 바닷길을 달려가는 사내의 모습 위로 주막집 대문이 겹쳐진 화면이다. 사내가 바닷길을 달려가는 행위와 대문은 어떤 새로운 의미를 부가한다기보다 이어짐을 염두에 둔 화면겹치기인 만큼 몽타주나 기타 방식으로 표현해도 별 무리가 없는 장면이다.

교차편집도 눈에 띈다. 결말부의 'S#55. 천가네 주막 안방(밤)'에는 네 번이나 인서트가 이루어지는데, 6초 동안에 '피를 토하는 의부, 고목 아래서 망설이는 소년, 폭포 곁에서의 정사, 어미의 죽음'을 보여주는가 하면, 9초 동안 '폭포 곁에서의 정사, 길에서 길을 떠도는 누이와 의부'를 보여주기도 하고, 17초 동안 '밤바다, 해돋이, 학의 비상, 학의 비상과 해돋이의 디졸브' 등을 보여주기도 한다. 또한 26초 동안 '학의 비상, 밤바다, 떠오르는 해를 배경으로 날아가는 학의 모습'을 보여주기도 한다. 이렇듯 한 장면에서 네 번이나 인서트로 교차편집을 하는 이유는 소리로 인해 과거사를 떠올린다는 의미도 있지만, 누이의 소리로 인해 학이 날아오르고, 해가 떠오른다는 의미도 담고 있다. 누이의 소리가 하늘에 닿아 해를 끌어올리고 학을 날게 한다는 뜻이다.

또한 마지막 장면인 'S#72. 갯벌길'에서는 사내가 갯벌길을 걸어가는 모습 사이로 누이와 의부가 길을 걸어가는 모습을 두 번이나 교차시킨다. 이는 사내의 길과 누이와 의부의 길은 서로 다르지 않음을 보여준다 할 것이다. 누이와 의부가 소릿길을 위해 길 위에서 많은 시간을 보냈듯, 사내도 소리를 찾아 먼 길을 가야 한다는 의미를 담고 있다. 또한 사내가 힘없이 걸어가는 모습 뒤로 누이와 의부가 길을 걷는 모습을 겹쳐 표현하여 인생길이란 점에서는 다를 바가 없음을 표현하기도 한다. 인생이란 길을 걸어가는 나그네 길임을 암시하면서 누구나 그 길을 걸어가지 않을 수 없음을 보여준다 하겠다.

<소리의 빛>의 미장센은 뒤에 이어지는 <서편제>나 <천년학>에 많은 영향을 줄 정도로 영상미학적으로 빼어난 부분이 많다. 그 중 가장 대표적인 예로 '소년의 도망침 시퀀스'를 들 수 있다. 돌아가신 어머니에 대한 의부의 무관심, 소리에만 빠져 경제적인 문제를 등한시하는 의부, 소리공부를 거부하는 자신을 때리는 의부를 죽이려다 실패한 소년은 결국 의부와 누이동생 곁에서 도망친다. 다음 페이지에서 보듯, 그 시퀀스를 구성하는 장면들의 미장센은 치밀한 계산과 의도에 의해 이루어진다.

먼저 소리공부를 거부한다는 이유로 의부에게 발바닥을 사정없이 맞은 소년은 잠도 못자고 절뚝거리는 걸음으로 초가집 앞에 나와 고민한다(화면 ①). 집 앞에 쭈그리고 앉아 무언가를 골똘히 생각하는 소년을 대원사로 잡음으로써 소년의 존재감을 확인시킨다. 화면상으로 누군지 모를 만큼 작은 몸으로 쭈그리고 앉아 있는 소년은 관객의 눈길을 끌지 못한다. 오히려 소년의 뒤로 솟아있는 초가집이나 초가집 위로 우뚝 솟아있는 기와집이 눈에 띈다. 그리고 마을 뒤로 흐르는 아침 안개는 소년의 마음처럼 불투명하기만 하다. 배경인 안개가 쭈그려 앉은 소년의 마음을 표현하는 것이다. 이런 상황은 오래 가지 않는다. 앞에서 살펴보았듯이 의부에 대한 소년의 마음은 얼마간 정리되어 있다. 의부는 어머니를 죽인 원수이자 자신의 재산을 가로챈 도둑 이상도 이하도 아니다. 따

① 신새벽, 초가집 앞

② 창을 통해 방안 살피기

③ 가지말라는 누이의 사정

④ 괴로움에 나무에 기댐

⑤ 도망치는 소년

〈자료화면 3〉 소년의 도망침 시퀀스 미장센

라서 소년은 곧 땅바닥에서 무엇인가를 집고 절뚝이는 발걸음으로 집으로 들어간다.

집으로 들어간 소년은 조심스레 창을 통해 방안을 살핀다(화면 ②). 소년의 등 뒤로 보이는 밝은 빛과는 대조적으로 소년의 얼굴은 어둠에 가려 명확하게 보이지 않는다. 그 어두운 소년의 얼굴은 소년의 심리를 표현한다. 밝은 세상을 버리고 암흑의 세상으로 들어가려는 소년의 마음은 밝을 수 없다. 그래서 소년의 얼굴은 어둡기만 하고 어둠에 싸여있다. 이제 빛의 공간을 떠나 어둠의 공간으로 진입하려 한다. 그런 소년을 막는 것이 바로 문이다. 마음대로 드나들 수 없는 경계요, 벽이다. 그래서 소년은 그 문을 선뜻 통과하지 못하고 그 문을 통해 안을 들여다본다. 자신이 들어가려는 곳은 어둠에 묻혀 있다. 이런 전체적인 분위기는 소년이 문밖에서 방을 들여다본다기보다 창살에 갇힌 채 밖을 내다

보는 죄수의 모습을 상기시킨다.

의부가 잠들어 있음을 확인한 소년은 집 앞에서 주워온 돌멩이로 의부를 살해하려 하나 의부가 깨어남으로써 실패하고 만다. 죄책감과 의부에 대한 두려움으로 소년은 집에서 뛰쳐나와 뒷산 나무 밑으로 뛰어간다. 이를 알아차린 누이동생이 소년의 뒤를 쫓는다. 오빠를 부르는 누이동생의 애달픈 목소리에 소년은 고목 아래서 달음질을 멈춘다.

나무를 경계로 하여 오빠를 외치며 쫓아온 누이동생과 거리를 둔다. 누이는 소년을 향해 있지만 소년은 누이를 피해 옆으로 돌아선다. 그 가운데 커다랗게 서있는 고목은 단순한 나무가 아니라 두 사람의 거리감의 표현이요, 넘을 수 없는 벽을 의미한다. 고목으로 인해 소년과 누이는 바로 곁에 있지만 서로 넘을 수 없는 거리에 멀리 떨어져 있는 것이다. 또한 고목은 단순히 벽이나 거리감만을 표현하기 위한 장치가 아니다. 두 남매 사이에 우뚝 서있는 고목은 두 남매의 인연의 크기와 높이, 앞으로 긴 세월 동안 이어질 인연의 대치물이다. 또한 햇빛은 소년과 누이의 앞에서 빛나는 게 아니라 배경처럼 두 사람 뒤에서 빛나고 있음도 유의미한 배치임을 알 수 있다.

그러다 어느 순간 소년이 고목을 넘어 누이 쪽으로 다가간다(화면 ④). 그러나 누이와 하나가 되지는 못한다. 의부에 대한 원망과 살의, 의부를 죽이려 했다는 죄책감과 괴로움 때문에 누이 앞에 똑바로 설 수가 없다. 그래서 고목에 기대어 하염없이 울고 있는 것이다. 이 장면은 바로 소년의 인생을 미리 제시한다는데 의미가 있다. 늘 원망과 살의, 죄책감과 괴로움으로 똑바로 설 수(살 수) 없기 때문이다. 그래서 찬란한 아침빛은 소년과 누이가 있는 곳에서 빛나는 게 아니라 고목을 사이에 두고 왼쪽에서 빛나고 있는 것이다. 물론 그 빛이 소년과 누이 앞에서 부서지고 있지만 소년과 누이는 그 빛 반대쪽에 있는 것이다. 바로 이 장면의 모습이 소년과 누이의 일생을 암시한다.

이렇듯 <소리의 빛>의 미장센은 철저한 계산과 목적과 의미를 가지고 이루어진다. 사물, 빛, 방향, 배경까지 스토리와 담론을 위해 배치·구성되어 있다. 그것이 1980년대 드라마에 의해 이루어졌다는 점에서 제작자의 영상 표현력을 높이 살 수 있고, 우리 영화의 무한한 발전 모습을 미리 보는 듯하다. 이런 빼어난 표현력이 <서편제>와 <천년학>으로 이어져 우리만의 영화를 만들지 않았나 싶다.

<소리의 빛>

<서편제>

〈자료화면 4〉 〈소리의 빛〉과 〈서편제〉의 영상 비교

2.1.2 음향기법

<소리의 빛>의 배경음악은 무겁게 가라앉은 듯한 저음과 휘파람, 전자오르간, 그로테스크한 신디사이저 음이 결합으로 구성되어 있다. 저음은 심해(深海)나 지하, 또는 인간의 마음 속 깊은 곳에서 울려나오는 소리를 연상시킨다. 무겁고도 깊은 저음은 무언지 모르게 불안감을 조성하고, 실타래가 감기듯이 꼬여서는 풀리지 않을 것만 같은 고음과 어우러져 혼란, 불안, 어그러짐, 꼬임, 과거로의 회귀, 어지러움의 느낌을 준다.

'혼란과 그리움의 휘파람 소리'라고 명명할 수 있는 이필원 작곡의 주제곡은 총 다섯 번 반복(5분 46초~6분 14초, 20분 32초~21분 41초, 33분 37초~34분 4초, 54분 17초~55분 49초, 89분 2초~91분 10초)되는데, 고음과 저음의 대비를 통해 두 가지 이미지를 전달한다. 저음은 땅속이

나 심해(深海) 또는 인간의 마음 속 깊은 곳에서 울려나오는 듯한 우울하면서도 암울한 분위기의 음이다. 이는 사내의 깊은 마음 속 무의식의 세계를 반영한 것으로 본다. 무거우면서도 깊은 소리는 바로 한(恨)을 표현한 것이다. 그와는 반대로 휘파람 소리처럼 들리는 고음은 무언가 흔들리고 꼬여드는 듯한 느낌을 주지만 서글픈 추억, 추억을 따라 흐르는 마음처럼 애달프다. 이런 두 음의 대비를 통해 혼란감을 강조하려는 것이다. 과거에 대한 그리움, 혈육에 대한 그리움은 휘파람으로 표현되는 신디사이저의 음으로, 마음 속 깊은 곳에 자리잡은 채 자신이 통제할 수 없는 무의식은 묵직한 저음으로 표현하여 사내의 흔들리는 마음을 표현하고 있다.

이런 판단의 근거는, 사내가 혼란스러워하는 순간에 주제곡이 배경음악으로 깔린다는 점에서 유추한 것이다. 처음 주제곡이 깔리는 부분은 도입부분인 '종이학 시퀀스'다. 버스 안에서 한 소녀가 넘겨준 종이학은 사내에게 많은 생각을 불러일으키기에 충분한 소재다. 어린 시절의 순수함, 학에 대한 의부의 집념, 천가네 주막에서 누이의 소리를 들으며 떠올렸던 학의 비상 등. 이런 생각이 꼬리에 꼬리를 물자 사내는 갈등할 수밖에 없다. 그 갈등이 주제곡으로 표현된 것이라고 본다. 그 다음은 선학동에 들어설 때 누이동생이 부르는 오빠!라는 외침과 함께 배경에, 사람들이 노래삯으로 모아준 돈을 의부 몰래 집어들고 들판을 가로질러 뛰어가는 장면에, "아부지가 아녀!"를 외치며 의부와 누이동생으로부터 도망치는 장면에, 선학동 주막 사내로부터 누이에 대한 이야기를 듣지 못하고 낙담하는 장면에, 선학동 주막 주인사내로부터 모든 이야기를 듣고 혼자 쓸쓸히 길을 가는 사내의 뒷모습에 깔리는 것을 보면 주제곡은 사내의 심경과 깊은 관련을 맺고 있음이 드러난다.

주제곡과 주제곡의 변주를 제외하면 다른 배경음악은 그리 많은 편이 아니다. S#17. 사내의 회상 부분에 깔리는 배경음악이 좀 색다른 맛이 있다. 저음으로 흐르는 신디사이저의 음은 혼란, 불안, 가라앉은 남성의 음성을 표현하고, 도드라진 고음으로 반복되는 음은 사람의 맥박을 연상시키기에 충분하다. 낮게 흐르는 사내의 마음과 그 마음에 맞춰 피가 흐르는 듯한 느낌을 주는 이 음악은 사내의 과거 회상과 잘 맞아떨어진다. 피를 타고 흐르는 소리의 매력과 소리에 대한 거부, 소리에 끌림과 자신의 불안감 등이 잘 표현되고 있기 때문이다.

사내가 누이의 발자취를 찾아다니다 요정에 찾아갔을 때 흐르는 가야금 소리는 일반적인 술집의 분위기를 내는 정도로 그친다고 본다.

색다른 배경음악은 초가에서 딸의 눈에 청강수를 떨어트려 맹인으로 만드는 장면에서 나타난다. 아비는 "국창(國唱)이 되어라!"고 외치고 있다. 국창을 만들기 위해 딸의 눈을 멀게 하고 있지만, 그 마음은 떨릴 수밖에 없다. 그 불안과 두려움이 배경음악으로 표현되고 있다. 두려움, 공포, 불안을 느끼게 하는 강하면서도 빠른 템포의 음악은 아비의 마음을 표현하기에, 관객들에게 불안과 공포, 두려움을 주기에 충분하다.

<소리의 빛>이 소리에 대한 드라마인 만큼 삽입곡에 대한 고찰도 필요하다. 삽입곡들은 대체로 사건의 정황과 일치하며, 분위기 조성의 목적으로 사용되고 있다. 2분 11초 동안 지속되는 '폭포수 앞에서 의부가 발성연습을 하는 장면'에 사용된 의부의 소리는 폭포수 앞에서 자신의 소리를 트기 위한 발성연습이라 큰 의미를 부여할 수 없다. 그 다음으로 나오는 삽입곡은 '사철가'로 정자에서 많은 사람들 앞에서 부른다. 속절없이 가버린 세월에 대한 아쉬움, 인생무상을 소리로 표현하고 있다. 이 '사철가'는 <서편제>와 <천년학>에서 다시 사용되어 인생무상과 속절없는 세월을 표현할 때 단골로 쓰이고 있음을 알 수 있는데, <소리의 빛>에서는 분위기나 상황과는 썩 어울리지 않는다. 또한 화면과 소리의 불일치, 소리와 북가락이 제각각인 것도 감상을 방해하는 요소 중의 하나다. 이는 80년대 드라마 제작 경향이나 상황을 알려주는 단서 중의 하나

로, 아직 국악에 대한 조예가 깊지 못했고, 음악과 화면 일치의 중요성을 크게 인식하지 못하고 있었던 데 그 이유가 있을 것이다.

최부잣집 마당에서 소경딸이 부르는 <수궁가> 중 '토끼 화상 그리기 대목'은 상황과 잘 어울린다. 최부자의 배려로 의식주를 해결하게 된 상황인 만큼 즐겁고 흥겨운 노래가 제격일 것이다.

비각(碑閣)에서 최후를 맞이하는 의부가 부르는 '학아 날아라'는 음악이라기보다 자신의 소원을 노래로 표현하며 죽어간다는 의미를 담고 있다 하겠다. 그리고 아비의 외침을 죽은 아비 곁에서 딸이 이어 부름으로써 소리에 대한 집념이나 열의, 예술혼이 대를 이어 이어지고 있음을 보여준다.

천가네 주막에서 누이와 만나 소리로 어우러지는 부분에는 <심청가>가 삽입된다. 누이동생이 직접 소리하는데 '황성(皇城) 가는 길'과 '심청이 인당수에 빠지는 대목'과 '범피중류(泛彼中流)'가 그것이다. '황성(皇城) 가는 길'은 심봉사를 버리고 떠난 뺑덕어미에게 잘 살라는 부분을 부르는데, "눈 어둔 날 버리고 니가 무엇이 잘 될소냐. 새 서방 따러서 잘 살아라."는 의부와 누이를 버리고 떠난 사내에게 의부가 함직한 말이다. 이미 누이는 사내가 제 오라비임을 알고 그 부분을 부르고 있는 것이다. 둘째로 '심청이 인당수에 빠지는 대목'은 비록 자신은 죽지만 아버지는 눈을 떠서 밝은 세상 살기를 바라는 심청의 마음을 노래함으로써 '황성(皇城) 가는 길'과 같은 의미를 담고 있다.

심청이 뱃사공들에게 몸이 팔려 배를 타고 떠다니는 장면인 '범피중류(泛彼中流)'는 진양조의 느린 전개가 사람의 가슴을 저미게 한다. <소리의 빛>에서는 두 번이나 삽입되는데, 아비의 유골을 선학동에 묻기 위해 마을 사람들에게 소리로 보시(布施)할 때와 천가네 주막에서 남매가 만나 소리로 밤을 새울 때 부르고 있다. 이제 죽음을 눈앞에 두고 있는 심청에게 세상의 풍경이나 명시(名詩)들이 떠오르겠는가마는 내용상으로 보면 죽음을 앞둔 심청이 마지막 호사를 누리는 부분이기도 하다. 이 중에서 "노 젓는 소리에는 세상 모든 근심 걱정이 스며있는데 그 근심 걱정이 가득한 것은 자신의 마음과 다를 바가 없구나. 굴원은 물에 몸을 던져 나라에 충성을 다하고, 그 충심을 고기 뱃속에 숨겨 두었듯이 자신도 고기밥이 되어 효심을 다하겠다"는 심청의 심정은 듣는 사람의 애간장을 녹이기에 충분하다. 그래서 '범피중류(泛彼中流)'는 <심청가> 중에서도 눈대목으로 꼽히는 것이다. 이는 소리를 하는 여동생의 마음의 표현이기도 하다. 자신은 물에 몸을 던져 충심과 효심을 다한 굴원과 심청이처럼 소리의 길을 가겠다는 의지를 표명한 것으로도 볼 수 있기 때문이다. 이런 이유로 해서 '범피중류(泛彼中流)'는 <서편제>에서도 다시 활용되고 있다.

2.1.3 언어기법

<소리의 빛>의 언어기법은 특이한 것이 없다. 라디오 드라마의 영향인지, 관념적인 내용을 표현하다보니 나타난 현상인지 모르나 대사가 많다는 점이 특이사항이다. 대사에 전라도어(全羅道語)를 사용하고 있음도 특이사항이다. 이는 전라도란 현장감을 부각시키는 한편, 전라도어로 되어있는 판소리의 맛을 살리는데도 한몫 단단히 하고 있다. 원작소설에서도 내용 전달을 위해 전라도어를 자제하고 있는데, 영상물에서는 과감히 지역어를 활용함으로써 현장감과 사실성을 높이고 있음은 영상물의 즉물성과도 관련이 있다 하겠다.

이처럼 '도해(圖解)로서의 전환'을 시도하고 있는 TV드라마의 경우에도 보여주고 들려줌으로써 소설을 읽을 때는 미처 파악하지 못했거나 상상하지 못한 내용을 구체화시킨다. 이는 시각적인 문자언어를 시청각적인 영상언어로 전환시킴으로써 감각적으로 인식하게 한다는 점에서 영상물의 존재의미가 있는 것이다. 상상력을 통해 막연하게 인식했던 사

건이나 이미지를 분명한 이미지로 제시하여, 인간의 뇌리에 각인시킴으로써 명확히 파악하게 하고 기억하게 한다는 점에서 영상물의 힘을 느끼게 한다.

그러나 정반대로 영상물은 소설을 읽으면서 상상할 수 있는 인간의 무한한 상상력을 일정한 틀 안에 가둠으로써 상상력을 제한한다는 점에서는 한계를 갖는다. 영상이 아무리 빼어나도 소설을 읽으면서 독자 개개인이 느꼈거나 상상했던 것에는 미치지 못한다. 그렇기 때문에 영상물에서는 표현할 수 없는 소설 고유의 영역이 있는 것이다. 최근 특수촬영효과나 컴퓨터그래픽 등을 활용해 영상물은 인간이 느끼고 상상할 수 있는 모든 영역에 도전하고 있지만 인간이 상상을 다 표현할 수 없고, 특히 인간의 관념을 시청각적 언어로 표현하는 데는 한계가 분명 존재한다. <소리의 빛>에서 보여준 인물이나 분위기, 상황, 아비와 누이가 부르는 소리의 빛깔, 노래를 부를 때와 북을 칠 때의 모습, 비상학의 모습, 한의 승화의 의미 등은 소설을 읽는 독자가 상상했던 것에 못 미칠 수도 있다. 그래서 영상물은 인간의 상상력을 제한한다는 점에서 소설이 갖추고 있는 미덕에 못 미친다. 따라서 관념적이거나 상상적인 서사는 소설이, 감각적이고 즉물적인 서사는 영상이 표현한다면 두 매체는 상호보완하는 한편, 상호 영향을 주면서 발전할 수 있을 것이다.

2.2 〈이어도〉의 서술기법

원작텍스트와 영상텍스트를 비교하는 자리에서, <이어도>를 보고난 후의 느낌은 드라마를 보았다기보다 한 편의 라디오 방송극을 들은 듯한 느낌을 받는다는 지적을 했었다. 그 이유는 여러 가지가 있겠으나 대화 위주의 사건 진행과 긴 장면을 활용한 내용 전달에 초점을 맞추기 때문이다. <이어도>는 다른 영상물에 비해 긴 장면을 주로 활용하는데 아무래도 관념적인 내용을 시각적 이미지로 전달하기 어렵기 때문에 나타나는 현상인 것 같다. 이제 그 이유를 하나씩 살펴보자.

2.2.1 영상기법

<이어도>의 영상기법 중 가장 특징적인 사항은 긴 장면을 들 수 있다. 모든 장면이 긴 것은 아니다. 그러나 1시간 30분 13초의 영상물이 91개의 장면으로 구성되어 있음을 상기할 때, 1분당 한 번씩 장면 전환이 이루어지고 있다. 그러나 인서트를 통한 교차편집을 별도의 장면으로 나누지 않는다고 하면, 장면 전체가 60여 개밖에 안된다. 한 시간 30분짜리 영상물이 90개에서 100개의 장면으로 구성됨을 상기할 때, <이어도>의 장면 수는 적은 편이다. 이는 한 장면의 길이가 길다는 말이 된다.

<이어도>에서 가장 긴 장면은 선우 경장이 남양일보사 편집국으로 양주호를 찾아가 대화하는 '편집실 대화 장면'으로, 총 33쇼트로 5분 27초 동안 지속된다. 한 장면을 5분이상 지속시킨다는 것은 대화를 그만큼 중시한다는 뜻이다. 'S#30. 이어도 술집에서의 대화'도 중간에 인서트가 있어서 한 장면으로 보기 어렵지만, 8분 21초 동안 31개 샷으로 구성되어 있다. 'S#1. 타이틀 백'도 4분 58초 동안 22샷으로 길게 이어진다. 내레이션과 함께 제시되는 제주의 자연환경, 그 자연환경에 맞춰 삶을 영위하는 제주민의 모습이 롱 테이크에 의한 시퀀스 샷과는 다른 방법으로 시작하고 있다. 긴 장면이 많은데, 장면 중간에 인서트까지 하나의 장면으로 계산하면 3분 이상의 장면만도 10개를 상회한다. 이렇듯 긴 장면이 많은 이유는, 장소 이동이 많지 않기 때문이다. 이는 이청준 소설이 행동보다는 관념성이 주류를 이루고 있다는 특징과도 밀접한 관계가 있다. 행동을 통한 사건의 제시보다는 대화와 관념성을 중시하는 소설을 영상화하다 보니 생긴 현상이 아닌가 한다.

<이어도>를 보고 난 후 드라마를 봤다는 느낌보다는 라디오드라마를 들은 듯한 느낌을 받는 것은 대화가 많고, 서술자의 목소리를 직접 노출시켜 사건을 서술하고 있기 때문이다. 이를 '대화나 이야기 중심의 장면전환'이라 할 수 있는데, 대화나 이야기는 계속 되는데 장면만 바뀜으로써 장면이 전환되었다는 느낌보다 계속 되고 있는 듯한 느낌을 준다. 그러다보니 영상은 이야기나 대화의 보조적인 성격을 갖는 것처럼 보인다. 선우 경장과 양주호의 대화 중에, 천남석과 선우 경장의 대화 중에, 선우 경장과 이어도 여인의 대화 중에 장면이 바뀌고, 장면의 내용을 설명이라도 하듯 장황한 이야기를 한다. 서술자를 분명히 드러내어 서술자에 의해 회상되는 이야기임을 분명히 한다. <이어도> 시작과 끝부분에 등장하는 내레이터와 함께 드라마 전체가 나레이터라 할 수 있는 여러 서술자에 의해 제시되고 있음을 보여준다. 이는 라디오드라마 기법을 연상시킨다. 내레이션 중간중간에 등장인물의 목소리나 대화가 삽입되는 형식의 라디오드라마 기법과 아주 흡사하다. 각색자는 「이어도」 속성상 이야기하기 방식이 아닌 보여주기 방식으로는 관념적인 내용을 다 다룰 수 없다고 판단했기 때문에 이런 서술기법을 사용했을까? 그러나 1977년 김기영 감독의 <이어도(異魚島)>는 이 드라마보다 6년 전에 제작되었어도 과감히 원작에 대한 새로운 해석을 통한 새로운 영상을 만들어냈다는 점을 상기할 때, 이는 원작소설에 대한 충실한 반영만을 염두에 둔 한계라 할 것이다.

'도해(圖解)로서의 전환'을 시도하는 <이어도>는 원작소설을 충실히 반영하고 있기 때문에 원작소설의 기법인 플래시 백을 자주 활용할 수밖에 없다. 과거와 현재의 교차는 전체 스토리와 담론을 규정하는 특징이 된다. 그 다음으로 눈에 띄는 영상기법은 디졸브다. 앞에서 살펴본 <소리의 빛>보다 더 많은 디졸브 기법을 사용하고 있다.

① 천남석과 바다

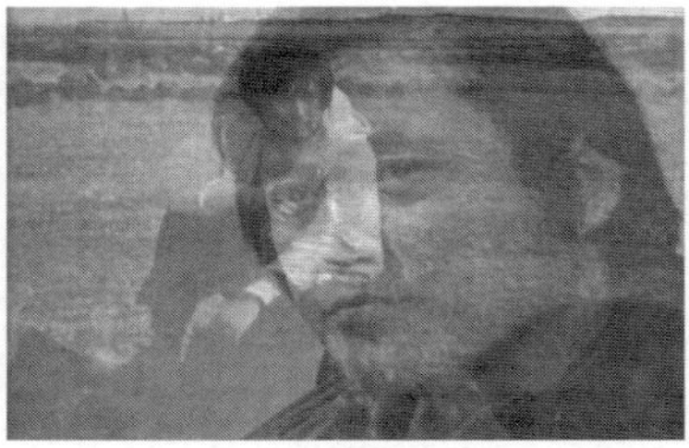

② 선우 경장과 천남석

③ 선우 경장과 제주민

④ 남석 어머니의 겹침

⑤ 남석 아버지와 이어도

⑥ 선우 경장과 제주도

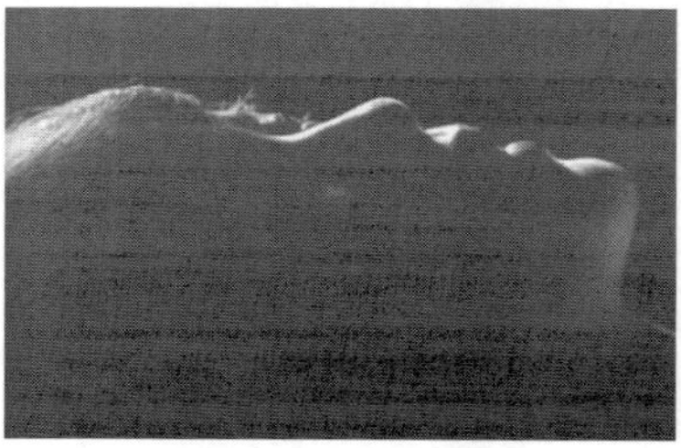

⑦ 이어도 여인과 바다

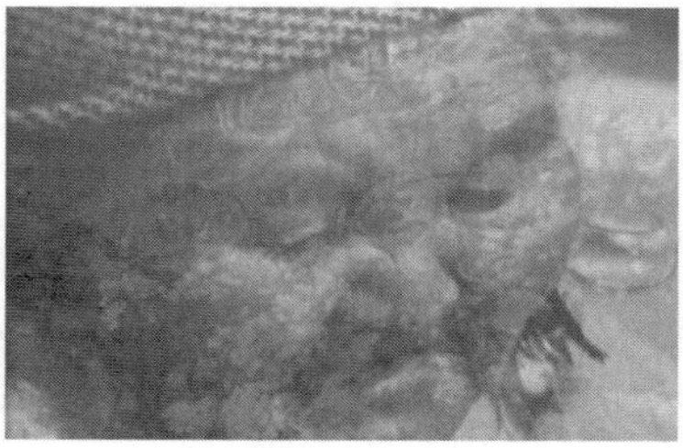

⑧ 할머니와 국화

〈자료화면 5〉 〈소리의 빛〉에 쓰인 디졸브 장면

이처럼 다양한 디졸브를 사용하여 서사를 연결시키는가 하면, 상징적인 의미를 부여하기도 한다. ①은 천남석과 바다를 한 프레임에 포착함으로써 천남석이 바다 한가운데 있는 전설의 섬 이어도를 늘 동경한다는 의미와 함께, 바다가 천남석을 삼켰음을 간접적으로 보여주고 있고, ②는 선우 경장을 통해 천남석의 삶과 의식 세계를 들여다보려는 의도성을 부여한다. ③은 선우 경장으로서는 이해할 수 없는 제주민의 의식을 들여다보려는 의지를 표현하고 있고, ⑤는 천남석 아버지가 본 이어도의 모습이거나 천남석 아버지가 꿈꾸는 이어도의 모습을 그린 것이다. ⑥은 ③과 같은 의미를 담고 있고, ⑦은 이어도 여인이 누워있는 얼굴 위에 제주바다의 모습을 함께 포착함으로써 이어도 여인의 의식 세계를 드러내고 있다. ⑧은 세월과 바람에 쭈그러든 할머니의 얼굴과 국화꽃을 함께 포착함으로써 제주민의 의식세계를 보여준다. 고통과 고난 속에서도 이어도를 꿈꾼다는 것은 늙은 여인이 화사하게 핀 꽃을 동경한다는 것과 다를 바 없다는 의미를 담고 있어 은유를 넘은 상징으로 볼 수도 있겠다. 그러나 ④는 단순히 장면전환을 위한 디졸브로 큰 의미를 부여할 수 없다.

이처럼 <이어도>는 디졸브의 다양한 사용을 통해 의미를 압축시켜 함축적으로 표현하고 있다는 점에서 영상미와 예술미를 구현하고 있다. 다양한 기법을 활용하는 것도 중요하지만 하나의 기법을 반복적으로 구사하되 각기 다른 의도와 목적을 가지고 활용한다면 한 기법의 다양성과 창조성을 획득하는 길이 될 것이다. 이런 면에서 <이어도>는 디졸브 기법의 다양한 활용으로 예술성을 높인 작품으로 봐도 큰 무리는 없을 것이다.

<이어도>에는 인서트로 볼 만한 장면이나 샷이 자주 보인다. 시나리오를 구할 수 없어서 단정지을 수는 없지만, 인서트를 하나의 장면으로 처리했거나 그냥 하나의 장면 안에 삽입 처리했거나 간에, 인서트에 의

한 교차편집을 통해 서사의 속도감을 부여했다는 점에서는 의미가 있다. 하나의 장면에서 대화하는 모습만을 영상으로 보여줬다면 수용자는 탄력이 없고 지루하다는 느낌을 받았을 것이다. 그러나 긴 장면 중에 중간중간 인서트 기법을 활용하여 변화를 준다는 점에서 수용자의 시선을 집중시킬 수 있었다.

인서트 기법을 활용했다고 볼 수 있는 장면은 총 18개로, 'S#21. 편집실'에서 선우 경장과 양주호가 얘기하는 도중, 폭풍에 흔들리는 배가 선우 경장의 이야기와 함께 잠시 삽입된다. S#23.에도 찻집에서 두 사람이 이야기하는 도중 선상(船上)에서 선우 경장과 천남석이 이야기하는 장면이 삽입되고, 폭풍에 흔들리는 배가 다시 삽입된다. 이런 형태로 배 위에서 천남석과 선우 경장이 대화하는 도중에 제주민들이 바다와 함께 하는 삶의 모습이 잠시 삽입되고, 이어도 술집에서 양주호와 선우 경장이 이야기하는 도중에 이어도 노래와 함께 하는 천남석의 삶이 잠시 비췬다. 이렇게 <이어도>의 구조는 한 장소(한 장면)에서 이야기하는 도중 서술되는 내용이 장면이나 샷으로 삽입된다. 이를 구조화하면 <그림 7>과 같다.

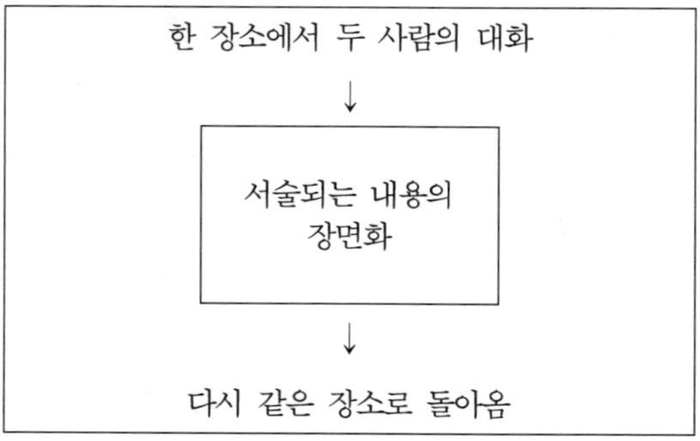

〈그림 7〉〈이어도〉의 장면 구조

<이어도>의 장면 구조는 원작소설인 「이어도」의 다층구조와 닮아 있다. 이는 원작소설을 각색하는 과정에서 각색자가 원작의 방법을 원용했을 수도 있고, 서사 전개상 필요한 구조라 생각하고 각색자가 새로 만들어낸 구조인지도 모른다. 아무튼 원작텍스트나 영상텍스트나 비슷한 서사 구조로 서술하고 있음을 알 수 있다.

<이어도>의 촬영기법을 살펴볼 때 또 하나의 특징적인 기법이 있으니 바로 줌(zoom) 기법의 활용이다. 어떤 경우에는 줌 인으로 피사체를 강조하기도 하고, 또 어떤 때는 줌 아웃으로 피사체를 무한정 작게 잡아 배경을 강조하는 경우도 있다. 그런데 줌을 총 15번이나 활용하고 있어 너무 남용하는 게 아닌가 한다. 줌을 활용해야 할 경우는 분명히 있다. <자료화면 6>과 <자료화면 7>의 경우가 필요한 경우라고 생각한다. 카메라의 제한성으로 인해 카메라 이동이 용이하지 않을 때나, 급격한 줌 인이나 줌 아웃을 통해 상황의 급작한 변화를 줄 때가 바로 그런 경우다. 그런데 1시간 30분 길이의 드라마에 줌을 15회나 활용하고 있다는 것은 무리가 있는 것 같다. 특히 <자료화면 8>의 경우는 달리(dolly)나 팬(pan)의 방법을 이용하여 초점의 변화를 주거나 구도에 변화를 줌으로써 신선함을 주었다면 더욱 좋았을 것이다. 과유불급(過猶不及)이라고, 같은 기법을 너무 자주 사용하면 참신성이 떨어지고 관객의 시선을 끌지 못한다는 점에서는 다시 한 번 생각해보야 할 문제다.

다음으로 눈에 띄는 촬영기법은 원형 회전인 아크(arc)의 사용이다. 8분 21초가 한 장면으로 구성된 'S#30. 이어도 술집'에서 두 번 사용된다. 물론, 장면 중에 47초 동안 인서트로 천남석이 이어도 노래와 함께 하는 삶을 삽입하기도 하지만, 이를 뺀다고 해도 7분 34초 동안 하나의 촬영기법으로 촬영한다는 것은 불가능하다. 그래서 다양한 촬영기법이 요구된다. 그런 필요를 충족시키기 위해 제작자는 많은 고민을 했을 것이고, 다양한 기법 중 아크를 선택했을 것이다. 아크 기법은 촬영 당시로서는

〈자료화면 6〉 줌 아웃

〈자료화면 7〉 줌 아웃

새로운 시도라는 점에서 살펴볼 필요가 있다.

<자료화면 9>는 왼쪽으로 카메라가 돌고 있다. 선우 경장의 뒷모습이 서서히 오른쪽으로 이동하는 것을 볼 수 있다. 그리고 마지막 화면에서

〈자료화면 8〉 줌 인

는 양주호와 선우 경장이 마주보고 있고, 이어도 여인은 카메라 정면에 위치해 있음을 알 수 있다. <자료화면 10>은 이와는 반대로 카메라가 오른쪽으로 돌고 있다. 서로 마주보고 이야기하는 선우 경장과 양주호의 모습이 서서히 돌기 시작한다. 세 번째 화면에서는 선우 경장이 등이 보이고 양주호의 얼굴은 완전하지 않은데 비해, 네 번째 화면에서는 선우 경장의 등이 반쪽만 프레임 안에 들어와 있고, 나머지 반은 프레임 밖으로 나가 있다. 또한 정면에는 양주호의 얼굴이 선명하게 보인다.

80년대 당시로서는 새로운 촬영기법이라 새로운 영상미를 제공한다는 데는 의미가 있다. 그러나 이 기법은 인물들의 표정을 명확히 하기 위해서나 주변 환경을 명확히 보이기 위한 목적이 아니면 피해야 할 것이다. 대체로 아크는 포옹 상태여서 등을 보이는 인물의 표정이 드러나지 않을 때나, 주변 환경을 명확히 제시함으로써 피사체가 위치한 곳을 명확히 보여줄 때, 또는 앞과 뒤를 동시에 보여줌으로써 양면성을 드러내거

〈자료화면 9〉 왼쪽돌기

〈자료화면 10〉 오른쪽돌기

나 감추어진 이면을 드러낼 때가 아니면 그 효과가 그리 크지 못하기 때문이다.

<이어도>의 배경은 대체로 어둡다. 조명도 밝지 않다. 그 이유는 담론의 분위기가 무겁고 가라앉아 있기 때문이다. 선우 경장의 복장도 분위기와 잘 어울린다. 대체로 어둡고 무거운 분위기에 흰 제복을 입은 해군 중위보다는 전투복 위에 방한복을 입은 해양경찰이 분위기와 어울리기 때문이다. 천남석의 어머니와 어린 천남석이 갈옷을 입고 있는 모습이나 천남석의 아버지가 어두운 옷을 입고 있다는 점도 전체적인 분위기와 잘 어울린다. 물론, 소설이나 드라마의 시대적 배경은 명확하지 않아서 복장에 대한 정확한 판단은 어렵지만 인물들의 성격이나 분위기와 잘 맞는다. 이렇듯 이 드라마에서는 어둡고 침침한 조명과 의상을 통해 인물의 성격이나 사고를 드러낸다는 점, 전체적인 분위기를 조성한다는 점에서 일정한 효과를 거두고 있다.

2.2.2 음향기법

<이어도>의 음향기법은 평범하다. 1980년대 영화음악이나 드라마음악의 속성을 잘 보여준다는 게 특징이라면 특징일 수 있겠다.

맨 먼저 나타나는 음악은 신디사이저의 울렁이는 듯한 오프닝 시퀀스의 음악이다. '혼란'이라고 명명할 수 있는 이 음악은 시작부에 40초간 흐른다. 전지적 내레이터에 의해 사람의 운명, 그리고 자연환경과의 관계를 기술하는 부분에 나타난다. 인간의 의지로는 어쩔 수 없는 불가항력적 상황에 혼란을 겪는 느낌과 그 소용돌이 속에 빠져드는 듯한 느낌을 주는데 오래 지속되지는 않는다. "인간은 그 환경에 적응하기도 하고, 환경을 개척하기도 하면서 길고 짧은 삶을 살아가기 때문이다."란 내레이션과 함께 끊어진다. 그 뒤를 이어서 조용하게 울려퍼지는 피리소리는 차분하게 인간의 비애와 한, 그리고 삶을 관조하게 한다. 또한 그 비애와 한을 뛰어넘기 위한 화해의 분위기를 자아낸다. 인간이란 운명을 거부하기보다 그 운명을 담담하게 받아들이고 그 속에서 의미를 찾는다

는 내레이션과도 잘 어울린다. 한과 해한, 그리고 한의 승화를 피리소리로 그려내고 있다. 오프닝 시퀀스의 마지막 부분을 장식하는 음악은 헬기가 날아가는 듯 긴박하고 무언가 일어날 것 같은 분위기의 음악이다. 무언가 감추어진 듯한, 비밀에 쌓인 그 무엇이 금방이라도 모습을 들어낼 것 같은 긴박감이 전면에 흐른다. 마치 수사극이나 미스터리 영화에 어울릴 만한 음악이다. 이는 추리소설적인 담론을 형상화하는데 적절한 장치로 보인다. 금방이라도 무슨 일이 터질 것 같은 긴장감을 주어 시청자의 관심을 집중시키기에 적당하기 때문이다.

두 번째 음악은 '이어도 타령'이다. '술집 이어도'에서 '이어도 여자'가 부르는 노래인데, 제주민의 운명과 한을 표현하고 있다. 노래라기보다 웅얼거림에 가까운 이 노래는 서러움과 한, 그리고 그 속에서 살아갈 수밖에 없는 비애를 표현한 제주도 민요를 그대로 삽입하고 있다. 그러나 이 노래는 비애에 머무르지만은 않는다. 삶이란 늘 부조리와 모순 속에 존재하지만 그 삶을 뛰어넘으려는 힘찬 박동으로 이어지기 때문이다. 노를 저으면서 으싸! 으싸! 소리를 힘차게 지르듯, 삶의 파고를 이겨내기 위한 역동성을 보이기 때문이다. 그러나 드라마에서는 이런 역동성을 생략하고 비애와 한에 초점을 맞춰 삽입하고 있다.

<이어도>의 배경음악의 특징 중 가장 관심을 끄는 것은 시퀀스 하나를 하나의 음악으로 장식하고 있다는 점이다. S#37에서부터 시작하여 S#60에까지 이어지는 '삶의 모순과 비애 그리고 탈출의 욕망'이라고 명명할 수 있는 이 음악은, 천남석의 어린 시절을 연결하는 하나의 연결장치로 사용된다. 45분 10초에 시작되어 1시간 3분 40초까지 장장 18분 30초간 이어지는 이 배경음악은 반복과 변주, 그리고 악기의 교차를 통해 쉬임 없이 이어진다. 다른 시퀀스에 비해 대화가 많지 않아 영상 위주로 편집된 이 부분을, 배경음악이 천남석의 어린 시절과 한, 그리고 삶의 비애를 표현하고 있다.

배경에 저음으로 깔리는 신디사이저의 크로테스크한 울림과 파동, 그 위로 파도처럼 솟아올랐다가 가라앉고 가라앉았다가 솟아오르는 전자오르간, 전자기타, 전자실로폰의 변주는 암담하면서도 우울하고 칙칙하면서도 벗어나기 힘든 삶에서 벗어나려고 몸부림치는 천남석의 심리를 잘 표현한다. 따라서 밑에 깔리는 신디사이저의 울림과 파동은 운명, 환경, 바람, 파도, 늪을 표현한다면 전자오르간, 전자기타, 전자실로폰은 울림과 파동, 소용돌이 속에서 빠져나오려는 천남석의 몸부림을 표현한다. 그래서 신디사이저의 소리는 대화가 있건 없건 간에 배경에 깔리는데 비해 천남석의 몸부림을 표현하는 전자오르간, 전자기타, 전자실로폰은 대화가 없는 부분에서 도드라지게 울려퍼진다.

천남석의 욕망과 욕구를 표현하고 있는 전자오르간, 전자기타, 전자실로폰의 소리는 계속적인 변주를 감행한다. 처음에는 동일 음의 반복처럼 들리지만 음폭, 고저, 울림이 계속적으로 변화하고 있음을 알 수 있다. 그것은 천남석의 심리와 직접적인 관련을 맺고 이루어진다. 천남석의 심리상태가 차분할 때는 음폭이 낮고 고요하면서도 울림이 거의 없이 흐르고, 격정의 심리상태를 표현할 때는 음폭이 높고 크게 흔들리면서도 울림이 크게 표출된다. 이런 변화와 변주를 통해 천남석을 둘러싸고 있는 운명, 환경, 삶에서부터 벗어나고자 하는 천남석의 욕구를 표현하고 있다.

하나의 음악을 18분 30초간 사용한다는 점에서는 단순한 음악 선정이라 할 수도 있겠지만, 여러 요소들을 종합적으로 판단할 때 적절한 배치가 아닌가 한다. 배경음악이 단순히 분위기를 표현하기 위해 존재하는 게 아니라 등장인물의 심리나 의식 등을 효과적으로 표현하는 기능을 가지고 있음을 보여준다. 짧게 압축시켜 여백의 미를 표현한 배경음악도 필요하지만 유장하게 흐르면서 등장인물의 심리나 상황을 표출하는 배경음악도 필요함을 보여준 예라 하겠다.

마지막 배경음악은 'S#67. 천남석 집 안방'에 삽입된다. 소용돌이, 혼란의 신디사이저의 음향과 전자드럼의 울림은 환상적이고 몽환적인 분위기를 자아낼 뿐만 아니라 기타의 튜닝은 그리움과 동경, 사랑의 느낌을 주기에 충분하다. 선우 경장과 이어도 여자의 잠자리는 배경음악을 통해 극적으로 표현된다. 인서트로 삽입된 바위에 부서지는 파도를 통해 성행위를 간접화시키는 한편, 진폭이 큰 에코음으로 바뀐 선우 경장의 목소리를 통해 몽환적이고 환상적인 분위기를 연출한다. 그 위에 환상과 그리움, 사랑의 멜로디를 결합시켜 놓음으로써 예술적으로 표현하고 있다. 또한 인서트 화면은 이어도 여자와의 결합은 단순히 한 여자와의 결합이 아니라 제주민과의 정신적 교류이자 결합임을 보여준다.

음향적인 면에서, <이어도>는 에코 효과를 활용하여 환상적 · 몽환적 분위기를 연출했다는 점이 지적되어야 할 것이다. 발단부와 결말부의 내레이션부터가 에코를 사용하고 있다. 일반적인 사람의 목소리가 아닌, 울림을 강조한 내레이션은 인간의 목소리가 아닌 전지전능한 존재를 떠올리게 한다. 그 목소리는 화면 아래서나 옆에서가 아니라 위에서 쏟아져 내리는 듯한 느낌을 준다. 위에서부터 쏟아져 내리는 빛이나 목소리를 통해 신의 존재를 알리는 성서의 기법을 연상시킨다. 인간 존재가 아닌 제3의 존재에 의해 서술된다는 느낌을 갖게 한다. 이는 인간으로서는 이해하기 힘든 이어도를 위해 목숨을 바치고 자신이 살던 제주도가 바로 이어도였음을 인식하게 되는 <이어도>의 스토리와도 어울리는 설정이다. 인간으로서는 이해하기 힘든 일이기에 인간이 아닌 제3의 존재를 가상한 것이다.

에코 효과는 'S#67. 천남석의 집 방안'에도 나타난다. 신들린 듯한 선우 경장은 자신도 의식하지 못하는 말을 하게 되는데 그 때 선우 경장의 목소리는 진폭이 큰 울림으로 이루어진다. 이는 선우 경장이 하는 말이라기보다 제3의 존재의 말임을 드러내기 위한 것이다. 선우 경장의 의지에 의해 이야기한다기보다 천남석의 혼령이거나 다른 혼령에 씌여 하는 말이라는 의미를 내포한다. 이 에코 효과를 통해 분위기를 환상적이고 몽환적으로 바꿔놓는다.

에코를 활용하여 등장인물이 아닌 제3의 존재를 드러낸다는 점에서 이 드라마는 환상성과 몽환성을 가진 서사임을 효과적으로 드러낸다. '이상적인 관찰자', '이상적인 수용자'라 할지라도 그 의미를 명확히 파악하기 힘들다고 판단되는 순간에 에코를 활용하여 그 내용을 적절하게 전달한다는 것은 음향효과가 갖는 또 다른 의의라 할 것이다.

전체적으로 볼 때 <이어도>에 사용된 배경음악은 대화가 없는 부분에 삽입되고 있음을 알 수 있다. 대화 부분에는 일체의 음악을 사용하지 않고 대화가 극히 적거나 영상 위주로 전달할 때만 배경음악이 사용되고 있다는 점은 배경음악의 목적과 효과를 정확히 인식하지 못한, 배경음악을 영상을 보완하는 역할 정도로 인식한 1980년대 상황을 반영한 것이라 하겠다. 그러나 천남석의 어린 시절을 하나의 음악으로 통합하여 천남석의 심리를 음악으로 표현한 것은 <이어도> 배경음악이 갖는 또 하나의 의의일 것이다.

2.2.3 언어기법

목소리에 대해서는 이미 음향기법을 살피면서 언급했으므로 생략하고, 언어기법 중 제주어 사용에 대해서만 잠시 살펴보겠다. 어린 시절의 천남석과 그의 부모는 어설프지만 제주어를 사용하고 있다. 지역어에 대한 인식이 부족했던 1980년대에 공영방송사의 드라마에 제주어를 사용한다는 것은 하나의 모험이었을 것이다. 제주어를 아는 사람이 거의 없고, 투박한 제주어를 긍정적으로 인식하는 사람도 없는 상황에서 제주어를 과감히 사용한 것은 단순히 현장성을 높이겠다는 의미 이외의 다른 목적이 있을 것이다. 그것은 바로 지역어에 대한 새로운 인식이 아닌가 한다. 각 지역의 언어인 지역어를 정당하게 하나의 언어로 인정하고 그 언어의 존재가치를 인식시키겠다는 의지를 담고 있다 하겠다. 그런 점에서 드라마에 제주어를 사용한 것은 높이 평가할 수 있겠다.

2.3 〈서편제〉의 서술기법

음악영화[75]처럼 영화가 시청각예술임을 유감없이 보여주는 경우는 드물다. 일반영화에서는 크게 강조되지 않는 음악이 주요 동인으로 작용함으로써 영화의 복합성을 드러낸다. 여기서 분석하고자 하는 <서편제>와 <천년학>의 경우가 대표적인 음악영화로 볼 수 있는데 뮤지컬이나 오페라와는 전혀 다른 맛과 멋을 드러낸다는 데서 그 의의는 더욱 크다 할 것이다.

<서편제>는 예술성에서도 흥행성에서도 성공한 영화로 평가받고 있다. '성공한 영화'에 대한 기준이 불명확하고, 이에 대해 구체적으로 언급하고 있지 않아서 객관성을 결여하고 있는 것처럼 보이지만, 여러 가지 측면에서 살펴보면 이 평가는 객관적이고 정당하다는 게 드러난다. 흥행성에 대한 문제[76]는 이 연구의 범위를 벗어나기 때문에 구체적인 언급은 하지 않겠지만, 흥행에 성공한다는 자체가 얼마간 예술성과 대중성을 확보하고 있다고 봐도 큰 무리는 없을 듯하다. 그 요인은 아무래도

75) <서편제>의 장르를 음악영화로 구분하는 것은 일반적이지 않다. 또한 영화에서 장르란 '전형성'을 내포하고 있다는 점에서 부정적으로 인식되고 있는 게 사실이다. 그래서 '장르영화'가 아닌 영화를 '예술영화'('비장르적 영화' 또는 '극영화')라 부르고 있다. 그러나 문학의 장르를 구분하듯 영화의 장르 구분도 필수적이라 할 것이다. <서편제>는 음악영화, 예술가영화, 로드 무비, 멜로드라마의 속성을 가지고 있다고 본다.

76) 서편제 흥행요인에 대해서는 睦昊燦, 『'서편제' 흥행 요인 분석』, 동국대 석사논문, 1997.을 참고하기 바란다.

'영상과 음악의 조화'에 있을까 한다. 이제 <서편제>에 활용된 서술기법을 살펴봄으로써 예술성을 조명해보자..

2.3.1 영상기법

<서편제>에서는 몽타주 기법이 진가를 발휘하곤 하는데, '길 위에 여정'이라고 할 수 있는 몽타주 기법은 과감한 생략과 연결을 통해 '고단한 소리꾼 가족의 험한 인생길'이란 은유적인 의미를 부여하고 있다.

다음 페이지 <자료화면 11>과 <자료화면 12>를 통해 알 수 있는 바와 같이, 과감한 생략과 연결은 새로운 의미를 창출하는가 하면, 영상미를 살림으로써 영화에 예술성을 부여하고 있다. 특히 <자료화면 12>는 공간적인 압축뿐만 아니라 여름, 가을, 겨울을 연결함으로써 시간적인 면에서 많은 시간이 경과했음을 보여준다. 그림 ⑤ '겨울 길 위에 여정' 바로 뒤에 이어지는 장면에서 젊었던 유봉이 흰 머리와 흰 수염을 한 늙은이로 변한 모습을 보여줌으로써 십여 년 이상의 세월을 흘렀음을 암시한다.

<서편제>에 몽타주 기법을 적극적으로 활용한 것은 필요에 의한 선택이라고 할 수 있다. 한 곳에 정착할 수 없는 소리꾼 일가는 결국 길 위에서 많은 시간을 보내야 한다. 그 '길 위에 여정'을 다 보여줄 수는 없고, 필요한 부분만을 보여줘야 하기 때문에 몽타주 기법을 활용한 것으로 볼 수 있다. 그러나 의도적으로 접사, 중사, 원사, 대원사를 활용하여 피사체와의 거리감을 강조한 것이나, 주변 환경과의 조화를 추구한 것이나, 길 위의 여정을 통해 한국적 자연의 멋을 드러낸 점은 높이 평가할 수 있다. 이는 정적 이미지와 동적 이미지의 조화, 위대성과 왜소성의 대비, 소외와 냉대 속에 떠돌고 있는 소리꾼 일가의 고난상, 끝도 없이 이어진 길을 걷고 또 걷는 인생을 함축적으로 보여준다. 이런 다양한 의미를, 다양한 효과를 짧은 몽타주를 통해 압축적으로 제시하는 감독의 역량이 돋보인다.

① 밤길을 걷는 유봉

② 세 사람이 걸어가는 발자국

③ 동호와 송화의 모습

④ 세 가족이 걸어가는 모습

〈자료화면 11〉 몽타주·편집 (1)

① 여름, 시냇가

② 여름, 들판

③ 시·공간 미상

④ 가을, 들판

⑤ 겨울, 산길

〈자료화면 12〉 몽타주 편집 (2)

1) 고정 샷과 이동 샷의 조화

고정 샷의 대표적인 예는 시퀀스 샷에 해당하는 '진도아리랑 시퀀스'와, 맹인이 된 송화가 기와집에서 해지는 모습을 바라보며 유봉과 대화를 나누는 '해질 녘 기와집에서의 대화' 부분과, 아이가 이끄는 끈에 의지하여 염전 길을 걸어 떠나는 '송화의 정처없는 떠남 시퀀스'를 들 수 있다.

먼저 <서편제>의 백미라 할 수 있는 '진도아리랑 시퀀스'는 일반적인 시퀀스 숏보다도 훨씬 긴 5분 8초간 하나의 샷으로 구성되어 있다. <자료화면 13>에서 보듯, 처음에는 인물들이 거의 보이지 않는다. 멀리서 유봉의 목소리에 실린 '진도 아리랑'만 들려온다. 그러다 어느 순간 송화의 목소리가 들리고 셋은 굽은 돌담길을 돌아 나온다. 그리고 돌담길을 돌아 서자 비로소 세 사람의 모습이 분명한 모습을 갖추기 시작한다. 노래는 그치지 않고 유봉과 송화가 주고받는 교환창(交換唱) 형식으로 계속 된다. 그러다 노래가 흥겨워짐에 따라 동호가 북을 치기 시작하고, 마침내는 세 가족이 하나가 되어 춤을

인물은 거의 보이지 않는다

인물이 보이기 시작한다

인물이 구체적으로 보인다

풀샷으로 인물들을 포착한다

〈자료화면 13〉

추며 어우러진다. 서로에게 덕담을 나눠주며 진도아리랑을 부르는 것이다. 유봉은 딸 송화에게 "금자동이냐 옥자동이냐 둥둥둥 내 딸/부지런히 소리 배워 명창이 되거라"라고 독려 겸 강조하고 있고, 이에 대한 답으로 송화는 동호에게 "아우님, 북가락에 흥을 실어/멀고 먼 소릿길 따라 나는 갈라요"라고 고수가 되어 자신과 함께 소릿길을 가자고 권하고 있다. 이 세 가족의 모습은 굽이 잦은 길을 돌고 돌아 소릿길을 가려는 의지를 담고 있고, 아주 사소한 것에도 신명을 내며 가난하고 고단한 삶이지만 노래와 춤을 통해 힘을 얻고 있음을 보여준다 하겠다. 어쩌면 <서편제> 전체의 내용을 암축적으로 제시했다 해도 지나친 표현이 아닐 것이다.

다음으로, <자료화면 14>에서 보는 바와 같이 움직임은 거의 나타나지 않고 대화만으로 구성되어 있는 '기와집에서의 대화'는 1분 1초 동안 계속 하나의 샷으로 촬영하고 있다. 이 샷 직전에 잠시 보여준 해지는

〈자료화면 14〉 해질녘 기와집에서의 대화 장면

모습과 분위기를 맞추기 위해 갈색 필터를 사용하여 애닯프고 서러운 분위기를 더욱 자극한다. 눈이 보이지 않는 송화는 해지는 모습을 볼 수가 없다. 그래서 저물녘 노을빛 속에서 해가 지고 있는지, 노을이 있는지, 노을이 지면 달과 별이 뜨겠지만 자신은 영영 하늘도 달도 별도 못 보는 신세가 되었음을 확인한다. 유봉은 대답하지 못하지만 송화는 그걸 알고 있다. 그러기에 송화는 마침내 소리를 하겠다고, 심청가를 배우겠다고, 유봉에게 소리를 배워달라고 청한다. 어떤 부탁에도 소리를 하지 않던 송화가 마침내 자신의 뜻을 바꿔 소리에 삶을 걸겠다고 다짐하는 이 장면은 극 전체로 보았을 때 엄청난 의미를 가지고 있는 부분이다. 음폭이 큰 배경음악과 함께 송화의 떨리는 듯한 목소리로 소리를 하겠다고 말해야 할 부분이다. 그런데도 아무 미동조차 없이 정적인 분위기에서 엄청난 반전이 일어나고 있다. 너무 차분하고 조용해서 아무런 일도 일어나지 않은 것 같은 느낌을 준다. 바로 이 점이 감독이 노렸던 효과다. 내용과 음향이 전혀 맞지 않는, 어쩌면 반대되는 장견과 음향을 통해 대조를 극대화함으로써 보다 강렬한 효과를 노린 것이다. 음악의 대위법적 사용, 조용함 속의 커다란 울림, 고요 속의 대반전 등은 에이젠슈테인이 말한 충돌몽타주[77]와도 같은 의미를 지닌다.

'송화의 정처없는 떠남 시퀀스'에서도 고정 샷을 활용하는데 앞부분은 1분 24초간은 카메라를 좌우로 패닝시키고 있지만, 뒷부분 52초간은 고

---

77) 에이젠슈테인은 서로 다른 이미지들이 충돌하여 새로운 이미지들을 창조하는 것에 주력하였는데 바로 '충돌 몽타주'다. 에이젠슈테인은 한자(漢字)를 충돌 몽타주의 기원으로 보았다. 개[犬]와 입[口]이 만나 짖다[吠]가 되듯이 몽타주의 원리는 부분들이 만나 단순한 합을 만드는 게 아니라 좀 더 비약적인 결과인 곱으로 해석하게 한다는 것이다. 이렇듯 충돌 몽타주는 대립과 충돌을 통해 새로운 의미로 전환되거나 새로운 해석을 낳게 한다는 것이다. 에이젠슈테인은 변증법의 논리를 자신의 몽타주 이론의 근간으로 삼았는데, 몽타주도 갈등과 대립, 충돌을 통해 새로운 의미를 구현한다고 봤다. 박지훈, 『개정증보 3판 영화제작 매스터북』, 책과길, 2008, pp. 682~721.과 세르게이 에이젠슈테인, 정일몽 역, 『영화의 형식과 몽타쥬』, 영화진흥공사, 1990. 참조.

앞부분 샷 1

앞부분 샷 2

뒷부분 샷 1

뒷부분 샷 2

〈자료화면 15〉 송화의 떠남 시퀀스

정 샷으로 촬영한다. 이는 서사적 연결성을 보이기 위한 장치이기도 하지만 영화의 예술성을 높이기 위해 의도적으로 사용했음을 알 수 있다. 왜냐하면 이 시퀀스를 포함하여 앞에 예를 든 시퀀스들이 <서편제> 중, 가장 높은 예술성을 갖추고 있는 시퀀스들이기 때문이다. 물론 이견의 여지는 있지만 <서편제>를 보고 난 후 가장 기억에 남고, 가장 예술적이라고 느끼는 시퀀스는 아마 이 세 시퀀스와 '동호와 송화의 헤어짐 시퀀스'일 것이기 때문이다. 물론, 다른 장면에서도 미장센이나 음악 등에 의해 진한 감동을 받을 수는 있지만 전체적인 이미지와 분위기, 삶의 애환을 가장 잘 보여주는 장면은 바로 이 네 시퀀스이기 때문이다.

고정 샷을 통해 이런 효과를 창출하는 것과는 반대로, 이동 샷을 통해 동적인 이미지를 강화하는 한편 사건의 속도감을 느끼게 하는 부분도 많다. 대표적인 경우가 '길 위의 여정'이라고 명명할 수 있는 장면이나 샷에 나타나고 있다. 유봉이 옛 소리친구인 도상과 창극단원들에게 괄시와 수모를 겪고 난 후 쓸쓸히 혼자 집으로 돌아가는 모습 바로 뒤에 연결되는 '세 가족 이동 시퀀스'(<자료화면 17>)는 카메라를 틸트 업한 후 좌에서 우로 패닝하여 세 가족이 이동하는 모습을 담고 있다. 하염없이 걸어가는 세 가족이 고단한 발걸음을 연결하여 정처없이 떠돌아다니는 소리꾼 가족의 애환을 그려내고 있는 것이다.

이런 모습의 '길 위에 여정'은 한 번으로 끝나지 않는다. 끝도 없이 이어지는 게 '길 위에 여정'이다. 그 많고 많은 '길 위에 여정'은 다양한 방법으로 제시되는데, 대체로 대원사나 원사[78]로 주변 배경과 함께 제시한다. 길은 단순한 길이 아니라 인생길임을 암암리에 강조하고자 하는 장치라고 본다.

임권택 감독의 작품에는 길의 이미지가 다양하게 제시되고[79] 있고, 그 의미는 인생길과의 연결선상에서 해석할 수 있다. 그런데 <서편제>에서 '길 위에 여정'이 유독 많은 이유는 정착할 수 없는 떠돌이 삶을 살 수밖에 없는 소리꾼의 비애를 그리기 위한 것이다. 창극단에게 밀리고, 악극단에게 밀리고, 양악기(바이올린 : 약장수와의 다툼 장면에서 약장수가 뱉은 말을 근거로)에 밀려 약장수와의 동행마저 용이치 않은 상

78) 쇼트에 대한 구분과 명칭은 '부록 1 : 쇼트의 구분과 명칭'을 참고하기 바란다. pp. 398~399.

79) 길을 배경으로 한 장면은 이외에도 7, 9, 10, 13, 28, 33, 35, 41, 42, 48, 51, 55, 66, 72, 74, 88, 95, 97, 99 등 스무 장면에 이르며, <자료화면 15>에서 보듯 마지막 장면도 송화가 여자 아이의 손을 잡고 염전길을 걸어가는 모습으로 끝난다. 이에 대해 설연희는 앞의 논문에서, 길은 단지 영상적 효과만을 위한 장치가 아니라 유연한 선의 움직임을 통해 '한풀이 공간'의 이미지를 강조하고 있다고 말한다. 이러한 길의 이미지는 임권택 감독의 작품 <만다라>, <개벽>, <길소뜸> 등에서 반복되어 나타나는 특징인데 감독의 주제의식을 잘 드러내는 상징물로 보고 있다.

황에서 소리꾼에게 머물 곳은 존재하지 않는다. 소리꾼은 약장수나 장돌뱅이보다 더 비참한 신세로 떠돌아다닐 수밖에 없다. '길 위에 여정'은 떠돌이의 삶의 비애와 예술혼을 추구하는 예술가의 비애, 인생의 비애를 함축적으로 표현하기 위한 장치가 된다. 그리고 그 길은 사람들의 왕래가 많은 곳이 아닌 인적이 없는 쓸쓸한 길일 수밖에 없기에 화면은 거의 세 가족 또는 두 부녀를 멀리서 잡고 있다.

다음으로 지적할 수 있는 것은, 인물을 주로 대원사나 원사로 포착하여 인물의 왜소성을 강조한다는 점이다. 사실, <서편제>에서 인물을 접사나 초접사, 인물사로 포착하는 경우는 좀 드문 편이다. 내용상의 문제일 수도 있지만, 내용보다는 인물의 왜소성을 강조하기 위한 장치가 아닌가 한다. 우리 것에 대한 관심이나 애정이 부족한 상태에서, 우리 전통적인 모든 것이 서양문물에 밀려나는 상태에서, 우리 고유의 소리에 대한 관심을 기대하기 어렵다. 특히 영화 속의 주무대가 되는 1950, 60년대는 우리 것에 대한 관심보다는 서양화, 미국화를 맹목적으로 추구하던 시기라 할 수 있다. 그런 상황에서 소리꾼 가족의 삶은 처량할 수밖에 없고 남의 눈에 띄지 않는다. 바로 그 점을 잘 알고 있기에 영화에서는 인물을 근접촬영하지 않고 있는 것이다. 때에 따라 중사나 접사로 포착하는 경우도 있지만 그것은 드문 일이고 보면 그 의도를 알 수 있다. 물론, 가족의 모습을 한 프레임 안에 잡기 위해 접사나 초접사를 자제했다고 볼 수도 있겠지만, 그보다는 인물에 대한 왜소성과 쓸쓸함을 표현하기 위한 것으로 보는 게 타당할 것이다.

2) 빠른 장면전환과 연속촬영의 조화

<서편제>에는 에이젠슈테인이 지적하는 '충돌' '대조' 기법을 적극적으로 활용하고 있다. 위에서 살펴본 고정 샷과 이동 샷의 조화나, 이제 살펴볼 빠른 장면 전환과 연속촬영의 조화 등은 모두 충돌과 대조 기법

을 활용한 예라 하겠다. 서로 반대되는 속성들을 대조적으로 배치하여 역동성과 탄력성, 속도감을 부여하고 있는 것이다.

<서편제>에는 속도감을 주기 위해 빠른 장면전환을 장점으로 활용되고 있다. 소리를 하는 장면이나 꼭 필요한 장면이 아닌 경우 속도감을 주기 위해 아주 짧게 처리하고 있다. <자료화면 16>에서 보듯 '길 위에 여정'은 장면전환 속도가 아주 빠르다. 몇 발자국을 하나의 샷이나 장면으로 처리하는가 하면, 버스가 잠깐 달리는 모습이나 몇 걸음 걸어가는 모습으로 장면을 전환하거나, 몽타주를 적극적으로 활용하여 영상 압축을 시도하고 있다. 이는 꼭 필요한 부분이 아닌 경우는 최대한 관객의 상상력에 맡겨 두겠다는 의미다. 그러나 주제 부각을 위해 꼭 필요한 부분은 최대한 연속촬영하고 있다.

가을 들판의 세 사람

들길과 마을길의 겹침

눈 덮인 산 속의 두 사람

〈자료화면 16〉 '길 위에 여정'

주제를 함축하는 장면에서는 지루할 정도로 롱 테이크를 활용하는데, 특히 소리하는 장면은 다양한 각도에서 촬영하되 소리의 연속성을 유지하기 위해 장면전환을 하지 않는다. 이는 주제의 효과적인 암시, 소리의 예술성 강조, 소리를 통한 분위기나 주제 전달을 위한 배려라 할 것이다. 대표적인 예가 소릿재에서 세월네의 소리를 듣는 동호의 얼굴을 대

유봉의 쓸쓸한 밤길

단풍진 낙엽길

산길(1)

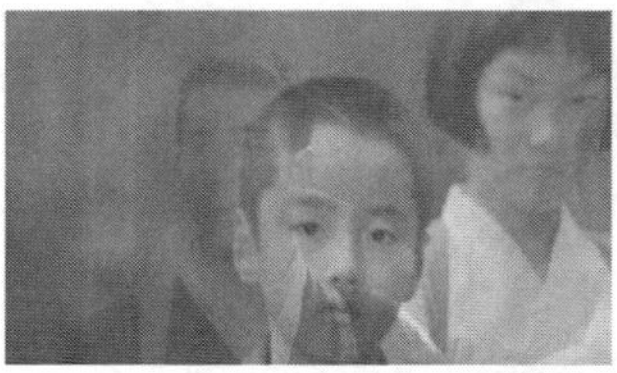
동호와 송화 어른이 됨

산길(2)

〈자료화면 17〉
세 가족 이동 시퀀스

접사로 잡은 후, 바로 유봉의 소리와 연결하여 과거로 플래시 백하는 장면을 들 수 있다. 두 장면은 전혀 별개의 장면이지만 소리를 통해 연결하고 있다. 또한 유봉이 윤초시댁 생일잔치에서 <춘향가> '암행어사 출두 대목'을 부르는 장면에서는 1분 47초 동안 14개의 샷을 배열하면서도 장면전환은 하지 않고 있다. 이는 유봉이 부르는 소리를 좀 더 명확하게 표현하기 위해서다. 이미지를 위한 장면전환보다는 '소리를 위한 장면전환'을 시도하고 있는 것이다.

이와는 달리 나머지 장면에서는 전환 속도가 눈에 띄게 빠르다. 동호네 가족과 유봉이 마을을 떠나 이동하는 시간은 두 장면 모두를 합쳐야 겨우 25초(앞장면 13초, 뒷장면 12초)고, 낙산이 온갖 사설을 늘어놓으며 혁필화를 그리는 장면도 1분 18초고, 판소리가 판을 치는 세상을 꿈꾸며 소리에 전념하겠다는 유봉의 포부를 밝히는 낙산과의 술자리도 1분 14초고, 창극공연에 어린 동호와 송화가 눈물을 흘리며 창극을 보는 장면도 불과 1분 32초다. 또한 유봉이 도상과 창극단 패거리에게 비굴함과 패배감을 맛보고 술자리에서 나와 눈물을 흘리며 쓸쓸한 밤길을 걸어가는 장면도 23초로 정리하고 있다. 이렇듯 빠른 장면전환은 서사 진행의 속도감을 주어 관객을 주의를 집중시킨다.

장면전환과 편집의 백미라 할 수 있는 '유봉의 쓸쓸한 밤길과 세 가족이 이동 시퀀스'는 '유봉의 쓸쓸한 밤길→단풍진 산길→산길→길을 걸으며 성인이 되는 동호와 송화→성인이 되어서도 길을 걷는 동화와 송화→세 식구를 이끌고 산길을 걷는 유봉→세 식구의 쓸쓸한 산길'로 이어져 불과 1분 20초 동안에 일곱 번의 장면 전환이 이루어지고, 그 장면들이 하나의 시퀀스를 이루고 있다. 장면 평균시간이 10초를 조금 넘기고 있다. 이렇듯 빠른 샷의 전환은 속도감과 탄력성을 주는 동시에 꼭 필요한 장면에 중점을 두어 서사를 전개시키려는 것이다.

3) 다양한 촬영각도

지금까지 예로 든 <서편제> 화면을 통해서도 알 수 있는 사실이지만 <서편제>는 다양한 촬영각도를 통해 영상미를 구현하고 있다. 부감, 앙각, 수평각의 활용은 물론, 상황에 걸맞게 대원사에서 초접사까지 다양한 촬영방식으로 상황과 인물, 인물의 심리를 묘사하고 있다. 이제 그 구체적인 양상들을 살펴보자.

<서편제>에 주로 쓰인 촬영각도는 수평각이다. 인물이나 사물에 대한 수평적 사고를 기반으로 하기 때문이다. 우리 소리와 '천한 재인'인 소리꾼에 대한 애정의 표시이자, 평범성을 강조한 촬영각이다. 주서술자인 카메라는 대체로 소리꾼 가족의 삶을 보편적인 삶으로 인식하고 있다. 그러나 소리꾼에 대한 잘못된 사회인식과 생활고, 무차별적 서양문물의 유입으로 인해 예술가의 자존심이 짓밟힐 때는 부감으로 촬영함으로써 인물의 왜소성과 고독성을 강조하고 있다. 그 중에서 가장 대표적인 경우는 'S#33. 길'을 들 수 있다.

한량들의 술판에 소리하러 갔다가 세 사람은 한량들에게 봉변을 당한다. 어린 송화에게 술청을 들라고 강요하고, 술을 강제로 마시게 하는가 하면 이를 말리는 유봉에게 천한 재인놈 주제에 양반에게 대든다고 수모를 당한다. 이에 유봉은 한량들에게 대들고는 술집주인에 의해 술자리에서 쫓겨난다. 화가 치민 유봉은 송화와 동호에 앞서 가파른 길을 허위허위 내려가고 있다.

〈자료화면 18〉 부감 : 길 위의 세 사람

이 모습을 카메라는 높은 위치에서 부감으로 잡고 있다. 세 사람의 모습은 거의 보이지 않을 정도로 작게 보인다. 카메라의 움직임 없이 12초간 세 사람이 길을 내려가는 모습을 냉정하게 지켜본다. 너무나 작고 나약하게 보이는 세 사람 옆으로 펼쳐진 밭의 모양은 세 사람의 심정이나 앞길을 보여주는 듯하다. 구불구불 휘어져 있는 밭둑, 몇 곳을 제외하고는 밭에 아무것도 심어져 있지 않아 내일을 기약할 수 없다. 거기다가 나무 한 그루, 풀 한 포기 없이 텅빈 모습은 암담하기만 세 사람의 미래상이다. 마치 필터를 사용한 듯 느끼게 하는 흑갈색의 배경은 암담함을 상징한다. '인기도 없이 어디에나 흔한 색, 싫어하는 색, 흉한 색, 유행에 뒤진 색, 가난의 색, 꾸미지 않은 색[80]'인 갈색의 속성은 세 사람의 현재요 미래인 것이다. 이 화면과 '진도 아리랑 시퀀스'의 화면이 암담한 소리꾼 가족의 삶과 심경을 표현했다는 점에서는 같지만, 소리와 춤으로 인생의 고뇌와 슬픔을 풀어내는 '진도 아리랑 시퀀스'와는 달리 암담함만이 서려 있는 이 화면은 보는 이의 가슴을 아프게 한다.

그리고 대체로 부감의 경우는 길에서 길로 이동하는 장면에 주로 쓰이는데 정처 없이 떠돌 수밖에 없는 소리꾼 가족의 비애는 길 위에서 극명히 드러나기 때문이다. 한곳에 머물 수 없어 여기저기 쫓겨다니는 신세인 소리꾼의 비애는 궂은 날씨와 계절, 그리고 구불구불한 길로 인해 더욱 서럽게 느껴지기 때문이다.

<서편제>에는 부감 못지 않게 앙각도 쓰이고 있다. 소리꾼 가족이 소리 연습을 할 때나 소리를 할 때, 즉 소리와 관련된 경우에 앙각을 쓰고 있다. 그러나 소리꾼 가족이 아닌 다른 사람, 특히 창극단, 악극단의 경우 앙각이 도드라진다. 그 이유는 사람들의 관심이 그에 집중되어 있기 때문이다. 즉, 사람들이 우러러보는 존재는 앙각으로 촬영함으로써 크고 높게 보이게 하고, 소멸의 길을 걷는 판소리 가족에게는 부감으로 촬영하여 낮은 사회 인식과 소리꾼 가족의 침체를 보여준다.

그러나 소리꾼 가족이 소리를 할 때만큼은 어느 누구 못지 않게 소중한 존재이기에 앙각을 사용하여 존재를 부각시키고 있다. 다음 페이지 <자료화면 19>에서 보듯이 창을 하는 유봉이나 북을 배우는 동호, 소리 연습을 하는 송화의 모습은 모두 앙각을 잡고 있다. 물론, 도드라진 앙각을 사용하지는 않는다. 수평각에서 조금 위로 올리는 정도로 앙각을

80) 에바 헬러, 이영희 역, 문은배 감수, 『색의 유혹 : 재미있는 열세 가지 색깔 이야기』, 예담, 2002, pp. 431~452. 참조.

① 유봉의 창

② 동호의 북 배움

③ 송도상의 행차

④ 떠나버린 동호를 기다림

⑤ 유봉과 송화의 이동

⑥ 송화의 소리 연습

〈자료화면 19〉 앙각의 예

시도한다. 부감의 경우는 확실히 처리하지만, 앙각의 경우는 수평각에 가깝게 촬영하고 있다. 떠나버린 동호를 기다리는 송화를 앙각으로 촬영한 것은 송화의 기다림을 상징하는 의연한 고목을 잡기 위해서 일 것이다. 동호가 떠나버린 곳에 서서 동호를 기다리는 모습은 의연히 제 자리를 지키고 서 있는 고목과도 많이 닮았기 때문이다. 그런데 앙각에서 한

가지 중요한 점이 발견되는데, ⑤가 바로 그것이다. 대체로 이동 화면은 부감으로 잡고 있는데 이 화면만은 앙각으로 잡고 있다. 앞뒤로 이어지는 이동 장면이 거의 부감인 점을 감안할 때 이 앙각은 변화를 주기 위한 시도가 아닌가 한다. 그것은 <자료화면 13>, <자료화면 16>, <자료화면 17>을 통해서도 확인할 수 있는 것이다.

<서편제>에는 유난스레 원사나 대원사로 소리꾼 가족을 포착하는 경우가 많다. 그 이유는 부감에서 언급했다시피 소리꾼에 대한 사회적 인식이 낮고, 존재 가치가 그만큼 크지 못하기 때문에 원사나 대원사로 포착한 것이다. 그런데 앞에서도 살펴본 '진도 아리랑' 시퀀스에서 보듯이 대원사로 시작하여 원사, 중사, 인물사로 접근하는 모습은 사회적 인식하고는 정반대란 점에서 특이하다 할 것이다. 이는 사회적 인식이나 존재 가치와는 상관없이 자신의 길을 가고, 삶의 비애와 슬픔을 소리와 춤으로 풀면서 새로운 힘을 얻는 소리꾼 가족의 아름다운 삶을 강조하기 위한 것으로 보인다.

접사는 행위를 강조하기 위해서 활용되는 경우가 보통이다. 혁필화를 그리는 손, 북을 치는 손, 한약을 짜는 손, 길을 걷는 발 등이 그것이다. 그런데 결말부에는 접사가 제법 쓰이고 있다. 송화와 동호가 만나 소리와 장단으로 어우러지는 부분에서 유독 접사를 많이 활용한다. 이는 인

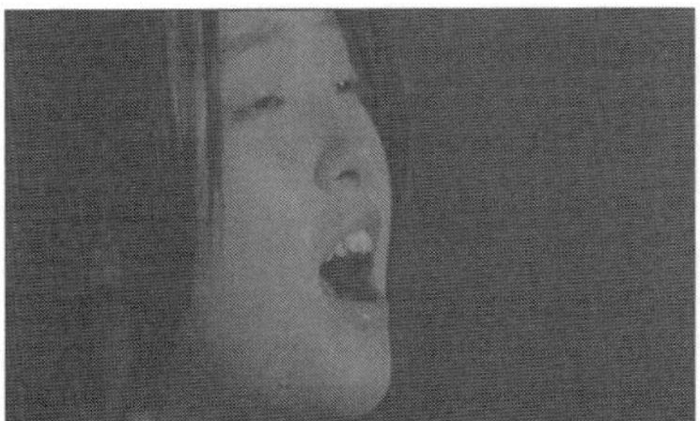
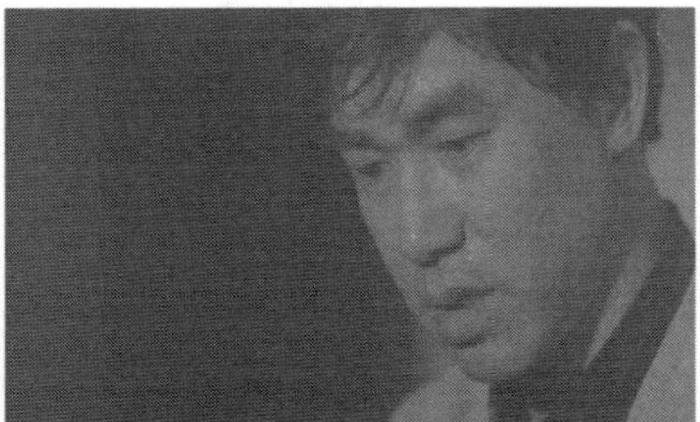

〈자료화면 20〉 송화와 동호 접사 (땀과 눈물이 범벅된 얼굴)

물의 심리를 표현하기 위한 것이다. <서편제>는 인물의 심리에 초점을 맞춰 서사를 전개하기보다 소리꾼 가족의 비애에 관심을 두는데 그러다 보니 개인의 특성이나 심리를 제대로 그리지 못했다는 점을 인식했는지 두 사람의 심리 묘사에 치중하고 있다.

4) 필터 사용

<서편제>에는 자연색보다 필터와 조명을 이용한 변화된 색채를 이용하는 경우가 많다. 색채를 통해 소리꾼 가족의 비애를 표출하기 위해서다. 대체로 갈색이나 옅은 노란색을 이용한다. 대표적인 예는 <자료화면 14>과 <자료화면 18>, <자료화면 20>을 들 수 있다.

<자료화면 14>는 지는 해를 받고 앉아 있기 때문에 색깔이 붉게 변한 것이라고 단순히 판단할 수 있지만, 그 색은 일몰의 색이 아니다. <자료화면 14> 바로 앞 샷인 지는 해의 모습도 일반적으로 지는 해가 아니다. 갈색으로 물든 우울하고 음울한 색이다. 그 모습은 해가 지는 모습이라기보다 황사 속에서 바라보는 해처럼 어둡고 음울하다. 그런 해의 색깔이 송화를 비추고 있는 것이다. 음울함을 넘어 암울하게 느껴지는 빛이다. 그도 그럴 것이 송화는 이제 더 이상 해도, 달도, 별도 볼 수 없는 맹인이 된 것이다. 그런 송화의 마음을 빛깔로 표현한다면 갈색이 되지 않을까. 송화의 마음을 지는 햇빛으로, 햇빛의 색깔로 표현한 것이다.

<자료화면 18>의 경우는 필터를 사용하지 않고 자연의 색을 이용하여 등장인물의 심리를 색으로 표현한 것으로 볼 수 있다. 그러나 소리꾼 가족의 비애를 표현하기 알맞은 장소를 찾기 위해 많은 노력을 했을 것이다. 필터를 사용하지 않으면서, 인위적으로 장면을 변경하지 않으면서 감독의 의도를 효과적으로 표현하기 위한 장소 찾기는 그리 쉽지 않다. 그러나 한 장면을 위해, 전깃줄이 없는 풍경을 잡기 위해 청신도까지 찾아가 촬영했던 임권택 감독이고 보면 얘기는 달라진다. 이 장면도 임권

택 감독의 그런 장인 정신으로 돋보이는 장면이다. 소리꾼 가족의 애환을 효과적으로 드러내기 위해 배경과 색깔, 구도가 완벽한 장소를 찾아 촬영했던 것이다. 암울한 현실과 미래를 배경색인 갈색으로 대체한 것이다. <자료화면 20>에도 갈색은 유지된다. 두 사람의 얼굴을 밝게 하여 눈물과 땀을 분명히 부각시킬 수도 있는데, 갈색으로 덮어놓았다. 이는 두 사람의 심리를 표현하기 위한 것이다. 두 사람이 소리와 장단으로 한을 풀었다고 하지만, 두 사람의 미래는 결코 낙관적이지 않다. 그렇다고 서로 사랑을 품어줄 수도 없는 상황이다. 그 상황을 색으로 표현한 것이다.

<자료화면 21>에서 보듯, 소릿재에서의 삶을 표현할 때도 갈색 필터를 사용하고 있다. 외부촬영과는 달리 방안에서는 늘 갈색 필터를 사용함으로써 힘들고 고단한 소리꾼 부녀의 삶을 색깔로 표현하고 있다. 조명도 밝지 않고 어둡다. 인물을 구분할 수 있을 정도의 조명만을 사용함으로써, 방안 가득 퍼져 있는 어둠을 통해 두 사람이 처한 상황을 표현하고 있다.

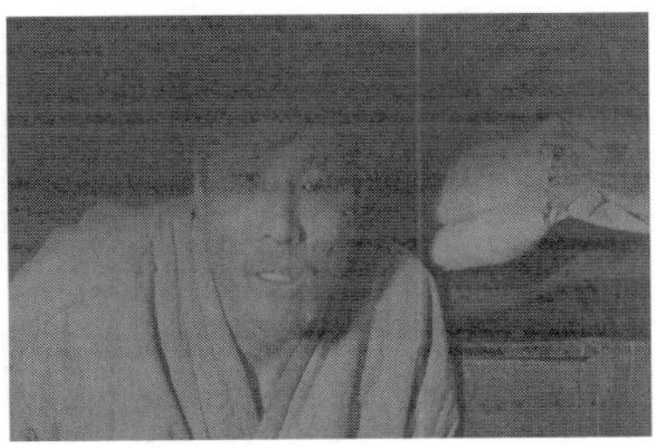

〈자료화면 21〉 갈색 필터 사용례

5) 미장센

<서편제>는 우리 소리에 대한 인식뿐만 아니라 미장센에서도 우리 것의 소중함을 일깨운 영화라 할 수 있다. <서편제> 99장면을 장면별로 시공간을 나누어 살펴보면, 실외가 55장면, 실내가 44장면이다. 실내는

거의가 방으로 총 34장면이고, 실외는 길 또는 고개가 25장면, 장터가 6장면이다. 이중에서 실내외에 걸쳐 있는 장면이 두 번임을 고려할 때 실내는 36장면, 실외는 57장면이 된다. 시간적으로는 아침이 5장면, 오후 내지는 저녁이 3장면, 밤이 16장면이다. 그리고 낮 또는 정확한 시간대를 모르는 경우는 75장면이다. 이런 시공간으로 볼 때 <서편제>를 '길 위의 여정을 그린 영화'라 해도 과장된 말이 아님을 알 수 있다.

방의 경우도 주막 방, 움막 방, 술집 방, 폐가 방안 등으로 구분하여 같은 공간을 사용하는 경우는 드물고, 거리도 같은 거리가 반복되는 경우가 없다. 그것은 길도 마찬가지다. 많고 많은 길들이 겹치거나 반복되는 길은 없다. 단 몇 초를 위해 각기 다른 길을 사용하고 있다. 개펄 길, 단풍길, 고갯마루, 고목 밑, 염전 길, 가을 들길, 여름 냇길, 가을 들판, 겨울 산길 등 길에서 길로 이어지고 있다.

이런 다양함은 미장센을 위한 것이다. 풍부한 화면을 얻기 위해 다양한 곳을 취재하고 선정한 후 촬영에 임한 것이다. 실내 촬영인 경우도 미장센에 공을 들여 사물들을 배치했지만 특히 술집, 주막, 장터 주막, 주막거리 등은 현장감을 주기에 충분하고, 집의 경우에도 움막, 폐가, 고택, 한옥, 대갓집, 정자, 주막 등 다양한 모습을 보여주고 있다. 길에 대한 화면들은 앞에서 살펴보았으므로, 집을 중심으로 살펴보면 다음 페이지의 <자료화면 22>와 같다.

특히 가운데 있는 낡은 초가의 모습은 정겹기 그지없다. 세월의 풍상에 기다랗게 누워있는 노파의 모습을 연상시키는 지붕이며, 집 앞 감나무에 남겨둔 까치밥, 흙벽이 조금 무너져 찰흙 사이로 살대가 드러난 벽, 광인 듯 부엌인 듯 닫힌 나무문. 이런 모든 것들이 시골집을 보는 듯 정겹고, 역사 교과서나 지리 교과서에나 나옴직한 집이다. 그 한 쪽에 마주앉아 소리 연습을 하는 유봉과 송화는 초가와 까치밥을 닮은 진정 우리의 소리를 낼 것 같은 분위기를 자아내기 충분하다. 이렇듯 <서

〈자료화면 22〉〈서편제〉 속의 집과 그 모양

편제>에는 하나의 화면을 얻기 위해 고심에 고심을 거듭한 흔적이 보인다. 이런 점은 미장센적인 차원에서뿐만 아니라 그들이 연습하는 소리, 장면이나 영화의 분위기, 인물의 성격과 심리까지 보여준다는 점에서 중요한 의미를 가진다.

6) 기타 영상기법

<서편제> 영상기법 중 가장 인상적인 장면을 꼽으라면 '진도아리랑

시퀀스'를 들 수 있다. 5분 8초간이나 지속되는 롱 테이크(long take)를 통해 세 가족의 삶의 모습과 애환, 삶의 고뇌와 고통 들을 소리와 춤으로 풀어내어 새로운 삶의 활력을 찾는 이 부분은 볼수록 진한 감동을 준다. 구불구불 구부러진 인생길 같은 돌담길, 그런 길을 가면서도 자신들이 해야할 소리를 멈추지 않는 유봉과 송화, 두 사람의 소리를 말없이 듣다가 추임새를 맞추며 북장단을 치는 동호, 바람 불고 흙먼지 날리는 길에서도 노래 한 곡조와 신명나는 춤으로 삶의 활력을 찾는 소리꾼 가족의 모습은 가난 속의 행복을 보는 듯하다. 그 모습을 자르지 않고 5분 넘게 계속 촬영하여 관객들에게 보여줌으로써 많은 생각을 하게 한다. 이것이 바로 감독의 의도가 아닐까 한다. 급하게 샷이나 장면을 전환하면 관객은 영상을 따라잡기 바빠 생각할 여유를 갖지 못한다. 그걸 잘 알고 있기에 휴식을 겸해 충분한 생각을 유도하고 있는 것이 바로 이 시퀀스 샷이 아닐까 한다.

그 다음으로 긴 샷은 결말부의 송화가 떠나는 장면이다. 두 개의 긴 샷으로 이어진 이 장면은 총 2분 54초간 계속되는데, 전반부 1분 13초 동안은 카메라가 왼쪽과 오른쪽을 패닝을 하지만 아이의 손에 이끌려 가는 송화가 카메라를 지나면 카메라를 고정시킨 채 두 사람이 멀어지는 모습을 1분 42초간이나 잡는다. <자료화면 15>에서 보듯, 까마득히 멀어져 그 모습이 잘 보이지 않을 때까지. 눈이 내리는 염전 둑길을 걸어가는 모습은 한 폭의 동양화를 보는 듯하다. 앞도 보이지 않는 송화가 백설로 뒤덮인 길을 아이가 끄는 줄에 의지한 채 하염없이 걷기만 하는 모습에 진한 감동을 받는다. 그 감동은 고목 아래서 하염없이 동호를 기다리는 모습에서 느끼는 감동과 다른 것이다. 고목 아래서의 기다림은 사랑하는 사람을 기다리는 행위라면, 하염없이 눈 내리는 길을 걸어가는 모습은 인간적인 모든 것을 초탈한 행위이기 때문이다. 그렇게도 기다렸던 사람을 만나고서도 말 한 마디 없이 헤어져 먼 길을 하염없이 걸어가는 모습은 인간세계를 떠나 선경으로 들어가는 듯한 느낌을 주기 때문이다. 가슴에 쌓였던 한을 다 풀고 난 후의 심경이 하얀 눈으로 내리고, 그 눈이 내리는 길을 걸어 선계(仙界)로 들어가는 것인가 하는 생각을 갖게 한다. 이처럼 긴 샷을 통해 많은 것을 생각하게 하는 것이 <서편제>란 영화가 가지고 있는 또 다른 미덕이 아닐까 한다.

<서편제>에도 플래시 백 기법은 사용된다. 현재적 상황에서 자신의 과거를 돌아보는 동호나, 동호에게 유봉과 송화의 과거사를 전하는 세월네와 낙산은 모두 과거담을 전달하고 있다는 점에서 플래시 백 기법의 활용은 당연한 일이다. 그러나 플래시 백 기법이 도드라져 보이지는 않는다. 장면만을 전환하는 방식을 취하고 있기 때문이다. 디졸브(dissolve)나 페이드 아웃(fade out), 와이퍼(wiper), 아이리스(iris) 등의 기법을 동원하지 않고 자연스레 연결하고 있기 때문에 과거로 돌아갔는지조차 분별하기 어려울 정도다. 회상이었음을 깨닫는 것은 동일 시공간으로 되돌아와 이야기를 정리할 때다. 이처럼 회상이 반복되고 있음을 깨닫지 못할 정도로 장면과 장면을 직접 연결하고 있다. 이는 '이상적인 관객'을 가정한 편집이다. 따로 과거 회상임을 알려주지 않아도 다 알아차릴 것이라는 관객에 대한 믿음이 있었기에 가능한 것이다. 이런 점에서 볼 때 임권택 감독은 자신의 영화를 보는 관객을 '이상적인 관객'으로 여기고 있는 듯하다.

디졸브의 사용도 눈에 띈다. 그러나 자주 사용되지 않고 있어 디졸브 기법이 활용되는지조차 깨닫기 어렵다. 전체적으로 볼 때 디졸브 기법은 두 번 사용되고 있다. 길에서 길로 이어지는 속에서 성장하는 동호와 송화의 얼굴을 겹침으로써 제시하는 산길 장면과, 산길을 걷는 유봉과 송화가 마을길로 들어서는 장면을 겹치는 마을길 장면이 그것이다. 따라서 디졸브 기법을 자주 활용하는 <소리의 빛>에서와는 달리 <서편제>에서는 샷과 샷, 장면과 장면을 직접 연결하여 관객들 스스로가 파악하고 알

아차리기를 바라고 있다 하겠다.

2.3.2 음향기법

<서편제>는 배경음악이나 삽입음악이 전부 국악으로 구성되어 있다. 배경음악은 김수철이 작·편곡한 주제곡인 '천년학'과 부(副)주제곡이라 할 수 있는 '소리길'이 그것이다.

먼저, 주제곡인 '천년학'은 다섯 번 삽입된다. 유봉과 금산댁의 이사와 금산댁의 죽음을 다루는 S#9～12(12:19～14:24), 한량들에게 모욕을 당하고 급히 집으로 돌아와 유봉이 송화를 때리자 유봉을 비난하는 동호를 그린 S#33～34(35:52～37:44), 유봉이 부자를 넣고 달인 한약을 먹고 눈이 멀어지는 송화를 그린 S#65～67(1:12:40～1:14:46), 유봉이 죽기 직전 송화에게 자신의 죄를 속죄하며 한을 넘어설 것을 당부하는 S#84(1:28:59～1:32:3), 동호와 송화가 염전 주막에서 다시 만나 소리로 어우러지는 S#91～93(1:43:4～1:46:39)이다. 모두 등장인물의 쓸쓸함 또는 아픔, 고난을 그리는 장면이나 시퀀스에 삽입되었다. 또한 '천년학'이 삽입된 부분은 스토리 전개상 가장 핵심적인 부분인 중핵에 삽입되었다. 금산댁의 죽음으로 인해 동호는 유봉을 미워하고 거부하기 시작하며, 유봉이 송화를 때림으로써 동호와 유봉이 갈등하고 대립하게 되어 결국 동호가 떠나게 되는 원인이 된다. 또한 송화가 눈이 멀어지게 됨으로써 이야기의 내용을 급전환을 하고, 유봉이 죽기 전에 송화에게 사죄하는 한편 한을 승화시킬 것을 당부하는 대목은 두 사람의 화해를 통해 한을 풀고 있음[解恨]을 그리고 있다. 마지막으로 동호와 송화가 만나 소리로 한을 푸는 시퀀스는 사랑하는 두 사람이 하나로 연결되고 있음을 보여줌으로써 주제를 부각시키는 대목이다. 이렇게 본다면 '천년학'은 중핵부에 삽입되어 스토리 전개 및 전환에 중요한 역할을 하고 있다.

청성곡을 떠오르게 하는 대금의 구슬픈 소리는 조용히 가라앉은 마음을 조각조각 잘라낸다. 한숨을 토해내지 않고는 못 배기게 하는 서러운 음조는 인간이란, 삶이란, 예술이란 무엇인가를 조용히 생각하게 한다. 인간 본연의 슬픔과 서러움을 자극하는 대금소리는 영화가 끝나는 순간까지도 뇌리를 맴돌며 가슴을 쓸어내리게 한다.

한편, 부(副)주제곡이라 할 수 있는 '소리길'은 '길 위의 여정' 부분에 삽입되고 있다. 유봉이 창극단원들에게 자존심을 상하고 혼자 밤길을 걸어가는 장면과 유봉·송화·동호가 '길 위에 여정'을 시작하는 S#29~30(29:35~31:02), 동호의 도망침과 송화를 찾아 떠도는 '길 위에 여정'을 그린 S#48~50(1:1:16~1:3:21)이 그것이다. 길과 관련된 부분에 삽입하여 길에서 길로 떠돌 수밖에 없는 소리꾼 일가의 슬픔과 서러움, 떠돌이 인생의 비애를 강화한다. 고요하면서도 은은히 흐르는 전자오르간과 대금의 저음 배경 위로 솟아오르는 소금(小笒)의 울림은 무엇인가를 애타게 그리워하는 마음이거나 누군가를 애절하게 부르는 소리처럼 들린다. 어쩌면 인간의 근원적인 그리움과 그것에 대한 외침같이 들리기도 한다.

<서편제>의 삽입곡은 <서편제>보다 앞서 제작된 <소리의 빛>의 영향을 받지 않았다고 보기는 어렵다. 먼저 <소리의 빛>과 <서편제>, <천년학>에 사용된 삽입곡을 살펴보고 논의를 계속하기로 하자.

<소리의 빛>에 쓰인 판소리가 <서편제>에 네 번이나 쓰이고 있다. <소리의 빛>에 삽입된 판소리가 여섯 대목임을 상기할 때 <소리의 빛>에 쓰인 판소리의 2/3가 <서편제>에 쓰이고 있는 셈이다. 특히 '사철가(이산저산)'과 '범피중류'는 <천년학>에까지 쓰이고 있음을 볼 때 <소리의 빛>의 영향성은 결코 무시할 수 없다. 이는 세 영상물의 상호텍스트성 차원에서도 비교해 볼 만한 주제다.

표 3. 〈서편제〉, 〈천년학〉에 나타나는 삽입곡의 형태

영화제목	삽입곡명	삽입상황
소리의 빛	사철가(이산저산)	유봉, 관중 앞에서[81]
	범피중류	송화와 동호 재회 자리
	토끼화상 그리는 대목	송화, 최부자 앞에서
	황성길 올라가는 대목	송화와 동호 재회 자리
	인당수에 빠지는 대목	송화와 동호 재회 자리
	심봉사 눈 뜨는 대목	유봉, 배경음악으로
	사철가(이산저산)	유봉, 길을 걸으면서
	범피중류	송화, 소리로 삽입
	갈까보다(상사가)	세월네, 동호 앞에서 유봉, 소리 연습으로
	암행어사 출두 대목	유봉, 윤초시댁 마당에서
서편제	진도 아리랑	① 어린 송화, 연습곡으로 ② 유봉과 송화, 동호가 다함께
	인당수에 빠지는 대목	송화와 동호 재회 자리
	심봉사 눈 뜨는 대목	송화와 동호 재회 자리
	춘향이 매맞는 대목	창극 공연 중 창극단원
	사랑가	① 송화, 동호와 연습하며 ② 송화, 한량 술자리에서
	<춘향가> 이별 대목	송화, 약장수판에서
	<춘향가> 옥중가	① 유봉, 도상에게 배울 때 ② 송화, 폐가 움막에서
	심청이 밥 빌러 가는 대목	송화, 유봉 앞에서 연습할 때
	심봉사 실성발광하는 대목	송화, 폐가 근처에서 연습할 때
	<홍보가> 돈타령	유봉, 계꾼 술자리에서 송화·유봉, 장터 약장수판에서

81) <소리의 빛>에는 등장인물에 대한 이름이 드러나지 않는다. 그러나 <서편제>와 <천년학>과 통일성을 기하고, 쉽게 구분하기 위해 '유봉, 송화, 동호'란 이름을 빌려 쓰기로 하겠다.

영화제목	삽입곡명	삽입상황
천년학	<흥보가> 박타는 대목	유봉, 선학동 주막 관객들 앞에서
	광대가	유봉, 선학동을 찾아가며 송화와 동호에게 가르치며
	둥당개타령	어린 송화, 선학동주막 앞에서 관객들에게
	새타령	어린 송화, 잠자리에서 유봉에게 배움 송화, 백사와의 잠자리에서
	백백 홍홍 난만중	송화와 동호, 풍경을 떼서 소리 연습하며
	<심청가> 父女永訣 대목	단심, 무대에서
	<적벽가>	인간문화재 조평세, 무대에서
	<흥보가> 제비노정기	단심, 숙소 방에서 동호의 북장단에 맞춰 조평세, 동호 북장단에 맞춰
	<춘향가> 오리정 이별 대목	송화, 선학동 주막 주변 들판에서 소리 연습하며
	춘향집 가르키는 대목	송화, 선학동 주막 주변 들판에서 소리 연습하며
	<춘향가> 원주(原州) 내력	송화 도우미 소녀, 유봉의 묘소 앞에서 연습하며
	<심청가> 빵덕어미 행실 대목	송화, 창평옥 술자리 미도극단 패 앞에서
	시조창 '천세를 누리소서'	송화, 백사 노인 매향리 별채에서
	성주풀이(굿거리장단)	여자 소리꾼, 동호의 장단에 맞춰 술집에서
	남한(원)산성	여자 소리꾼, 동호의 장단에 맞춰 술집에서
	홍타령(꿈이로다)	송화, 매향리 별채에서 백사 노인 임종 시
	이어도타령	송화, 제주도 애월 술집에서
	<춘향가> 옥중가	송화, 진도에서 목이 꺾여 소리 연습할 때

영화제목	삽입곡명	삽입상황
천년학	<심청가> 부친 위로하고 하느님전 비는 대목	송화, 유봉의 유골을 암장하러 선학동 주막에 다시 와 마루에서
	<춘향가> 박석티 대목	송화, 선학동 주막 뒷 마루에서 동호의 장단과 함께(용택의 환상)

<서편제>에는 같은 소리가 두 번 삽입되는 경향이 있다. 연습과 실연(實演), 전수받기와 연습하기가 그것이다. '진도 아리랑'의 경우는 송화가 어렸을 때 유봉이 가르치는 장면과 '진도 아리랑 시퀀스'에서 유봉과 송화가 교환창으로 부르고 있다. 춘향가 중 '사랑가'는 송화와 동호가 단풍이 물든 산속에서 연습하는 장면과 한량들의 술자리에서 송화가 부르는 실연 장면으로 나타난다. 한편, '옥중가'는 유봉이 스승에게서 못 배운 것을 도상에게서 배우는 장면과 도상에게서 배운 바를 송화에게 가르치는 장면으로 반복된다. 한 영화에 같은 소리를 두 번 반복시키는 이유를 여러 각도에서 살필 수 있겠지만, 필자는 우리 소리에 익숙하지 않은 관객들에게 친숙감을 주기 위한 배려라고 생각한다. <서편제>가 개봉된 1993년은 우리 음악에 대한 호응도나 친밀도가 그리 깊지 않은 때다. 우리 것, 우리 음악에 대한 인식은 1980년대 대학가를 중심으로 일어나기 시작했지만, 일반 대중들에게는 크게 파급되지 않은 상황이었다. 그것은 오늘날에도 마찬가지지만, <서편제>가 개봉될 당시 상황은 오늘날보다 더 했다. 그런 상황에서 낯선 판소리를 장면마다 바꿀 경우 관객들은 그 의미를 제대로 파악할 수 없을 뿐만 아니라 영화에 대한 집중도 및 몰입도도 떨어질 수밖에 없다. 그런 점을 의식하여 두 번 반복시킨 것으로 본다. <서편제>나 <천년학>에 비해 <소리의 빛>에 판소리를 적게 삽입한 것도 같은 이유로 추정한다.

위 도표에서 보듯이 <서편제>에 삽입된 판소리는 철저하게 주인공의 심리, 장면 상황, 주제와 연관되어 있다. 길을 걸으면서 유봉이 부르는

'사철가(이산저산)'는 인생무상과 허무를 노래하고 있는데, 소리를 위해 길에서 길로 떠돌다 늙어버린 유봉 자신의 삶을 아주 적절하게 표현하고 있어 유봉의 심경을 잘 드러낸다. 길에서 길로 이어지는 장면에 이어 유봉과 송화가 소릿재주막에 도착하면 젊은 유봉은 어느덧 백발이 성성한 노인으로 변한다. 이렇듯 노래 한 곡으로 세월의 흐름과 유봉의 심경을 표현하고 있다. 동호와 송화가 만나 소리로 어우러지는 장면에서는 '심봉사 인당수에 빠지는 대목'과 '눈 뜨는 대목'은 동호와 송화의 상황을 아주 적절하게 표현하고 있다. 심청이 인당수에 빠지는 대목은 서러움과 슬픔의 극치로 의지할 곳 없는 심청의 심경이 절절히 표현되고 있어 송화의 상황과 일치하며, 심청과 심봉사가 재회하는 대목은 송화와 동호의 재회를 비유적으로 표현하고 있다. 심청과 송화는 맹인이라는 점에서, 동호와 심봉사는 먼 길을 찾아 기다리는 사람에게 왔다는 점에서 일치한다. 두 사람의 만남은 심청과 심봉사의 재회와 크게 다르지 않기 때문이다. 또한 돈을 위해 어쩔 수 없이 부녀(父女)가 장바닥에서 약을 팔 때는 돈타령을 하고 있다. 돈도 그냥 번 돈이 아니라 빚을 낸 '일수돈'이고 '월수 체계 파수돈'이다. 이처럼 일수와 월수를 내야 겨우 살 수 있는 소리꾼 가족의 아픔을 표현하고 있다. 또한 계꾼들의 술자리에서 유봉의 부르는 '박타는 대목'은 배고픔의 고통을 표현하고 있다. 박을 타면서 더도 덜도 말고 밥 한통만 나오라는 흥보의 심경은 유봉의 심경과 다를 바가 없다. 또한 소릿재에서 소리 공부에만 매진할 때는 '심청이 밥 빌러 가는 대목'을 부름으로써 밥을 빌어먹고 살아야 하는 송화의 신세를, 유봉이 금산댁과 사랑을 나누는 시기인 윤초시댁 잔치 마당에서는 '암행어사 출두 대목'을 부름으로써 삶에 힘이 솟아나고 신명이 저절로 일어나는 유봉의 상황과 심경을 잘 반영하고 있다.

<서편제>는 배경음악과 삽입곡 전체가 분위기, 주인공의 심리, 장면 상황, 주제와 연관되어 있고 선곡과 삽입 시간이 절묘하게 맞아떨어짐으

로써 영상을 더욱 돋보이게 하고 있을 뿐만 아니라 예술성을 드높이고 있다. 국악에 대한 조예가 깊지 않은 사람이라 할지라도 영상과 음악을 따라가다보면 자연스레 이해하게 되고 동화되게 되기 때문이다. 영상과 음악, 음악과 영상의 조화를 보여줌으로써 원작텍스트가 갖추지 못한 진한 감동을 준다.

<서편제>의 또 하나의 특징은 '소리중심의 장면 전환'이다. 스토리 위주의 장면 전환보다 소리 중심의 장면 전환이 많다는 것이다. 이는 소리를 중심에 두고 장면을 전환함으로써 소리를 최대한 살리고자 하는 의도를 반영한 것이라 하겠다. 이런 경향은 도입부에 벌써 나타나는데 S# 3~4가 그것이다. 소릿재를 찾은 동호에게 들려주는 세월네의 '갈까보다(상사가)'가 유봉이 산속에서 소리 연습을 하는 소리로 바로 이어진다. 목소리는 세월네에서 유봉으로 바뀌고 있지만 같은 노래가 이어지는 형태로 제시되고 있어, 소리는 그대로 이어지고 장면만 바뀌고 있는 셈이다. 소리는 그대로 이어지는데 시공간은 엄청난 이동하는 것이다. 이렇듯 빠른 속도는 '생각의 속도'이기에 가능한 것이다. 세월네의 소리에서 유봉의 소리를 떠올린 동호의 '생각의 속도'는 시공간을 초월하여 이동 가능한 것이다. 이렇듯 장면 전환이 소리를 통해 이루어진다는 것은 장면이나 스토리보다 소리를 중심에 놓기에 가능한 것이다. 장면이나 스토리가 중심을 이루는 영화에서는 시퀀스나 비슷한 상황, 장면별로 음악이 삽입되는데 비해, 음악이 중심을 이루는 영화에서는 음악에 의해 스토리가 짜여지고 진전되고 정리된다 할 것이다. 이런 경향은 앞에서 살펴본 배경음악과 비교해 보면 쉽게 알 수 있다. 장면이 중심이 될 때는 하나의 배경음악이 일정한 의미나 주제를 가진 장면들을 연결하여 하나의 의미나 상황, 주제를 부각시키는 반면, 음악이 중심이 될 때는 음악을 통해 새로운 사건이 생성되고 진전하는 것이다.

'사철가(이산저산)'을 통해 사건이 진행되는 S# 72, 73, 74도 같은 선

상에서 이해할 수 있다. 눈먼 송화를 인도하고 걷는 유봉이 길을 걸으면서 '사철가'를 부르기 시작하고, 그 노래 한 곡을 통해 시공간이 이동한다. S#73은 가을 길을, S#74는 겨울 들판을 걸어가는 모습을 잡고 있는데, 그 걸음은 시간과 공간을 가로지르는 걸음이고, 노래 또한 시공간을 가로지르고 있다. 특히 시간 이동이 눈에 띄게 빠른데 노래의 내용에 걸맞게 소릿재에 도착하는 순간 보여지는 유봉의 얼굴은 젊은 날의 유봉이 아니다. 허옇게 센 머리며 주그러든 얼굴이 세월의 흐름을 실감케 한다.

또한 하나의 노래를 부를 때는 장면을 전환시키지 않고 노래가 정리될 때까지 샷들만을 연결하거나 인서트로 잠시 다른 장면을 삽입시킬 뿐 장면 전환을 하지 않음으로써 소리가 끊기지 않고 이어지게 배려하고 있다. S#5 윤초시댁 잔치마당에서 '유봉이 암행어사 출두 대목'을 부를 때, S#32 한량의 술자리에서 '사랑가'를 부를 때, S#41 길에서 '진도아리랑'을 부를 때, S#44 송도상의 방안에서 '옥중가'를 배울 때, S#91, 93 염전 주막 방에서 동호와 송화가 소리로 어우러질 때 등은 모두 이런 예가 될 것이다.

마지막으로 장면과 음악의 결합을 통해 '소리(청각)의 시청각화'와 '상상력의 시청각화'를 실현하고 있다는 것이다. 문자텍스트인 소설에서는 구체화시킬 수 없는 음악의 구체적 형태, 실창(實唱)하는 모습 등을 영상과 음향을 이용해 표현함으로써 소리에 대한 이해를 돕는다. 이는 소설을 읽을 때는 상상력의 차원에 머물던 것을 구체적인 영상과 음악으로 제시한다는 점에서 '상상력의 시청각화'라고 할 수 있다. 『서편제』를 읽으면서 독자는 과연 얼마만큼 구체적인 영상과 소리로 그려냈을까? 스토리 파악에 머무르다 보니 구체적인 이미지나 음악은 떠올려 보지도 못했을지 모른다. 그러나 영화는 상상 속에 머무를 수밖에 없는 이미지와 음악을 구체적으로 그려냄으로써 문자텍스트의 한계를 넘어선다. 이는 시청각적 종합예술인 영화가 가지고 있는 매력이자 미덕이다. 그러나 추상적인 내용을 구체화시킨다는 것은 영화의 장점이면서 단점으로 작용할 수도 있다. 인간의 상상력을 제한할 수 있다. 추상적인 것을 구체화한다는 것은 인간의 오감을 통해 직접적으로 접할 수 있게 한다는 장점을 가지지만, 상상력을 제한하여 그 폭이나 범위를 제한한다는 단점도 가진다. 그러기에 소설은 소설 나름대로, 영화는 영화 나름대로 존재 의의가 있는 것이다.

2.3.3 언어기법

<서편제>의 언어기법은 압축적이고 짧은 대사, 대사나 상황을 음악으로 대체 표현한다는 점을 들 수 있다. 특히 음악은 등장인물의 심리, 상황, 주제를 표현한다는 점에서 내레이션이나 해설, 자막의 역할을 대신한다고 볼 수 있다. 이런 기법을 통해 원작소설의 장황한 논설조의 문장을 효과적으로 압축 제시하여 속도감을 주는 한편, 주제를 압축적으로 표현한다.

특히 한(恨)에 대한 장황한 설명이 <소리의 빛>에서는 등장인물의 언술을 통해 직접 제시되는데 비해 <서편제>에서는 간접화시키고 있다. S#84에 "니 속에 응어리진 한에 파묻히지 말고 그 한을 넘어서는 소리를 혀라."는 유봉의 당부와 S#96에 "한을 다치고 싶지 않아서" 오라비와 누이임을 알면서도 말 한 마디 없이 헤어졌음을 통해 간접화시키고 있을 뿐이다. 그 나머지 모든 상황은 관객의 판단에 맡기고 있다. 그것을 관객은 소리와 영상에서 찾는다. 결말부인 S#91~99가 그것이다.

'심청이 인당수에 빠지는 대목'과 '심봉사 눈 뜨는 대목'을 눈물로 부르는 송화, 그 소리에 눈물을 흘리며 장단을 맞추는 동호, 배경에 깔리는 천년학의 애달픈 곡조에서 슬픔과 아픔이 기쁨으로 전환되고 있고, 한(恨)이 풀리고 있음을 알 수 있다. 서로가 말은 하지 않고 있지만 소리를 하는 송화나 장단을 맞추는 동호의 모습을 통해 '이상적인 관객'이라면 알아차린다. 그리고 이어지는 "우리는 간밤에 한을 풀어냈어요"란 송화의 말을 통해서 뚜렷하게 인식한다. 그러나 이런 송화의 말을 못 들었다하더라도 엔딩장면을 보면 판단할 수 있다. 선계(仙界)를 떠오르게 하는 눈 내리는 갈대밭을 맹인의 걸음이라 보기 어려울 정도로 가볍게, 배경음악에 맞추듯 사뿐사뿐 걸어가는 어린 아이와 송화의 모습이 그걸 알게 한다. 또한 끝도 없이 이어진 둑길을 따라 아득히 멀어져가는 모습과 함께 어우러지는 배경음악은 인간적인 슬픔도 한도 모두 벗어난 상황임을 보여주기에 충분하다.

2.4 〈축제〉의 서술기법

우리나라 예술사상 최초로 소설과 영화가 동반창작됐다는 점에서, 영화 소재로는 적합하지 않은 장례를 영화화했다는데서, 장례를 축제로 인식하여 카니발화시키고 있다는 점에서 <축제>는 주목을 받을 만하고, 많은 주목을 받아왔다. 그러나 누구나 인식하고 있고 지적하는 이런 사항 외에 몇 가지 더 살펴봐야 할 점들이 있다. 다큐멘터리적 기법, 내레이션과 자막 활용 등 언어기법이 그것이다. 이런 것들이 묻혀 버리는 이유는 아무래도 영화의 기법, 특히 서술기법에 관심을 두지 않기 때문일 것이다. 그래서 필자는 다큐멘터리적 기법을 먼저 살핌으로써 논의의 가닥을 잡아가려 한다.

2.4.1 영상기법

<축제>는 남도의 장례의식과 절차를 비교적 소상히 다루고 있다. 물론 전제적인 틀에서 보면 장례의식이나 절차가 차지하는 비중이 그리 큰 것은 아니다. 그러나 자막을 활용하면서까지 장례절차와 의미, 기원

까지 소개하는 것은 장례와 사람들의 의식, 그 속에서 벌어지는 일들을 다큐멘터리 형식으로 기록하고자 하는 의도를 가지고 있다고 본다.

다큐멘터리(documentary)는 영화와는 어울리지 않는, 영화와 상반된 속성을 가지고 있다 하겠다. 다큐멘터리는 사실적인 내용을 인위적인 설정이나 조작 없이 객관적으로 전달하는 것을 목적으로 한다. 그러나 요즘 다큐멘터리라고 불리는 많은 영상들은 다큐나 르뽀의 성격을 벗어나고 있음을 알 수 있다. 허구가 개입되기도 하고 인위적인 설정, 편집을 통한 조작이 일반화되고 있다. 사실(fact)와 허구(fiction)을 합쳐 팩션(faction)이란 말이 쓰이듯, 다큐란 말과 영화란 말이 결합되어 다큐영화란 말이 흔히 쓰이고 있다. 특히 텔레비전에 방영되는 많은 다큐멘터리들이 일정한 의도 하에, 대본을 가지고 촬영하고 있다는 사실에서도 알 수 있다. 이와는 달리 다큐영화는 다큐멘터리와 허구가 결합된 영화임을 미리 밝힌다. 복합장르적 속성을 가진 새로운 영역의 영화라 할 것이다. 한동안 많은 이목을 집중시켰던 <워낭소리>가 대표적이다.

그러나 <축제>는 <워낭소리>나 일반적인 다큐와는 전혀 다른 속성을 가지고 있다. 한 사람의 일대기나 어떤 특정한 사건을 다룬 영화, 실화를 바탕으로 제작된 영화와 마찬가지로 영화의 뿌리는 사실성에 있지만 그 줄기와 잎, 그리고 열매에는 허구가 가미되어 있다. 이를 필자는 '다큐멘터리적 영화'라 명명하고자 한다. 특히 미국 영화의 경우, 영화 마지막 장면에 자막이나 해설 등을 통해 영화가 역사적 사실을 바탕으로 만들어졌고 실존했던 인물이나 사건임을 알리는 경우가 많은데 <축제>도 이와 유사한 성격을 가지고 있다고 본다. 장례의 절차, 장례에 대한 한국인의 의식, 장례에 임하는 자세 등을 다큐형식으로 재구성해놓은 영화라 생각하기 때문이다. 물론, 그 이면에 여러 요소(치매담, 노인의 일대기, 동화를 통해 제시되는 삶과 죽음의 관계)가 있지만 중심은 장례에 있다고 본다. 따라서 <축제>는 복합장르적 성격을 가지고 있는 영화로 봐도 무방할 듯하다.

<축제>의 다큐멘터리적 속성은 먼저, 영화의 스토리라인이 장례 절차에 의해 짜여진다는 사실에서 알 수 있다. 물론 준섭의 회상이나 장혜림의 취재를 통해 준섭 모의 과거사가 드러나기도 하고 노인의 치매담, 준섭에 대한 평가 등이 삽입되기도 하지만 전체 내용을 이끌어가는 주동력은 장례 절차다. 속굉으로부터 초우제, '고아들의 가족 사진 촬영'까지의 모든 사건 진행이나 전개는 장례 절차와 긴밀한 관계를 맺으며 진행된다. 물론 배경이 장례식장이고 상황이 사람들로 북적이는 장례 현장이라는 특수성으로 인해 다양하고 예기치 못한 일들이 벌어지기도 하지만 장례 절차에 의해 사건이 진행된다는 것만은 분명하다. 특히 입관(入棺) 시 외동댁의 입을 통해 전해지는 '부적 이야기'는 입관 절차와 직접적인 관련을 맺고 있다. 준섭 모의 자식 사랑을 극적으로 보여주는 '부적 이야기'는 입관 때 가시는 분께 정표로 놓아주는 의식이 없으면 삽입하기가 곤란한 에피소드다. 이런 점을 감안할 때 입관과 '부적 이야기'는 아주 밀접한 관련을 맺고 있을 뿐만 아니라 장례 절차에 의해 에피소드가 삽입되고 있음을 보여준다.

영화 <축제>의 중심축은 장례 절차다. 그 이유는 ≪축제≫ 자체가 장례 이야기이기 때문이다. 그러나 "영화를 통해 유교, 불교, 도교, 무교(巫教, 임권택 감독은 수차례 분명히 '무교'란 용어를 사용했다.)가 혼합된, 좋은 것이라 생각되는 모든 것을 흡수 통합한 우리의 장례 문화를 보여주고 싶"[82]었기 때문이기도 할 것이다. 이러한 '다큐멘터리적 영화'의 속성은 특히 자막을 통해 드러난다.

<축제>에 나타나는 장례절차나 의미, 기원을 장황하게 늘어놓은 설명자막[83]은 감독의 의도성을 엿보게 한다. 굳이 설명하지 않아도 될 내용

82) 임권택 감독과의 대화, 필자의 앞의 취재.

83) 자막의 종류에는, 영화가 시작될 때 제목을 알리는 제목 자막, 제작진이나 출연진

을 자막을 통해 장황하게 늘어놓는 이유는 <축제>를 단순한 영화로 보지 말고 '다큐멘터리적 영화'임을 인식해 주기를 바란다는 뜻으로 해석할 수 있다. 다른 영화에는 유례를 찾아볼 수 없을 정도로 길고도 장황한 자막을 삽입한 이유는 <축제>를 통해 우리 장례의 절차, 의미, 기원 등을 알라는 메시지를 담고 있다. 이런 이유로 해서 <축제>는 다큐멘터리적 성격을 강하게 드러낸다 하겠다.

다큐멘터리적 성격은 장혜림의 취재 행동에서도 나타난다. 원작에서는 준섭이 회상 내지는 가족들의 언급을 통해 드러나는 망인에 대한 이야기가 영화에서는 장혜림의 취재를 통해 제시된다. 이는 다중초점과 다중서술을 위한 장치이기도 하지만, 영화의 다큐멘터리적 속성을 보여주는 예도 되겠다. 일정한 의도나 목적을 가지지 않고 현장에서 만난 사람들을 취재하는 형식을 취함으로써 사실성을 부각시키려 함은 이 영화가 갖는 다큐멘터리적 성격으로 봐도 무방할 것이다. 준섭이나 가족이 주관적인 입장에서 망인의 과거사를 제시하는 것보다, 망인 주변에서 보고 들은 사람들을 통해 직접 제시함으로써 망인을 객관적으로 조명하려는 의도는 바로 다큐멘터리가 갖는 속성이기 때문이다. 이렇듯 <축제>는 장례의식과 망인의 과거사를 객관적이고 사실적으로 그리려 한다는 점에서 '다큐멘터리적 영화'라 할 것이다.

<축제>는 장례식의 절차처럼 일정한 순서와 체계를 가지고 전개되지는 않는다. 오히려 난장을 연상시키는 카니발적 성격을 보여준다. 이는 우리 장례 문화의 속성을 반영한 것으로 볼 수 있는데, 장례의 축제적 성격을 부각시켜 슬픔을 차단하고 삶의 리듬감을 회복시키려고 하는 것이다.

바흐친이 지적하고 있듯이 카니발적 성격은 역전(전복), 웃음, 평등성,

등을 소개하는 소개 자막, 영화가 진행되는 도중에 일시나 장소, 특별히 설명할 필요가 있는 내용을 소개하는 설명 자막이 있다.

그로테스크, 물질적·육체적 하부 이미지 등[84]이다. 우리로 보면 난장이다. 사실, 카니발적 성격은 중세나 르네상스기 서구에 존재했던 특이한 양식이 아니다. 억압과 모순, 불평등이 존재했던 모든 시대나 사회에 존재할 수 있는 인간 고유의 심리를 표출하는 한 양식으로 볼 수 있다. 우리의 경우도 카니발적 성격을 판소리나 마당극, 탈춤 같은 것에서 찾을 수 있음은 우연이 아니다. 또한 장례도 하나의 카니발임을 상기할 필요가 있다. 소설과 영화의 제목이 공히 '축제'임을 다시 생각할 때 ≪축제≫는 제목부터가 카니발적 속성을 염두에 두고 붙여진 명칭이라 하겠다.

<축제>의 카니발적 속성은 먼저 용순의 행동을 통해서 드러난다. 할머니 장례에 참석하는 손녀가 "삐가번쩍"한 옷에 선글라스까지 끼고 나타난다는 것부터가 기존 체계에 대한 거부이자 전복이다. 뿐만 아니라 서울서 온 사람들과 어울려 횟집에서 술을 마시고 노래방까지 갔다는 대목에서 혀를 내두를 수밖에 없다. 일반적인 상식으로는 이해할 수 없는 일이다. 상복 대신 하얀 치마 저고리를 맵시 있게 입고 외동댁과 다투는 장면에서는 기도 차지 않는다. 그리고 자신의 아버지 묘소에 양주와 양과자를 진설한다는지, 돌아가신 할머니 상에 양주며 양과자 등속을 올리려 한다든지 하는 행위는 정상적인 행동으로 볼 수 없다. 용순이 말마따나 "난 내 방식대로 모신다고"해도 기존질서에서 벗어난다. 이는 용순이 정상적인 가족의 일원이 될 수 없음에 대한 거부이자, 기존 질서에 대한 도전이요, 반항이요, 전복이다. 물론 가족들에 대한 용순의 거부심리가 작용하고 있기는 하지만 카니발적 상황을 염두에 두지 않는다면 쉽게 납득되지 않는다. 용순을 통해서 카니발적 모습을 강화하려는 것이다. 그런 모습은 조문객들 화투판에 끼어 훈수를 둔다든지, 문상 온 기자와 어울려 선정적인 내용의 대화를 하며 이준섭의 조카임을 알려 준

84) 미하일 바흐친, 이덕형·최건영 역, 앞의 책. 참조.

용순의 출현 모습

장혜림과 술 마시기

기자들과 말대거리

상복으로 외동댁과의 마찰

아버지 묘소에 올린 과자류

가족들과의 입씨름

〈자료화면 23〉 용순의 모습과 행동

섭을 당혹케하는 행동을 통해서도 알 수 있다. 용순의 평상시 모습을 보여준다기보다 일부러 하는 행동임을 알 수 있게 하는 장면이다.

카니발적 모습은 용순에게서 그치지 않는다. 장례식장이 온통 카니발의 현장이다. 노름판을 살펴보면 카니발적 속성을 명확히 드러난다. 먼저 윷판을 살펴보면 육두문자와 주먹질이 오간다.

S#125. 둔덕(밤)[85]
종지에서 윷 하나가 떨어진다.

추씨 : 낙이요 낙! 흔들다 떨어지믄 낙인께.
태형 : 이런 개새끼 말하는 것 좀 보소.

S#137. 둔덕(밤)
태형 : 윷 풀어
동팔 : (돈 챙기며) 관둡시다. 성님.
태형 : 뭐여?
동팔 : 초상집서 놀자고 하는 짓이지 시방.
추씨 : 아 그려 그만두소. 노는 거지 살림 털자는 건 아닝께.
태형 : 고자새끼는 빠져.
추씨 : 뭐시여야, 뭐라고 했냐, 시방.
태형 : (돈을 주머니에 넣으며) 고자라고 했다. 아니 고자 아니면 니 여편네가 왜 도망가냐이 씨벌.
추씨 : 이런, 니가 봤냐? 봤어?

태형, 귀찮은 듯 추씨를 친다.
동팔, 일어나 가려하자 태형이 윷판으로 끌어 앉힌다.

추씨 : (소리) 좆도 모르는 게 불알 잡고 탱자탱자하고 자빠졌네. 이 씨부럴 놈의 새끼.

이처럼 욕설이 오가고, 결국에는 일어나 가려는 동팔을 태형이 잡아 끌자 동팔이 홧김에 태형을 때려눕히고 있다. 이렇듯 상가에는 노름판이

85) 이제부터 인용하는 시나리오는 육상효 각색, 『축제 : 한국시나리오걸작선 077』, 커뮤니케이션북스, 2005.에서 참조했다.

형성되고, 노름판에는 욕설과 싸움이 끊이질 않는다. 그런 모습은 동네 주민들에게만 해당되는 것은 아니다. "웬만큼 글 쓰는 사람도 저분 앞에서는 쩔쩔맨다"는 문학평론가도 용순의 훈수에 지점장에게 돈을 잃게 되자 용순에게 "넌 뭐야. 나가."라고 소리치고 있고, 돈을 다 잃게 되자 부조계에 가서 강제로 돈봉투를 뺏어들고 "여관으로 가서 치자"고 사람들을 끌고 있다. 이런 모습들은 인간의 적나라한 모습을 보여줌과 아울러 장례식장의 카니발적 성격을 보여주는 예라 하겠다. 또한 준섭과 서울친구들의 대화, 준섭과 준섭 친구인 군수와의 조문 때의 농담도 예외는 아니다. 외동댁과 준섭 처인 지현이 갈등에 끼어들어 시누이들이 지현 편을 들면서 아들 직장 자리 부탁한 걸 묻는다든지, 원일의 처가 원일에게 먹을 것을 가져다주며 옷매무시를 바로 해준다든지, 준섭을 노벨문학상 일순위라고 자랑하는 조카사위의 모습이라든지, 지현이 평론가를 소개하며 자기 남편의 위상을 자랑하는 듯한 모습 또한 카니발적 요소라 하겠다. 몰려드는 조문객들로 마을이 길이 막히자 마을 사람이 "준섭이네 상 나면 마을 길부터 넓혀야겠구만."이라는 농담 또한 거기서 멀지 않다.

그러나 카니발적 요소가 극적으로 드러나는 부분은 삼경 놀이 때다. 술 취한 새말이 매김소리와 그에 동조하여 놀이판으로 만들어 버리는 모습을 보면 장례식장이 아니라 밤놀이판임을 분명히 보여준다.

S#142. 마당(밤)

새말 : 영상일세. 영상일세. 팔십이 넘으니 영상일세.

일동 : (소리) 에 헤 에헤야, 에 헤이야.

새말 : (외동댁 앞으로 가 앉으며) 이 집 며느리 큰방 차지 기다리고 기다렸네.

외동댁의 난처한 모습.

일동 : (소리) 에 헤 에헤야, 에 헤이야.
새말 : (소리) 또 깨나실라 두근두근 큰며느리도 두근두근.
일동 : (소리) 에 헤 에헤야, 에 헤이야.
새말 : (외동댁에서 물러나며) 노다 가자 노다 가자 오늘 안 놀면 언제 놀까.

난장판이 되어 춤추는 사람들. 유행가를 부르며 난리다.

일동 : 노다 가세 노다 가세— 얼씨구 절씨구 차차차. 지화자 좋구나 차차차 (…중략…)
일동 : 버들잎 외로운 이정표 밑에—

이쯤 되면 장례식장이 아니라 난장판이요, 축제의 장이다. 이렇듯 <축제>는 철저히 카니발적 요소를 담고 있다. 장례식장의 엄숙함이나 슬픔보다는 장례식을 빙자하여 놀이판을 열고, 그 놀이판에서 평상시에는 엄두도 낼 수 없는 일들을 벌이고 있다. 이런 점이 바로 카니발적 요소로, <축제>는 카니발화한 영화라 할 수 있겠다.

다음으로 지적할 수 있는 내용은 동화를 적극적으로 활용함은 물론 이중촬영을 시도하여 이상과 현실, 성(聖)과 속(俗), 어린이의 순수 세계와 어른의 오염 세계를 대비시켜 삶과 죽음의 문제를 극명하게 보여주고 있다는 점이다. 원작소설에서는 큰 비중을 차지하지 않은 『할미꽃은…』을 7회나 활용하여 새로운 형태로 담론을 전개하고 있다. 또한 원작소설에 제시되는 노모와 관련된 많은 자식사랑에 대한 이야기가 동화의 내용을 통해 압축적으로 제시된다는 점, 용순과의 화해의 매개체로 작용한다는 점에서 『할미꽃은…』은 아주 중요한 요소가 된다. 그러나 이에 대해서는 다양한 관점에서 살펴보아야 하므로 여기서 전부 다룰 수는 없다. 이는 음향기법, 언어기법에서도 다루어져야 하기 때문이다. 다만 여기서는 영상기법만을 살펴보기로 하겠다. 논의의 편의를 위해 동화 삽입 시기와 그 내용, 배경 등을 살펴보면 표 4.와 같다.

표 4. 〈축제〉에 삽입된 동화 이야기 내용과 삽입 형태

삽입 시기	내용	삽입 시간	배경과 계절, 기타
준섭 혼자서 회생한 어머니를 지키고 있을 때	은지에게 나이를 나눠줌으로써 키가 작아지시는 할머니	2분 42초	봄(낮), 사과꽃이 만발한 마당과 은지의 방
준섭 혼자서 빈소를 지키고 있을 때	은지와 키가 거의 비슷해진 할머니, 지혜를 자손들에게 나눠줘서 그렇게 작아지는 것	2분 23초	여름(낮/밤), 비 오는 날마당 입구/모깃불이 피워져 있는 마당 평상 곁
입관 직후	어린아이를 닮아가는 할머니가 짜증나지만, 사랑을 나눠주신 할머니의 보호자임을 인식하는 은지	1분 14초	가을(낮), 사과가 주렁주렁 달린 모습, 마당 사과 나무 곁
초경이 진행되는 도중, 준섭의 회상으로	은지와 놀 수도 없이 아기가 되어버린 할머니를 정성껏 돌보시는 은지 부모. 새로운 영혼을 가지고 나비로 날아오른다 해도 알아볼 수 없을 것 같아 걱정인 은지	2분 47초	겨울(낮/밤), 눈이 내리는 마당/준섭 모의 방안
난장인 삼경 소리를 배경으로 제상에 양주 등속을 올리는 올리는 용순과 가족들이 다투는 모습을 바라보며	어린 아기가 뱃속에 있을 때처럼 두 손과 다리를 오므린 채 며칠 씩 잠을 자시는 할머니를 정성껏 돌보는 은지 부모. 영혼이 다른 곳에서 새 아기로 태어나는 것은 사랑 때문임을 앎	1분 27초	봄(낮), 준섭 모의 방안
상여가 동구 밖으로 나가는 모습 직후	긴 낮잠을 주무시고 나서 떠나실 차비를 끝내가는 할머니	31초	봄(낮), 사과 나무가 활짝 핀 마당과 준섭 모의 방안

삽입 시기	내용	삽입 시간	배경과 계절, 기타
묘지에서 하관을 마치고 실토 한 직후	영혼이 배추꽃 나비로 날아오르는 할머니의 영혼을 생각하며 태어나는 아기들에게 자신의 나이를 나눠줄 것을 다짐하는 은지	57초	봄(낮), 준섭 모의 방안과 사과나무가 활짝 핀 마당

표에서 살펴보는 바와 같이 동화를 영화 전개 중간중간에 삽입하여 자식에 대한 조건없는 부모의 내리사랑을 부각시키고 있다. 또한 부모와 할머니로부터 생명과 나이를 물려받아 생을 유지하고, 자라고, 어른이 된다는 내용을 통해 부모와 할머니에 대한 사랑을 다시 한 번 확인시켜준다는 점에서 전체 스토리를 엮어내는 중심축으로 작용하고 있다. 이처럼 동화는 다른 그 어떤 요소보다도 중요하기 때문에 감독은 그 내용을 일곱 번으로 나눠 맑은 영상과 명랑한 음악, 밝은 색상, 낭랑한 어린아이의 내레이션으로 제시하고 있는 것이다.

삶과 죽음의 변증법적 승화는 불교적 속성이 강하게 작용한다. 특히 배추나비로 날아오르는 할머니의 영혼, 다시 다른 아기로 태어나는 할머니의 혼은 불교의 윤회적 속성을 반영한 것이다. 그러나 효의 중요성을 강조한다는 측면에서 보자면 유교적 속성도 얼마간 작용하고 있다. 동화 자체가 이중성을 공유하고 있다는 점에서 내외적인 이중구조는 영화 전체 구조의 한 특징이라 할 것이다.

동화의 내용은 철저하게 세트 촬영을 시도하고 있다. 그것은 색감을 통한 순수성 강조, 동화적 비현실성 강조, 이상적 공간을 가시화하기 위한 전략인 것이다. 그러므로 동화 장면들은 미장센의 관점에서 자세히 살펴볼 필요가 있다. 먼저 사진을 통해 세트의 의미, 촬영각도, 세트의 색상, 필터 등을 살펴보겠다. (다음 페이지 <자료화면 24> 참조.)

동화 삽입 장면은 철저하게 비현실적인 공간, 세트를 배경으로 하고

① 봄, 할머니

② 여름, 할머니와 은지

③ 가을, 할머니와 은지

④ 겨울, 은지와 부모

⑤ 겨울, 할머니

⑥ 겨울, 할머니와 부모

⑦ 봄, 나비로 날아오르는 할머니

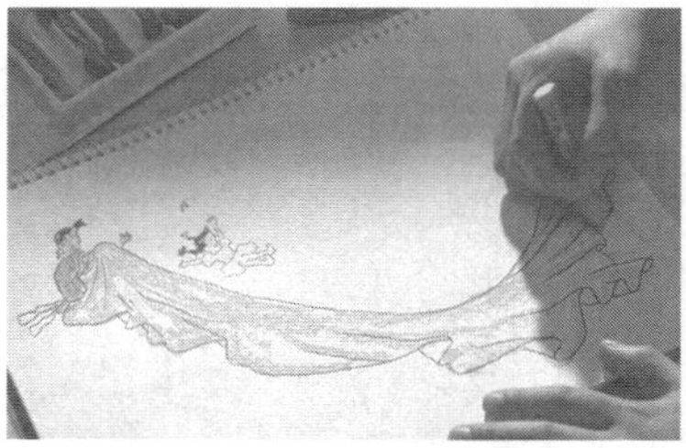

⑧ 할머니의 사랑으로 크는 은지

〈자료화면 24〉 영화에 삽입된 동화의 세계

있다. 이는 현실적인 공간과의 구분을 위한 조치로 볼 수도 있지만 일정한 의도를 담고 있다.

먼저 배경색을 노란색이나 보라, 초록, 파랑색 계열을 사용하고 있고, 배경을 파스텔톤의 수채화로 장식했다. 환상적인 분위기를 표현하기 위한 조치다. 현실과는 대조되거나 꿈에서나 볼 수 있는 배경으로 장식했다. 이는 또한 어린이들이 즐겨 사용하는 색감이면서 어린이들이 계절을 표현하라면 가장 즐겨 사용하는 색이기도 하다. 화면도 선명하지 못하다. 필터를 사용하여 흐리게 촬영하고 있다. 이는 현실 세계가 아닌 가상의 세계요, 이상의 세계임을 보여주기 위한 장치다. 현실의 선명한 이미지와 불투명한 가상의 세계는 같은 모습일 수 없다. 마치 꿈에서라도 본 듯이 흐리고 선명하지 않다. 그것은 몽환적이고 환상적인 분위기를 표현하기 위해 색필터를 사용하고 있기 때문이다.

①에는 노란색 계열의 필터를 사용하여 봄의 이미지를 강조하고 있다. 새봄을 표현한다면 뾰족이 올라오는 새싹이나 개나리꽃, 병아리의 색인 노란색을 떠올리게 된다. 특히 어린이들이 생각하는 봄의 이미지는 새로움, 연노랑이다. 그 색깔을 필터로 사용함으로써 계절감을 강화한다. 또한 노란색은 "가장 모순된 색. 유쾌함과 친절. 낙관적인 색. 빛과 깨달음. 이성의 색. 아름답고 귀중한 색. 태양의 색. 성숙과 육체적인 사랑의 색. 주위 집중의 색. 창조적인 색[86]"임을 생각할 때 그 이미지와도 잘 연결된다. 이중에서 "아름답고 귀중한 색, 낙관적이고 창조적인 색, 유쾌함과 친절의 색"은 봄의 이미지와 동화 전체 내용과도 잘 맞는다.

②에서는 초록색을 주로 사용하고 있고, 필터도 초록빛을 사용하고 있다. 봄에 비해 화면이 더욱 흐려지고 배경인 나무나 산의 색감이 분명해 보이는 것은 초록색 필터를 사용했기 때문이다. 여름은 노란색보다는 초

86) 에바 헬러, 이영희 역, 문은배 감수, 앞의 책, pp. 143～176.

록빛이 떠오른다. 녹음이 무성해지고, 매미소리에 짙어져가는 녹음만큼이나 여름날에 많이 먹는 수박 또한 녹색이다. 그 이미지를 강조하기 위해 녹색 필터를 사용하고 있다. 은지는 아직도 어린 아이임을 표현하기 위해 노란 우비를 입힌 채 등장시키고 있다. 그러나 배경인 산의 모습은 벌써 녹색이 가득하고, 사과나무도 짙은 녹색으로 변해 있다. 녹색은 "자연의 색. 생명과 건강의 색. 번영, 생산의 색. 젊음의 색. 희망의 색. 자유의 색. 믿음직함, 안전함의 색[87]"이란 의미를 담고 있어서 동화의 내용과도 부합된다.

그러나 가을인 ③에서는 갈색 계열의 필터를 사용하고 있다. 정확한 필터를 알 수는 없지만, 낙엽을 연상케 하는 옅은 갈색 필터로 전체적인 분위기를 조성하고 있다. 마당에 서있던 사과나무에 잎들은 거의 다 떨어지고 사과가 주렁주렁 열린 나무에서 할머니보다 키가 커버린 은지가 열매를 따고 있다. 햇살이 풍성함은 창문에 비친 빛을 통해 알 수 있다. 그런데 갈색은 "흉한 색, 싫어하는 색. 게으름과 어리석음의 색. 편안한 색. 유행에 뒤진 색. 꾸미지 않은 색. 가난한 자의 색[88]"이란 속성과는 잘 맞지 않는다. 동화에서 가을이 주는 이미지는 풍요와 조락의 의미를 동시에 담고 있기 때문이다. 갈색 필터를 사용한 이유는 사과나무의 풍요로움과 가을 낙엽 빛깔을 살리기 위해서일 것이다.

겨울인 ④는 회색 계열의 필터를 사용하여 우중충한 분위기를 연출한다. 전체적으로는 눈이 내리고 있고 마루에는 난로가 빨갛게 불꽃을 피우고 있지만 어둡다. 그런 속성은 ⑤에도 마찬가지다. 비록 밝은 조명을 사용하고 있기는 하지만 할머니의 옷 색깔이나 웅크려 있는 모습은 겨울 이미지에 맞게 회색 계열의 필터를 사용함으로써 죽음을 연상시킨다. 회색이 "특성이 없는 색. 우울한 감정의 색. 불친절의 색. 잔혹하고 무감

87) 위의 책, pp. 283~316.

88) 위의 책, pp. 431~452.

각한 색. 은밀한 색. 감정 없는 사람의 색. 노년의 색. 망각과 과거의 색. 가난과 겸손의 색. 질 낮고 거친 색. 때를 타지 않는 색. 고지식하고 보수적인 색. 눈에 띄지 않는 색[89]"임을 고려한다면 필터를 사용함에 얼마나 많은 고심했는지를 알 수 있다. 그런데 겨울을 드러내는 장면에는 파란색 빛이 감돌기도 한다. 회색이 주를 이루고 있지만 파란색이 옅게 깔려 있음을 알 수 있다. 파란색을 통해 차가움을 강조하는 한편 휴식의 이미지를 부각시키기 위한 것이 아닐까 한다. 그런 의도는 ⑥에서도 찾을 수 있는데, 아빠와 엄마, 이제 먼 길을 떠나려는 할머니를 한 프레임에 담은 이 모습은 밝음과 어둠이 교차하고 있다. 아빠·엄마의 얼굴에는 밝은 빛이 비취고 있는데 비해 이제 죽음의 길로 들어선 할머니의 얼굴은 검은 빛에 그림자까지 드리워져 있기 때문이다.

⑦은 봄으로 다시 사과꽃이 활짝 핀 모습을 보여준다. 그리고 그 사과꽃 사이로 배추흰나비가 된 할머니의 영혼이 날아오르고 있다. 그 모습을 노란색이 아닌 파란색의 필터를 사용하여 ①과는 다른 의미를 전달하고 있다. 노란색이 은지의 색이라면 파란색은 나비가 되어 날아가는 할머니의 색임을 생각할 때 이는 파란색의 여러 이미지 중에 "신뢰의 색. 가장 멀고 무한한 색. 이념적인 상상의 색. 정신적 미덕의 색. 여성적인 색. 긴장을 푸는 휴식의 색. 그리움의 색. 평화의 색[90]"의 의미를 담고 있다 하겠다. 그리고 ⑧은 은지가 그리는 그림으로 할머니의 사랑으로 크는 은지를 그린 것이다. 할머니 치마의 색이 초록색이고 필터를 사용하고 있지 않거나 사용했다해도 두드러진 색감을 갖지 않는 필터를 사용하고 있음도 눈여겨 보아야 할 요소라 생각된다.

또한 자료화면에서 보듯 동화의 미장센은 아주 단순하다. 집 앞에 강과 산이 있어 자연 속에 있는 한 공간임을 보여준다. 계절에 따라 산의

---

89) 위의 책, pp. 453∼488.

90) 위의 책, pp. 39∼88.

모습은 변하고 있지만, 나머지 것들은 변함이 없다. 계절을 드러내기 위해 필요한 도구(계절에 따라 변하는 나무, 평상, 모기장, 난로)들 외에는 일체가 생략되고 있다. 인물도 은지와 엄마, 아빠, 할머니만 등장하고 있고 다른 인물들은 보이지 않는다. 네 식구 외에 등장하는 것이라곤 마당에 놀고 있는 닭과 오리, 토끼장에 토끼 정도가 전부다. 마당도 단순하고 정갈하다. 한 그루의 사과나무가 서있고, 그 옆으로 장독대가 있을 뿐이다. 그건 방의 모습도 마찬가지다. 할머니가 주무시는 이부자리 외에는 아무 것도 없는 듯 보인다. 단순성과 소박성의 극치. 자연과의 조화 속에서 늘 단순하고 소박한 마음으로 세상을 살아가는 모습이 동화가 그려내는 이상향이고 모든 인간이 꿈꾸는 세상이라는 의미를 전달하기에 충분하다.

다음으로 지적할 수 있는 영상기법은 짧은 장면과 샷을 들 수 있다. 일반적으로 2시간 내외의 영화 한 편에는 100개 내외의 장면으로 구성된다. 그러나 <축제>는 일반적 영화의 1.7배 정도인 169개의 장면으로 구성되어 있다. 인접해 있는 두 공간을 하나의 장면으로 처리하는 것을 감안한다면 전체적으로 200개의 장면에 육박한다. 특히 동화 삽입 7장면에 총 12분 1초를 제외한 나머지 장면들을 총 시간으로 나누어 보면 한 장면당 40초에도 못 미친다. 준섭 모가 임종하는 순간부터 부고 작성까지의 다섯 장면이 각각 1분 2초, 32초, 8초, 31초, 12초 동안 지속되고 있음을 볼 때 장면전환이 얼마나 빨리 이루어지고 있음을 알 수 있다. 이렇듯 빠른 장면 전환이 이루어지는 것은 속도감과 탄력성을 확보하는 한편, 관객들의 긴장감을 확보하기 위해서다. 일반적인 액션영화보다도 빠른 장면 전환이라 할 것이다. 이는 카니발적인 장례식장의 다양한 모습을 보여주기에 적합한 촬영방법이라 하겠다. 장례식장의 다양한 모습, 망자가 겪었던 치매담, 여장부적인 망자의 담력과 강인함, 망자의 과거담, 자식들에 대한 사랑을 한 편의 영화로 다 표현한다는 것은 애초부터

무리였는지 모른다. 그 많은 에피소드들을 다 삽입해야 하고, 그 에피소드들을 효과적으로 제시하기 위한 방법은 짧은 샷과 빠른 장면전환밖에 없었을 것이다. 그래서 기사 취재 형식의 다큐멘터리적인 방법을 사용하면서까지 내용을 압축 제시하고 있는 것이다. 특히 장혜림이 취재하는 장면에 바로 이어지는 뒷장면은 이야기하는 사람의 목소리를 통해 장면을 설명함으로써 압축적이고도 빠른 마무리를 가능케 한다. 또한 목소리와 화면을 불일치시켜, 어떤 때는 뒷 장면의 소리가 앞 장면에 겹치기도 하고, 앞 장면의 목소리가 뒷 장면에까지 계속 이어지는 경우도 많다. 이 또한 압축적이고 생략적인 서술을 위한 방안임을 생각할 때 <축제>의 거의 모든 영상서술기법은 압축과 생략을 통한 효과적인 내용 전달이라 할 수 있다.

샷들도 길게 촬영되지 않는다. 짧은 샷을 통해 하나의 행동을 다양한 관점에서 제시한다. 옆에 제시한 <자료화면 25>도 32초 동안 다섯 개의 샷으로 편집하고 있다. 사다리를 오르는 외동댁, 지붕 위에 올라선 외동댁, 준섭 모의 저고리를 들고 있는 외동댁 인물사, 저고리를 들고 있는 외동댁 원사, 저고리를 들고 있는 외동댁 대원사로 포착하여 간단히 처리하고 있다. 또한 바로 이어지는 디졸브의

〈자료화면 25〉 초혼을 부르는 모습

〈자료화면 26〉
용순과 장혜림의 대화

방식을 통해 하나의 행동을 다각도에서 제시하는 한편 장면전환을 빠르게 한다. 물론 필요에 의해 하나의 샷을 길게 이어가는 경우도 있다. 그러나 그런 경향은 그리 많은 편은 아니다. 대부분 짧은 샷으로 연결하여 탄력성을 높이고 있기 때문이다. <축제> 전편에 걸쳐 샷이 제법 긴 부분은 용순과 혜림이 식당에서 술을 마시는 장면이다. 이 장면은 달리 인(dolly－in)과 오른쪽으로 패닝(panning)을 통해 1분 5초 간 제시되는데, 용순이 자신의 삶을 장혜림에게 전달하는 부분이기도 하며, 가요 '칠갑산'을 통해 용순의 할머니에 대한 애틋함을 표현하는 부분이기도 하다. 따라서 이 부분은 <축제>를 통해 용순의 개인사와 그에 대한 용순의 심리를 관객들에게 직접 제시할 수 있는 유일한 부분이란 데서 중요한 의미를 가지고 있다. 용순의 입을 통해, 노래를 통해 할머니에 대한 애틋한 마음을 표현하는 부분이기도 하다. 또한 이 부분은 용순이의 어린 날의 삶을 직접 제시하는 부분으로, 아버지와의 움막에서의 삶, 어머니에 대한 소개, 계모인 외동댁과의 마찰, 형제들 간의 불화의 원인 제시 등 용순과 관계된 모든 궁금증을 해소한다는 데서도 의미를 부여할 수 있는 장면이기 때문에 길게 촬영했고, 다른 부분에 비해 좀 느리게 장면을 전환하고 있는 것이다.

마지막으로 색상의 대비를 통한 삶과 죽음의 대비를 지적해야겠다. 우리나라 전통적인 상례에서 상여와 영정 등은 화려하지만 상복이나 기타 상구(喪具)들은 단순하고 소박하다. 이런 속성은 <축제>에도 그대로 나타나는데 이는 색상의 대비를 통해 삶과 죽음을 대비시키려는 의도를 가지고 있다고 본다. 살아있는 사람들은 언제라도 호사를 누릴 수 있는 반면, 망자에게는 장례가 마지막 호사이기 때문에 최대한 화려하게 장식하고 호화스럽게 꾸민다. 이는 이 세상에서의 마지막을 화려하고 호사스럽게 보여주고 싶은 욕망의 표현이자, 살아남은 자들의 자기 과시욕과도 깊은 관계가 있는 것처럼 보인다. 망자를 위한 배려라기보다 상제들의 체면과 과시욕이 어우러져 있는 것이 장례가 아닌가 한다. 그래서 다른 것은 몰라도 장례비는 깎지 않는다는 말이 생겨나고, 마지막 가시는 길에 호사를 누리게 하는 것인지도 모른다.

2.4.2 음향기법

<축제>에 나타나는 음향들은 다양성과 다성성을 보여준다 하겠다. 다양성은 영화의 의도에 따라 음향들을 다양한 방법으로 삽입하거나 삭제한다는 것이다. 동화 삽입 장면에서는 철저하게 음악과 어우러진 어린아이의 목소리와 대화 소리만 들린다. 일체의 소리가 삭제된다. 그러나 그 외의 거의 모든 장면에서는 잡음이나 배경음이라고 할 수 있는 다양한 소리가 삽입된다. 장례식을 치루는 준섭네 집에서 촬영된 모든 장면에는 소리가 개입되는데, 특히 사람들의 소리가 끊임없이 이어진다. 화면에 제시되는 소리도 있지만, 그 뒤에는 늘 다른 사람들의 소리가 공존한다. 이처럼 음향의 다양성을 강조하는 것은 현장성을 높이기 위한 전략으로

볼 수 있다. 사실, 장례식장 같이 여러 사람이 모인 공간에서는 마음 놓고 대화를 할 수 없는 경우가 허다하다. 아무리 집중을 하려해도 잡음이나 귀에 거슬리는 소리가 개입되기 때문이다. 이런 상황을 <축제>에서는 아주 효과적으로 표현하고 있다. 현장음을 장면마다 자연스럽게 삽입하고 있기 때문이다. 이는 <축제>의 다큐멘터리적 성격과도 깊은 관련이 있다 하겠다.

<축제>의 다성성은 두 가지 차원에서 언급되어야 할 것 같다. 하나는 준섭이 통제할 수 없는 상황이 계속적으로 이어진다는 점이고, 또 하나는 인물들 간의 관계나 행위를 일정하게 통제할 수 없다는 점이다. 사실, 소설 작가나 영화감독이라 할지라도 인물을 제작자 마음대로 통제하기는 힘들다. 인물이란 태어나는 순간 자율성과 독립성을 가지고 판단하고 행동하기 때문이다. 이를 부모와 자식 간의 관계로 비유할 수 있다. 부모가 자식을 낳기는 하지만, 자식은 세상에 태어나는 순간 독립적 자율체로서 부모의 통제를 벗어나 버린다. 소설이나 영화의 인물 역시 마찬가지가 아닐까 한다. 작가나 감독은 인물을 창조할 수는 있지만 통제할 수는 없는 것이다. 그렇기 때문에 부모가 자식들을 통제하고 명령하기보다 대화를 통해 방향성을 설정하고 관계를 개선해 나가듯, 감독도 인물들을 통제하기보다 인물들과 대화적인 관계를 유지하며 인물들의 자율성과 독자성을 인정한다. 그래야 영화는 생명력이 있는 예술이 되는 것이다. 철저한 통제를 통해 감독의 의도대로 만들어진 영화는 꽉 짜여진 매스게임이나 컴퓨터그래픽처럼 생명력이 없어지고 말 것이다. 그래서 영화 <축제>는 다성성을 바탕으로 생명력을 확보하고 있다고 볼 수 있다. 물론 앞에서 살펴본 대로 원작소설이 다성성을 바탕으로 이루어지고 있기 때문에 그렇기는 하겠지만, 새로운 매체를 통해 새로운 예술로 새롭게 태어난 영화에서는 다른 방식을 쓸 수도 있다. 그러나 감독 역시 다성성을 바탕으로 영화를 전개시키고 있다. 인물들을 자율적이고 독자

적인 존재로 개방함으로써 다양한 소리를 내게 하고 다양한 행동을 하게 한다. 용순의 말이나 행동, 가족들에 대한 반감, 미운오리새끼처럼 철저히 따로 도는 모습 등을 어느 누구 하나 통제하거나 조절하지 않고 있고, 가감 없이 보여줌으로써 생명력과 개성을 가진 용순을 그려내는데 성공하고 있다. 또한 새말의 술 취한 행동이나 며느리 외동댁에 대한 놀림과 비난도 누구 하나 말리지 않고 있다. 인물이 하고픈 대로, 자의지대로 행동하게 하고 있다. 또한 윷판에서 싸움질하는 동팔이나 태형, 노름판에서 서로 끗발싸움을 하며 신경전을 벌이는 조문객들, 용순에게 곱다고 칭찬하며 상가에서도 색을 밝히는 소리꾼, 준섭을 우리나라 노벨문학상 일순위라고 자랑하는 조카 사위, 삼경놀이를 하면서 '노랫가락 차차차'를 부르고 '대지의 항구'를 부르는 동네사람들이며 상두꾼들……. 이들은 화면에 직접 나타나기도 하지만 화면 밖에서 목소리로, 자신들이 내는 소리로 주요등장인물의 대화에 끼어들기도 하고, 방해하기도 하고, 분위기를 망치기도 하면서 다성성을 드러낸다. 이런 정황들이 소리를 통해 이루어지고 있음은 화면을 통해서는 다성성을 다 드러낼 수 없기 때문에, 감독은 소리를 통해서 다성성을 확보하기 위한 전략으로 활용하고 있다.

연구자 : 〈축제〉를 보면 소리가 끊임없이 이어지고 있는데, 실제로 현장에서 녹음한 것인가요 아니면 녹음했다가 소리를 더빙한 것인가요?

감독 : 내가 자세한 건, 영활 찍고 나면 금방 잊어버리는 사람이라 잘 모르겠고……, 아마도 두 방법을 다 썼던 거 같아요. 현장에서 카메라만 돌린 경우도 있고, 또 어떤 경우는 현장음을 녹음했다가 깔았던 것도 있고……[91]

---

91) 임권택 감독과의 대화, 필자의 앞의 자료.

이처럼 감독은 이미 촬영 당시부터 다성성을 위해 다양한 소리들을 녹음했음이 드러난다. 즉, 실제 소리가 나는 부분에서만 소리를 삽입한 것이 아니라 다성성을 드러내기 위해 촬영을 하면서 녹음도 동시에 해둠으로써 그 음향을 활용했던 것이다. 실제로는 컷이나 다른 요소들로 소리가 끊겼거나 제어될 수도 있었을 것인데도 소리만은 최대한 현장음을 녹음했다가 활용한 감독의 의도는 바로 다성성을 창조하기 위한 작업이었을 것이다.

둘째로, 영화 <축제>는 현실적 언어와 이상적 언어의 공존 공간을 창조했다. <축제>에서는 현실적 언어와 이상적 언어를 병치시킴으로써, 즉 장례 현장과 동화를 동시에 포착함으로써 상황적 차원에서뿐만 아니라 언어적 차원에서도 현실과 이상의 공존을 다루고 있다. 이는 원작소설에서는 서로 별개 텍스트로 되어 있는 『축제』와 『할미꽃은…』을 통합함으로써 발생하는데, 다성성 및 카니발화와도 밀접한 관계를 가진다.

장례 현장에서는 현실 언어가 난무한다. 갈등과 다툼의 언어, 미움의 언어, 편가르기 언어, 욕설 등이 거침없이 쏟아진다. 이를 카니발적 요소라 한다면, 동화 속의 언어는 현실의 언어와는 다른 속성을 가진다. 이해와 포용의 언어, 사랑의 언어, 통합의 언어, 재생의 언어, 부활의 언어다. 이는 언어 자체의 속성이라기보다 그 언어를 사용하고 있는 사용자 즉, 언중(言衆)에 의해 규정되는 속성이다. 따라서 현실의 언어와 이상의 언어는 언어 자체가 가지고 있는 속성이나 힘이라기보다 언어를 사용하는 사용자에 의해 규정되는 것이라 하겠다.

S#111. 마당(밤)

(…전략…)

군수 : 얼마나 애통하십니까.

준섭 : 바쁘실 텐데 이렇게…….

군수 : 효성이 남다르셔서 더욱 마음이 애절하실 겁니다.
준섭 : 인마, 신소리 그만 하고,

준섭과 군수와의 대화에 피식 웃는 원일의 모습.

준섭 : (소리) 빨리 가서 한잔해라.
군수 : (소리) 상제 놈이 상스럽기는…….

S#119. 빈소(밤)
(…전략…)
장혜림 : 조문객들 대단하다구요. 작가 이준섭 선생님이 유명세를 톡톡히 치루고 계시는 것 같애요.
은지 : (끼어 들어오며) 아빠, 저 기자 아줌마만 보면 엄마가 피곤해 하시는 거 몰라?

S#128. 동화－겨울(낮/밤)
눈을 맞으며 학교에서 돌아오는 은지. 준섭 모의 방 쪽으로 간다.

아이 : (NAR) 은지가 국민학교에 다니기 시작하여 네 번째 겨울방학을 맞았습니다. 할머니는 은지와 함께 놀 수도 없는 아이가 되셨습니다. 그러나 엄마와 아빠는 할머니가 아무리 어린애처럼 구셔도 언제나 당연한 일처럼 정성껏 돌보십니다. (…중략…)
아이 : (NAR) 할머니가 얼마나 더 작아지실까, 할머니가 나이를 모두 나눠주시고 하나도 안 남게 되면 그땐 어떻게 되실까. 은지는 걱정이 되었습니다.
준섭 : (들어서며) 응, 그거야 나이를 다 나눠주시고 나면 할머닌 나이가 한 살도 남지 않은 갓난쟁이, 작은 어린애가 되는 거지. 그러다 끝내 그 모습이 더 작아질 수 없을 만큼

> 조그만해지시면은 할머니는 어느 날 이 세상에서 모습을 거두시고 우리 곁을 떠나시게 된단다.

이처럼 동화 속의 주인공인 은지와 은지를 가르치는 아빠 준섭의 모습이 현실에서는 전혀 다른 모습으로 그려진다. 장혜림과 준섭의 가까움을 지현(준섭의 처)이 못마땅해하는 것을 알아차린 은지가 어른들 사이에 끼어들어 당돌하게 아빠를 나무라는 한편 장혜림에게 경고를 하는가 하면, 바른 마음과 언어, 행동으로 은지를 참되고 바르게 교육하는 아빠 준섭은 친구인 군수와 현실적인 언어로 농담을 주고받고 있다. 이를 S#128.과 비교해보면 그 속성이 아주 극명히 드러난다. 한 인물 속의 명과 암, 이상적 자아와 현실적 자아의 모습을 보여주는 듯하다. 이처럼 극명한 대조를 이루는 두 상황과 대화를 한 영화 안에 포섭하는 것은 이상과 현실, 이상적인 자아와 현실적인 자아는 별개의 것이 아니라 하나의 것이고, 상황에 따라 달라질 수 있음을 보여주는 것이라 할 수 있다. 이는 칼 융(C. G. Jung)의 지적한 인간의 양면성을 보여주는 듯하다. 인간이란 다면적, 다성적 존재라 어떤 속성을 보이는가를 결정하는 것은 상황임을 보여주는 좋은 예라 할 것이다.

동화와 장례 현장을 하나의 영화 속에 포섭함으로써 거두는 효과는 이처럼 크다. 이는 원작소설이 의도하지 않았던 또 다른 면모로 영화 <축제>만이 가지고 있는 장점으로 봐도 무방하리라 본다. 물론, 원작소설에도 얼마간 언급되고 있기는 하지만 두 텍스트를 하나로 묶어 새로운 텍스트로 재창조한 것은 감독의 역량이라고 봐야 할 것이다.

셋째로, 세트 장면의 경쾌한 음악을 통해 심리적 긴장을 이완시키고 기분을 전환시키고 있다. 앞에서 보았듯이 동화는 대체로 준섭 자신만의 시간이거나 혼자 생각에 잠기는 시간으로, 무거운 분위기나 슬픔이 분출되는 시점에 삽입된다. 준섭 혼자만의 시간은 고요 속에 쓸쓸함과 외로움이 그 어느 때보다 커지는 시간이다. 그 시간에 명랑하고 쾌활한 실로폰과 피리소리가 어우러진 동화의 배경음악을 통해 동화 속으로 준섭(사실은 관객)을 이끌고 감으로써 기분을 전환시킨다. 또한 초경이나 삼경이 진행되는 시간, 상여가 동구 밖으로 나갈 때, 실토를 마치고 물러설 때는 준섭의 슬픔이 고조되는 시간이다. 또한 이 시간은 관객도 준섭에게 동화되어 슬픔이 고조되는 시간이다. 이럴 때 명랑하고 쾌활 발랄한 음악을 동반한 동화의 세계는 슬픔을 차단하는 동시에 삶과 죽음의 의미를 생각하게 한다. 따라서 동화를 통해 긴장을 이완시키는 한편, 기분을 전환시킴으로써 관객의 관심을 끝까지 유지시키고 있다. 이는 장례식장의 무거움을 축제 분위기로 바꿔놓는 여러 장치들과 어울려 침울하고 무거울 장례의식을 밝고도 가볍게 바꿔놓는 역할을 한다.

<축제>의 음악은 무겁고 애절하다. 화면이 밝기도 전에 멀리서부터 울려퍼지는 듯한 저음과 고음이 어우러진 해금 연주는 무거움과 애절함을 동시에 자극한다. 묵직한 저음은 무거우면서도 마음 속 깊은 곳에서 솟아오르는 듯하고, 가슴을 긁어내듯 애절한 고음은 슬픔의 언어를 밖으로 표출하지 않고서는 배길 수 없는 사람의 심경을 그려낸다. 이처럼 침울하면서도 복받치는 듯한 슬픔을 표현한 주제음악은 중요한 순간에 조용히 배경에 깔림으로써 관객의 마음을 아프게 뒤흔든다. 그러나 <축제>의 음악은 또한 밝고도 명랑하다. 주제 음악을 빼고 난 음악은 피리와 피아노 소리가 어우러진 늴리리조의 음악은 흥타령이라도 된 듯 어깨춤을 추게 한다. 또한 실로폰과 피리소리가 어우러진 동화의 배경음악은 밝고도 명랑하고 탄력이 넘친다.

따라서 음악을 통한 분위기 전환 및 슬픔을 차단하여 새로운 삶의 의욕을 북돋는다는 점은 <축제>란 영화가 가지고 있는 미덕이며 장점이다. 무거운 주제 음악과 상반되는 음악을 효과적으로 구사하여 장례식이 갖는 이중성과 환생을 내포하는 죽음의 의미를 효과적으로 드러낸다는

점에서 의의가 있다고 하겠다. 이는 상여소리와 대비되는 삼경놀이 때 '노랫가락 차차차', '대지의 항구'도 같은 선상에서 이해하면 좋을 것이다. 다시 못 올 길을 가는 망자와는 달리 살아있는 사람들은 장례를 축제로 즐기는 모습은 장례의 이중성과 카니발적 성격을 고스란히 드러낸다.

마지막으로 <축제>에는 우리 전통적 상례 음악이 재현되고 있는데, 상여소리가 그것이다. 먼저 새말이 선창하는 상여와 관련된 가사(선소리)들만 영화에서 뽑아 살펴보겠다.

> 친구 벗님 많다거늘 어느 친구가 대신 가며
> 일가친척 많다 한들 어느 일가가 동행을 할까.
> 산천초목은 젊어 가고 우리네 인생은 늙어만 가네.
> 이팔청춘 소년들아 백발 보고서 웃덜 마라.
> 나도 어제 청춘인디 오늘날에 이리 됐네.
> 팔십 평생 꽃 세월이 바람처럼 흘러를 간다.
> 바람 되고 구름 되고 눈비 되어서 나는 간다.

물론 선소리에는 후렴구 "허이 허이 어이야 어이가리 넘차 너와너"가 따라붙는다. 그 상여소리는 서러움의 극치다. 그러나 그 서러움은 결코 서러움으로 끝나지 않는다. 이승에서의 삶을 다하면 저승에서의 새 삶이 기다리고 있기 때문이다. 그러기에 상여소리는 슬프면서도 비장하고 비장하면서도 희망을 가슴에 담고 있는 것이다. 이런 상여소리를 음악이 아니라 영상과 결합시켜 시청각화시켰다는 점도 <축제>가 갖는 의미다. 물론, 다양한 형태의 상여소리와 상여행렬이 영상화된 것은 많지만 <축제>처럼 장례식 전반과 그 과정, 상여소리를 자세하게 다룬 영화는 많지 않음을 상기할 때, <축제>는 상여소리를 재현했다는 다큐적 성격만으로도 평가를 받을 만하다고 생각한다.

2.4.3 언어기법

<축제>의 언어기법은 내레이션적인 서술이 주를 이룬다는 점이 특징적이다. 시작부터 준섭의 목소리로 서술되는 내레이션이 주제음악과 성복제를 드리는 장면과 함께 제시된다. 준섭의 목소리로 제시되는 내레이션은 '노모의 치매담'이다. 이는 원작소설에 삽입된 「기억여행」의 내용을 준섭의 목소리로 제시하고 있는 것이다. 그러나 이 내레이션은 단순히 「기억여행」을 읽는 것은 아니다. 소설텍스트 본문에 제시되고 있는 '친구의 신장 공여자 찾기와 어머니'에 대한 에피소드와 '어머니의 강건한 몸을 물려받음'까지 도입부에 제시함으로써 어머니의 자식 사랑과 그 사랑에 대한 감사의 마음까지 표현하고 있다. 따라서 이 내레이션은 『축제』 도입부에 나타나는 「기억여행」과는 다른, 전체 내용을 아우르는 준섭의 마음을 표현하고 있다. 따라서 <축제>의 전체 내용 중, 준섭이 어머니에 대한 감사의 마음은 내레이션을 통해 제시되고 있는 셈이다.

내레이션은 준섭에게만 해당되는 사항은 아니다. 『할미꽃은…』을 변형 삽입한 동화 부분도 제한 전지적 인물인 어린아이의 목소리가 은지의 마음을 내레이션으로 제시하고 있기 때문이다. 이는 영상으로 제시하기 곤란한 내용을 효과적으로 전달하기 위한 전략임을 고려할 때 아주 중요한 서술기법이라 할 것이다. 특히 준섭・지현의 대화 중간중간에 내레이션을 삽입하여 영상으로는 표현하기 힘든 은지의 마음까지 표현한다. 이런 내레이션의 활용은 <축제>가 갖는 다큐멘터리적 속성과도 밀접한 관계를 갖는 한편, 장편소설의 내용을 효과적으로 표현 전달하기 위해 내용을 압축 제시한다는 점에서도 의미를 갖는다.

내레이션은 장혜림의 취재 과정에서도 나타난다. 성영감을 비롯하여 장례식에 참석한 많은 인물들로부터 노모에 대한 일화와 준섭에 대한 사람들의 평가를 취재하는데, 여기에도 내레이션적인 방식을 활용한다.

S#39. 마당(낮)
(…전략…)
성 노인 : 시집 올 땐 참으로 고왔제.

영정 사진. 정정한 준섭 모의 모습이다.

성 노인 : (소리) 저 건너 덕도 친정서 열일곱 나이로 시집을 왔는디…….

S#40. 1950년 무렵, 옛날 집(낮)
부축 받으며 가마에서 내리는 신부.
구경하는 마을 사람들로 북적거리는데 미소를 지으며 집으로 간다.

성 노인 : (소리) 어찌나 이쁘던지 진목리 일대가 훤해버렸당께. 얼굴만 이뻤간디, 일을 허믄 어찌나 악착같이 했든지 상머슴 두 사람 몫은 조이 했응께. 근디 뭔 노무 팔자가 그리도 시던지…….

큰 절을 올리는 신부와 지켜보는 시부모.

성 노인 : (소리) 시집온 지 3년 만에 시아버지 돌아가셔 이태 후엔 시어머니 또 돌아가셔.

이처럼 성 노인이 이야기하는 도중 화면은 전환된다. 그러나 성노인의 목소리는 외화면에서 변함없이 이어진다. 그런 경향은 여기뿐만 아니다. S#41, S#42, S#43, S#129, S#130에도 계속적으로 이어지고, 장혜림이 취재하는 강진댁, 어동댁, 관산댁, 추씨, 동팔, 이석구, 회동 아재, 광주 누님, 함평 누님이 이야기 방식과 화면 제시 방식도 다르지 않다. 또한 횟집에서 용순과 장혜림이 술을 마시며 용순의 이야기를 들을 때도 이런 경향은 나타난다. 보이스 오버/오프 상태에서 용순의 목소리만 들리고, 화면은 용순과 아버지의 과거를 제시하고 있는 것이다. 이렇듯 취재 대상자의 모습은 화면에 드러나지 않고 목소리만 외화면에 존재한다는 점에서, 목소리로만 이야기를 전달한다는 점에서는 내레이션과 다를 바가 없다. 따라서 장혜림이 취재하는 모든 사람들은 잠정적 내레이터로서의 자격을 갖추고 있다고 볼 수 있다.

<축제>는 내레이션을 적절하게 활용하고 있다. 또한 내레이션의 기법을 변용하여 이야기를 압축적으로 제시하는 한편, 영상으로 표현하기 곤란한 내용들까지 제시하여 노모를 총체적으로 조명할 수 있게 한다. 이는 화면의 경제성, 정보의 압축적 전달, 관객의 이해도 확장이라는 다큐멘터리 내레이션의 효과와도 일치하는 점으로 다시 한 번 다큐멘터리적 속성을 보여준다 할 것이다.

또한 <축제>에는 유독 많은 설명자막이 삽입된다. 이는 다른 영화나 영상에서 좀처럼 나타나지 않는 현상으로, 상례 절차 알려주기 및 의미를 전달하기 위한 방법으로 활용된다. (주)스펙트럼디브이디에서 출시된 DVD에는 앞에 제시된 장례 절차만 자막으로 제시되고 있지만 극장에 개봉된 영화에는 이보다 훨씬 많고 다양한 설명자막이 삽입된다. 그 내용을 순서대로 정리하면 <표 5>와 같다.

표 5. 〈축제〉에 삽입된 설명자막[92]

삽입 장면	장례 절차	삽입 내용
S#22	속굉(屬紘)	새 솜을 놓아 숨결이 남아 있는지 확인함.
S#22	임종(臨終)	망인이 세상을 떠나는 자리를 자손들이 지킴. 망인의 먼 저승길을 위하여 노잣돈을 놓음.

92) 이 내용은 극장에서 개봉된 영화를 바탕으로 하여 커뮤니케이션북스에서 출판한 앞의 책을 참고로 하여 정리하였다. 따라서 내용이 극장에서 개봉된 영화와는 조금 다를 수 있다.

삽입 장면	장례 절차	삽입 내용
S#23	고복(皐復) 초혼(招魂)	망자를 다시 살리려는 소망으로 육신을 떠난 혼을 불러들이는 일. 실제로는 망자의 옷과 외치는 소리로 마을에 죽음을 알리는 절차.
S#25	사자상(使者床)	망인의 편한 저승길을 위해 사자들을 대접함. 불교와 전통 신앙의 영향. 간장을 놓은 것은 저승사자가 갈증으로 길을 지체케 하기 위함임.
S#27	호상에 대한 언급 때	호상은 모든 상례 절차를 관장 진행한다.
S#29	수시(收屍)	망자의 몸을 주검으로 다루는 첫 절차. 염습에 대비해 몸을 바르게 갖춰 칠성판에 올려 뉜다. 수명을 관장하는 칠성님께 돌아감을 뜻함.
S#31	발상(發喪)	상인들은 수시 후 곡을 하여 정식 상례가 시작됨을 알린다. 수시부터 간단한 향상을 차려 임시로 문상객 맞을 차비를 함.
S#44	명정(銘旌)	망자의 관직과 이름을 써서 영좌에 세워 놓았다가 하관 시 위에 덮음.
S#63	수의를 입힘	속저고리, 저고리, 도포의 소매를 함께 꿰어 두었다가 입힌다.
S#63	손톱을 자르는 화면에	손톱, 발톱, 머리카락 등도 망자의 몸의 일부로 여김. 주머니에 담아 두었다가 대렴 때 관 속에 넣음. 유교적 영향.
S#64	반함(飯含)	저승 가는 길에 쓰라는 뜻으로 쌀과 돈, 구슬 등을 넣음. 반함에는 버드나무 숟가락을 쓰는 것이 원칙. 버드나무는 번식력이 강하고 잘 자라 망자의 극락왕생을 비는 뜻.
S#69	염(殮)	소렴은 소렴포의 가르매 7매를 3가닥씩 나눠 총 21가닥을, 대렴은 일곱 자 일곱 치의 칠성 칠포로 총 15가닥을 묶음. 7과 3은 우리 전래의 칠성신과 삼신 사상에서 연유. 염은 시신이 부패해도 유골이 흐트러지지 않게 하는 역할.
S#79	입관(入棺) 화면에	망자의 현세 모습과 작별하는 순간. 결관의 매듭은 홀수가 되게 한다. 상주는 입관 전 무시곡, 입관 후는 조석곡을 한다.

삽입 장면	장례 절차	삽입 내용
S#80	관이 밖으로 나갈 때	망자의 영혼이 다시 방안으로 들어오지 않게 바가지를 깬다. 민속 신앙에 근거한 처방.
S#83	영좌(靈座), 빈소(殯所) 설치 후	영좌 설치 후 성복을 하고 성복제를 지낸다. 비로소 상주는 정식으로 문상객을 맞는다. 상복을 흰색으로 입는 것은 물들이지 않은 거친 옷을 입어 죄인임을 표시하고, 밝은 빛의 옷으로 망자의 저승길을 밝히기 위함.
S#127	초경(初更)	초경부터 오경까지 두 시간마다 제사와 놀이를 하는 남도 지방 고유의 장례풍습. 상가의 슬프고 무거운 분위기를 달래고 상주의 시름을 덜어줄 목적. 유교적인 도덕률과는 배치.
S#127	초경 놀이 때	가남보살과 관암보살은 관음보살에게 연유한 소리로 망자의 왕생극락을 기원하는 의미.
S#142	영상이란 말에	영상－호상과 함께 망자의 긴 향수를 일컫어 상사의 슬픔을 달래는 뜻이 있음.
S#151	발인제(發靷祭)	망자가 집을 떠나기 전에 지내는 마지막 제사. 한자 축문은 주술적 효과가 큰 것으로 믿음. 망자가 생전에 모르던 한자말을 귀신이 되어 알아듣는다는 속설도 있음.
S#152	천구(遷柩)	관을 상여로 옮김.
S#154	노제(路祭)	망자가 자주 다니던 장소나 길목에서 고인을 기리며 술과 음식을 나눔.
S#154	술을 권하는 모습에서	망자가 마지막으로 동네 사람들을 대접하는 의미도 있고, 사람들의 돈을 받아 새끼줄에 건다.
S#154	새끼에 돈을 꿰는 장면에서	가족들이 내는 저승길 노잣돈. 실제로는 상여꾼들의 수고비.
S#154	상여 후렴에	여이가리 넘차 너와너. 남도지방 상엿소리의 후렴구. 굽이굽이 먼 저승길을 죽은 이가 넘어가는 걸 탄식 속에 격려하는 의미로 보임.
S#155	사기사발을 깨는 장면에서	두 번씩이나 같은 의식을 하는 걸로 보아 망자의 영혼이 집안에 다시 들어오는 것을 얼마나 두려워했는가가 나타남.

삽입 장면	장례 절차	삽입 내용
S#161	횡대를 놓는 장면에서	명정을 눌러 보호하는 횡대를 놓음.
S#161'	실토(實土)	망자와 가까운 순서에 따라 흙을 뿌림.
S#164	반혼(返魂)	복인들이 신주를 모시고 집으로 돌아옴. 혼이 집으로 돌아온다 하여 반혼이라 함. 반드시 왔던 길로 되돌아가야 혼이 길을 잃지 않고 잡귀가 범접하지 않는다고 함. 반혼길에서는 뒤돌아보는 것을 금기로 한다.
S#165	초우제(初虞祭)	장례를 마친 첫날에 초우, 둘째 날에 재우, 셋째 날에 삼우를 지냄. 졸곡제, 부제, 소상, 대상까지 지내는 삼년 탈상이 원칙이나 최근에는 100일 탈상이 일반적.

이처럼 긴 자막을 활용하여 자세하게 설명하는 이유는 너무나 단순하다. 우리의 장례 절차와 그 의미를 제대로 모르는 사람들에게 절차와 그 의미를 알려주기 위한 감독의 배려다. 또한 감독이 직접 밝히고 있듯이, "유교·불교·무교가 혼합된 우리의 장례, 좋다는 것은 다 받아들여 행하고 있는, 우리의 장례 문화의 본 모습을 보여주고 싶어서"[93]였다. 따라서 감독은 허구적인 내용은 일반적인 영화기법을 활용·제시하고, 사실적인 내용은 문자 언어를 통해 제시하고 있다. 이렇게 볼 때 <축제>는 자막을 적극적으로 활용하여 서술한다는 점에서도 평가를 받아 마땅하다고 본다.

2.5 〈천년학〉의 서술기법

<천년학>은 한국 영화의 거장 임권택 감독의 100번째 작품이라는 이

93) 임권택 감독과의 대화, 필자의 앞의 자료.

유로 촬영 때부터 비상한 관심을 불러일으켰다. 거기에 <서편제>의 후속편이라는 유명세까지 보태져 개봉 전부터 극장가는 술렁였다. 그러나 개봉 후 일주일 만에 막을 내렸다. 여러 가지 이유가 있겠지만 스토리 차원에서 <서편제>와 너무 닮았기 때문일 것이다. 그러나 <천년학>은 <서편제>의 후속편이기는 하지만 분명 다른 영화다. 일반적인 생각과는 달리 <천년학>과 <서편제>를 비교해보면 여러 면에서 다름을 알 수 있다. 가장 대표적인 차이점은 동호와 송화의 관계, 직업, 세상살이 모습, 용택과의 관계 등이 바뀌었다는 점이다. 그리고 <서편제>가 소리의 재현과 소리꾼의 삶에 무게중심을 두었다면 <천년학>은 영상 미학과 동호와 송화의 사랑에 무게중심을 두고 있다. 그러나 단순히 스토리적인 차원에서 <서편제>와 크게 다를 바가 없다고 <천년학>의 작품성과 예술성을 간과한다면 예술에 대한 정당한 평가가 아닐 것이다. 그런 눈으로 서구의 명화(名畵)들을 본다면 서구의 명화들은 그게 그것이 되고 만다. 왜냐하면 서구의 명화의 많은 부분이 하느님, 예수, 그리스 신화를 모델로 하여 그려지고 있기 때문이다. 또한 그런 시각으로 보자면, 남녀의 비극적 사랑을 그린 소설의 대부분은 『로미오와 줄리엣』의 아류 내지는 패러디가 아니겠는가. 그런 의미에서 <천년학>에 대한 정당한 평가가 더욱 필요하다.

2.5.1 영상기법

<천년학>에서 가장 눈에 띄는 점은 미장센이다. 동양화적인 여백의 미학, 한국적인 멋의 구현, 흰색과 파란색 그리고 녹색의 정갈스러운 화면은 마치 동양화 한 폭을 보는 듯 시원하다. 특히 아름다운 영상을 위해 제주도까지 공간을 확장하여 제주의 자연의 모습을 화면에 담은 것은 아름다운 한국적 모습에 얼마나 많은 관심을 가졌는지 짐작케 한다.

동양화적 미학이 돋보이는 화면들을 먼저 살펴보면 <자료화면 27>과 같다.

〈자료화면 27〉 〈천년학〉에 나타난 영상미

이처럼 <천년학>에는 <소리의 빛>이나 <서편제>에서는 맛볼 수 없었던 영상미가 넘쳐흐른다. 완벽한 구도로 이루어진 프레임 하나하나가 동양화 한 폭을 연상시킬 정도다. 특히 송화의 아름다움에 포커스를 맞춤으로써 송화라는 인물을 모든 사람의 연인으로 바꿔놓고 있다. 맹인이라기에는 너무나 아름답게, 너무나 영롱하게 그림으로써 맹인이란 느낌을 지워버린다. 사실적인 면에서 볼 때 비논리적 설정일 수도 있다. 그러나 맹인이라는 제한성보다는 모든 남성의 연인으로 설정함으로써 홍단심과 동거를 하면서도 송화를 찾아다니는 동호의 행동에 개연성을 부여한다. 그런 속성은 <자료화면 27> 가운데 화면을 통해서도 알 수 있다. 따라서 <천년학>은 <서편제>에서 미진했던 송화란 인물을 부각시킴은 물론, 동양적인 아름다움을 표현하기 위해 얼마나 많은 고심을 한 작품인지 알 수 있게 한다.

먼저 유봉이 소리를 하는 화면을 보면 유봉의 모습과 활짝 편 부채의 모습이 묘한 대칭을 이루고 있고 가운데를 비워두고 있다. 그 속에 선학동 포구의 잔잔한 물이 보이고 멀리 흐릿하게 관음봉의 모습이 보인다. 인물을 한쪽 끝에 배치하고 그 반대쪽에는 부채의 모습을 배치한 후 가운데 산수를 한 폭에 담은 모습은 동양화의 한 폭을 연상시킨다. 그런 화면을 선명하게 포착하지 않고 엷은 녹색 또는 노란색 필터를 사용해 밝은 빛을 얼마간 제어하고 있어 환상적인 분위기를 연출한다. 이는 마치 색 바랜 한지에 그려진 한 폭의 동양화를 떠오르게 한다. 시간적인 탈색의 의미와 환상적인 모습을 필터를 활용하여 표현하고 있다.

두 번째 동호와 송화가 마주 앉아 있는 모습은 용택의 환상 속에서 보는 모습인데, 환상 속의 모습이 아니라 현실적인 느낌을 주기 위해 선명하고도 사실적으로 촬영했다. 아주 옅은 파란빛이 감도는 분위기는 필터를 사용하고 있기 때문이지만 자세히 보지 않으면 거의 인식하지 못할 정도다. 두 사람의 만남이 성적인 만남이 아니라 정신적인 교감을 바탕으로 한다는 점을 강조하기 위한 색감의 배합이 아닐까 한다. 첫 번째 화면처럼 두 사람 사이에는 선학동 포구의 넘실대는 물과 관음봉의 밑자락이 두 사람을 감싸고 있다. 이 또한 한 폭의 그림을 연상케 하는 화면으로, 두 사람 사이로 보이는 마루며 난간이 배산임수(背山臨水)의 정자에라도 앉아 있는 신선과 선녀를 떠올리게 한다. 그래서 이 장면 위로

학 두 마리가 날아오르는 모습은 정당성을 확보하게 되는 것이다. 두 신선과 선녀가 소리와 북장단으로 학을 부르고 있다고 해도 좋고, 두 신선이 학이 되어 망망대해를 향해 날아간다고 해석해도 무방할 것이다.

세 번째 화면은 유봉이 해가 지는 바닷가에서 '사철가'를 부르는 모습이다. 갈색 필터를 사용하여 지는 해의 모습을 직접적으로 포착하지는 않지만, 잔물결로 일렁이는 황금빛은 황혼녘임을 알려준다. 그 황혼은 단순한 황혼이 아니다. 송화가 동호에게 전해주듯이, 동호가 떠난 후 유봉은 죽을 때까지 '사철가'만 부르다 어느 날 숨을 거둔다. 송화는 뒷얘기를 통해, 자신에게 짐이 되지 않기 위해 자살을 해버린 것으로 추정한다. 그런 유봉이기에 해가 지는 바닷가에서 '사철가'를 부르는 모습은 더욱 초라하고 슬플 수밖에 없다. 그 심경을 갈색 필터를 통해 드러냄과 동시에 색깔을 통해 쓸쓸한 죽음을 암시하고 있다. 그런데 유봉의 죽음은 결코 초라하고 외롭지만은 않다. 자신의 예술혼을 지키기 위해 모든 노력을 기울였던 유봉의 죽음은 쓸쓸하지만 의미있다. 그 상충되는 의미를 표현한 것이 이 화면이다. 가운데에서 조금 빗겨앉은 유봉이 지는 해를 바라보며 '사철가'를 부르는 모습은 폭포나 커다란 산 아래 정자를 지어놓고 시름도 없이 앉아 자연과 인생에 대한 성찰을 하는 선비나 신선의 모습을 떠오르게 한다. 낙조를 벗삼아 소리를 하는 유봉의 이 모습은 삶과 죽음마저 초월한 듯, 이미 신선이 된 듯한 느낌마저 주기 때문이다.

가운데 화면은 한 폭의 미인도를 연상시킬 만큼 고혹적이다. 단장한 송화의 모습도 모습이려니와 배경과 어우러져 너무나 아름답다. 열린 창문 뒤로는 푸른 하늘을 배경으로 휘늘어진 매화 가지에서 매화꽃이 분분히 지고 있다. 그 모습은 복숭아꽃이 흐드러지게 피어있다던 무릉도원을 떠올리기에 족하다. 그런 분위기는 왼쪽 벽에 걸린 단정한 글씨의 족자가 더욱 강화한다. 족자에 씌여진 글의 정확한 의미를 모른다고 해도 상황적으로 보아 자연과 함께 살아가면서 삶을 즐기고자 하는 내용에 어울리는 글임을 짐작할 수 있다. 그런 모습을 배경으로 곱게 단장한 송화가 앉아 소리를 한다. 전체 화면은 자연 배경인 매화꽃의 낙화, 자연과 함께 살아가고자 하는 글씨의 후경, 분분히 지는 매화꽃만큼이나 맵시있게 차려입고 앉아 있는 인물 전경으로 구분하여 하나의 한 폭의 미인도를 그려내고 있다. 백사의 소실 생활을 이처럼 자연의 아름다움과 그 자연과 하나가 된 듯이 살아가는 송화를 중점적으로 그리는 것은, 송화의 아름다움을 강조하는 한편 영상미를 추구하기 위함일 것이다. 아름다운 자연 속에서 그 자연을 닮은 미인의 입을 통해 울려퍼지는 소리 또한 자연의 일부처럼 아름다울 수밖에 없음을 보여주는 화면이라 할 것이다.

다섯 번째 화면은 선학동 주막의 모습이다. 원경(遠景)은 하늘이다. 정확한 색은 알 수 없다. 하늘빛이 드러나야 하는데 하늘빛은 드러나지 않는다. 하얀 빛만 가득한 게 한지(韓紙)의 빛을 떠올리게 한다. 따라서 이는 하늘이라기보다 여백으로 남겨놓은 것 같은 느낌을 준다. 중경(中景)은 관음봉이다. 야트막하게 가라앉은 품이 기다랗게 누워있는 느낌을 준다. 세상을 잊은 듯이 조용히 누워있다. 그 관음봉을 배경으로 하듯 두 마리의 학이 유유히 노닐고 있다. 근경(近景)은 낮게 일렁이는 물결과 그 물결에 부서지는 햇살이다. 깊고 깊은 수면 속에 옛이야기를 가득 담은 듯 조용히 일렁이는 모습은 사람의 마음을 가라앉힌다. 그런 하늘과 관음봉, 물결을 배경으로 오른쪽 한쪽에 선학동 주막이 조용히 앉아 있다. 그 자체가 한 폭의 그림이고, 시(詩)고, 전설처럼 아득하다. 이런 선학동 주막은 주막이라는 느낌보다는 인간 기억이나 이야기의 저장소라는 느낌을 주는데, 이는 영화 전체의 분위기와도 부합된다. 그런 분위기를 살리기 위해 푸른색의 필터를 사용해 더욱 신비롭고 아득한 느낌을 주는 것이 청자(青瓷)에 그려진 한 폭의 그림을 떠올리게 한다.

여섯 번째 화면은 송화와 동호가 제주도 한라산 기슭에서 이별을 아쉬워하며 소리로 이별의 아픈 마음을 전하는 모습이다. 화면 위쪽 멀리 낮은 산기슭이 자리하고 있고 그 앞으로는 흐드러진 억새의 무리가 바람에 하얗게 일렁인다. 그 억새의 일렁임은 단순한 일렁임이 아니다. 하얀 손을 흔들며 이별의 아쉬움을 달래듯, 하얗게 일어서는 그리움을 고요한 몸부림으로 달래듯, 바람과 함께 일렁인다. 그 일렁임은 동호와 송화의 마음이다. 서로의 마음을 잘 알면서도 헤어질 수밖에 없는 현실의 아픔을 억새의 일렁임으로 표현한 것이다. 그런 억새의 일렁임을 배경으로 동호와 송화가 짧은 만남을 아쉬워하며 이별의 노래를 부르고, 듣고 있는 것이다. 조용히 송화의 '갈까보다(상사가)'를 듣고 있던 동호가 어느 순간 송화의 소리에 취해 자신도 모르는 새에 무릎을 꿇은 채 손바닥으로 박자를 맞추고 있는 모습은 한 여인 앞에 자신의 마음을 고백하는 모습을 닮았다. 송화의 눈에는 비록 보이지는 않겠지만, 맹인이라 청각이 보통사람에 비해 발달되었음을 고려할 때 송화도 이런 동호의 행동을 알고 있을 것이다. 그래서 노래에 삽입되어 있듯이, 은하수가 막혔어도 일 년에 한 번씩 만나는 견우와 직녀는 이들에게 부러운 존재들일 수밖에 없다. 그런 슬프고도 암울한 두 사람의 마음을 갈색 필터를 사용하여 표현하고 있다. 이처럼 단 한 프레임을 위해서도 다양한 구도와 색상 등을 고려한 것에서 <천년학>이 화면 구성에 얼마나 많은 공을 들이고 있는지를 알게 한다.

마지막 화면은 송화가 백사 노인의 첩살이를 하던 초가집의 모습이다. 부감으로 잡은 이 화면에는 집보다 집을 둘러싸고 있는 매화꽃이 중심인 듯한 느낌을 준다. 초가집 뒤에 하얗게 피어있는 매화꽃을 배경으로 낮은 초가집이 앉아 있고, 돌 위에 아담하게 지은 초가집 앞에는 좁은 마당. 매화꽃이 한창인 듯 전경(前景) 좌우가 온통 매화꽃으로 가려진다. 한낮을 넘겼는지 초가집 앞에는 그늘이 드리워지기 시작했고, 아늑한 봄빛은 곱게 졸고 있다. 파란색 계열의 필터를 사용했는지 푸르스름한 기운이 전체의 분위기를 몽환적으로 이끈다.

이처럼 <천년학>에는 동양화적인 멋과 맛을 느끼게 하는 화면들이 많다. 특히 송화를 피사체로 포착할 때는 그 어느 때보다 멋스럽고 맛깔스럽게 잡고 있는데, 이는 송화를 강조하기 위해서다. 송화란 존재를 만인의 연인으로 부각시켜 동호가 끝내 못 잊어하는 이유를 제시하는 한편, 모든 이들이 잊지 못할 존재로 만들고자 하는 의도를 가지고 있다고 본다.

<천년학>에는 상황에 따라 대원사, 원사, 중사, 접사, 초접사 등 다양한 촬영기법을 활용하여 다양한 각도와 시각으로 주제를 표현하는 한편 영상미를 구현하고 있다.

원사와 대원사의 경우는 인물의 왜소함이나 자연의 웅장함을 드러내기 위한 경우가 많다. 다음 페이지 <자료화면 28>에서 보듯, 대부분은 인물의 왜소성을 드러내기 위해 원사나 대원사를 활용하고 있다. 그러나 ⑦의 경우는 다르다. ⑦의 경우는 선학동 주막과 관음봉의 모습을 한 프레임 안에 잡기 위해 대원사를 사용하고 있다. 그러나 나머지의 경우는 인물의 왜소성을 드러내기 위해 원거리 촬영을 시도하고 있다. ①은 송화를 찾기 위해 선학동으로 들어가는 동호를 먼 거리에서 포착하고 있다. 송화와 만나기 어려울 것이라는 의미를 담기 위해 동호를 작게 잡고 있다. 길 위에 한 점처럼 작게 잡음으로써 동호보다 구불구불 구부러진 길을 강조하고 있다. 이처럼 동호란 인물보다 길에 중심을 두는 이유는 동호의 구비 잦은 인생길을 은유적으로 표현하기 위해서이기도 하다. ②는 선학동의 풍정을 가슴에 담기 위해 선학동을 두루 돌아다니며 소리 연습을 하는 송화를 멀리서 잡고 있다. 송화의 가슴에 선학동의 풍정을 담기에는 너무나 작은 존재임을 보여주기 위해 송화를 조그맣게 잡고 있다. ③도 선학동 주막 앞에서 소리 연습을 하는 송화의 모습이다. 송화와 선학동 주막을 한 프레임 안에 잡은 이유는 송화의 연습 장소를

① 선학동을 찾아가는 동호

② 선학동에서 연습하는 송화

③ 주막 앞에서 연습하는 송화

④ 바닷가에서 소리하는 유봉

⑤ 욕지기하는 송화

⑥ 갈까보다 시퀀스

⑦ 선학동을 다시 찾는 송화

⑧ 정신병원에 함께 가는 동호

〈자료화면 28〉〈천년학〉에 나타나는 원사와 대원사

확인시키는 한편, 송화란 존재의 왜소성을 드러내기 위해서다. ④는 유봉이 해지는 바닷가에서 '사철가'를 부르는 모습이다. 외로움과 쓸쓸함, 무상함의 감정들이 뒤섞여 있는 유봉의 마음을 배경으로 포착하는 한편, 유봉의 삶이 다해가고 있음을 보여주기 위해 멀리서 대원사로 잡고 있다. ⑤는 동호와 동거하는 홍단심이 임신을 했다는 말을 들은 직후 집으로 돌아가는 돌다리에서 헛구역질하는 송화의 모습이다. 사랑하지만 이제 그 사랑을 접을 수밖에 없는 송화의 마음이 헛구역질로 나타나고 있고, 그런 송화는 작고 초라한 존재일 수밖에 없다. 그래서 작은 모습으로 그려진다. ⑥은 중동으로 떠나는 동호를 붙잡고 싶지만 잡을 수 없어 '갈까보다(상사가)'를 부르는 송화와 그 소리를 가슴 아프게 듣고 있는 동호의 모습을 투 샷(two-shot)으로 잡고 있다. 서로 사랑하지만 헤어져야 하는 마음을 멀리 있는 산들과 함께 잡음으로써 산보다도 더 멀리 떨어져야 함을 암시하고 있다. ⑧은 정신병원을 도망쳐온 홍단심이 다시 정신병원으로 붙잡혀 가는 것을 동호가 쫓아가는 모습을 멀리서 잡고 있다. 송화를 위해 지은 소리방에 홍단심이 찾아온 것은 분명 상서로운 일이 아니다. 그렇지만 홍단심은 한 때 동거까지 했던 여자다. 그런 여자가 정신병을 앓고 있음을 안 이상 그냥 모른 체할 수는 없다. 그래서 동호는 잠시 망설이지만 결국 홍단심을 쫓아간다. 그런 상황에 처한 동호는 미약하고 나약한 존재이기에 동호를 멀리서 포착함으로써 홍단심으로 인해 더욱 작고 초라한 존재로 전락할 것임을 이 화면을 통해 보여준다.

이처럼 대상을 멀리서 포착하는 이유는, 인물보다 주변환경이나 사물에 대한 이미지를 강화하기 위해서이거나 정반대로 인물의 왜소성을 강조하기 위해서다. 인물의 중요성이 강조되면 주변환경이나 상황은 큰 의미를 갖지 못하지만, 주변환경이나 상황이 강조될 때 인물은 나약하고 미약한 존재일 수밖에 없기 때문이다. 또한 사물과 인물이 결합하여 은

유적인 장치로 쓰이는 경우도 있음을 알 수 있다. 인물의 심리나 인물이 처한 상황, 인물의 미래상 등이 자연환경이나 사물을 통해 비유적, 상징적으로 제시되기도 하기 때문이다.

중사의 경우는 일상적인 보통의 상황을 표현하므로 따로 살피지 않았었다. 그러나 중사가 무의미한 것은 아니다. 이제 중사의 의미를 구체적으로 살펴보기로 하겠다.

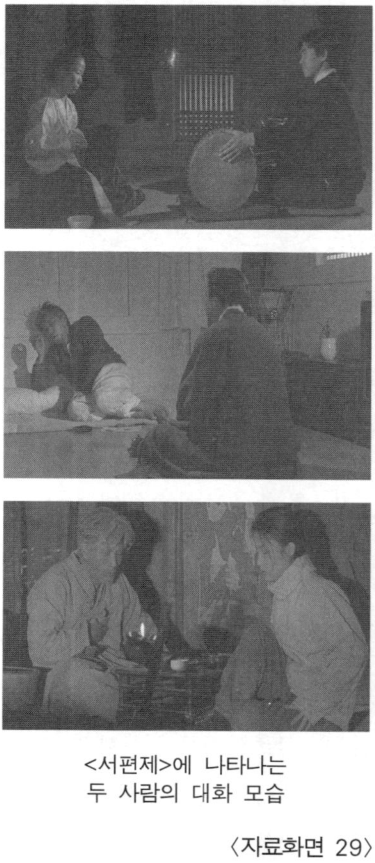

<서편제>에 나타나는
두 사람의 대화 모습

<천년학>에 나타나는
두 사람의 대화 모습

〈자료화면 29〉 중사의 활용 양상

중사는 인물간의 관계나 심리를 효과적으로 표현할 수 있음에 주목해야 한다. 특히 대화 위주로 사건이 진행되고 있는 <천년학>이나 <서편제>, <이어도>에서는 두 인물의 앉아있는 위치나 모습을 통해 두 사람의 관계나 상황을 보여주기도 하고, 시선의 방향에 따라 상대방에 대한 태도나 심리를 드러낸다는 점에서 중요하다.

<서편제>에도 두 사람이 한 자리에 앉아 대화하는 모습이 제법 있다. 그것들을 전부 살펴볼 수는 없고, 가장 의미있다고 판단되는 세 컷을 살펴보기로 하겠다. 먼저 소릿재 주모인 세월네와 동호는 대등한 위치에서 서로 마주보며 대화하고 있다. 측면에서 잡은 두 사람의 모습은 두 사람의 관계를 암시한다. 세월네는 무언가를 생각하는 듯한 얼굴로 고개를 조금 숙이고 있고, 동호는 세월네를 뚫어지게 쳐다보며 세월네의 이야기에 귀를 기울이고 있다. 이는 서로 대등한 관계에서 서로의 마음을 터놓고 이야기하고 있음을 보여준다. 그러나 유봉이 도상에게 '옥중가'를 배우러 갔을 때 두 사람의 자세나 위치는 전혀 다르다. 도상은 비스듬이 벽에 기대어 있고, 유봉은 꼿꼿한 자세로 앉아있다. 이는 두 사람의 위치를 말해준다. 스승에게 배우지 못한 '옥중가'를 어떻게든 도상에게 배우려는 유봉의 입장과 배워줄 것인가 말 것인가를 갈등하는 도상의 입장은 확연히 다르다. 그것이 두 사람의 앉은 모습에서 드러난다. 물론, 도상이 아편을 흡입하고 있어서 정신이 몽롱한 상태이기는 하다. 그러나 두 사람의 관계가 수평적이 아님을 알 수 있다. 또한 이 화면은 도상과 유봉의 현재 상황과 미래를 암시한다는 측면도 있다. 아편에 빠져 폐인의 길을 걷는 도상과 꼿꼿이 자신의 길을 가려는 유봉의 대비는 이 화면으로도 충분하다. 마지막 화면은 유봉과 송화가 소릿재에서 마주앉아 있는 모습이다. 유봉이 죽기 전에 송화에게 자신의 죄를 고백하고 사죄하기 직전의 모습으로 두 사람 모두 마주 보지 않고 시선이 아래를 향하고 있다. 고백하려는 유봉이나 그 고백을 들어야 하는 송화나 결코 마

음이 편치 않다. 그러나 두 사람이 서로 마주 바라보고 있음을 볼 때 두 사람은 서로 마음이 통할 것임을 보여준다.

<천년학>도 동호와 용택의 대화를 통해 스토리가 전개된다. 그런 만큼 두 사람을 한 프레임에 잡는 경우가 많다. 그러나 두 사람의 관계는 한결같지 않다. 서로 갈등하기도 하고 반목하기도 하고 이해하기도 한다. 그런 상황은 두 사람을 한 프레임에 잡은 중사를 통해 드러난다. 그런 경향은 유봉과 용택 부와의 대화에서도 나타난다. 첫 화면이 바로 그것이다. 용택 부가 유봉에게 송화와 용택을 결혼시키자고 설득하는 화면인데, 여기서 두 사람의 관계는 결코 대등하지 않다. 용택 부는 고개를 숙인 채 이야기하고 있는데 비해 듣고 있는 유봉은 꼿꼿이 고개를 들고 다른 곳을 쳐다보고 있다. 두 사람이 앉아있는 모양새로 봐서는 결코 합의를 이끌어낼 수 없을 것 같다. 서로 마주보지 않은 상태에서 서로 다른 곳을 바라보는 시선이 그걸 느끼게 한다. 이 화면 바로 뒤에 이어지는 유봉의 거부의사는 이 화면으로도 충분히 보여준다. 두 번째는 홍단심과 동호가 헤어지기 직전 포장마차에 앉아 있는 모습이다. 단심은 동호를 쳐다보며 무언가를 얘기하려 하지만 동호는 시선을 깐 채 단심의 말에는 관심을 보이지 않고 있다. 하기야 동호가 중동에 가서 돈 벌고 있는 동안 노름과 술에 미쳐 지내다 하나뿐인 아들 기철(두 사람의 아들도 아니지만)을 교통사고로 잃어버린 단심을 동호가 용납할 리 없다. 그런 두 사람의 관계가 이 한 화면에 그대로 드러난다. 화가 잔뜩 난 동호에게 단심이 하는 말은 변명이나 합리화로밖에 들리지 않을 것이다. 마지막 화면은 용택이 동호를 비난하는 모습을 포착한 것이다. 화가 잔뜩 난 용택이 동호에게 뭐 그리 대단하냐고 퍼붓고 있다. 그러나 동호는 담담한 모습으로 말이 없다. 화가 난 용택의 모습과는 달리 동호는 자신의 이야기를 더 들어보고 판단하고 말하는 듯 아무런 대꾸가 없다. 용택은 동호를 바라보고 있는데 동호는 용택 쪽으로 고개도 돌리지 않은 채 아

래를 내려다봄으로써 용택의 이야기를 무시하고 있다. 이는 동호의 시선이 아래쪽을 향하고 있기는 하지만 고개를 떨군 상태가 아니라 무언가를 생각하고 있는 표정이기 때문이다. 그리고 바로 이어지는 동호의 이야기를 들은 용택은 비로소 동호의 마음을 이해하고 자신이 가장 아끼는 매실주를 꺼내 대접을 하게 된다. 이런 뒷 상황이 이 한 컷에 모두 담겨 있다고 하면 스토리 전개를 알고 있는 사람만이 내릴 수 있는 논리 비약일까.

<천년학>에는 <서편제>에 비해 접사나 초접사를 활용하여 의미를 전달하거나 암시하는 경우가 많다. 특히 동호와 송화를 그리는 장면이나 동호와 송화의 관계를 그리는 샷이나 장면에 자주 나타난다. 다음 페이지의 <자료화면 30>은 그 중 대표적인 것들이다.

①은 북을 강조하기 위한 초접사다. 북과 북을 치는 손을 강조하여 북을 통해 송화와 동호가 말없이 통하고 있음을 강조한다. ②와 ③은 동호와 송화를 근접촬영하여 인물을 강조하는 한편 인물의 심리를 표현하고 있다. 다소곳이 앉아있는 송화의 모습과 무언가를 골똘히 생각하는 동호의 얼굴을 통해 두 사람의 성격과 심리상태를 보여준다. ④는 점자를 찍는 송화의 손을 보여주어 점자를 통해서라도 세상과 소통하려는 송화의 의지를 드러냄과 아울러 왼손 약지에 낀 진주반지를 통해 호사를 누리고 있음도 보여준다. ⑤는 매화꽃이 지는 모습을 통해 백사노인의 죽음을 보여준다. 백사노인이 죽음을 매화꽃의 낙화로 표현함으로써 예술과 인생을 아는 백사노인의 죽음을 예술적으로 그리고 있다. ⑥은 동호가 준 탄피반지를 윤이 나게 닦아 끼고 있는 송화의 손을 보여줌으로써 동호에 대한 송화의 사랑이 빛나고 있음을 보여주고, ⑦은 피를 토하면서까지 득음을 위해 노력하는 송화의 의지와 예술혼을 보여준다. 빨간 피는 예술을 향한 송화의 강한 의지를 표현한다. ⑧은 두 마리의 학으로 날아오르는 송화와 동호의 모습을 바라보는 용택의 얼굴이다. 화장실에

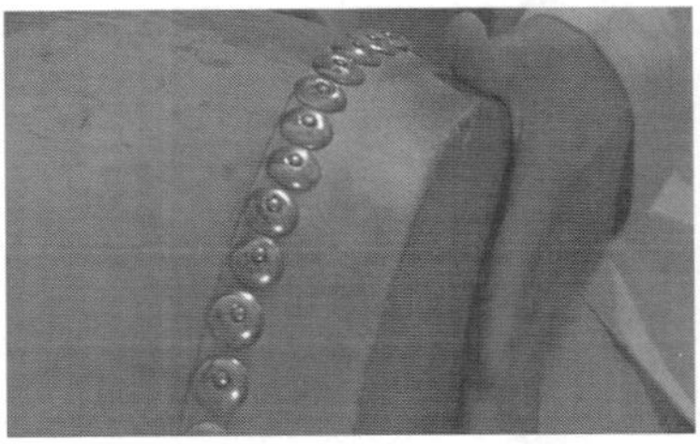

① 북

② 송화 얼굴

③ 동호 얼굴

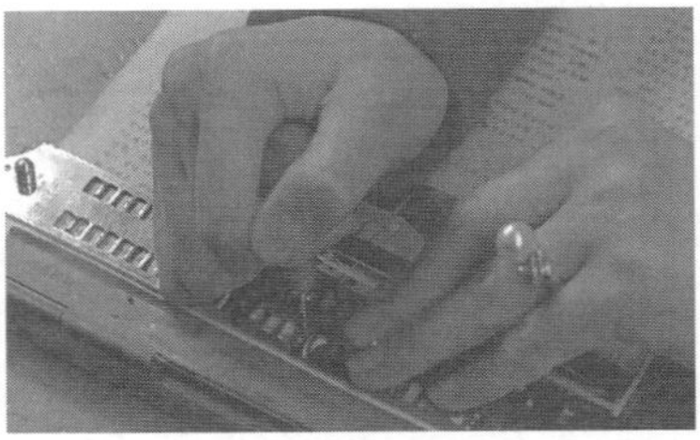

④ 점자를 찍는 송화의 손

⑤ 떨어지는 매화꽃

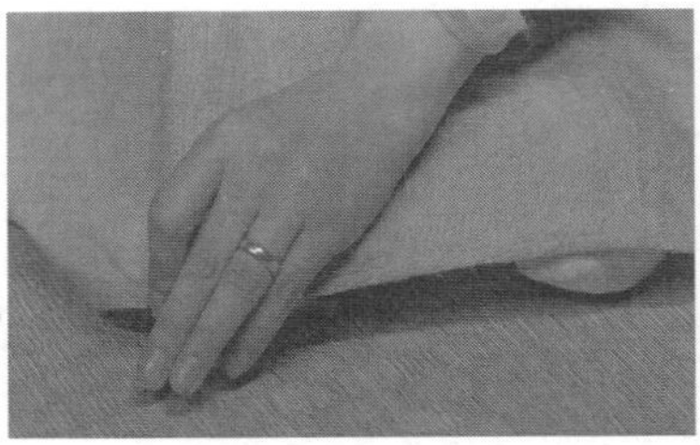

⑥ 탄피반지 낀 송화의 손

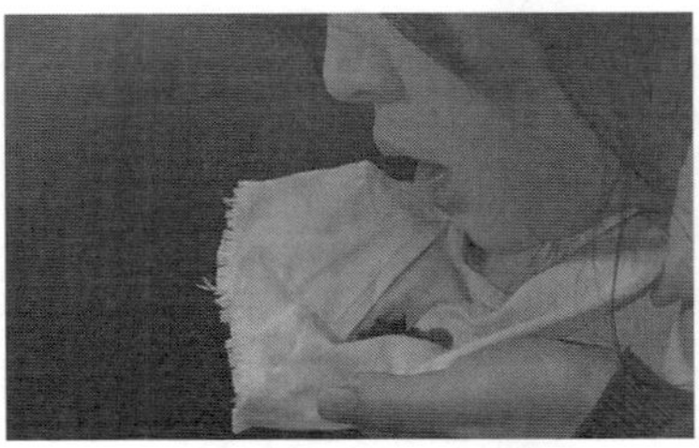

⑦ 피를 쏟는 송화

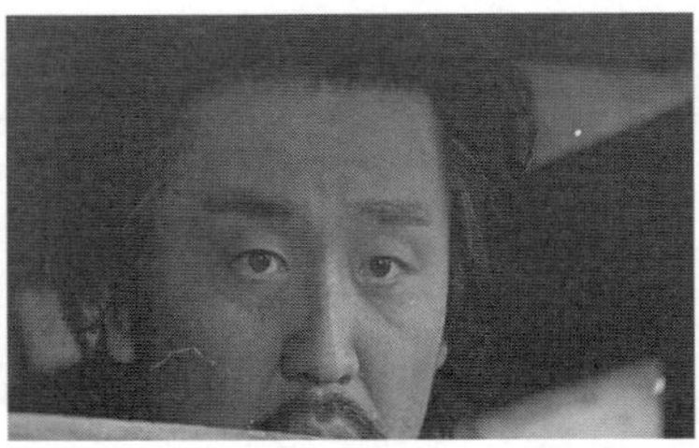

⑧ 학의 비상을 보는 용택

〈자료화면 30〉 〈천년학〉에 쓰인 접사와 초접사의 양상서 나오다 동호가 북을 잡고 앉은 모습에서부터 두 사람이 학으로 날아오르는 모습을 환상을 통해 지켜본 용택의 눈은 휘둥그레질 수밖에 없다.

이처럼 접사나 초접사는 일정한 의미를 강조하거나 은유, 상징적인 의미를 전달하기 위한 도구로 쓰인다. 그러므로 접사나 초접사는 일정한 의미 없이 남용해서는 안 되고, 남용할 경우 관객의 주의력을 분산시켜 놓을 수 있다는 점에서 자제해야 할 기법이라 할 것이다.

<천년학>의 영상기법 중 두 번째로 언급해야 할 사항은 특수촬영기법에 대해서다. 『서편제』를 소재로 한 다른 영상물과는 달리 <천년학>에는 상상 속에서만 존재하는 많은 것들을 특수촬영을 통해 가시화한다. 선학동 포구, 선학동 주막, 선학이 깃드는 소나무, 학의 비상, 물길이 막힌 선학동 포구에 밀물이 드는 모습 등을 컴퓨터그래픽과 특수촬영기법을 활용하여 재현시키거나 창조해내고 있다(<자료화면 31> 참조). 이제 영상은 인간이 상상하는 모든 것을 보여줄 수 있다는 말이 결코 과장된 말이 아님을 증명이라도 하듯이.

<천년학>의 영상기법 중 마지막으로 살펴봐야 할 것은 긴 샷으로 생각할 시간과 정리할 여유를 준다는 사실이다. 이는 임권택 감독의 영화에 드러나는 하나의 특징이라고도 할 수 있는데, 짧은 샷과 빠른 장면전환을 통해 속도감과 탄력성을 추구하는 동시에 긴 샷을 통한 여유를 준다는 것이다. 이는 관객에게 휴식과 생각할 시간을 부여한다는 점에서 의미있는 전략이라 할 수 있다.

사실, 영화를 보다보면 생각하며 볼 여유가 없다. 빠른 사건 진행과 쉴 틈 없는 전개는 생각할 여유를 주지 않는다. 그래서 영화를 다 보고 나면 줄거리만 남는 경우가 허다하다. 그러나 어떤 영화의 경우는 많은 것을 남기기도 한다. 그런 영화는 대부분 생각할 여유를 제공한 영화다. 대체로 그런 영화들은 대사가 많지 않거나 속도감보다는 여유롭게 사건

선학동 포구의 모습

선학동 주막의 모습

학의 비상

선학동 포구의 소나무

선학동 들판이 물에 잠기는 모습

〈자료화면 31〉 〈천년학〉에 쓰인 특수촬영기법

을 전개하는 경우다. 그래서 액션물들을 볼 때는 박진감과 스릴 탄력이 넘치는데 비해 남는 것은 거의 없다. 그러나 속도감보다 생각할 여유를 많이 주는 영화의 경우는 볼 때는 지루하지만 영화를 다 보고 난 후에는 무언가 남는 느낌을 준다. 그래서 사람들은 자신이 좋아하는 스타일의 영화를 즐긴다. 그런데 임권택 감독의 영화는 이 둘의 조화를 추구한다. 빠른 것과 느린 것, 짧은 것과 긴 것의 조화를 통해 박진감과 속도감을 느끼게 하는 한편, 차분히 생각하고 휴식할 수 있는 여유시간도 제공한다. <서편제>의 '진도 아리랑 시퀀스'와 <천년학>의 '갈까보다 시퀀

〈자료화면 32〉 '갈까보다' 시퀀스의 카메라 이동

스'가 바로 휴식과 여유시간을 제공한다. 두 시퀀스 모두 하나의 샷으로 촬영됐다는 공통점이 있는데, '진도 아리랑 시퀀스'가 고정 샷으로 촬영됐다면 '갈까보다 시퀀스'는 이동 샷으로 촬영되었다.

앞 페이지에서 보듯, '갈까보다 시퀀스'는 대원사로 시작된다. 송화와 동호의 옆모습을 프레임 오른쪽 끝부분에 잡는다. 송화와 동호보다는 제주의 오름이며 들판, 억새가 화면의 중심을 차지한다. 인물들이 차지하는 비중은 크지 않다. 제주의 풍광에 인물들이 가려진 형국이다. 그러나 화면 밖에서 송화의 목소리가 들리기 시작한다. 애달프게 들려오는 소리는 상사가 '갈까보다'다. 송화의 노랫소리가 울리기 시작하자 카메라가 천천히 왼쪽으로 돌기 시작한다. 그리고 송화와 동호의 얼굴 정면이 보이기 시작하면 카메라는 달리 인(dolly－in)을 시작한다. 카메라가 너무 느리게 움직여서 움직이고 있는지조차 분명치 않다. 그러나 인물의 크기가 커지면서 카메라가 둔덕을 오르는지 촬영각도가 수평각에서 부감으로 바뀐다. 그리고 점점 앞으로 다가갔다가 다시 왼쪽으로 조금 틀어서 동호를 정면으로 송화를 60°정도로 잡는다. 카메라가 이동하는 중에도 송화의 노래는 계속되고, 투 샷으로 두 사람이 화면의 전체를 차지할 때까지 카메라의 이동은 계속된다. 하나의 샷이 2분 51초 동안이나 컷 없이 지속된다.

이처럼 긴 샷을 구사하는 이유는 휴식과 생각할 여유시간을 주기 위함이다. 급박한 장면 전환으로 피곤해진 관객의 눈과 뇌를 식히라는 감독의 배려일 것이다. 그러나 보다 중요한 이유는 두 사람의 이루어질 수 없는 사랑과 그럴수록 애틋해지기만 하는 감정을 표현하기 위함이다. 즉, 주제를 부각시키기 위함이다. 따라서 시퀀스 샷은 주제를 전달하거나 핵심적인 내용을 전달하기 위해 구성되는 게 보통이다.

그 외에도 몽타주 기법을 적극적으로 활용하여 압축미와 생략미, 여백의 미학 구현했다는 점과 달리 인(dolly－in)과 달리 아웃(dolly－out)을

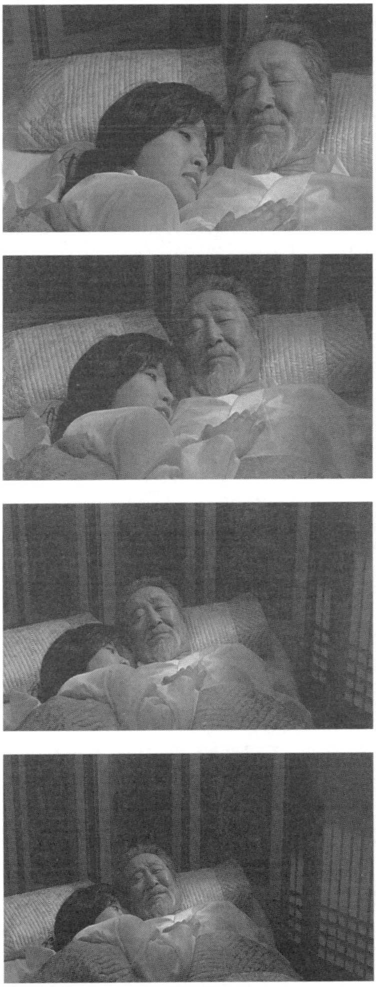

〈자료화면 33〉 〈천년학〉의 달리 아웃

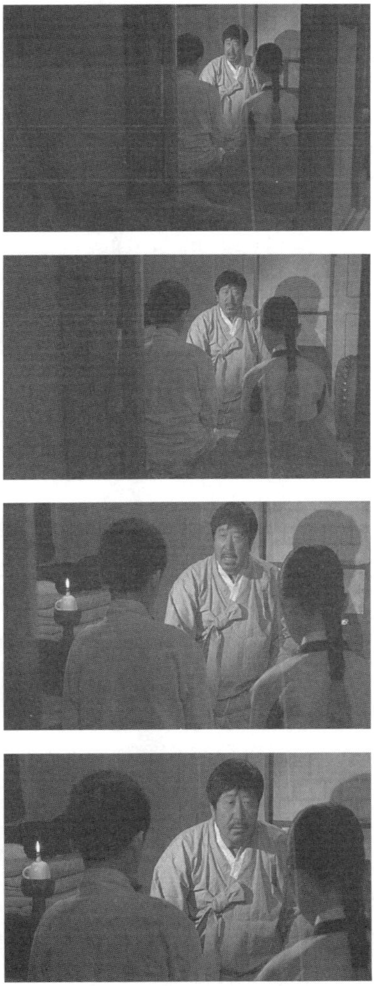

〈자료화면 34〉 〈천년학〉의 달리 인

통해 풍부한 영상을 제공했다는 점도 언급해야 할 것이다. 이처럼 <서편제>와는 다른 기법으로 풍부한 영상미를 제공하는 <천년학>은 영상을 통해 상상력의 한계에 도전하고 있고, 한국적인 멋을 되살리고 있다. <서편제>가 소리꾼 일가의 고난과 소리에 대한 집념, 그리고 한의 승화에 초점을 맞추고 있다면 <천년학>은 이루지 못한 두 연인의 사랑과 사랑의 예술적 승화에 초점을 맞추고 있다. 비록 두 영화는 같은 원작을 토대로 하여 영화화하고 있기는 하지만 전혀 새로운 주제와 내용으로 새로운 영화를 만들어내고 있다. 그런데도 단순히 스토리가 비슷하다고 같은 영화로 치부해버린다면 스토리가 비슷한 모든 문학작품이나 예술작품은 같은 작품이 되어 버릴 것이고, 그렇게 된다면 예술의 폭은 그만큼 좁아들 수밖에 없다.

"전혀 새로운 영화를 만들어놨더니, 사람들은 같은 영화라고, 뭐가 다르냐고 묻더라고……. 거기에 무슨 말을 해요."[94] 심혈을 기울여 만든 새로운 영화를 새롭게 봐주지 않음을 서운해하는 임권택 감독의 말은 다시 한 번 되씹어 볼 필요가 있다.

2.5.2 음향기법

<천년학>의 음향기법은 <서편제>와 별다른 차이점이 없다. <서편제>의 음향기법을 조금 더 구체적이고 세밀하게 구사하고 있다는 것이 <서편제>와 다른 점이라면 다른 점이다.

먼저 판소리 삽입 모습을 보면 <서편제>에 비해 정교화되고 있고, 삽입수도 늘었다. 이에 대해서는 <표3>에서 자세히 비교했다. 특징적인 점이라면 공간이 제주도로 확대되어 '이어도타령'이 판소리와 함께 삽입되고 있다는 점이다. 또한 <서편제>에는 판소리 위주로 음악이 삽입되었다면 <천년학>에서는 다양한 장르의 음악이 삽입되어 영화음악에 대한 인식을 높이고 있다. 판소리 위주의 음악에서 벗어나 민요나 시조창, 타

94) 임권택 감독과의 대화, 필자의 앞의 자료.

령 등이 삽입되어 음악적 다양성을 확보하고 있는 것이다.

두 번째로 <천년학>의 배경음악은 국악과 양악의 변주를 통해 고전적인 맛과 현대적인 멋을 조화시켰다는 점이다. 양방언 작곡의 '천년학'이 국악버전과 오케스트라버전으로 녹음되어 시대적 상황과 등장인물의 상황에 따라 다르게 삽입되고 있다. 이는 국악과 양악의 조화를 통해 우리의 정서를 다면적으로 표현하고자 하는 감독의 의도를 반영한 것으로 본다. 또 하나 특징적인 사항은 <서편제>에 비해 다양한 음악이 삽입되고 있다는 점이다. '새타령', '적벽가', '이어도타령', 시조창 등이 등장인물의 목소리를 통해 제시되어 음악을 통한 감정과 정서, 상황을 전달하고 있다.

<천년학>을 전반적으로 본다면 음악과 영상 위주의 영화임을 알 수 있다. 동호가 송화를 찾아다니는 전체 내용을 봐서는 많은 부분을 대화로 처리할 것 같은데, 대화는 짧고도 압축적으로 표현된다. 관념적인 주제를 언어로 전달하기보다 음악과 영상을 통해 전달하려는 감독의 의도 때문이다. 또한 그런 감독의 의도는 영화에 잘 녹아있고 새로운 영상기법으로 자리매김하고 있다. 이런 점으로 봐도 <서편제>와 <천년학>은 새로운 기법으로 새롭게 제시한 영화라 할 것이다.

언어기법은 설명자막을 제외하고는 별다른 특징이 없어 생략하기로 하겠다.

IV

소설텍스트와 영상텍스트의 서술기법 비교

소설과 영화의 서술기법은 단순 비교될 수 없다. 둘 다 서사란 공통성을 가지고 있기는 하지만 매체의 속성, 언어, 서술자, 담론구조 등 많은 요소들이 상이하기 때문이다. 소설과 영화의 일반적인 서술기법을 비교하는 것보다, 구체적이고 개별적인 원작소설과 각색영상물의 서술기법을 비교하는 것은 더욱 어려울 수 있다. 그러나 두 매체의 서술기법 비교가 불가능한 일이 아니고, 두 매체의 서술기법을 비교하는 것이 이 책의 본령인 만큼 원작소설과 각색영상물의 서술기법을 비교・정리해 보고자 한다. 두 텍스트의 서술기법 비교는 지금까지 논의과정에서 얼마간 드러났다. 그 내용들이 산재해 있고 정리되지 않은 채로 언급되고 있어 파악하기 곤란할 뿐이다.

두 텍스트의 서술기법을 비교하기 위해서는 일정한 기준이 필요하다. 필자는 그 기준을 소설텍스트의 서술기법에 두려한다. 원작소설을 각색한 영상물이므로 기준점을 원작소설에 두고 각색영상물의 변모 양상을 추적하는 것이 바람직하다고 판단하기 때문이다. 따라서 소설텍스트의 서술기법이 영상텍스트에서는 어떻게 활・변용됐으며 그 원인은 무엇인지를 고찰할 것이다.

소설텍스트와 영상텍스트의 서술기법이 일대일로 대응하지는 않는다. 영상물은 소설에서뿐만 아니라 다양한 예술 장르로부터 서술기법이나 표현기법을 수용하여 자기화했기 때문에 소설의 서술기법보다 훨씬 복잡하다. 그러나 소설을 원작으로 하여 각색한 영상물인 경우 얼마간 그 관계를 추정할 수 있는데, 소설의 서술기법이 영상물의 서술기법으로 활용되는 경우도 있고, 소설의 서술기법이 변용되기도 한다. 이를 필자는 '소설텍스트의 서술기법 활용', '영상 서술기법으로 변용'이라 명명하고자 한다.

'활용'이나 '변용'이라는 용어가 적절한 것은 아니다. '활용'이란 응용을 의미하는데, 영상텍스트가 소설텍스트의 서술기법을 그대로 수용한 경우도 있고 소설텍스트의 서술기법을 활용한 경우도 있을 수 있기 때문에 이에 대한 구분도 필요하다. '변용'의 경우도 마찬가지다. 변용보다는 전이에 가까운 경우도 있기 때문이다. 그러나 이런 다양성을 아우를 만한 용어를 찾기는 쉽지 않다. 또한 세분해서 살피기 곤란한 점도 있다. 세분해서 살피기 위해서는 영화감독에 대한 연구가 선행되어야 하기 때문이다. 영화감독의 의도, 목적 등을 추적해야 하기 때문에 자칫 감독론으로 흐를 수도 있다. 이런 점을 고려하여 필자는 '활용'과 '변용'이라는 측면에서 소설텍스트와 영상텍스트의 서술기법을 비교하려 한다.

1. 소설텍스트의 서술기법 활용

이청준 원작소설의 서술기법이 영상물에 활용된 예는 세 가지 차원에서 살펴볼 수 있다.

먼저, 원작소설의 다중서술기법은 영상물에서 다중시점 및 다중서술자로 활용되고 있음을 지적할 수 있다. 다층구조가 추리소설적 기법을 변용한 서술기법이라면, 다층구조는 필연적으로 다중시점과 다중서술자를 채택하게 되는데, 이 기법은 영상물에서도 다중시점 및 다중서술자 활용이란 양상으로 나타난다. 따라서 다중서술기법은 원작소설뿐만 아니라 각색영상물에도 공통적으로 활용하는 서술기법이라 하겠다.

소설의 다층구조와 다중서술기법이 다양한 서술자를 통해 다양한 관점에서 사건을 총체적으로 보여주기 위한 전략이라면, 영상물에서도 상상할 줄 모르는 카메라를 활용하여 다양한 시점과 서술자를 통해 사건을 효과적으로 제시하기 위한 전략이다. <자료화면 1>(이 책, p. 237)에서 보듯 모든 영상물은 필요에 의해 관점이나 시점, 서술자를 바꾼다.

이는 카메라의 위치, 피사체를 포착하는 촬영각도, 피사체와 카메라와의 거리(촬영 방식) 등에 따라 달라지기도 하는데 이는 다층구조에서 서술자를 필요에 따라 바꾸는 전략과 매우 흡사하다.

예를 들어 「서편제」 발단부는 제한 전지적 시점을 유지한다. 사내나 주막집 여자가 아닌 제3자가 독자와 이야기하듯 사건을 서술한다. 그러다 소리의 무덤 이야기에서는 주막집 여자가 관찰자가 되어 소리의 무덤 이야기를 서술한다. 이는 주막집 여자를 통해 소리꾼 부녀(父女)의 과거담을 알려주기 위한 것이다. 만약, 제한 전지적 서술자가 서술을 계속한다면 구태여 시점의 변화를 꾀할 필요가 없었을 것이다. 그러나 작가는 제한 전지적 서술자를 통해 독자와 함께 수수께끼를 풀어가는 형식을 취한 것이다. 그 목적을 위해 서술자를 주막집 여자로 바꾼 후, 3인칭 관찰자 시점을 활용하여 소리꾼 부녀의 과거사를 서술하는 것이다. 그런 후 다시 제한 전지적 시점으로 되돌렸다가, 사내의 과거사를 제시하는 부분에서는 사내 주인공 시점으로 시점을 바꾸고 서술자도 사내로 바꾼다. 그것을 구체적으로 살펴보면, 제한 전지적→주모 관찰자적→제한 전지적→사내 주인공적→제한 전지적→주모 관찰자적→제한 전지적→사내 주인공적→제한 전지적으로 시점이 사건 진행의 의도에 따라 바뀐다. 이런 경향은 이 연구에 활용되는 모든 텍스트에 공통적으로 드러나는 경향[1])이다.

그러나 『축제』에는 이런 면모가 분명하게 드러나지는 않는다. '준섭'이라는 3인칭 서술자가 자신의 시점에서 이야기를 서술하고 있기 때문이다. 그러나 『축제』의 시점을 온전한 3인칭 주인공 시점으로 보기는 어려운 측면이 있다. '준섭'이 아닌 다른 인물의 입을 통해 '노모'의 이야기가 서술되고 있어 '준섭'은 청자의 입장에서 그 내용을 그대로 전달하

1) 다른 텍스트의 시점과 서술자의 변모 양상은 이 책, p. 192.의 <그림 4>를 참조하기 바란다.

는 전달자 역할을 하는 부분[2)]이 제법 드러나기 때문이다.

원작소설의 이런 경향은 영상물에도 그대로 나타나는데, <서편제>의 시점과 서술자 변화를 보면 알 수 있다. <서편제>는 객관적 서술(조감적 관점) → 관찰자 서술(수평적 관점) → 동호 관찰자 서술(수평적 관점) → 관찰자 서술(수평적 관점) → 동호 주관적 서술(수평적 관점) → 관찰자 서술(수평적 관점) → 전지적 서술(수평/부감/앙각적 관점 혼재) → 관찰자 서술(수평적 관점) → …(중략)… → 관찰자 서술(수평/부감적 관점)으로 나타난다.

한 영상물에 드러나는 다양한 시점, 관점, 서술방식을 다 나열한다는 것은 무의미하다. 또한 어떤 서술방식을 취하고 있는가의 문제는 샷이나 장면, 시퀀스를 어떻게 보느냐에 따라 달라질 수도 있다. 그 만큼 영상물의 시점과 관점, 서술자는 다양하면서도 복잡하다는 것이다. 분명한 것은 영상물의 시점, 관점, 서술방식은 필요에 따라 달라진다는 것이다. 이런 영상물의 특징은 원작소설의 다중시점, 다중서술방식과 밀접한 관계를 가진다.

이청준 소설이 영화의 다중서술기법을 활용했느냐, 이청준 원작소설의 다중서술기법을 영상물이 활용했느냐는 큰 문제가 되지 않는다. 또한 그것은 이 연구의 본령이 아니다. 다만, 원작소설과 영상물 모두 다중시점과 다중서술기법을 활용하여 입체적이고 다면적으로 사건을 그리고 있다는 점이 중요하다. 이 다중시점과 다중서술기법은 다층구조, 추리소설적 기법과도 밀접한 관련을 가지고 있다. 이에 대한 심도 있는 논의는 이후 소설과 영화의 서술기법 연구자에게 남겨둔다.

둘째, 과거와 현재를 교차시키는 원작소설의 단속적 플롯은 플래시백(flash back)기법으로 활용되고 있다. 앞[3)]에서 살펴본 바와 같이 원작

2) 이 책 pp. 126~128.의 예문을 보면 1인칭과 3인칭, 주인공과 관찰자시점이 상황에 따라 적절하게 활용되고 있음을 알 수 있다.

소설은 현재와 과거가 쉼 없이 넘나든다. 추리소설적 기법을 변용한 다층구조의 영향으로 볼 수 있다. 물론, 추리소설적 기법을 활용하지 않은 소설의 경우도 단속적 플롯은 흔히 쓰인다. 과거와 현재, 미래가 혼합되어 나타나는 게 현대소설의 특징이고, 많은 이론가들에 의해 지적되는 사항이기도 하다. 그러나 이청준 소설에서 단속적 플롯은 추리소설적 기법을 변용한 다층구조의 영향권에 있다고 볼 수 있다. 이청준 소설 대부분이 추리소설적 기법을 활용하고 있고 다층구조를 통해 담론을 구성하고 있기 때문이다.

단속적 플롯과 플래시 백 기법은 둘이 아니라 하나라는 점에서 소설과 영화가 공유하고 있는 서술기법이라 볼 수 있다. 물론 원작소설의 단속과 영상물의 플래시 백은 일치하지 않는다. 원작소설의 회상 시점(時點)과 영상물의 회상 시점은 다르다는 말이다. 그러나 두 매체가 플래시 백이란 공통적인 서술기법을 사용하여 담론을 전개하고 있고, 그 기법을 통해 주제를 효과적으로 드러내고 있음에는 이견이 있을 수 없다. 그 만큼 두 매체 간에는 상호텍스트성이 존재한다. 스토리 차원뿐만 아니라 담론 차원에서도 두 매체는 공유하고 있는 바가 많다는 것이다.

『서편제』와 이를 원작으로 하여 각색한 영상물의 플래시 백 기법을 살펴보면 표 4.와 같다.

표 4. 원작소설과 영상물의 플래시 백 기법 비교

소설 제목	회수	영상물 제목	회수	원작소설의 혼합 형태
「서편제」	4	<서편제>	3	「서편제」와 「소리의 빛」의 혼합
「소리의 빛」	2	<소리의 빛>	7	『서편제』 세 작품의 혼합
「선학동 나그네」	2	<천년학>	13	『서편제』 세 작품의 혼합
「이어도」	4	<이어도>	12	「이어도」 단일 작품
『축제』	8	<축제>	10	『축제』와 『할미꽃은…』의 혼합

3) 이 책, pp. 128～149. 참조.

표에서 보듯이 플래시 백 기법은 소설과 영상물에서 비슷하게 활용하고 있음을 알 수 있다. 물론 <이어도>의 경우는 원작소설의 플래시 백을 분할하여 활용하고 있기 때문에 더 자주 사용되고 있다.

소설은 전진과 후퇴를 반복하면서 의식의 흐름이나 전체적인 조망을 중시하는데 비해 영화는 영상의 속도감과 이야기의 탄력성을 중시하여 사건을 신속하게 진행시킨다. 영상물에서는 회상(플래시 백)을 자제할 뿐만 아니라 약점으로 보기도 한다. 이런 점에서 볼 때, 영상물에서 플래시 백 기법이 자주 활용함은 특이점이라 할 수 있는데 이는 원작소설의 영향으로 볼 수 있다. 영상물 제작자가 원작소설을 충실히 반영하는 것을 미덕으로 삼지는 않지만, 원작소설을 '원자재로 사용'하는 경우가 아니라면 그 영향력을 무시할 수는 없다. 그 영향은 스토리뿐만 아니라 담론에서도 나타나곤 하는데 이청준 소설을 영상화한 영상물의 경우가 그 예라 할 것이다.

셋째, <축제>의 경우는 원작소설의 카니발적 기법이 영화의 기법으로 수용, 강화되고 있다.

원작소설 『축제』의 카니발적 성격은 크게 두드러지지 않는다. 원작소설의 카니발적 성격은 언어적 관점과 행동적 관점으로 나누어 살필 수 있는데, 먼저 언어적 관점을 살펴보기로 하겠다.

언어적 관점에서 보면 망자인 노인과 관련된 허물들이 쏟아져 나온다는 점이다. 이른바 '허물털이'가 그것이다. 치매에 걸린 노인이 집을 나가자 찾으러 다니느라 애태웠던 이야기, 빨래하는 시늉을 하는 노인 때문에 밤새 잠을 이룰 수 없었다는 이야기, 목욕을 시켜드렸더니 두엄을 끌어내느라 쇠똥 칠갑을 해가지고 나오던 이야기, 담배 피우다가 집 태울 뻔했던 이야기, 익지도 않은 풋감을 타작해버린 이야기, 온전치 않은 정신으로 갯벌에 일 나갔다가 물귀신 될 뻔했던 이야기 등[4])이 가족들(새말, 광주누님, 함평누님, 외동댁)에 의해 쏟아져 나온다. 어른에 대한 허물을 입에 담기란 평소 같으면 어림도 없는 일이다. 그러나 장례 과정에는 가능한 일이다. 망자에게 허물을 털고 가라는, 즉 오늘 이후 더 이상 언급하지 않겠다는 의미를 담고 있기 때문이다. 바야흐로 언어적 카니발화가 이루어지기 시작한 것이다. 역전, 비하가 언어를 통해 이루어지고 있기 때문이다.

이 책 pp. 198~199의 예문에서 보듯이 가족들에 의한 언어적 카니발은 새말과 마을 사람들에 의해 이어진다. 이런 경향은 윷판에 앉아 윷놀이를 하는 패들에 의해서 강화된다. 노름판은 돈을 매개로 이루어지는 만큼 신경전, 욕설, 우격다짐이 있을 수 있기 때문이다. 이렇듯 언어적 카니발은 욕설과 물질적·육체적 하부 이미지까지 동원된다.

행동적인 관점에서 카니발은 언어적 카니발이 이루어지는 상황과 그 말을 하는 인물들의 행동을 통해 나타난다. 돌아가신 어머니와 숙모를 곁에 모셔두고 허물털이를 하는 새말이나 함평·광주누님, 형수인 외동댁의 행동은 이해가 되지 않는다. 장례식을 축제의 장으로 인식하는데서 오는 안도감에 의해 나타나는 행동이다. 또한 군수를 모셔놓고 말장난을 치는 마을사람들이나 숙모의 장례식장에서 똥심을 주라고 외치는 새말의 행동은 카니발의 속성을 잘 보여준다. 발인제 때 쓰려고 뒤꼍 창고에 간수해둔 돼지머리를 서리해서 먹어치우는 사람들의 행동 또한 카니발적 속성을 보여준다 할 것이다.

그러나 원작소설의 카니발적 속성은 영화에서 더욱 강화된다. 앞[5]에서 살펴본 바와 같이 용순의 행동, 친구 어머니 장례에 참석하여 낚시를 즐기는 문인들, 산일을 맡은 우록과 어른들의 묘한 신경전 등은 시작에 불과하다. 여기저기 노름판이 벌어지기도 하고, 이름 높은 평론가가 조의금을 강제로 뺏어다가 여관으로 자리를 옮겨 노름을 계속하는가 하면,

4) 이청준, 『축제』, 열림원, 1996, pp. 253~256. 참조.

5) 이 책, pp. 300~305. 참조.

윷을 놀다가 주먹다짐을 하기도 한다. 어디 그뿐인가. 상여소리를 이끌어갈 길아재비는 초경도 되기 전에 만취해서 업혀 나가고, 삼경의 선소리를 맡은 새말이 술에 취해 비틀거리는가 하면 대놓고 외동댁을 골리기도 하고, 사람들은 술에 취해 '노랫가락 차차차'와 '대지의 항구'를 부르며 장례식장은 놀자판, 난장판으로 만들어 버린다.

원작소설의 카니발적 기법은 각색영화에서 더욱 강화된 모습으로 활용된다. 물론 '축제'란 제목부터가 카니발적 속성을 드러내지만, 소설의 기법이 영화에 활용되어 강화된다는 점에서 카니발적 속성은 영화에서 더 강화되고 있다 하겠다.

2. 영상 서술기법으로 변용

영상텍스트에는 소설텍스트에 사용된 서술기법이 변용되어 나타나기도 하는데, 이청준 소설을 영상화한 영상물의 경우도 예외는 아니다. 두 매체의 서술기법이 상이하게 때문에 명확한 영향관계를 단정지을 수는 없지만, 서로 연관성을 가지고 있는 것만은 부정할 수 없을 것이다. 특히 원작소설의 서술기법을 파악한 후 각색영상물의 서술기법을 고찰해보면 영향관계에 있음을 알 수 있다. 이제 소설텍스트의 서술기법이 영상 서술기법으로 변용된 모습을 살펴보기로 하자.

첫째, 원작소설의 추리소설적 기법은 탐색・추적 형태(공간의 이동과 새로운 인물과의 조우)로 변형된다.

추리소설의 조사자 또는 탐정은 '안락의자에 앉은 탐정' 또는 '생각하는 기계'이므로 활동성이 강조되지 않는다. 오히려 조사자 또는 탐정은 "관찰하며, 경청하며, 말하게 만들며, 단서들과 증언들을 수집하며, 자신의 사건 수사 방식을 능숙하게 설명"[6]한다. 따라서 추리소설에서는 공간의 이동이나 용의자(피조사자)를 만나는 일을 중시하지 않는다. 그러나 이청준 소설에서는 탐색자가 직접 피탐색자를 찾아 나서고, 그 자리에서 정보를 얻고 추리하고 판단하며 독자와 함께 수수께끼를 풀어간다. 이 과정에서 안－이야기와 바깥－이야기를 구성하여 기존의 추리소설과는 다른, 새로운 형태의 추리소설이 성립된다. 이는 추리소설적 기법을 활용하는 이청준 소설 대부분에 나타나는 현상으로, 탐색자의 공간 이동을 수반한다.

『서편제』는 누이와 소리를 찾아다니는 사내가 추적자가 되어 남도땅을 떠도는 이야기로 로드무비적 성격도 가지고 있다. 그러나 텍스트에는 그에 대한 언급이 없다. 철저하게 사내가 "주막"이라는 공간에서 주막집 여자/사내를 통해 두 부녀의 과거담을 묻고 듣는 이야기만 할 뿐 다른 일체의 사건은 생략된다. "서울에서 무슨 한약재 수집을 위해 전국 방방곡곡을 헤매 다니"(p. 36)는 발자취는 하나도 언급되고 있지 않다. 혈육과 소리를 찾아다니다 겪은 해프닝도 있을 것이요, 혈육의 정을 느낄 만한 사건과 소리와 관련된 다른 이야기들도 있을 것이다. 그러나 텍스트에는 오로지 두 부녀와 소리와 관련된 에피소드에 초점을 맞추고 있다. "전라도 보성읍 밖의 한 한적한 길목 주막"(p. 11)인 "소릿재 주막", 전라도 "장흥읍(長興邑)을 아직 10여 리쯤 남겨 놓고 탐진강(耽津江) 물굽이의 한 자락을 끼고 돌아앉아"(p. 34) 있는 주막, "남도 땅 장흥에서도"(p. 60) "해안 도로를 한 시간 남짓"(p. 60) 달려야 하는 버스 "종점지인 회진(會鎭)"(p. 60)에서 다시 10여 리쯤 "한동안 물깃을 따라 돌던 해변길"(p. 62)을 지나 산을 넘어야 도착할 수 있는 선학동 주막만이 공간으로 나타날 뿐 그 이동 경로나 과정은 전혀 나타나지 않는다. 그러나

6) 이브 뢰테르, 김경현 역, 앞의 책, p. 94.

각색영상물에서 탐색자는 '안락의자에 앉은 탐정'이 아니다. 원작소설의 추리소설적 기법을 변형시킨다. 탐색자와 함께 공간이동을 한다. 이런 변형된 추리소설적 기법은 영상물에서는 구체적인 공간 이동과 새로운 인물과의 만남으로 변형되어 나타난다.

<서편제>을 예로 들자면 수도 없는 '길 위의 여정'이 나타난다. 그 길을 따라 이동하면서 새로운 인물들을 만나고, 그 인물들과의 관계를 통해 뿌리 뽑힌 소리꾼 가족의 비애와 고난을 그리고 있다. 이는 주제의 변형으로 말미암아 나타나는 현상이기도 하지만, 특정 공간인 '주막'에서 이루어지는 두 사람의 대화만으로는 영화를 만들 수 없기 때문이다. 설혹 두 사람의 대화만으로 영화를 만들 수 있다 해도 그 영화를 볼 사람은 없을 것이다. 두 시간 가까이 지루하게 이어지는 두 사람의 대화를 집중해서 볼 인내력을 가진 관객을 없을 것이기 때문이다. 따라서 공간으로부터 자유로운 영화는 자신의 강점을 최대한 살리는 방향으로 원작소설을 변형시킬 수박에 없다. 그것이 바로 공간 이동이요, 새로운 인물과의 만남, 그들과의 관계맺기다.

<서편제>에서는 동호가 주막집 여자인 세월네를 만나는 일에서부터 시작되나, 곧 이름 없는 소리꾼 유봉과 동호 어미 금산댁과의 만남을 보여준다. 그리고 금산댁 친정과 시집의 눈치에 쫓겨 네 가족이 이동을 하게 되고 그 이동을 통해 산파를 만나게 된다. 이렇듯 영화에서는 낙산거사, 같은 문하에 있던 도상과 창극단, 약장수(1), 한량들, 계모임에 온 사람들, 서양악대, 약장수(2), 거문고 타는 노인, 폐가의 주인, 소릿재 부근의 닭주인, 천가 등을 만나게 되고 그들과 일정한 관계를 맺게 된다. 그것이 긍정적인 관계든 부정적인 관계든 간에 사람과의 만남이 이루어지고 있다. 송화의 흔적을 찾아다니는 동호 입장에서 보면, 세월네, 한약방 주인들, 낙산거사, 송화의 자취를 물은 사람들, 송화, 천가 등을 만나고 그들을 통해 송화의 뒤를 추적하고 마침내 송화와 만나 북장단과 소리

로 어우러지게 된다.

이런 장소 이동과 인물들과의 만남은 <소리의 빛>, <천년학>에도 마찬가지다. 누이를 찾아다니는 동호의 발자취도 길에서 길로 이어지는 여정이지만, 득음을 위해 떠돌 수밖에 없는 소리꾼 부녀의 삶은 공간 이동과 만남으로 점철된다. 이는 원작소설에서는 생략하거나 과감히 삭제해버린 것을 재현해내는 일로 공간적 제한성에서 비교적 자유로운 영상물의 장점을 살린 것이라 하겠다. 소설은 시간적 제한에서 비교적 자유로운데 비해 영상물은 공간적 제한에서 자유롭기 때문이다. 따라서 이 두 매체의 단점은 장점이 되고, 장점은 단점이 된다는 점에서도 소설과 영상물이 공존할 수 있는 가능성을 찾을 수 있겠다.

<이어도>에서는 원작소설의 공간 이동을 비교적 충실히 반영하고 있다. 동지나해를 수색하고 귀항(歸港)한 함정이 정박하는 제주항→남양일보사→술집 '이어도'→천남석의 집→남양일보사→제주의 어느 바닷가로 공간 이동을 하는 원작소설의 이동 경로가 드라마에도 그대로 반영되고 있다. 물론, 헬기로 보여주는 제주도 전경, 천남석이 제주민들의 이어도 타령을 찾아다니는 바닷가, 바다가 내려다보이는 찻집, 관덕정 앞, 어린 시절 천남석이 살았던 바닷가 마을, 제주항 터미널 등은 드라마에 첨가된 공간이기는 하지만, 선우 경장과 양주호가 이동한 공간은 아니다. 다만 드라마의 필요에 의해 첨가된 공간일 뿐이고 중요 공간으로 작용하지는 않는다. 따라서 <이어도>의 공간 이동과 인물과의 만남은 원작소설 「이어도」를 충분히 반영한 결과라 하겠다.

추리소설의 기법을 변형한 이청준 소설의 공간 이동과 새로운 인물과의 조우는 영상물에서는 다양한 공간의 이동, 다양한 인물과의 만남 형태로 변형되어 그려지고 있다. 이는 시간적 제약으로부터 자유롭지 않지만 공간적 제약으로부터 자유로운 영상물의 장점을 활용한 사례라 할 것이다.

둘째, 자기반영적 서술기법은 세트 촬영과 내레이션으로 변형되어 표현된다.

『축제』의 자기반영적 서술기법을 <축제>에서 찾아보기는 힘들다. 카메라가 자기반영성을 가지고 있지 않기 때문이 아니라, <축제>의 중심축이 장례절차와 동화 『할미꽃은…』에 맞춰졌기 때문에 생긴 변화로 볼 수 있다. 또한 원작자가 제법 상세하게 설명하고 있는 소설에 대한 나름대로의 고민과 갈등은 영화에서 중요한 요소가 되지 못하기 때문이기도 하다.

원작소설에 나타나는 자기반영성은 '임감독님께'란 편지글을 통해 드러나는데 크게 다섯 가지로 볼 수 있다. 소설 창작과 영화 제작에 관한 문제, 주제를 명시하여 독자들의 소설독법에 대한 방법론 제시, 소설과 영화의 매체의 속성에 대한 차이, 독자의 상상력으로 해석·재구성하는 소설의 속성, 우의성을 가진 동화 『할미꽃은…』에 대해 언급 등이다. 그러나 이런 소설의 자기반영성은 영화에는 거의 나타나지 않는다.

소설의 자기반영성이 영화에 수용된 것은 『할미꽃은…』의 내용을 세트 촬영하여 이상세계와 현실세계, 성속(聖俗), 순수와 오염된 세계를 대비시키는 한편, 어린 아이의 내레이터를 통해 부모(할머니)의 내리사랑, 삶과 죽음의 윤회사상을 우의적으로 표현하고 있다는 점이다. 이는 <축제>의 주제를 우회적으로 제시하는 것이기도 하지만, 영화가 현재 보여주고 있는 내용을 함축적으로 제시하는 것이기도 하다. 즉, 영화의 내용을 효과적으로 압축 제시함은 물론 어린아이의 목소리를 통해 현재 영화가 보여주는 것의 의미를 전달하려는 것이다.

영화를 통해 영화의 제작이나 방법론을 살피는 것이 아니라 영화 중간중간에 삽입된 동화 내용을 통해 영화의 의미를 알려줌은 물론, 영화의 주제를 효과적으로 전달하기 위한 전략이다. 영화의 주제가 효(孝)로 자리매김할 수 있는 것이나 영화에 드러나고 있는 장례식장의 모습들의 의미를 효과적으로 정리하는 것이 바로 동화 『할미꽃은…』이다. 이런 점을 감안한다면, 감독이 원작소설에서는 잠시 다루어진 동화를 중요한 요소로 파악하여 영화 중간에 일곱 번이나 삽입하는 이유를 알게 된다.

셋째, 소설의 다성담화기법은 다성담화기법, 다중서술기법 등으로 기법이 바뀌어 표현된다.

소설의 다성담화기법은 기본적으로 등장인물의 주체성과 능동성을 중시하여 작가와의 대화적인 관계를 중시한다. 등장인물은 작가에 의해 창조된 인물이기는 하지만 종속적이거나 조정가능한 인물은 아니다. 등장인물 각자가 고유의 개성을 가진 독립된 개체로 주체적으로 사고하고 판단하고 행동한다. 이런 속성은 소설보다 영화에서 뚜렷이 나타나는데 세 차원에서 나누어 살필 수 있다.

먼저 영화 제작 과정의 다성성을 들 수 있다. 영화 제작 과정을 살펴보면, (원작자)－시나리오 작가(각색자)－(제작자)－감독(감독/촬영감독/음악감독)－연기자(배우)－편집자다. 이런 다양한 과정을 거쳐 완성되는 영화에는 다성성이 자리할 수밖에 없다. 각 주체의 의도와 판단, 해석이 존재할 수 있기 때문이다. 따라서 영화 제작 과정은 한 마디로 각기 다양한 음으로 존재하면서 하나의 통일된 음악으로 연주되는 오케스트라라 할 것이다. 이런 영화의 속성은 다성음악의 속성과 일치한다. 따라서 소설의 다성담화기법은 영화에서 오히려 그 빛을 발한다. 다성성은 소설에서보다 영화에서 뚜렷이 발현되는 속성이라 할 수 있다.

다음으로 소설에서 작가와 등장인물 간의 대화적 관계가 영화에서는 더욱 복잡한 양상을 띠게 된다. 원작자의 의도나 담론은 시나리오 작가에 의해 재해석되고 재구성되어 시나리오로 나타난다. 그 시나리오를 다시 해석하고 재구성하여 감독은 촬영대본(continuity, 콘티)을 만들어 배우들을 연습시키고 촬영에 임한다. 촬영과정에서는 촬영감독의 의도에 따라 촬영각도나 필터, 촬영방법이 변할 수 있고, 배우가 시나리오 해석에 따라 목소리나 행동이 달라질 수 있고 에드립(ad lib)에 의해 변화되기도 한다. 이런 과정을 거쳐 촬영된 필름은 편집자가 최종적으로 편집하면서 다른 모습을 갖출 수 있다. 영화는 한 마디로 다성성을 근간으로 한 작업이요, 예술인 셈이다.

이런 속성은 모든 영화에 나타나는 현상으로, 이 연구의 텍스트에서도 드러난다. 시나리오를 바탕으로 상상한 영상의 모습은 우리가 상상하는 영상이 아닌 경우가 많고, 반대로 영상을 근거로 하여 시나리오를 살펴보면 우리가 생각했던 시나리오의 모습은 아니다. 일치하는 경우보다는 불일치하는 경우가 많음을 볼 때 영화는 다성성을 바탕으로 한다는 사실을 알 수 있다.

마지막으로, 소설의 다성담화기법은 영화의 다중서술기법으로 나타나기도 한다. 앞에서 살펴본 바와 같이 다중서술기법은 소설에서보다 영화에서 부각되는 기법으로, 매체적 속성에 기인한다. 다양한 시점으로 서술해야 하는 영화는 다중서술기법을 활용해야 할 당위성을 가지는데, 이는 소설의 다성담화기법과 밀접한 관련이 있다. 소설에서 작가와 인물간의 대화성이 영화에서는 시나리오 작가－영화감독－촬영 / 음악감독－배우－편집자 간의 대화적 관계로 나타나기 때문이다.

하나의 영화가 완성되기 위해서는 수많은 대화적 관계가 성립될 수밖에 없다. 특히 상상력이 없고 속을 들여다 볼 수 없는 카메라는 다중서술기법에 의존할 수밖에 없다. 따라서 다성담화기법은 영화에서는 다중서술기법으로 변용되어 나타난다. 이에 대해서는 앞[7]에서 살펴보았으므로 생략하도록 하겠다.

넷째, 원작소설의 로드 무비적 성격은 몽타주 기법과 디졸브 기법으로 변형되어 구체화된다.

7) 이 책, pp. 235～238. 참조.

원작소설에서는 구체적으로 다루어지지 않는 '길 위의 여정'이 영상물에서는 몽타주나 디졸브 기법으로 변형되어 구체화된다. 원작소설에는 공간의 이동이 없다. 동일 장소(주막)에서 행해지는 대화와 회상에 의한 추리・추론을 통해 사건이 전개되고 정리된다. 그러나 영화는 그런 방식을 쓸 수가 없다. 한 장소에서 대화하는 장면을 촬영한다면 영화라기보다 대담 중계가 되기 때문이다. 따라서 원작소설에서는 구체화되지 않은 '길 위의 여정'이나 에피소드, 사건이 영화에서는 구체적인 형상으로 제시되어야 한다. 그것을 구체적으로 표현한 기법이 바로 몽타주와 디졸브다.

길에서 길로 이어지는 '길 위의 여정'은 정착할 곳을 찾지 못해 부평초 같은 삶을 영위하는 소리꾼 가족뿐만 아니라 송화의 행방을 찾아 떠도는 동호에게도 적용된다. 그러기에 많은 부분이 몽타주나 디졸브 기법[8]에 의해 압축 제시된다. <소리의 빛>, <서편제>, <천년학>에 몽타주나 디졸브 기법이 자주 활용되는 이유는 바로 이 때문이다. 이런 기법들을 통해 영상물은 영상으로 갖추어야 할 미덕과 영상미를 갖추게 된다. 또한 임권택 감독의 영화에는 길과 길의 이미지, '길 위의 여정'이 강조되는데, 이는 임권택 감독 영화의 특징이기도 하며 인생은 나그네 길이란 은유적 의미까지 담고 있다.

소설에서는 중시되지 않는 길 또는 '길 위의 여정'이 영화에서 중요한 요소로 부각되는 점만 보더라도 소설과 영화의 서술기법이나 표현기법이 다름을 알 수 있다.

다섯째, 원작소설의 배경은 미장센과 특수촬영 등으로 훨씬 구체적으로 제시되는 한편, 새로운 이미지로 구체화된다.

이청준 소설은 관념적이어서 배경 묘사나 인물의 구체적인 형상화가 이루어지지 않는 경우가 많다. 이 연구의 대상 텍스트에도 그런 경향은

8) 이 책, pp. 239~243.과 pp. 267~268. 참조.

마찬가지다(「이어도」의 경우는 공간이나 인물에 대한 구체적인 묘사가 이루어진다. 선우 중위나 양주호에 대한 묘사가 이루어지고 천남석의 집과 어린 시절 살았던 마을, 밭 등이 구체적인 모습으로 그려진다). 「서편제」에서는 "전라도 보성읍 밖의"(p. 11) "왼쪽으로는 멀리 읍내 마을들을 내려다보면서 오른쪽으로는 해묵은 묘지들이 길가까지 바싹바싹 다가앉은 가파른 공동 묘지"(p. 11) "공동묘지 길의 초입께에 조개 껍질을 엎어 놓은 듯 뿌연 먼지를 뒤집어쓰고 들앉아 있는 한 작은 초가 주막"(p. 11)이라고 공간을 밝히고 있기는 하지만 추상적이다. 또한 인물에 대한 구체적인 묘사가 이루어지지 않는다. 이런 경향은 「소리의 빛」, 「선학동 나그네」에도 그대로 드러난다. 인물에 대한 나이쯤이나 알 수 있을 정도로 그려내고 있을 뿐이다. 『축제』에는 이런 경향이 훨씬 강하게 드러나 장소나 인물에 대한 구체적인 묘사는 이루어지지 않는다. 따라서 대화나 행동을 통해 파악한 등장인물의 성격을 바탕으로 인물을 상상해야 하는 경우가 많고, 배경도 독자에 의해 재구성해야 하는 경우가 많다.

그런데 영상물에서는 이를 구체적으로 표현했다. 그 모습은 원작소설에서 유추해낸 실제적인 모습이라기보다 감독의 상상력에 의해 재구성된 공간이다. 주막, 집, 선학동 포구, 길뿐만 아니라 소리꾼 가족이 떠도는 모든 공간들이 시대적 상황에 맞게 구체적으로 제시된다. <천년학>에서는 물과 어우러진 선학동 포구의 모습과 물이 마른 선학동에 밀물이 드는 모습이나 그 위에 학이 나는 모습을 특수촬영을 통해 구체화시키고 있다.

원작소설에는 언급도 되지 않는 공간이 재창조되기도 한다. <축제>에서는 공간에 대한 언급이 없는 동화 『할미꽃은…』의 공간까지 세트로 재구성하고 있다. <소리의 빛>, <서편제>에서는 원작소설을 각색하는 과정에 새롭게 추가된 다양한 공간(거리, 술집, 장터, 들, 산속, 바닷가 등)을 미장센을 통해 구체적으로 제시한다. 영상물에 의해 새롭게 구성되고 창조된 공간만을 추려 설명한다 해도 몇 페이지에 이를 정도다. 이는 관념 속에 존재하는 사물을 문자로 제시하는 소설과 달리, 사물을 구체적인 이미지로 제시하는 영상물의 차이에 기인한 결과라 하겠다. 언어가 아닌 구체적인 이미지로 직접 제시해야 하는 영상물은 그래서 공간으로부터 얼마간 자유로울 수 있는 것이다.

여섯째, 원작소설의 심리 묘사가 영화에서는 영화음악, 미장센, 촬영기법(촬영각도, 필터, 접사) 등으로 변형되어 제시된다. 영화음악이 영화에 미치는 영향은 대충 아홉 가지로 정리할 수 있다.[9] 이 중에서 영화음악이 등장인물의 감정 상태나 감정의 변화를 암시하거나 성격을 묘사하는 기능으로 작용한 경우를 말한다. 원작소설에 그려지는 등장인물의 심리나 감정 상태 등이 영상물에서는 배경음악이나 등장인물이 부르는 판소리 등으로 나타나는데, 이는 앞에서 자세히 살펴보았으므로 생략하기로 하겠다.

등장인물의 심리 상태나 현재 처한 상황 등이 미장센이나 촬영방법(촬영각도, 필터, 접사)을 통해 제시되는 경우도 있다. 앞('Ⅲ-2. 영상텍스트의 서술기법')에서 살펴본 바와 같이 미장센이나 촬영기법은 단순하게 이루어지지 않는다. 등장인물의 심리상태, 상황 등을 고려하여 치밀한 계산하에 이루어진다. 한 마디로 영상물에 나타나는 색이나 배경, 날씨, 사물들은 단순히 이루어진 것이 아니다. 일정한 의도와 목적을 가지

9) ① 오프닝 크레디트(opening credit)와 함께 시작되는 음악은 일종의 서곡으로서 영화 전체의 분위기나 주제를 암시한다. ② 장소, 계급, 종족 등을 암시하기도 한다. ③ 극적 맥락으로 보아 관객이 사건 전개를 미리 예상하지 못할 경우의 장면에서, 음악은 특히 어떤 전조로 활용된다. ④ 무조(無調), 불협화음적 음악은 관객에게 일반적으로 불안감을 불러일으킨다. ⑤ 한 씬의 감정적 변화도 통제할 수 있다. ⑥ 역설적인 대조를 부여할 수도 있다. ⑦ 음악적 모티프를 이용하여 성격 묘사를 할 수 있다. ⑧ 가사가 덧붙여질 경우 성격 묘사는 더욱 정확해질 수 있다. ⑨ 말, 특히 대사를 강조하는 기능을 한다.
루이스 자네티, 김진해 역, 앞의 책, pp. 225~232.에서 요약·발췌.

고 선택된 것이다. 또한 촬영각도의 선택이나 필터의 사용 등도 어떤 효과와 목적을 위해 선택된다. 무대에 걸려있는 총은 단순한 장식이 아니라 사건을 이끌어가는 필수적인 요소로 사용되어야 하듯이, 화면상에 나타나는 배경, 사물, 색, 촬영방법 등은 영화를 위해 꼭 필요한 요소로 활용되어야 한다.

마지막으로, 관념적인 원작소설의 속성은 언어기법(내레이션 및 대화, 자막)으로 제시된다.

<이어도>와 <축제>에 나타나는 내레이션은 원작소설의 관념적인 내용을 효과적으로 전달하기 위한 기법으로 활용된다. <이어도> 서두와 결말 부분의 내레이션은 소설의 관념성을 내레이션이란 언어기법을 활용하여 효과적으로 제시한 예가 된다. 등장인물의 대화를 통해서 제시한다면 장황하면서도 신빙성이 떨어질 내용을 내레이터가 신(작가)적인 존재가 되어 화면 밖에서 제시함으로써 신뢰성과 타당성을 인정받게 된다. 관객들은 등장인물이 대화로 전하는 내용에 대해서는 반신반의하여 비판적인 입장을 취하지만, 화면 밖에서 내레이터가 제시하는 내용에 대해서는 믿으려는 경향을 갖는다. 보이스 오프나 오버의 형태로 전하는 메시지에 대해서는 믿을 만한 사람의 목소리란 생각을 갖기 때문에 관객들은 내레이터의 말을 신빙성 있게 받아들이기 때문이다.[10] <축제>에도 그런 내레이터의 속성을 활용하여 관객에게 직접 제시하고 있으니 삽입된 동화 『할미꽃은…』이다. 어린이의 목소리로 제시되는 그 내용을 세상물정 모르는 어린아이의 낭랑한 목소리로 제시하고 있기 때문에 관객들은 그 내용을 인정하고 이해하려 한다. 세상에는 엄연한 현실이 존재하지만 어린이의 세계에서는 그런 이상과 이상세계가 존재할 수 있다고 인정하기 때문이다. 어린아이를 광고모델로 활용하였을 때 그 내용을 믿

10) 미셸 시옹, 박선주 역, 『영화의 목소리』, 東文選, 2005.

으려 하고 그 제품을 신뢰하는 소비자들의 인식과 다를 바 없다. 그런 관객(소비자)의 심리를 알고 있었기에 감독은 동화를 삽입하였고, 동화 내용을 어린아이의 목소리로 전하게 한 것이다.

또한 <축제>의 서두에 준섭의 목소리로 제시되는 내레이션도 같은 선상에서 이해할 수 있다. 등장인물이 아직 완전히 드러나지 않은 상태에서 준섭의 목소리를 통해 제시하는 내레이션은 준섭이라는 인물이 이야기하고 있다는 느낌보다는 어떤 존재(신이나 작가, 또는 전지적 인물)가 외화면에서 자신의 이야기를 하는 것처럼 여겨지기 때문이다. 즉, 관객들은 판단과 평가를 통해 이야기를 수용하는 것이 아니라 그 이야기를 들으면서 전적으로 신뢰하게 되는 것이다. 이런 관객들의 속성을 이용한 것이 바로 외화면의 목소리인 것이다.

관념적인 내용이 대체로 대화를 통해 제시된다는 것도 하나의 특징이라 할 것이다. <서편제>, <소리의 빛>에 나타나는 한(恨)의 쌓임과 한의 풀림[解恨], 한의 승화 등은 대화를 통해 제시된다. <이어도>에도 그런 경향은 마찬가지다. 제주민의 의식이나 허구에서 삶의 의미와 진실을 찾는다는 관념적인 내용은 대화를 통해 제시된다. <축제>에서도 마찬가지다. 효에 대한 언급이나 장례의 의미, 등신의식 등 관념적인 내용은 모두 대화 속에 녹여 전달하고 있다.

<축제>에 두드러진 언어기법은 역시 자막이다. 장례절차나 의미, 기원을 장황하게 늘어놓은 설명 자막은 감독의 의도성을 엿볼 수 있게 한다. 굳이 설명하지 않아도 될 내용을 장황하게 늘어놓는 이유는 장례의 절차, 의미, 기원을 관객들에게 전달하려는 것이다. <축제>를 단순한 영화로 보지 말고 '다큐멘터리적 영화'임을 인식해 주기를 바란다는 뜻이다. 그래서 다른 영화에는 유례를 찾아볼 수 없을 정도로 길고도 장황한 자막을 삽입한 것이다. <축제>의 다큐멘터리적 성격을 강하게 드러낸다 하겠다.

V

결론

소설과 영화는 대체 관계에 있으면서도 보완 관계를 유지하는 특수한 상황에 놓여 있다. 소설이 실험성과 관념성을 강조하면서 대중들로부터 멀어졌을 때 대부분의 사람들은 감각적이고 즉각적인 영화에서 소설의 빈 자리를 메우려 했다. 그러나 영화에 관심을 가졌던 사람들도 영화의 대중성과 오락성, 피상성에 한계를 느끼고, 소설의 깊이와 무한한 상상력을 재인식하기도 했다. 이렇듯 소설과 영화는 동질성을 가진 서사예술로서 대체재(代替財)의 성격을 가지고 있다.

그러나 영화와 소설은 분명히 다르다. 소설과 영화는 서사예술로서 동질성을 가지고 있지만 표현의 도구, 언어가 전혀 다르기 때문이다. 소설은 추상적 기호인 문자언어에 의존하는데 비해, 영화는 도상적 기호인 영상언어에 의존한다. 추상적인 문자언어를 사용하는 소설은 논리적 사고를 기초로 하는 이성적인 성격이 강한 매체인 반면에, 시각적으로 직접 확인할 수 있는 영상언어를 사용하는 영화는 감각적인 성격이 강한 매체다. 두 매체가 의존하고 있는 언어의 차이와 거기에서 비롯되는 매체의 특성은 창조적인 측면과 수용적인 측면에서 더욱 확연하게 드러난다.

영화의 창조적인 특성은 예술의 역사에서 처음으로, 시간을 직접적으로 사로잡을 수 있는 가능성을 발견했다는 데 있다. 이것은 시간과 공간을 얼마든지 반복해서 재생할 수 있는 미학적 방법론의 출현을 의미하는 동시에, 시각적으로 보이지 않는 것은 표현하지 못한다는 한계를 의미하기도 한다. 빛을 이용하는 영상은 표면을 뚫고 들어가 그 안에 있는 것을 표현할 수 없다. 빛을 이용해서 사물을 시각화해서 직접 제시할 수 있는 것이 영상언어의 힘이라면, 표면과 이면, 사유가 가능한 모든 것을 형상화할 수 있는 것이 바로 문자언어의 힘이다.

수용의 측면에서도 소설과 영화는 매우 다른 양상을 보인다. 영화는 수용자인 관객들이 직접 시각적으로 목도할 수 있는 완성된 형상으로 제시된다. 반면에 소설의 수용자인 독자 앞에 추상적인 기호인 문자들의 나열이 있을 뿐이다. 독자들은 소설을 수용하기 위해 셀 수 없이 많은 추상적 기호들을 머릿속에 입력하여 형상을 만들어내고 그것을 연결시켜서 재형상화하는 작업을 능동적으로 수행해야 한다.

소설과 영화 두 장르의 근본적인 차이는 서술자가 다르다는 점이다. 소설의 서술자는 화자인 반면 영화에서 서술자의 기능을 담당하는 것은 카메라다. 화자와 카메라라는 서술자의 차이는 서술의 범위, 특히 시간과 공간을 다루는 데 있어 영향을 미친다. 소설이 시간을 다루는 데 유리하고 영화가 공간을 다루는 데 능력을 발휘하는 이유가 바로 화자와 카메라의 차이에서 발생한다.

이런 분명한 차이점을 가지고 있는데도 두 매체는 또한 상호보완적인 성격을 가지고 있다. 역사적으로 살펴보면 많은 소설이 영화화되기도 하고 다양한 영화기법이 소설의 기법으로 활용되는가 하면 최근에는 영화가 소설화되기도 한다. 소설이 영화의 모태와 같은 존재라면, 영화는 기법적인 면에서 많은 것을 소설에게 제공하기도 한다. 소설은 영화에 스토리를 공급하여 모태로서의 역할을 한다면 영화는 이미지, 음향, 음악, 묘사, 서술방식들을 다양한 예술장르로부터 이식받아 다양한 기법과 자신만의 생존전략으로 삼고 있기 때문에 소설은 영화로부터 많은 방식을 배운다. 이는 소설의 매체가 언어인데 비해, 영화는 영상, 음향, 언어까지 포괄하는 다중매체이기 때문에 다양한 기법을 구사할 수 있기 때문에 가능한 일이다. 소설의 스토리가 영화화되어 영화의 지평을 넓히기도 하고, 소설의 내용을 시청각적 언어로 제시하여 소설에서는 드러낼 수 없는 감각과 이미지를 드러내기도 하고, 소설을 시청각적으로 표현하여 새로운 예술로 승화시키기도 한다. 또한 영화의 감각 표현력과 형상화 기법이 소설 기법으로 활용되기도 하고, 영화의 표현기법이 소설의 표현기법으로 전용되기도 한다. 이렇듯 소설과 영화는 보완재(補完財)의 성격을 가지고 있기도 하다. 그러나 아직까지도 소설과 영화의 관계는 일

방적인 호혜관계로만 파악하고 있다. 그런 경향은 소설이 영화로 변용되는 과정과 양상을 추적하는 연구나 논문에서 특히 두드러진 현상임을 생각할 때 시급한 인식의 전환이 요구된다 하겠다.

소설이 영화화된 경우는 많아도, 영화가 소설화된 경우는 아직까지는 드문 편이다.[1] 탈장르 내지는 장르 파괴가 현대 문학과 예술의 특징이라고 한다면 예술간의 경계 파괴 또한 활발해질 것이고, 이런 추세는 갈수록 심화될 것이다. 장르간 매체간 이동이 얼마나 활발히 이루어졌는지는 예술사가 증명한다. 얼마나 많은 텍스트들이 새롭게 재해석되고, 변용되고, 재창작되었는가는 재론의 여지가 없다. 이렇듯 장르 파괴 내지는 탈장르가 문학에 국한되어 나타나지는 않을 것이다. 앞으로 장르간 예술간 경계는 더욱 허물어질 것이고, 장르 통합 내지는 탈장르 현상은 더욱 가속화될 것이기 때문이다.

소설이 영상으로 바뀌는 과정에는 얻는 것과 잃는 것이 분명히 있다. 소설을 영화로 매체 전이시킨다는 것은 이전에 읽었던 독서경험(경험세계)으로부터 새로운 허구의 세계(환영(幻影)의 세계)를 만들어내는 창조의 작업이다. 그런데 그 창조의 작업은 이미 경험한 경험세계를 새롭게 해석하는 한편 그 경험세계를 새롭게 구성해야 한다는 점에서 복잡한 양상을 띠게 된다. 소설을 영화로 매체 전이시킨다는 것은 우선적으로 선행텍스트의 수용자였던 독자가 새로운 생산자로 변함을 의미한다. 따라서 생산자는 소비자이면서 생산자라고 하는 이중의 역할을 수행해야 하며, 새로운 텍스트를 만들어내는 과정에서 어떤 식으로든 선행텍스트

1) 일본 작가 무라카미 류(村上 龍)가 영화 <교코>를 소설화한 『교코』(양억관 역, 민음사, 1997.)와 영화 <래플스 호텔(Raffles Hotel)>을 소설화한 『눈부시게 찬란한, 내 안의 블랙홀』(정윤아 역, 큰나무, 2000.)을 내놓았고, 일본을 중심으로 영화를 소설화하는 경향을 보이고 있다. 우리나라의 경우는 박찬욱 감독이 영화 <박쥐>를 제작한 후 그 내용을 보완하여 책으로 엮은 『박쥐』(박찬욱 · 정서경 · 최인, 그책, 2009.)와 봉준호 감독의 영화 <괴물>을 소설화한 『괴물』(봉준호 · 홍정훈, 홍익출판사, 2006.) 등이 있다. 앞으로 두 매체 간의 이동은 더욱 활발해질 것이다.

의 흔적을 간직한 채 새로운 심미적 지평의 영역을 확보해야 한다. 따라서 매체 전이에는 미학적 변주 혹은 심미적 거리 설정의 문제가 필연적으로 수반된다. 아무리 원작소설을 바탕으로 하여 만든 영화라 하더라도 영화는 영화적인 방식으로 영화만의 미학을 구축하면서 원작의 구심점인 서술자의 강력한 언어적 힘을 전복시킨다. 다중화자와 다초점화를 통해 다양성과 입체성을 살리기도 하고, 시각 언어인 문자를 영상언어, 음향언어, 문자언어 등 다양한 방법으로 종합화한다. 이는 소설이 영화화하는 과정에서 얻는 것이다.

『서편제』를 읽으면서 원작소설에 삽입된 판소리를 떠올린다는 것은 일반적인 입장에서 불가능하다. 또한 소설에 제시된 판소리를 안다 하더라도 <소리의 빛>이나 <서편제>, <천년학>에서 송화와 유봉이 부르는 구체적인 판소리를 상상할 수는 없다. 만약 원작소설에 악보가 삽입되어 있다 하더라도 그것은 마찬가지였을 것이다. 악보 역시 하나의 시각언어이면서 상징적인 기호라 악보가 곧 소리는 아니고, 악보 그 자체로 청각화되지 않기 때문이다. 그런데 영화에서는 이를 시각과 청각을 이용해 구체적으로 보여준다. 시각만으로는 그 소리나 음색, 장단을 명확히 알 수 없고, 청각을 통해 판소리를 듣는다면 그 상황을 정확히 인식하기 어렵다. 물론, 해설자의 해설이나 현장의 음향을 함께 들려주면 현장음에 가까운 소리를 상상할 수는 있지만 시청각을 활용하여 한 장면으로 보여주는 영화의 효과에는 미치지 못할 것이다.

또한 「선학동 나그네」에 소개되는 선학동의 이미지는 원작소설에서 이미 시각과 청각적인 이미지를 동원하여 그려지고 있지만 그 모습이나 북소리를 독자가 상상하기는 어렵다. 그런데 <천년학>에서는 컴퓨터그래픽으로 복원하여 선학동 포구의 모습을 우리 눈앞에 제시한다. 물론 "관음봉 지심(地心)에서부터 물을 건너 울려온다던 그 산령의 북소리" 즉, "지령음"은 표현의 어려움으로 인해, 주제의 변형으로 인해 제시되고 있지 않지만 독자가 구체화할 수 없는 이미지들을 구체적인 이미지로 제시한다. 또한 학으로 날아오르는 사내의 영혼의 모습을 그려내기도 어렵기는 마찬가지다. 그러나 <천년학>은 배경음악과 컴퓨터그래픽을 통해 시·청각적으로 학의 비상을 그려내고 있다.

『축제』에 그려지는 난장의 모습을 전라도에 살면서 장례를 치러본 경험이 많은 사람이거나 전라도의 장례풍습과 장례의 모습을 잘 알고 있는 사람은 그 상황을 미뤄 짐작하거나 상상할 수 있다. 그러나 현대적인 장례문화에 익숙한 대다수의 사람들은 그 모습을 상상하기 어렵다. 우리의 전통적인 장례 모습은 이제 거의 자취를 감춰버려 시골에서도 보기 힘든, 영화나 텔레비전에서나 볼 수 있는 진풍경이 되었기 때문이다. 그러나 <축제>에서는 의상, 미장센, 소품, 소리, 사람들의 행동 등을 활용하여 즉각적이고 구체적으로 보여준다. 이를 문자로 서술한다면 많은 공력과 많은 분량이 소모되었을 것이고, 그렇게 문자로 그려진다 하더라도 그 구체적인 모습이나 상황, 행동을 상상하기는 어려울 것이다. 그러나 다양한 자료와 취재, 고증을 통해 제시되는 영상과 음향은 우리에게 너무나 쉽게 장례식장의 모습을 제시한다. 이런 것들은 모두 영상화 과정에서 얻어지는 이점이라 할 것이다. 즉각적이고 구체적이고 시청각을 동시에 활용하는 복합체인 영상만이 제공할 수 있는 것들이기 때문이다.

「이어도」의 탐색자인 선우 중위와 영상 속에 재현된 선우 경장과는 분명히 구분이 된다. “크지도 작지도 않은 적당한 몸매에 대리석을 깎아지른 듯 하얀 얼굴이 드물게 세련돼 보이는 젊은 장교”의 이미지와는 아주 다르다. 비록 깔끔하고 정제된 느낌의 노주현을 선우 현으로 얼마간 인정한다 하더라도 수용자가 상상하고 느꼈던 이미지와는 거리가 있다. 맹인 소리꾼 여자나 사내의 모습은 원작소설을 읽으면서 상상했던 인물과는 너무 거리가 있다. 너무 미화되어 버린 느낌을 지울 수 없다. 「이어도」에 묘사되는 천남석의 집도 우리가 상상했던 모습이 아니다. 무당의 집을 연상시키는 모습이 아니라 평범하고 일반적인 제주의 초가집을 그려내고 있다. 또한 「서편제」에 그려지고 있는 "소릿재 주막"이나 "소리의 숙명" "햇덩이", 「이어도」에 술집 '이어도'의 외관, 『축제』에 "게자루", "옷보퉁이", 「눈길」의 후일담 등은 영화에 드러나지 않는다. 이와 같은 현상은 영화로 표현하기 어렵거나 영화 전개에 꼭 필요한 부분이 아니라는 생각으로 생략해버린 것이다. 그러나 원작소설에는 제법 비중 있게 다루어지고 있는 내용들로 생략하거나 삭제해서는 안 될 것들이다. 이런 것들이 소설이 영화화되면서 잃어버린 것들이라고 볼 수 있다.

영상화 과정에서 발생하는 생략이나 삭제는 소설을 영화화하는 과정에서 매체의 전이가 필연적으로 수반하는 심미적 지평의 전환임을 알 수 있다. 심미적 지평을 전환하는 요소로는, 매체 변수와 소설의 수용자이자 영화의 생산자인 감독의 선택, 그리고 사회적 맥락이 중요한 기제로 작동함을 알 수 있는데 그 중에서도 가장 중요한 것은 역시 매체다. 소설에서 영화로의 매체 전이에 있어서 심미적 지평의 전환을 이루는 기본적인 형성원리는 소설에서 서사를 지배하는 서술자의 서술적 목소리가 영화에서 해체되어 어떤 영화적 방식으로 형상화되는가에 달려 있다는 것이다. 중요한 것은 서술자의 서사지배력이 약화된 영화에서는 다중채널이라는 매체적인 특성에 의해 전혀 의도하지 않은 결과를 가져온다는 것이다. 즉, 영화에서 서사를 지배하는 총체적 서술자의 존재를 인정한다 해도 사실상 다양한 기호가 충돌하는 영화의 매체적인 속성으로 인해서 소설에서와 같은 서술자의 서사지배력은 힘을 잃고 해체될 수밖에 없다는 것을 알 수 있었다. 그러나 바로 이 점이 소설에서 영화로의 매체 전이를 매력적으로 만드는 기제인데, 새로운 심미적 지평을 형성하는데 있어서 중요하게 작용하는 기제인 것이다.

원작소설에 대한 '도해(圖解)적 전환'을 시도하고 경우라 해도 시각적 요소와 청각적 요소를 결합시켜 소설을 읽을 때는 미처 파악하지 못했거나 상상하지 못한 내용을 구체화시킨다. 이는 시각적인 문자언어를 시청각적인 영상언어로 전환시킴으로써 감각적으로 인식하게 한다는 점에서 영상물의 존재의미가 있는 것이다. 상상력을 통해 막연하게 인식했던 사건이나 이미지를 선명하고 가시적인 이미지로 제시하여, 인간의 뇌리에 각인시킴으로써 명확히 파악하게 하고 기억하게 한다는 점에서 영상물의 힘을 느끼게 하는 것이다.

반대로 영상물은 소설을 읽으면서 상상할 수 있는 인간의 무한한 상상력을 일정한 틀 안에 가둠으로써 상상력을 제한한다는 점에서는 한계를 갖는다. 영상이 아무리 빼어나도 소설을 읽으면서 독자 개개인이 느꼈거나 상상했던 것에는 미치지 못한다. 그렇기 때문에 영상물에서는 표현할 수 없는 소설 고유의 영역이 있는 것이다. 최근 특수촬영 효과나 컴퓨터그래픽 등을 활용해 영상물은 인간이 느끼고 상상할 수 있는 모든 영역에 도전하고 있지만, 인간의 상상을 다 표현할 수 없고, 특히 인간의 관념을 시청각적 언어로 표현하는 데는 한계가 분명 존재한다. <소리의 빛>에서 보여준 인물이나 분위기, 상황, 아비와 누이가 부르는 소리의 빛깔, 노래를 부를 때와 북을 칠 때의 모습, 비상학의 모습, 한의 승화의 의미 등은 소설을 읽는 독자가 상상했던 것에 못 미칠 수도 있다. 그래서 영상물은 인간의 상상력을 제한한다는 점에서 소설이 갖추고 있는 미덕에 못 미친다. 따라서 관념적이거나 상상적인 서사는 소설이, 감각적이고 즉물적인 서사는 영상이 표현한다면 두 매체는 상호 보완하는 한편, 상호 영향을 주면서 발전할 수 있을 것이다.

영화가 소설을 대체할 수 없는 핵심적인 요인은 소설이 사용하고 있는 문자언어의 기능과 역할에 있다. 누벨 바그와 누보 시네마의 발흥과 쇠퇴에서 보듯이, 카메라를 통한 글쓰기로서의 영화, 즉, 소설이 포착하는 현상이 아닌 본질을 표현하려는 과잉 의욕은 영화를 주관과 난해의 늪에 빠트렸다. 반대로 영화의 불명료하고 환상적인 언어를 과도하게 차용한 결과, 소설은 관념과 언어의 유희에 치우치게 됐다. 카메라를 통한 글쓰기를 지향했던 누보 시네마는 영화가 예술이 될 수 있는 최대의 가능성을 보여주었지만 예술을 지향하는 영화의 최종적인 해결책이 문학에 있지 않음을 보여주었다. 이러한 결과, 글쓰기를 위해서 카메라를 복종시키는 것이 영화를 예술적으로 구원하는 방법이 되지 못한다는 것을 입증하는 동시에 영화가 소설을 대체할 수 없다는 사실의 반증이기도 했다.[2)]

소설은 소설 나름대로, 영화는 영화 나름대로 자신의 영역을 확고히 해야 할 것이다. 소설이 영화를, 영화가 소설을 단순 모방하려 하는 순간 두 예술은 흔들릴 수밖에 없다. 영상이 대중의 일상으로 편입된다고 해서 문자에 의존하는 소설 장르가 약화되는 것은 아니다. 만약 소설이 위기를 맞이한다면 그것은 영상의 발전으로 비롯되는 것이 아니라 소설 장르가 지닌 고유의 언어와 양식을 포기하고 영상적 방식으로 경도되는 데서 비롯될 것[3)]이란 방재석의 주장은 소설 중심적 사고가 배어 있다. 왜냐하면 반대의 경우도 얼마든 가능하기 때문이다. 방재석의 논리에 한 가지 덧붙인다면 영상 또한 소설에 경도되어 영상 자체가 가지고 있는 장점을 포기할 때 위기를 맞을 수 있다. 영상은 소설보다 다양한 표현 도구와 서술기법을 가지고 있고, 그것들을 제대로 활용할 때 새로운 예술 장르로 위상을 굳건히 할 수 있기 때문이다.

소설과 영상의 상호보완성은 추상성과 구체성을 적절히 조화시킬 때 강화될 수 있다. 문자언어를 통해 서술되는 소설은 관념적이고 추상적이어서 인간의 상상력에 의존한다. 구체성을 갖기 어렵다는 말이다. 이는 소설이 추상적 기호인 문자언어를 매개로 이루어지기 때문이다. 이런 소

2) 방재석, 앞의 논문, p. 134. 참조

3) 위의 논문, p. 143. 참조

설의 한계를 도상적 기호인 영상언어를 사용하는 영화가 보완해줄 수 있다. 구체성을 띠기 어려운 소설의 이미지와 관념, 소리, 공간을 다중언어를 활용하는 영화가 훌륭히 보완할 수 있음을 앞장에서 이미 확인했다. 『서편제』에서 제시하는 많은 공간과 이미지, 소리, 관념들은 뇌리에나 존재하는 구체성을 가진 것들이 아니다. '합리적인 수용자'라 하더라도 언어로 표현된 소설을 통해 구체적인 모양, 크기, 색깔을 가진 사물로 대치하는 데는 한계가 있을 수밖에 없다. 그러나 영화는 이 모든 것을 즉각적으로 보여주고 들려줌으로써 소설의 한계성을 단숨에 뛰어넘어 버린다. <소리의 빛>, <서편제>, <천년학>에 제시된 것이 소설과 일치하든 일치하지 않든, 독자의 상상력과 같든 다르든 간에 구체적인 이미지로 제시한다는 것은 부정할 수 없는 사실이다. 수용자인 관객은 자신의 경험을 바탕으로 영화에 제시된 것을 판단하고 비판할 수는 있지만 그것을 거부할 수는 없다. 또한 거부한다하더라도 그 영상은 소설을 읽었을 때보다 강한 이미지로 뇌리에 남게 된다. 이처럼 소설의 한계를 영화가 보완해 줄 수 있다.

반대로 도상적 기호인 영상언어는 표면을 살필 수는 있지만 이면을 표현하는 데는 한계를 가진다. 빛과 그림자를 표현수단으로 하는 영화는 빛이 사물의 속을 비출 수 없듯이 사물의 이면을 표현하기 어렵다. 이런 한계는 소설이 보완해 줄 수 있다. 상상력을 바탕으로 인간이 상상할 수 있는 모든 관념들을 언어를 통해 제시할 수 있는 게 소설이기 때문이다. 또한 소설은 논리적 사고를 기초로 하는 이성적인 성격이 강한 매체이기 때문에 영화가 표현하기 어려운 논리적인 것과 이성적인 판단을 정확히 표현할 수 있다. 드라마 <이어도>는 대화를 통해 '이어도'에 대한 제주민의 의식을 드러내고자 하지만 한계에 봉착할 수밖에 없다. 관념을 언어로 표현한다는 자체가 한계를 노정하는데, 그 한계를 영상을 통해 제시하려는 것은 이중의 한계에 빠지는 것을 의미한다. 영상은 관념적인 내용까지도 구체적인 이미지로 제시해야 하는데, 관념적인 내용을 대화로 표현하여 그 대화하는 모습을 영상으로 보여준다면 그 관념과는 더욱 멀어지게 된다. 관객은 대화를 듣기 위해서 영화를 보지 않는다. 더더군다나 대화하는 모습을 지켜보기 위해 영화를 보는 사람은 거의 없다. 인물의 행동이나 배경, 음악 등을 통해 감각적으로 직접 보고 듣기를 원한다. 그런데도 관념적인 내용을 대화를 통해 제시하고, 그 대화를 관객에게 보여주는 것은 영화의 고유한 속성을 포기하는 것이나 마찬가지다. 관객들은 그런 영화를 보느니 차라리 라디오 드라마를 들으려 할 것이다. 배경만 바꿔가면서 대화로 풀어내는 영화가 있다면 그것은 라디오 드라마보다도 못한 영화가 될 것이기 때문이다. 수용자들은 매체의 속성을 잘 알고 있기에 그 매체에 맞는 형식과 내용을 원한다. 그러나 같은 내용을 다른 매체를 통해 그대로 제시한다면 그 매체를 인정하려 하지 않을 것이다. 그래서 관념적인 내용을 영상화한 <이어도>는 소설을 영상화할 때 드러나는 한계성을 잘 보여주고 있고, 영상이 갖추어야 할 기본 덕목을 다시 한 번 생각하게 한다. 영화의 고유한 언어는 말과 문자가 아닌 영상, 다시 말해 이미지다. 이미지는 궁극적으로 정교한 사유의 영역을 표현할 수 없다. 그러나 그것이 영상언어의 열등함을 의미하는 것은 아니다. 이미지에 의존하는 영화의 언어는 말과 글이 다른 모든 인류에게 소통이 가능한 힘을 지니고 있다. 영화가 자신의 고유한 언어가 내장한 무한한 가능성을 포기하고 소설의 내용과 표현방식을 영상적 수용의 범위 내에서 손쉽게 차용하려는 시도는 영화의 정체성 상실로 이어질 수 있다.

반대로 이렇게 영상으로 표현하기 곤란한 내용은 소설이 그 역할을 담당해야 할 것이다. 가장 엄밀하고 정교한 사유와 소통을 가능케 하는 것은 문자이며 소설은 바로 이 문자를 도구로 하는 예술이다. 따라서 영상으로 표현할 수 없는 많은 논리, 관념, 추상들을 소설은 영상보다 훨씬 수월하게 표현할 수 있다. 소설은 영상에 비해 인간의 상상력에 호소하는 경향이 훨씬 강하고, 수용자들 또한 그런 사실을 인지하고 매체에 접근하고 수용한다. 따라서 모든 소설이 영상화될 수 없고, 모든 영상이 소설화될 수 없다는 것은 <이어도>를 통해서 다시 한 번 확인하는 셈이다.

소설과 영화는 동일한 스토리를 가질 수 있지만, 동일한 플롯을 갖기는 어렵다. 소설은 서술시간과 담론시간을 자유롭고 제한 없이 넘나들 수 있어 시간으로부터 자유롭지만, 영화는 시간으로부터 자유롭지 못하고 스토리를 시간 순서에 따라 순차적으로 배치하기 때문이다. 즉, 시간을 다루는 데 유리한 문자언어와 공간을 다루는데 유리한 영상언어의 특성이 플롯에 반영되기 때문이다. 그렇기 때문에 소설과 영화는 상호보완성을 지닐 수 있다. 한 매체의 장점이 다른 매체의 단점이 되고, 한 매체의 단점이 다른 매체의 장점이 된다면 그 둘의 장점을 활용하여 서로 보완할 수 있기 때문이다.

영화는 담론 시간 제약이 엄격하다. 소설은 수용자의 상황에 따라 두고두고 읽을 수 있지만 영화는 담론 시간이 정해져 있기 때문에 주어진 시간에 모두 전달해야 한다. 그렇기 때문에 서술 속도를 일정하게 유지해야 한다. 그 일정한 속도감을 주기 위해 영화는 압축하고 생략하고 비약한다. 상황과 상황, 현실과 영상의 세계를 관객이 논리적으로 유추하며 읽어가기를 바란다. 따라서 관객은 논리를 통해 관념적인 내용을 파악해야 하고, 유추를 통해 은유나 상징적인 장치들을 읽으면서 영상을 따라가야 한다. 그러나 영상물은 빠른 전환과 생략, 비약을 행하면서도 관객에게 사고할 여유를 주지 않는다. 정작 생각하고 판단하고 정리하면서 봐야 할 영상을 시간에 쫓겨 무조건 뿌려놓는 형태로 상영한다. 영상이 제시하는 감각적인 것들을 단순히 따라잡기만을 요구한다. 영상이 감각적일 수밖에 없는 또다른 이유고, 영화가 너무 감각적인 것만 탐닉한다고 비판을 받는 이유가 바로 여기에 있다.

그래서 임권택 감독 같은 영화제작자는 영화 중간에 한 번쯤 쉬어가기를 권한다. 바로 영상 위주의 긴 장면이나 샷을 이용하여 관객들에게 잠시 쉴 시간을 주고 생각을 정리하게 한다. <서편제>의 '진도 아리랑 시퀀스'나 <천년학>의 '갈까보다 시퀀스'가 바로 그것이다. 이는 임권택 감독의 독자적인 방법은 아니다. 다른 영화감독들도 이런 방법으로 완급을 조절한다. 그러나 임권택 감독의 영화에 두드러진 서술방법임을 생각할 때 임권택 감독은 시퀀스 샷을 활용해 관객을 배려하고 있다고 볼 수 있다.

영상의 시간적 제한성을 얼마간 해소할 수 있는 방법이 전혀 없는 것은 아니다. CD나 DVD 같은 영상매체와 컴퓨터가 일상화되면서 영상의 시간적 제한성을 얼마간 극복하고 있다. 책과 마찬가지로 소비자의 필요에 따라 잠시 쉬었다 볼 수 있고, 생각을 정리한 후 이어볼 수 있을 뿐만 아니라 두고두고 반복해서 볼 수 있게 되었다. 이는 영화의 한계를 보완하기 위한 하나의 방법일 수 있다는 점에서 영화는 이미 다른 상영구조를 개발했다고 볼 수 있다.

소설은 시간적 제한성으로부터 비교적 자유롭다는 점이 영화의 단점을 보완할 수 있는 근거가 된다. 물론 담론시간을 자유롭게 조절할 수 있는 매체가 개발되었다 하더라도 소설은 소설만이 가지고 있는 장점을 충분히 활용하여 영화를 보완할 수 있다. 소설은 영화에 비해 시간적 제한성으로부터 비교적 자유롭기 때문이다. 물론, 영화에서도 플래시 백이나 플래시 포워드의 방법을 활용하여 시간 이동의 자유를 구가하고 있기는 하다. 그러나 이 기법을 너무 자주 활용하게 되면 사건의 정체가 발생하고, 이는 속도감과 탄력성을 무기로 삼는 영화의 생명력을 단축시키는 악재로 작용할 수 있다는 점에서 주의해야 할 기법임을 생각할 때 소설이 이를 보완할 수 있으리라 생각한다.

소설의 공간적 제한성 역시 영화로 보완할 수 있다. 치밀하고 정확한 묘사를 통해 공간과 인물을 그린다 해도 언어적 한계로 말미암아 영상처럼 쉽게 전달할 수 없다. 백문불여일견이란 말이 있듯이 인간은 시각을 통해 확인함으로써 비로소 인지하는 경향이 있다. 물론 다른 감각을 활용하여 인지하는 경우도 있다. 청각, 후각, 촉각, 미각 등을 활용하여 인지하기도 하지만 공간을 인지할 때 시각을 활용하는 것보다 정확한 방법은 없다. 그렇기 때문에 추상적이고 상징적인 언어를 통해 인지하는 것보다 시각을 통해 단 한 번에 인지시킬 수 있는 것은 영화가 가지고 있는 장점이다. 거기에 음향적인 요소까지 동원한다면 그 공간을 인간의 뇌리에 각인시킬 수 있다. 따라서 소설의 공간적 제한성을 영화가 보완할 수 있다.

『서편제』의 선학동 포구를 소설로 읽었을 때 독자들이 상상하고 인식했던 이미지와 영화화 <천년학>을 보고 난 후의 인식과 느낌은 전혀 다를 것이다. 영화에는 즉각적이고 순간적으로 선학동 포구의 모습을 제시할 수 있지만 소설에서는 많은 설명과 묘사가 필요했다. 이는 소설적 미학을 구현하기 위한 장치이기도 하지만, 영화가 소설의 장황하고 긴 설명과 묘사를 단 한 화면으로 제시할 수 있다는 점에서는 소설의 공간적 제한성을 영화가 보완할 수 있다는 점은 인정해야 할 것이다.

시각과 청각으로 구체화하는 영화는 인간의 상상력을 제한할 수 있다는 단점도 갖는다. 소설은 문자언어로 기술되기 때문에 상상력을 자극하는데 비해, 영화는 구체적인 이미지와 음향으로 직접 제시하기 때문에 인간의 상상력을 제한할 수 있다. 이런 속성은 인물 제시면에서나 인물간의 관계 설정 때도 그대로 작용한다. 소설에 비해 영화에서는 인물을 대체로 단순화하기 때문이다.

소설의 장점은 영화의 단점이 되고, 영화의 장점은 소설의 단점이 된다는 점에 생각할 때 두 매체는 상호 경쟁 관계에 있으면서도 상호 보완적 관계에 있다 할 것이다. 두 매체간의 단점을 상대의 장점으로 보완하는 관계가 소설과 영화의 관계라고 볼 수 있다. 매체간의 장점과 단점을 상호 보완할 수 있는 게 바로 소설과 영화임을 생각할 때, 소설과 영화는 대체재의 속성보다 보완재의 성격이 강하다 할 것이다. 또한 이런 보완재적 성격으로 인해 소설과 영화는 자신만의 속성과 기법, 생존전략으로 아름다운 동행은 계속될 것이다.

❑ 참고도서 및 참고자료

1. 기본 텍스트

이청준, 『남도사람』, 藝潮閣, 1978.

_____, 『서편제』, 열림원, 1998.

_____, 『이어도』, 열림원, 1998.

_____, 『축제』, 열림원, 1996.

_____, 『할미꽃은 봄을 세는 술래란다』, 파랑새, 2006.

김명곤 각색, 『서편제 : 한국시나리오걸작선 72』, 커뮤니케이션북스, 2005.

육상효 각색, 『축제 : 한국시나리오걸작선 077』, 커뮤니케이션북스, 2005.

이청준 각색, 『천년학』, 태흥영화(주), 2007.

<서편제>, (주)스펙트럼디브이디, 2005. 10.

<소리의 빛>, KBS Media, 1989년 9월 17일 방영분.

<이어도>, KBS Media, 1983년 3월 19일 방영분.

<천년학>, (주)대경DVD, 2007. 8.

<축제>, (주)스펙트럼디브이디, 2006. 3.

2. 단행본

구경은, 『영화와 음악』, 문학과지성사, 2006.

구미례, 『한국인의 상징세계』, 교보문고, 2004.

권영민, 『한국현대문학사·2』, 민음사, 2002.

권오룡 엮음, 『이청준 깊이 읽기』, 문학과 지성사, 1999.

권택영, 『소설을 어떻게 볼 것인가』, 문예출판사, 1995.

金炳翼·김현 편, 『이청준—우리 시대의 作家硏究叢書』, 은애, 1979.

김성규, 『아인슈타인이 깨달은 윤회의 법칙』, 큰산, 1999.

金榮敦·玄容駿·玄吉彦, 『濟州說話集成(1)』, 濟州大學校 耽羅文化硏究所, 1985.

김용수, 『영화에서의 몽타주 이론 : 쿨레쇼프·푸도프킨·에이젠슈테인의 예술적 미학원리』, 열화당, 2006.
김우창·성경완 외, 『이미지는 어떻게 살고 있는가』, 생각의 나무, 1999.
김욱동, 『모더니즘과 포스트모더니즘』, 현암사, 1992.
김윤식·정호웅, 『한국소설사』, 예하, 1993.
김치수 외, 『이청준論』, 三人行, 1991.
나병철, 『영화와 소설의 시점과 이미지』, 소명출판, 2009.
박지훈, 『개정증보 3판 영화제작 매스터북』, 책과길, 2008.
서정남, 『영화서사학』, 생각의 나무, 2004.
석경징 외편, 『서술이론과 문학비평』, 서울대학교출판부, 1999.
성기완, 『영화음악―현실보다 깊은 소리』, 한나래, 2003.
송지연, 『장 지오노와 서술 이론』, 東文選, 2003.
신종한, 『한국소설의 서술양식 연구』, 한국문화사, 2004.
엄미숙, 『"서술기법의 백과사전" 율리시즈』, 한신문화사, 1995.
이부영, 『분석심리학의 탐구 1 : 그림자』, 한길사, 1999.
_____, 『분석심리학의 탐구 2 : 아니마와 아니무스』, 한길사, 2001.
_____, 『분석심리학의 탐구 3 : 자기와 자기실현』, 한길사, 2002.
이부영, 『분석심리학』, 일조각, 1998.
이승구·이용관 엮음, 『영화용어해설집』, 영화진흥공사, 1990.
이승준, 『이청준 소설 연구 : 정신분석학적 관점에서』, 한국학술정보(주), 2005.
이윤옥, 『비상학, 부활하는 새, 다시 태어나는 말』, 문이당, 2005.
이재선, 『현대한국소설사』, 민음사, 1991.
이정숙 외, 『이청준 소설 벽 허물기 열두 마당』, 한성대학교출판부, 2007.
임권택·유지나, 『영화』, 민음사, 2007.
임권택·정성일, 『임권택이 임권택을 말하다·2』, 현문서가, 2003.
전선주, 『제임스 조이스의 『율리시즈』의 서술 전략』, 동인, 2006.
정재서, 『동양적인 것의 슬픔』, 살림, 1996.
_____, 『정재서 교수의 이야기 동양 신화 1·2』, 황금부엉이, 2004.
秦聖麒, 『南國의 傳說』, 교학사, 1982.
천이두, 『한의 구조 연구』, 문학과지성사, 1993.

최기숙, 『환상』, 연세대학교출판부, 2007.

최이정, 『영상제작론』, 커뮤니케이션북스, 2005.

한국문학평론가협회편, 『문학비평용어사전(하)』, 국학자료원, 2006.

한국소설학회 편, 『현대소설 視點의 시학』, 새문사, 1996.

한상준, 『영화 음악의 이해』, 한나래, 2000.

한순미, 『가(假)의 언어 : 이청준 문학 연구』, 푸른사상, 2009.

한용환, 『소설학 사전』, 고려원, 1992.

한일섭, 『서사의 이론—이야기와 서술』, 한국문화사, 2009.

玄容駿, 『濟州島巫俗資料事典』, 新丘文化社, 1980.

______, 『濟州島傳說』, 瑞文堂, 1976.

玄容駿·金榮敦, 『韓國口碑文學大系 9-1 : 제주도 북제주군 편』, 韓國精神文化研究院, 1980.

玄容駿·金榮敦, 『韓國口碑文學大系 9-2 : 제주도 제주시 편』, 韓國精神文化研究院, 1981.

玄容駿·金榮敦, 『韓國口碑文學大系 9-3 : 제주도 서귀포·남제주군 편』, 韓國精神文化研究院, 1982.

황치복, 『존 스타인벡 소설과 영화—『생쥐와 인간』, 『분노의 포도』 속 인물의 변모 과정을 중심으로』, 한국학술정보, 2005.

3. 연구 논문 및 평론

강호정, 「<축제>를 통해 본 소설과 영화의 소통방식」, 이정숙 외, 『이청준 소설 벽 허물기 열두 마당』, 한성대학교출판부, 2007.

권택영, 「이청준 소설의 중층 구조」, 권오룡 엮음, 『이청준 깊이 읽기』, 문학과 지성사, 1999.

김교선, 「관념소설론」, ≪표현≫, 전라문학회, 1980.

김근호, 「소설 텍스트 중층적 읽기의 공간론—이청준의 「소문의 벽」 읽기를 중심으로」, ≪독서연구·19≫, 한국독서학회, 2008.

김동리, 「문학작품과 TV극과의 거리—등신불」, 『문학사상』, 1984. 2.

김정숙, 「서사 주체의 다층적 탐색정신-이청준 소설을 중심으로」, ≪어문연구・30≫, 어문연구학회, 1998.

김주연, 「관념소설의 역사적 당위-최인훈, 이청준, 박상륭 등과 관련하여」, ≪문학정신・68≫. 열음사, 1992.

김주연, 「억압과 초월, 그리고 언어」, 김치수 외, 『이청준論』, 삼인행, 1991.

김지원, 「원형의 샘」, ≪현대문학 : 이청준의 관념세계≫, 현대문학사, 1979.

김치수, 「언어와 현실의 갈등」, 권오룡 엮음, 『이청준 깊이 읽기』, 문학과 지성사, 1999

김 현, 「未知人의 肖像-劉賢鍾과 李淸俊의 경우」, ≪東西春秋 1~3≫, 希望出版社, 1967.

김흥규, 「판소리의 서사적 구조」, 조동일・김흥규 편, 『판소리의 이해』, 창작과비평사, 1978.

마희정, 「이청준 연작소설 『남도사람』에 대한 고찰-'시김새'로부터 '그늘'에 이르는 여정」, ≪인문학지・20≫, 충북대학교 인문학연구소, 2000. 6.

백지은, 「이청준 「이어도」의 언어적 형식화 양상 연구」, ≪한국문학이론과 비평・30≫, 한국문학이론과 비평학회, 2006. 3.

李成俊, 「설문대할망說話 硏究-特徵과 變異過程을 中心으로」, ≪國文學報・10≫, 濟州大學校國語國文學科, 1990.

이청준, 「책 속에 길 없다」, 『작가의 작은 손』, 열화당, 1978.

_____, 「해변의 육자배기」, 강은교 외, 『나 ① : 오늘의 작가들이 털어놓은 문학적 고백-자전소설』, 청람, 1987.

임권택, 「인터뷰 : 축제-즐거운 장례식」, ≪KINO・14≫, 월간 키노, 1996. 5.

임형모, 「탐색 소설에서의 '계시(啓示)'와 주체의 문제-이청준 소설을 중심으로」, ≪현대소설연구・32≫, 한국현대소설학회, 2006. 12.

張素眞, 「事實的 탐색과 飛躍的 인식의 力學」, ≪어문연구・122≫, 한국어문교육연구회, 2004. 12.

장우진, 「영화의 시점 : 다성성과 수사학」, ≪영화연구・27≫, 한국영화학회, 2005. 10.

장혜련, 『조선 중기 제주 유민의 발생과 대책』, 제주대 석사논문, 2006.

정혜경, 「1960년대 소설의 서술 구조와 양가성(兩價性)」, 『한국 현대소설의 서사와 서술』, 月印, 2005.

정희모,「추리기법의 변용, 서사화의 가능성-김성종의『최후의 증인』에 나타난 추리기법을 중심으로」, 대중문학연구회 편,『추리소설이란 무엇인가?』, 국학자료원, 1997.

최현무,「시점이론에 대한 반성적 모색」, 한국소설학회 편,『현대소설 視點의 시학』, 새문사, 1996.

한순미,「이청준 예술가소설의 서사 전략과 '재현'의 문제」, ≪현대소설연구 · 29≫, 한국현대소설학회, 2006. 3.

허만욱,「이청준 소설에 나타난 탐색과 해체적 글쓰기의 미학 연구」, ≪우리문학연구 · 20≫, 우리문학회, 2006. 8.

KBS ≪TV문학관≫ 홈페이지(http://www.kbs.co.kr/drama/hdtv/about/index.html)

4. 학위 논문

강미순,『이청준의 메타 픽션 연구』, 부산대 석사논문, 1996.

金鍾會,『韓國小說의 樂園意識 硏究』, 경희대 박사논문, 1989.

金俊善,『한국 액자소설 연구-서술상황과 담론 특성을 중심으로』, 전북대 박사논문, 2001.

金重哲,『소설의 영상화 과정에 대한 연구-유홍종의 <불새>와 이문열의 <익명의 섬>을 중심으로』, 한양대 박사논문, 2000.

김병로,『한국 현대소설의 다성담화기법 연구』, 한남대 박사논문, 1994.

김소륜,『이청준 소설의 환상성 연구-'모성' 추구 양상을 중심으로』, 이화여대 석사논문, 2006.

김영희,『한국 현대 환상소설 연구』, 서울여대 석사논문, 2007.

馬希姃,『李淸俊 小說의 探索構造 硏究』, 충북대 석사논문, 1995.

______,『이청준 소설 연구-탐색대상의 변모양상을 중심으로』, 충북대 박사논문, 2004.

睦昊燦,『'서편제' 흥행 요인 분석』, 동국대 석사논문, 1997.

박기범,『소설과 영화를 통한 서사교육 내용 연구』, 한국교원대 박사논문, 2007.

방재석, 『소설과 영화의 관계양상 연구』, 중앙대 박사논문, 2003.
손유경, 『최인훈·이청준 소설에 나타난 텍스트의 자기반영성 연구』, 서울대 석사논문, 2000.
송지은, 『영화를 활용한 소설교육 연구-<서편제>를 중심으로』, 충남대 교육석사논문, 2006.
양영미, 『이청준의 『축제』 연구-바흐친의 카니발 이론을 중심으로』, 부경대 석사논문, 2006.
원기중, 『이청준 소설에 나타난 판소리 미학의 변용양상』, 한양대 박사논문, 2000.
유인숙, 『이청준 소설 연구-서술전략과 의미의 상관관계를 중심으로』, 성균관대 박사논문, 2005.
李明珍, 『張藝謀 영화의 主題意識과 敍述技法 硏究』, 영남대 석사논문, 2008.
李妙雨, 『이청준 소설 연구-소설 속에 나타난 창작방법론을 중심으로』, 명지대 박사논문, 2007.
이소영, 『영화를 활용한 소설 교육의 효과-이청준의 '서편제'와 임권택의 '서편제'를 중심으로』, 연세대 교육석사논문, 2005.
이수연, 『이청준 소설 연구-아이러니를 중심으로』, 이화여대 석사논문, 2002.
李在銑, 『韓國 現代短篇小說의 서술유형 硏究』, 영남대 박사논문, 1975.
이채원, 『소설과 영화의 매체 전이 양상에 대한 수사학적 연구』, 서강대 박사논문, 2007.
林今福, 『李淸俊 小說 硏究-小說家가 등장하는 작품을 중심으로』, 성신여대 석사논문, 1987.
전지은, 『이청준 소설의 매체 변용양상 연구-「서편제」, 「축제」, 「벌레이야기」를 중심으로』, 한양대 석사논문, 2008.
정민영, 『이청준 소설의 다성성 연구』, 강원대 석사논문, 2000.
정은진, 『이청준의 액자소설에 대한 해석학적 접근-서사 텍스트 해석주체 성립을 위한 시론』, 서강대 석사논문, 2001.
최명숙, 『소설과 영화의 시점 비교 연구』, 충남대 박사논문, 2001.
최애순, 『이청준 소설의 추리소설적 구조 연구』, 고려대 석사논문, 2001.
최은수, 『이청준 소설 연구-서사구조와 결말의 상관성을 중심으로』, 아주대 석사논문, 2005.
최주영, 『이청준의 「이어도」 연구』, 전남대 석사논문, 2005.
崔賢瓊, 『소설의 영상화에 대한 연구－영화 <서편제>와 TV문학관 <소리의 빛>을 중심으로』, 중앙대 석사논문, 1998.
한영현, 『이청준 소설의 낭만성 연구』, 성신여대 석사논문, 2004.

5. 외국 도서

Andrew Dudley, Concepts in Film Theory, 김시무 외 역, 『영화이론의 개념들』, 시각과 언어, 1995.
____________, The Major Film Theories, 조희문 역, 『現代映畵理論』, 한길사, 1988.
Aumount Jacques Etc, Esthétique du Film, 강한섭 역, 『영화학, 어떻게 할 것인가』, 열린책들, 1992.
____________, Esthétique du Film, 이용주 역, 『영화미학』, 東文選, 2003.
Aumount Jacques, Du Visage au Cinéma, 김호영 역, 『영화 속의 얼굴』, 마음산책, 2006.
Aumount Jacques · Marie Michel, L'Analyse des Films, 전수일 역, 『영화분석의 패러다임』, 1999.
Bakhtin Mikhail M., 전승희 외 역, 『장편소설과 민중언어』, 창작과비평사, 1988.
________________, Problems of Dostoevsky's Poetics, 김근식 역, 『도스또예프스키 창작론』, 중앙대학교출판부, 2003.
________________, Rabelais and his world, 이덕형 · 최건영 역, 『프랑수아 라블레의 작품과 중세 및 르네상스의 민중문화』, 아카넷, 2001.
Bal Mieke, Narratology : Introduction to the Theory of Narrative, 한용한 · 강덕화 역, 『서사란 무엇인가』, 문예출판사, 1999.
Balázs Béla, Theory of the Film, 이형식 역, 『영화의 이론』, 東文選, 2003.
Bazin A., Qu'est ce que le Cinema, 박상규 역, 『영화란 무엇인가』, 시각과 언어, 2001.
Benjamin Walter, 반성완 편역, 『발터 벤야민의 문예이론』, 민음사, 1983.
Bordwell David, On the History of Film Style, 김숙 외역, 『영화 스타일의 역사』, 한

울, 2002.

Bordwell David · Thompson Kristin, Film Art : An Introduction, 주진숙 · 이용관 역, 『영화예술』, 이론과 실천, 1992.

Chatman Seymour, Story and Discourse : Narrative Structure in Fiction and Film, 김경수 역, 『이야기와 담론』, 민음사, 1990. 한용환 역, 푸른사상, 2003.

______________, The Rhetoric of Narrative in Fiction and Film, 한용환 · 강덕화 역, 『영화와 소설의 수사학』, 동국대학교출판부, 2001.

Chion Michel, La voix au cinéma, 박선주 역, 『영화의 목소리』, 東文選, 2005.

___________, Le son au cinéma, 지명혁 역, 『영화의 소리』, 민음사, 2000.

Dick Bernard F., Anatomy of Film, 김시무 역, 『영화의 해부』, 시각과 언어, 1994.

Eizenshtein Sergei M., Film Form, Film Sense, 정일몽 역, 『영화의 형식과 몽타쥬』, 영화진흥공사, 1990.

Field Syd, Selling A screenplay : The Screenwriter's Guide to Hollywood, 유지나 역, 『시나리오란 무엇인가』, 민음사, 1996.

_______, The Screenwriter's Workbook, 박지홍 역, 『시나리오 워크북』, 경당, 2001.

Gast Wolfgang, Film und literatur, 조길예 역, 『영화—영화와 문학』, 문학과 지성사, 1999.

Gaudreault André · Jost François, Le Récit Cinématographi-que, 송지연 역, 『영화서술학』, 東文選, 2001.

Genette Gérard Etc, 석경징 외역, 『현대 서술 이론의 흐름』, 솔, 1997.

Genette Gérard, Narrative Discourse, 권택영 역, 『서사담론』, 교보문고, 1992.

Giannetti Louis, Understanding Movies, 김진해 역, 『영화의 이해』, 현암사, 1987.

Gombrich E. H., Art & Illusion, 차미례 역, 『예술과 환영』, 열화당, 2003.

Happe L. Bernard, Basic Motion Picture Technology, 정일몽 역, 『영화제작기술』, 집문당, 2001.

Hayward Susan, Key concepts in Cinema Studies, 이영기 역, 『영화 사전 : 이론과 비평』, 한나래, 1997.

Heller Eva, Wie Farben auf Gefühl und Verstand Wirken, 이영희 역, 문은배 감수, 『색의 유혹 : 재미있는 열세 가지 색깔 이야기』, 예담, 2002.

Hill John · Gibson P. Church, The Oxford Guide to Film Studies, 안정효 외 역, 『세계 영화연구』, 현암사, 2004.

Hume Kathryn, Fantasy and Mimesis, 한창엽 역, 『환상과 미메시스』, 푸른나무, 2000.

Hutcheon Linda, A Theory of Parody, 김상구 · 윤여복 역, 『패로디 이론』, 문예출판사, 1992.

Ishafpour Youssef, Le Cinêma, 이민정 역, 『영화』, 영림카디널, 2001.

Karl Popper, The Open Society and Its Enemies, 이한구 역, 『열린사회와 그 敵들 1 · 2』, 민음사, 1997.

Kawabe Kazuto(川邊一外), 나윤 역, 『시나리오 창작연습 12강』, 시나리오친구들, 2002.

Kim Kyung Hyun · James E. David, Im Kwon-Taek : The making of a Korean national cinema, 김희진 역, 『임권택, 민족영화 만들기』, 2005.

Lanser S. Sniader, The Narrative Act : point of veiw in Prose Fiction, 김형민 역, 『시점의 시학』, 좋은날, 1998.

Lapsley Robert · Westlake Michael, Film Theory : An Introduction, 이영제 · 김소연 역, 『현대 영화이론의 이해』, 시각과 언어, 1995.

Lotman Iurii, Семиотика кино, 박현섭 역, 『영화기호학』, 민음사, 1994.

Macqueen John, Allegory, 송낙헌 역, 『알레고리－문학비평총서 · 19』, 서울대학교출판부, 1987.

Magny Joël, Le point de vue, 김호영 역, 『시점－시네아스트의 시선에서 관객의 시선으로』, 이화여자대학교출판부, 2007.

Mayne Judith, 강수영 · 류제홍 역, 『사적 소설/공적영화』, 시각과 언어, 1994.

McLuhan Marshall, The Gutenberg Galaxy, 임상원 역, 『구텐베르크 은하계』, 커뮤니케이션북스, 2001.

______________, Understanding Media, 김성기 · 이한우 역, 『미디어의 이해』, 민음사, 2002.

Morson Gary Saul · Emerson Caryl, Mikhail Bakhtin Creation of a Prosaics, 오문석 외 역, 『바흐친의 산문학』, 책세상, 2006.

Mouëllic Gilles, La musique de film, 박지회 역, 『영화음악』, 이화여자대학교출판부,

2007.

Paech Joachim, Literature und Film, 임정택 역, 『영화와 문학에 대하여』, 민음사, 1997.

Pincus Edward · Ascher Steven, The Filmmaker's Handbook, 김창유 역, 『영화 제작 핸드북』, 책과길, 2007.

Prince Genald, Narratology : The Form and Function of Narrative, 최상규 역, 『서사학이란 무엇인가』, 예림기획, 1999.

Pütz Peter, Die Zeit im Drama zur Technik dramatischer Spannung, 조상용 역, 『드라마 속의 시간-극적 긴장 조성의 기법』, 들불, 1994.

Reuter Yves, Titre de I'édition originale : Le Roman policler, 김경현 역, 『추리소설』, 문학과지성사, 2000.

Richardson Robert, Literature and film, 이형식 역, 『영화와 문학』, 東文選, 2000.

Sato Dadao(佐藤忠男), Kankoku Eiga no Seishin, 고재운 역, 『한국영화와 임권택』, 한국학술정보, 2000.

Shermam Eric, Frame by Frame, 이윤석 역, 『영화제작이란 무엇인가』, 책과길, 2003.

Side W. Edward, Orientalism, 박홍규 역, 『오리엔탈리즘』, 교보문고, 1991.

______________, Culture and Imperialism, 박홍규 역, 『문화와 제국주의』, 문예출판사, 2005.

Siety Emmanuel, Le plan, 심은진 역, 『쇼트-영화의 시작』, 이화여자대학교출판부, 2006.

Sobchack Thomas · Sobchack Vivian C., An Introduction to film, 주창규 외 역, 『영화란 무엇인가』, 거름, 1998.

Spiegel Alan, Fiction and the Camera Eye, 박유희 · 김종수 역, 『소설과 카메라의 눈』, 르네상스, 2005.

Stam Robert, Reflexivity in Film and Literature, 오세필 · 구종상 역, 『자기 반영의 영화와 문학 : 돈 키호테에서 장 뤽 고다르까지』, 한나래, 2005.

Stanzel F. K., Theorie des Erzählens, 김정신 역, 『소설의 이론』, 문학과비평사, 1990.

Tambling Jeremy, Narrative and Ideology, 이호 역, 『서사학과 이데올로기』, 예림기획, 2000.

Todorov Tzvetan, 신동욱 역, 『산문의 시학』, 문예출판사, 1992.

_____________, Frele bonheur. Essai sur Rousseau, 이기우 역, 「환상문학 서설」, 『덧없는 행복—루소론, 환상문학 서설 : 토도로프 저작집 · 5』, 한국문화사, 1996.

Toulet Emmanuelle, Cinêmatographe, invention du siêcle, 김희균 역, 『영화의 탄생』, 시공사, 1996.

Tynianov Iurii Etc, 오종우 역, 『영화의 형식과 기호』, 열린책들, 1995.

Uspenski Boris, A Poetics of Composition, 김경수 역, 『소설구성의 시학』, 현대소설, 1992.

Vanoye Francis, Récit écrit, récit filmique, 송지연 역, 『영화와 문학의 서술학』, 東文選, 2003.

Žižek Slavoj, Looking Awry : An Introduction to Jacques Lacan through Popular Culture, 김소연 · 유재희 역, 『삐딱하게 보기』, 시각과 언어, 1995.

■ 부록 1 : 쇼트의 구분과 명칭

쇼트의 구분 및 명칭은 다양하다. 표에서 보듯이 나라와 학자에 따라 각각 달리 구분·명명하고 있다. 우리나라에서는 영어식 표기를 주로 쓰고 있다. 그러나 영어식 표기를 쓰기보다 우리말로 바꿔 쓰는 게 바람직하다고 생각하여 필자 나름대로

피 넬	영어식 표기
총체적 쇼트(Plan général) 프레임 속에 배경을 담는 광범위한 전체	익스트림 롱 쇼트
앙상블 쇼트(Plan d'ensemble) 배경 전체를 프레임에 포착하는 쇼트	롱 쇼트
아메리칸 쇼트(Plan américan) 미디엄 클로즈 쇼트라고 번역되는 것으로 무릎과 허리 중간 부분에서 인물을 자르는 쇼트	아메리칸 쇼트
중간 앙상블 쇼트 또는 넓은 쇼트(Plan demi-ensemble ou plan large) 배경의 많은 부분을 프레임에 잡으면서 한가운데 인물을 배치시키는 쇼트	
	미디엄 롱 쇼트
보통 쇼트(Plan moyen) 서있는 인물을 제시하는 쇼트	풀 쇼트
허리 쇼트(Plan taille) 허리까지 근접한 쇼트	미디엄 쇼트
근접 쇼트(Plan rapproché) 인물을 허리 부분이나(허리까지 접근한 쇼트) 혹은 가슴 부분에서(가슴까지 접근한) 포착한 쇼트	미디엄 클로즈 쇼트
확대된 쇼트(Gros Plan) 1) 일반적으로 넥타이의 매듭 높이에서 얼굴을 보여주는 혹은 신체의 다른 세밀한 부분을 보여주는 쇼트 2) 작은 사물의 전체나 부분을 보여주는 쇼트	클로즈업
매우 확대된 쇼트(Trés gros plan) 얼굴의 한 부분 혹은 몸의 세밀한 부분을 프레임에 잡는 쇼트 : 눈, 입, 손가락 등	익스트림 클로즈업

명명하여 보았다. 중원사의 경우는 그 구분이 모호한 점도 있지만 달리 나누는 것도 혼란을 초래할 것 같아 하나로 묶어 명명하였다. 다음 표의 출처는 엠마뉴엘 시에티, 심은진 역, 『쇼트 : 영화의 시작』, 이화여자대학교출판부, 2006.이다.

쾨닝스버그	보드웰/톰슨	필 자
아주 먼 거리에서 보이는 풍경이나 배경	겨우 보이는 사람의 얼굴이나 풍경	대원사
배경 속의 인물들을 보여주는데, 여전히 배경이 우세하다		원 사
		중원사
아메리칸 쇼트와 동의어	아메리칸 쇼트와 같은 거리지만 몸이 아닌 사물	중원사
언급이 없음		인물사
허리부터 포착한 인물		중 사
가슴 중간부터 포착한 쇼트 (미디엄 클로즈 쇼트라고 부른다)	가슴부터 프레임에 잡힌 모습	중접사
인물의 머리와 어깨 혹은 신체의 일부	가슴부터 프레임에 잡힌 모습	접 사
얼굴의 일부분을 미세한 대상이나 세부적인 것을 격리시킨다		초접사

■ 부록 2 : 이청준 연구 논문 목록

1. 정신분석학적 분석 논문

서경희, 『이청준 소설 연구 : 작중 인물의 정신분석학적 연구』, 세종대 석사논문, 1999.

이택권, 『이청준 소설 연구 : 주체의 타자 인식 양상을 중심으로』, 서울시립대 석사논문, 2000.

이혜성, 『이청준 소설의 정신분석학적 연구 : 작중 인물이 유년 시절 정신적 외상을 가진 작품을 중심으로』, 신라대 교육석사논문, 2002.

이승준, 『이청준 소설에 대한 정신분석적 연구 : 인물들의 현실대응방식에 관하여』, 고려대 박사논문, 2003.

김유석, 『이청준 초기 소설의 정신분석학적 연구』, 중앙대 석사논문, 2009.

김종주, 「이청준의 보로메오 매듭」, ≪라깡과 현대정신분석 · 1≫, 라깡과현대정신분석학회, 1999. 겨울.

이승준, 「李清俊 小說에 나타난 精神異常 研究 : 프로이트의 정신분석학적 관점에서」, ≪현대소설연구 · 17≫, 한국현대소설학회, 2002. 12.

2. 등장인물의 심리 관련 논문

南美英, 『韓國 現代 成長小說 연구』, 숙명여대 박사논문, 1992.

金暎憙, 『李清俊 소설론 : 인물행위의 동기에 대하여』, 경희대 석사논문, 1993.

최명숙, 『소설과 영화의 시점 비교 연구』, 충남대 박사논문, 2001.

한순모, 『이청준 초기 소설 연구 : 「퇴원」 · 「병신과 머저리」의 성격 분석』, 동국대 석사논문, 2003.

이소영, 『영화를 활용한 소설 교육의 효과 : 이청준의 '서편제'와 임권택의 '서편제'를 중심으로』, 연세대 교육석사논문, 2005.

강은미, 『이청준의 '소문의 벽' 연구』, 한양대 교육석사논문, 2006.

이종섭, 『소설 속 소설 쓰기의 심리적 · 사회적 의미 연구 : 이청준의 「병신과 머저리」와 장정일의 「아담이 눈 뜰 때」를 중심으로』, 교원대 교육석사논문, 2006.

나소정, 『현대소설에 나타난 심리적 적응행동에 관한 연구 : 이청준, 오정희 소설을 중심으로』, 명지대 석사논문, 2007.

김인숙, 『이청준의 「소문의 벽」 연구 : 인물간의 소통 문제를 중심으로』, 한양대 교육석사논문, 2007.

전지은, 『이청준 소설의 매체 변용양상 연구 : 「서편제」, 『축제』, 「벌레이야기」를 중심으로』, 한양대 석사논문, 2008.

임영환, 「이청준 소설의 심리분석적 연구 : 「병신과 머저리」를 중심으로」, ≪陸士論文集 · 35≫, 1988.12.

나소정, 「이청준 소설에 나타난 심리적 적응행동에 관한 소고 : 「퇴원」, 「황홀한 실종」, 「별을 보여 드립니다」를 중심으로」, ≪한국문예창작 · 6≫, 한국문예창작학회, 2007. 6.

3. 고향과 관련된 논문

林今福, 『韓國 現代小說의 죽음意識 硏究 : 金東里, 朴常隆, 李淸俊의 작품을 중심으로』, 성신여대 박사논문, 1996.

이상숙, 『이청준 소설 연구 : 1970년대 작품을 중심으로』, 중앙대 석사논문, 1998.

洪成愛, 『現代小說에 나타난 江의 象徵性 연구』, 서강대 교육석사논문, 1998.

장윤호, 『이청준 소설 연구 : 고향탐색 모티프(motif) 작품들을 중심으로』, 등덕여대 석사논문, 2000.

고현제, 『이청준 소설 연구 : '고향'의 상징적 의미를 중심으로』, 경희대 교육석사논문, 2001.

이경욱, 『이청준 소설의 인물연구』, 이화여대 석사논문, 2001.

윤효선, 『이청준 소설 연구 : 현실사회와 서술방식의 상관성을 중심으로』, 성균관대 석사논문, 2003.

김은하, 『소설에 재현된 여성의 몸 담론 연구 : 1970년대를 중심으로』, 중앙대 박사논문, 2004.

마희정, 『이청준 소설 연구 : 탐색대상의 변모양상을 중심으로』, 충북대 박사논문, 2004.

박강림, 『이청준 소설의 고향 의식 연구 : 현장 교육과 관련하여』, 관동대 교육석사논문, 2004.
조영선, 『이청준 소설의 낙원의식 고찰』, 전북대 교육석사논문, 2004.
주지영, 『이청준 소설에 나타난 '고향'의 변모양상과 주체의 동일화』, 서울대 석사논문, 2004.
강배훈, 『이청준 소설에 나타난 귀향 과정 연구』, 창원대 교육석사논문, 2005.
장윤호, 『소설에 나타나는 고향탐색 모티프 양상 연구 : 김승옥 · 이청준 · 한승원 소설을 중심으로』, 동덕여대 박사논문, 2005.
권정희, 『이청준 소설 연구 : 가족 관계의 갈등과 화해 구도를 중심으로』, 성균관대 석사논문, 2006.
표수민, 『이청준 소설 인물의 정체성 찾기 연구 : 「병신과 머저리」, 「서편제」, 「소리의 빛」, 「여름의 추상」을 중심으로』, 고려대 교육석사논문, 2006.
김인경, 『1970년대 소설에 나타난 양가성 연구 : 조세희, 최인호, 이청준을 중심으로』, 한성대 박사논문, 2008.
유대종, 『이청준 소설 연구 : 고향체험의 의미 탐색을 중심으로』, 고려대 교육석사논문, 2008.

마희정, 「이청준 소설에 나타난 고향탐색 : 「귀향연습」, 「눈길」, 「살아있는 늪」을 중심으로」, ≪開新語文研究 · 21≫, 開新語文學會, 2004.
현길언, 「평화의 문학론 : 이청준의 『마음 비우기』에서」, ≪본질과현상 · 1≫, 본질과현상사, 2005. 가을.
유경수, 「이청준의 「눈길」 연구」, ≪인문학연구 · 32≫, 忠南大學校人文科學研究所, 2005. 12.

4. 귀향과 관련된 논문

李在憲, 『이청준 소설에 나타난 작가의식의 변모양상 연구』, 계명대 교육석사논문, 1995.
柳廷美, 『이청준 소설 연구』, 성균관대 석사논문, 1998.
洪成愛, 『現代小說에 나타난 江의 象徵性 연구』, 서강대 교육석사논문, 1998.
임순영, 『이청준 소설에 나타난 '말(言)'의 인식 연구』, 서강대 교육석사논문, 1999.
이충희, 『이청준 소설 연구 : 불교의 세계관을 중심으로』, 계명대 석사논문, 2000.

장윤호, 『이청준 소설 연구 : 고향탐색 모티프(motif) 작품들을 중심으로』, 동덕여대 석사논문, 2000.

고현제, 『이청준 소설 연구 : '고향'의 상징적 의미를 중심으로』, 경희대 교육석사논문, 2001.

이수연, 『이청준 소설 연구 : 아이러니를 중심으로』, 이화여대 석사논문, 2003.

박강림, 『이청준 소설의 고향 의식 연구 : 현장 교육과 관련하여』, 관동대 교육석사논문, 2004.

강배훈, 『이청준 소설에 나타난 귀향 과정 연구』, 창원대 교육석사논문, 2005.

장윤호, 『소설에 나타나는 고향탐색 모티프 양상 연구 : 김승옥·이청준·한승원 소설을 중심으로』, 동덕여대 박사논문, 2005.

최주영, 『이청준의 「이어도」 연구』, 전남대 석사논문, 2005.

이혜영, 「이청준 소설에 나타난 자아 정체성 회복 연구」, ≪교육연구·9≫, 한남대학교교육연구소, 2001. 12.

류보선, 「귀향의 변증법 : 이청준론을 위한 몇 개의 메모」, ≪현대문학·569≫, 현대문학사, 2002. 5.

마희정, 「이청준 소설에 나타난 고향탐색 : 「귀향연습」, 「눈길」, 「살아있는 늪」을 중심으로」, ≪開新語文研究·21≫, 開新語文學會, 2004.

5. 낙원과 관련된 논문

金鍾會, 『韓國小說의 樂園意識 研究』, 경희대 박사논문, 1989.

林今福, 『韓國 現代小說의 죽음意識 研究 : 金東里, 朴常隆, 李淸俊의 작품을 중심으로』, 성신여대 박사논문, 1996.

李知映, 『이청준 소설의 낙원 지향성 연구』, 숭실대 석사논문, 1999.

조경안, 『李淸俊 小說의 原型 象徵 研究』, 가톨릭대 석사논문, 1999.

고현제, 『이청준 소설 연구 : '고향'의 상징적 의미를 중심으로』, 경희대 교육석사논문, 2001.

최혜영, 『이청준 소설에 나타난 낙원의식 연구』, 경기대 교육석사논문, 2002.

김인경, 『이청준 소설의 공간 연구 : 인물의식과의 상관성을 중심으로』, 한성대 석사논문, 2004.

조영선, 『이청준 소설의 낙원의식 고찰』, 전북대 교육석사논문, 2004.
이지영, 『이청준의 『당신들의 천국』 연구』, 계명대 교육석사논문, 2005.
최주영, 『이청준의 「이어도」 연구』, 전남대 석사논문, 2005.
김동연, 『이청준 소설에 나타난 인물의 욕망 연구』, 인제대 석사논문, 2006.
김혜란, 『현대소설에 수용된 '이여도'의 의미』, 제주대 교육석사논문, 2006.
이종섭, 『소설 속 소설 쓰기의 심리적·사회적 의미 연구—이청준의 「병신과 머저리」와 장정일의 「아담이 눈 뜰 때」를 중심으로』, 교원대 교육석사논문, 2006.
이정원, 『이청준 「이어도」의 서사담론』, 청주대 교육석사논문, 2007.

金 顯, 「소설적 세계상실의 징후와 두 전형 : 이청준과 최수철의 경우를 중심으로」, ≪문학과비평·17≫, 문학과비평사, 1991. 3.
류양선, 「낙원에의 꿈과 관념의 정치학 : 이청준의 『당신들의 天國』론」, ≪聖心語文論集·20, 21≫, 聖心女子大學國語國文學科, 1999. 2.
장윤수, 「천국의 로고스와 상생의 소설학 : 이청준의 『당신들의 천국』을 중심으로」, ≪현대소설연구·25≫, 한국현대소설학회, 2005. 3.

6. 예술가와 관련된 논문

元鏞喜, 『Thomas Mann과 이청준 소설에 나타난 藝術家의 位相 비교 : 주인공의 내면체험을 중심으로』, 고려대 박사논문, 1992.
김현희, 『이청준 소설의 시간 연구』, 경북대 교육석사논문, 1997.
이묘우, 『이청준의 예술가 소설 연구』, 명지대 석사논문, 2000.
최은영, 『이청준의 예술가소설 연구』, 고려대 석사논문, 2000.
이정미, 『이청준 예술가소설 연구』, 경북대 석사논문, 2003.
정태규, 『한국 예술가소설의 전개 양상』, 부산대 박사논문, 2004.
박영주, 『이청준 소설의 인물 연구』, 한남대 교육석사논문, 2005.
신정자, 『이청준의 예술가소설 연구』, 조선대 박사논문, 2005.
곽두호, 『이청준 예술가 소설 연구 : 예술가의 현실 대응 양상을 중심으로』, 교원대 교육석사논문, 2009.
여정연, 『이청준 소설연구 : 예술가 소설에 담긴 전통미의식 중심으로』, 교원대 교육석사논문, 2009.
전미지, 『이청준의 예술가소설 연구』, 경남대 교육석사논문, 2009.

李尙祐, 「죄의식의 표출과 예술가의 고통 : 이청준의 「병신과 머저리」에 대하여」, ≪國際語文 9·10合≫, 국제어문학연구회, 1989. 7.
김창식, 「예술의 본질과 예술가의 존재방식 : 이청준의 「시간의 門」」, ≪牛岩語文論集·5≫, 부산외국어대학교 국어국문학과, 1995. 2.
김환희, 「미궁 속에서 새의 비상을 꿈꾸는 예술가 : 이청준의 「지관의 소」와 「날개의 집」에 나타난 새와 소의 문학적 상징성에 대한 비교문학적 고찰」, ≪比較文學·25≫, 韓國比較文學會, 2000. 8.
조정래, 「카프카와 이청준의 예술가 소설 비교 연구」, ≪독일언어문학·15≫, 獨日言語文學硏究會, 2001. 6.
한순미, 「이청준 예술가소설의 서사 전략과 '재현'의 문제」, ≪현대소설연구·29≫, 한국현대소설학회, 2006. 3.
김인경, 「예술가소설에 나타난 예술관의 특징과 지향점 : 이청준의 「날개와 집」과 이문열의 「금시조」를 중심으로」, ≪현대소설연구·36≫, 한국현대소설학회, 2007. 12.
한순미, 「불교철학적인 물음에 비추어 본 이청준 소설」, ≪국어국문학·149≫, 국어국문학회, 2008. 9.

7. 말(言)과 관련된 논문

林今福, 『韓國 現代小說의 죽음意識 硏究 : 金東里, 朴常隆, 李淸俊의 작품을 중심으로』, 성신여대 박사논문, 1996.
김현희, 『이청준 소설의 시간 연구』, 경북대 교육석사논문, 1997.
이순숙, 『이청준 소설 연구 : 1970년대 작품을 중심으로』, 중앙대 석사논문, 1998.
서경희, 『이청준 소설 연구 : 작중 인물의 정신분석학적 연구』, 세종대 석사논문, 1999.
임순영, 『이청준 소설에 나타난 '말'(言)의 인식 연구』, 서강대 교육석사논문, 1999.
박경심, 『이청준 소설의 공간 구조 연구 : 연작 『남도사람』을 중심으로』, 한양대 교육석사논문, 2001.

추복진, 『이청준 소설 연구 : 『잃어버린 말을 찾아서』를 중심으로』, 한양대 교육석사논문, 2002.

윤효선, 『이청준 소설 연구 : 현실사회와 서술방식의 상관성을 중심으로』, 성균관대 석사논문, 2003.

김은정, 『「예언자」의 '예언'의 정체성 연구』, 경남대 교육석사논문, 2004.

마희정, 『이청준 소설 연구 : 탐색대상의 변모양상을 중심으로』, 충북대 박사논문, 2004.

강배훈, 『이청준 소설에 나타난 귀향 과정 연구』, 창원대 교육석사논문, 2005.

신정자, 『이청준의 예술가소설 연구』, 조선대 박사논문, 2005.

이성민, 『이청준 소설에 나타난 억압기제의 의미 연구』, 군산대 교육석사논문, 2006.

김남혁, 『이청준 연작소설 연구』, 고려대 석사논문, 2007.

김원기, 『이청준 소설의 주체와 소설쓰기에서 나타나는 대자성의 변증법』, 성균관대 석사논문, 2008.

김병로, 「이청준의 「假睡」에 대한 담화론적 접근 : 메타픽션으로서의 다성담화전략을 중심으로」, ≪韓國言語文學 · 34≫, 한국언어문학회, 1995. 6.

우찬제, 「억압 없는 자유의 꿈을 향한 언어 조율사의 반성적 탐색 : 이청준의 소설론」, ≪소설과 사상≫, 고려원, 1995. 6.

조정래, 「카프카와 이청준의 예술가 소설 비교 연구」, ≪독일언어문학 · 15≫, 獨日言語文學硏究會, 2001. 6.

김은경, 「이청준 소설의 글쓰기 양상에 대한 일고찰 : 소설형식을 통해 살핀 언어와 세계의 관계를 중심으로」, ≪冠嶽語文硏究 · 26≫, 서울大學校國語國文學科, 2001. 12.

유철상, 「복수와 해방의 변증법적 화해 : 이청준의 『언어사회학 서설』 연작을 중심으로」, ≪현대문학이론연구 · 16≫, 현대문학이론학회, 2001. 12.

김혜영, 「근대소설에 나타난 환상의 존재 방식 연구 : 이청준의 「이어도」를 중심으로」, ≪韓國言語文學 · 48≫, 한국언어문학회, 2002. 6.

조현우, ≪자전적 경험의 허구화 연구 : 「새가 운들」과 「눈길」에 나타난 서술자의 태도를 대상으로≫, ≪시학과언어학 · 4≫, 시학과언어학회, 2002. 12.

송명진, 「이청준 소설의 이야기 권력 연구 : 『당신들의 천국』을 중심으로」, ≪시학과언어학 · 4≫, 시학과언어학회, 2002. 12.

엄미옥, 「『소문의 벽』 연구 : 라깡의 네 가지 담론을 중심으로」, ≪시학과언어학 · 4≫, 시학과언어학회, 2002. 12.

최성민, 「기억의 서사, 서사의 기억 : 이청준 소설의 진실과 허구」, ≪시학과언어학 · 4≫, 시학과언어학회, 2002. 12.

마희정, 「이청준의 『언어사회학서설』 연구」, ≪開新語文研究 · 20≫, 開新語文學會, 2003. 12.

최현주, 「민중적 생명력과 역사의식의 형상화 : 호남의 현대 소설을 중심으로」, ≪韓國言語文學 · 50≫, 한국언어문학회, 2003. 5.

장윤수, 「이청준의 코뮤니타스적 언어 체험과 글쓰기」, ≪國際語文 · 30≫, 국제어문학회, 2004. 4.

장윤수, 「텍스트 생산의 담론 구조, 이청준의 『비화밀교』」, ≪현대소설연구 · 27≫, 한국현대소설학회, 2005. 9.

한순미, 「'가(假)'의 관점에서 바라본 이청준의 소설 인식」, ≪韓國言語文學 · 55≫, 한국언어문학회, 2005. 10.

_____, 「이청준 소설의 언어철학적 함의」, ≪국어국문학 · 141≫, 국어국문학회, 2005. 12.

8. 다층구조

김영성, 『이청준 초기소설의 서사구조 연구』, 한양대 석사논문, 1999.

원기중, 『이청준 소설에 나타난 판소리 미학의 변용양상』, 한양대 박사논문, 2000.

정민영, 『이청준 소설의 다성성 연구』, 강원대 석사논문, 2000.

최애순, 『이청준 소설의 추리소설적 구조 연구』, 고려대 석사논문, 2001.

김정아, 『이청준의 <이어도>에 나타난 '일탈'의 크로노토프』, 충남대 교육석사논문, 2004.

송혁원, 『이청준 소설에 나타난 장인 정신 연구—「목수의 집」, 「날개의 집」, 「빛과 사슬」을 중심으로』, 경남대 교육석사논문, 2004.

정태규, 『한국 예술가소설의 전개 양상』, 부산대 박사논문, 2004.

김승만, 『이청준 소설의 서사담론 연구—「병신과 머저리」와 「매잡이」를 중심으로』, 전남대 석사논문, 2005.

김춘규, 『이청준 소설 연구—60,70년대 작품을 중심으로』, 중앙대 석사논문, 2005.

양병남, 『이청준 소설 연구—주체화 양상과 욕망 구현 방식을 중심으로』, 경원대 석사논문, 2005.

유인숙, 『이청준 소설 연구—서술전략과 의미의 상관관계를 중심으로』, 성균관대 박사논문, 2005.

강은미, 『이청준의 '소문의 벽' 연구』, 한양대 교육석사논문, 2006.

이묘우, 『이청준 소설 연구—소설 속에 나타난 창작 방법론을 중심으로』, 명지대 박사논문, 2006.

전지은, 『이청준 소설의 매체 변용양상 연구—「서편제」, 「축제」, 「벌레이야기」를 중심으로』, 한양대 석사논문, 2008.

정원채, 『1960년대 소설에 나타난 모더니티 지향성의 서사화 양상 연구—최인훈, 김승옥, 이청준의 소설을 중심으로』, 한성대 박사논문, 2008.

김정숙, 「서사주체의 다층적 탐색정신—이청준 소설을 중심으로」, ≪語文硏究·30≫, 語文硏究會, 1998. 12.

엄미옥, 「『소문의 벽』 연구—라깡의 네 가지 담론을 중심으로」, ≪시학과언어학·4≫, 시학과언어학회, 2002. 12.

박은태, 「이청준의 1960년대 소설 연구」, ≪현대문학의 연구·28≫, 한국문학연구학회, 2006. 3.

임형모, 「탐색 소설에서의 '계시(啓示)'와 주체의 문제—이청준 소설을 중심으로」, ≪현대소설연구·32≫, 한국현대소설학회, 2006. 12.

金勤浩, 「소설 텍스트 중층적으로 읽기의 공간론—이청준의 <소문의 벽> 읽기를 중심으로」, ≪독서연구·19≫, 한국독서학회, 2008. 6.

9. 액자소설기법

林今福, 『李淸俊 小說 硏究—小說家가 등장하는 作品을 中心으로』, 성신여대 석사논문, 1987.

金炳魯, 『현대액자소설의 담화구조 연구—김동인, 김동리, 이청준의 액자소설의 중심으로 한 액자형 담화구조에의 서사시학적 접근』, 한남대 석사논문, 1989.

柳廷美, 『이청준 소설 연구』, 성균관대 석사논문, 1998.

김영성, 『이청준 초기소설의 서사구조 연구』, 한양대 석사논문, 1999.

李知映, 『이청준 소설의 낙원 지향성 연구』, 숭실대 석사논문, 1999.
김재원, 『이청준 소설 연구—「소문의 벽」을 중심으로』, 성균관대 석사논문, 2000.
장미애, 『이청준 소설에 나타난 정신분열증의 사회적 의미 연구—「병신과 머저리」, 「소문의 벽」, 「황홀한 실종」을 중심으로』, 교원대 교육석사논문, 2000.
정민영, 『이청준 소설의 다성성 연구』, 강원대 석사논문, 2000.
장재진, 『필자 소설의 담화 구조 연구—김동인, 김동리, 이청준 소설의 서사적 틀짜기』, 서강대 석사논문, 2001.
정은진, 『이청준의 필자소설에 대한 해석학적 접근—서사 텍스트 해석주체 성립을 위한 시론』, 서강대 석사논문, 2002.
최규성, 『이청준 소설 연구—「소문의 벽」을 중심으로』, 경기대 교육석사논문, 2002.
윤효선, 『이청준의 소설 연구—현실사회와 서술방식의 상관성을 중심으로』, 성균관대 석사논문, 2003.
이지혜, 『이청준 필자소설의 미학연구』, 한양대 석사논문, 2004.
신정자, 『이청준의 예술가소설 연구』, 조선대 박사논문, 2005.
강은미, 『이청준의 '소문의 벽' 연구』, 한양대 교육석사논문, 2006.
김남혁, 『이청준 연작소설 연구』, 고려대 석사논문, 2007.
문근희, 『이청준 소설의 서사 구조 연구—이청준 소설을 중심으로』, 단국대 교육석사논문, 2008.

김병로, 「이청준의 『병신과 머저리』 서사 분석—형제살상가의 원죄의식에 겹쳐진 전후(戰後) 자아인식을 중심으로」, ≪연구논문집·8≫, 한성신학대학, 1999. 2.
김승종, 「한국액자소설 연구—형성 및 발전과정을 중심으로」, ≪國語文學·35≫, 국어문학회, 2000. 8.
오윤호, 「이청준 소설의 직업 윤리와 소설 쓰기 연구—『병신과 머저리』, 『매잡이』를 중심으로」, ≪우리말글·35≫, 우리말글학회, 2005. 12.
백지은, 「소설가는 소설을 쓴다—이청준의 액자소설」, ≪현대비평과 이론·29≫, 한신문화사, 2008. 봄, 여름.

10. 탐색구조

馬希姃, 『李淸俊 소설의 탐색구조 연구—탐색대상의 변모양상을 중심으로』, 충북대 석사논문, 1995.
李在憲, 『이청준 소설에 나타난 작가의식의 변모양상 연구』, 계명대 석사논문, 1995.
趙載姬, 『한국 현대소설의 미로이미지－최인훈 「구운몽」과 이청준 「소문의 벽」을 중심으로』, 충남대 석사논문 1996.
황순재, 『한국 관념소설의 재현방식 연구』, 부산대 박사논문, 1996.
동희선, 『고등학교 소설 교육의 방법 연구－소설작품의 주제 탐색 방법을 중심으로』, 경희대 교육석사논문, 1997.
姜運錫, 『韓國 모더니즘 小說에 나타난 現代性 硏究』, 숭실대 박사논문, 1998.
柳廷美, 『이청준 소설 연구』, 성균관대 석사논문, 1998.
김영성, 『이청준 초기소설의 서사구조 연구』, 한양대 석사논문, 1999.
서경희, 『이청준 소설 연구－작중 인물의 정신분석학적 연구』, 세종대 석사논문, 1999.
李知映, 『이청준 소설의 낙원 지향성 연구』, 숭실대 석사논문, 1999.
임순영, 『이청준 소설에 나타난 '말(言)'의 인식 연구』, 서강대 교육석사논문, 1999.
최선희, 『이청준 소설에 나타난 자아부정－초기 작품을 중심으로』, 동국대 교육석사논문, 1999.
김재원, 『이청준 소설 연구－「소문의 벽」을 중심으로』, 성균관대 교육석사논문, 2000.
원기중, 『이청준 소설에 나타난 판소리 미학의 변용양상』, 한양대 박사논문, 2000.
장윤호, 『이청준 소설연구－고향탐색 모티프(motif) 작품들을 중심으로』, 동덕여대 석사논문, 2000.
고현제, 『이청준 소설 연구－'고향'의 상징적 의미를 중심으로』, 경희대 교육석사논문, 2001.
김정아, 『이청준의 「남도사람」 연작의 크로노토프 분석』, 충남대 석사논문, 2001.
박연주, 『이청준 초기 소설 연구』, 서강대 석사논문, 2001.
윤승현, 『이청준 소설 연구－이청준 소설에서 주체의 형성과 발전 양상 연구』, 경기대 교육석사논문, 2001.
임경순, 『1960년대 지식인 소설 연구』, 성균관대 박사논문, 2001.
한래희, 『『당신들의 천국』 연구－서사구조 분석을 중심으로』, 연세대 석사논문, 2001.
추복진, 『이청준 소설 연구－<잃어버린 말을 찾아서>』, 한양대 교육석사논문, 2002.

윤효선, 『이청준의 소설 연구—현실사회와 서술방식의 상관성을 중심으로』, 성균관대 석사논문, 2003.

김인경, 『이청준 소설의 공간 연구—인물의식과의 상관성을 중심으로』, 한성대 석사논문, 2004.

김정아, 『이청준의 <이어도>에 나타난 '일탈'의 크로노토프』, 충남대 교육석사논문, 2004.

김현정, 『이청준 초기소설 연구—일인칭 화자와 반성적 구조를 중심으로』, 경희대 석사논문, 2004.

마희정, 『이청준 소설 연구—탐색대상의 변모양상을 중심으로』, 충북대 박사논문, 2004.

박필현, 『1960년대 소설의 탈식민주의적 양상 연구—김승옥·박태순·이청준을 중심으로』, 이화여대 석사논문, 2004.

송덕원, 『이청준 소설에 나타난 장인정신 연구—「목수의 집」, 「날개의 집」, 「빛과 사슬」을 중심으로』, 경남대 교육석사논문, 2004.

조영선, 『이청준 소설의 낙원의식 고찰』, 전북대 교육석사논문, 2004.

김춘규, 『이청준 소설 연구—60, 70년대 작품을 중심으로』, 중앙대 석사논문, 2005.

신정자, 『이청준의 예술가소설 연구』, 조선대 박사논문, 2005.

이지영, 『이청준의 「당신들의 천국」 연구』, 계명대 교육석사논문, 2005.

이후석, 『읽기·쓰기를 통합한 소설 지도 방안—이청준의 「눈길」을 대상으로』, 서울시립대 교육석사논문. 2005.

장윤호, 『소설에 나타나는 고향탐색 모티프 양상 연구—김승옥·이청준·한승원 소설을 중심으로』, 동덕여대 석사논문, 2005.

조명숙, 『이청준 소설의 육체성 연구—플롯의 욕망과 재현된 육체의 의미작용을 중심으로』, 부산대 석사논문, 2005.

최은수, 『이청준 소설 연구—서사구조와 결말의 상관성을 중심으로』, 아주대 석사논문, 2005.

홍순기, 『이청준 소설의 공간성 연구—'섬'의 공간적 특성을 중심으로』, 충남대 석사논문, 2005.

정모라, 『이청준의 「이어도」 서사전략 연구』, 목포대 교육석사논문, 2006.

한순미, 『이청준 소설의 언어 인식 연구』, 전남대 박사논문, 2006.

유대종, 『이청준 소설연구—고향체험의 의미 탐색을 중심으로』, 고려대 교육석사논문, 2008.

우찬제, 「억압없는 자유의 꿈을 향한 언어 조율사의 반성적 탐색－이청준의 소설론」, ≪소설과사상 · 10≫, 고려원, 1995. 3.

김정숙, 「서사 주체의 다층적 탐색정신－이청준 소설의 중심으로」, ≪語文硏究 · 30≫, 語文硏究會, 1998. 12.

마희정, 「1960년대 이청준 소설에 나타난 자아탐색－『퇴원』, 『병신과 머저리』, 『별을 보여드립니다』를 중심으로」, ≪開新語文硏究 · 17≫, 개신어문학회, 2000. 12.

이화진, 「이청준의 『당신들의 천국』론－반성적 탐색구조와 자기구제의 미학」, ≪안동어문학 · 7≫, 안동어문학회, 2002. 11.

마희정, 「이청준의 ≪당신들의 천국≫에 나타난 서사구조분석－천국의 가능성에 대한 탐색」, ≪현대소설연구 · 21≫, 한국현대소설학회, 2004. 4.

_____, 「이청준 소설에 나타난 고향탐색－『귀향연습』, 『눈길』, 『살아있는 늪』을 중심으로」, ≪開新語文硏究 · 21≫, 開新語文學會, 2004. 12.

張素眞, 「事實的 탐색과 飛躍的 인식의 力學－李淸俊의 『이어도』를 대상으로」, ≪語文硏究 · 32≫, 韓國語文敎育硏究會, 2004. 여름.

유경수, 「이청준의 「눈길」 연구」, ≪인문학연구 · 2≫, 忠南大學校人文科學硏究所, 2005. 12.

임형모, 「탐색 소설에서의 '계시(啓示)'와 주체의 문제－이청준 소설을 중심으로」, ≪현대소설연구 · 32≫, 한국현대소설학회, 2006. 12.

허만욱, 「이청준 소설에 나타난 탐색과 해체적 글쓰기의 미학 연구」, ≪우리文學硏究 · 20≫, 우리文學會, 2006.

조미숙, 「한국문학의 세계문학적 가능성－신상성의 소설을 중심으로」, ≪語文硏究 · 32≫, 韓國言語敎育硏究會, 2007. 여름.

조창현, 「한국문학과 독일문학에 나타난 주인공의 신화적 탐색－토마스 만의 『마의 산』과 이청준의 『당신들의 천국』을 중심으로」, ≪독일어문학 · 40≫, 한국독일어문학회, 2008. 3.

11. 다성성

金炳魯, 『한국 현대소설의 다성 담화기법 연구』, 한남대 박사논문, 1995.

원기중, 『이청준 소설에 나타난 판소리 미학의 변용양상』, 한양대 박사논문, 2000.
정민영, 『이청준 소설의 다성성 연구』, 강원대 석사논문, 2000.
유인숙, 『이청준 소설 연구―서술전략과 의미의 상관관계를 중심으로』, 성균관대 박사논문, 2005.
이경옥, 『이청준의 『당신들의 천국』에 나타난 다성성 연구』, 부경대 석사논문, 2005.

김병로, 「이청준의 「假睡」에 대한 담화론적 접근 : 메타픽션으로서의 다성담화전략을 중심으로」, ≪韓國言語文學·34≫, 한국언어문학회, 1995. 6.

12. 열린 구조

정민영, 『이청준 소설의 다성성 연구』, 강원대 석사논문, 2000.
윤승현, 『이청준 소설 연구 : 이청준 소설에서 주체의 형성과 발전 양상 연구』, 경기대 교육석사논문, 2001.
정은진, 『이청준의 액자소설에 대한 해석학적 접근 : 서사 텍스트 해석주체 성립을 위한 시론』, 서강대 석사논문, 2002.
채대일, 『이청준 소설의 죄의식과 고백 양상 연구 : 『남도사람』 연작과 『언어사회학서설』 연작을 중심으로』, 서강대 석사논문, 2003.
김정아, 『이청준의 「이어도」에 나타난 '일탈'의 크로노토프』, 충남대 교육석사논문, 2004.
김혜정, 『이청준 초기소설 연구 : 일인칭 화자와 반성적 구조를 중심으로』, 경희대 석사논문, 2004.
송덕원, 『이청준 소설에 나타난 장인정신 연구 : 「목수의 집」, 「날개의 집」, 「빛과 사슬」을 중심으로』, 경남대 교육석사논문, 2004.
신정자, 『이청준의 예술가소설 연구』, 조선대 석사논문, 2005.
이경옥, 『이청준의 『당신들의 천국』에 나타난 다성성 연구』, 부경대 석사논문, 2005.
강은미, 『이청준의 '소문의 벽' 연구』, 한양대 교육석사논문, 2006.

우찬제, 「수사적 상황의 상호 수행적 역동성과 열린 텍스트」, ≪東亞硏究·53≫, 西江大學校東亞硏究所, 2007. 8.

13. 대화주의

金炳魯, 『한국 현대소설의 다성 담화기법 연구』, 한남대 박사논문, 1995.

林今福, 『韓國 現代小說의 죽음意識 硏究 : 金東里, 朴常隆, 李淸俊의 작품을 중심으로』, 성신여대 박사논문, 1996.

황순재, 『한국 관념소설의 재현방식 연구』, 부산대 박사논문, 1996.

이상규, 『한국 현대 소설에 나타난 의사와 환자간의 커뮤니케이션 연구 : 의사의 환자읽기를 중심으로』, 연세대 보건석사논문, 1999.

이충희, 『이청준 소설 연구 : 불교의 세계관을 중심으로』, 계명대 석사논문, 2000.

정민영, 『이청준 소설의 다성성 연구』, 강원대 석사논문, 2000.

윤승현, 『이청준 소설 연구 : 이청준 소설에서 주체의 형성과 발전 양상 연구』, 경기대 교육석사논문, 2001.

원자경, 『현대 소설의 대화 양상 연구』, 서강대 석사논문, 2002.

김정아, 『이청준의 「이어도」에 나타난 '일탈'의 크로노토프』, 충남대 교육석사논문, 2004.

김현정, 『이청준 초기소설 연구 : 일인칭 화자와 반성적 구조를 중심으로』, 경희대 석사논문, 2004.

김승만, 『이청준 소설의 서사담론 연구 : 『병신과 머저리』와 『매잡이』를 중심으로』, 전남대 석사논문, 2005.

김중필, 『이청준 「눈길」의 서술전략연구—우회적 소통으로 중심으로』, 성균관대 교육석사논문, 2005.

유인숙, 『이청준 소설 연구—서술전략과 의미의 상관관계를 중심으로』, 성균관대 박사논문, 2005.

이묘우, 『이청준 소설 연구 : 소설 속에 나타난 창작 방법론을 중심으로』, 명지대 박사논문, 2006.

정해성, 「'현실'에 대한 '대화'의 두 양상 : 박상룡 <열명길>, 이청준 <비화밀교>」, ≪현대소설연구 · 17≫, 한국현대소설학회, 2002. 12.

신혜순, 「이청준의 「소문의 벽」에 나타난 "대화 재현" 연구 : 진술을 억압하는 타인의 시선」, ≪한국어와 문화 · 6≫, 숙명여자대학교 한국어문화연구소, 2009. 8.

14. 『남도사람』 관련 논문

李知映, 『이청준 소설의 낙원 지향성 연구』, 숭실대 석사논문, 1996.

崔鐘培, 『李淸俊 連作小說 '南道사람'에 대한 精神力動的 考察』, 서울대 석사논문, 1996.

이충희, 『이청준 소설 연구—불교의 세계관을 중심으로』, 계명대 석사논문, 2000.

장윤호, 『이청준 소설 연구—고향탐색 모티프(motif) 작품들을 중심으로』, 동덕여대 석사논문, 2000.

김정아, 『이청준의 「남도 사람」 연작의 크로노토프 분석』, 충남대 석사논문, 2001.

박경삼, 『이청준 소설의 공간 구조 연구—연작 <남도사람>을 중심으로』, 한양대 석사논문, 2001.

채대일, 『이청준 소설의 죄의식과 고백 양상 연구—<남도사람> 연작과 <언어사회학 소설> 연작을 중심으로』, 서강대 석사논문, 2003.

崔鐘培・趙斗英, 「李淸俊 連作小說 '南道사람'에 대한 精神力動的 考察」, ≪神經精神醫學・135≫, 大韓神經精神醫學會, 1996.

김동환, 「이청준 소설의 공간적 정체성—『南道사람』 연작을 중심으로」, ≪漢城語文學・17≫, 한성대학교 국어국문학과, 1998. 5.

김경림, 「韓・美 南部小說에 나타난 文化的 特性」, ≪言語와 文化・14≫, 목포대학교어학연구소, 2000. 12.

마희정, 「이청준 연작 소설 『남도사람』에 대한 고찰—'시김새'로부터 '그늘'에 이르는 여정」, ≪현대소설연구・20≫, 한국현대소설학회, 2003. 12.

한순미, 「부재(不在)를 향한 끝없는 갈망—이청준의 연작 <남도사람> 다시 읽기」, ≪현대소설연구・20≫, 한국현대소설학회, 2003. 12.

서종훈, 「문화콘텐츠 서사의 모티프 변용 양상 연구—이청준의 <남도사람> 연작과 임권택의 <서편제>를 중심으로」, ≪배달말・36≫, 배달말학회, 2005. 6.

미야모토 히사오, 이광휘 역, 「한과 십자가—이청준의 소설에서」, ≪본질과현상・5≫, 본질과 현상사, 2006. 가을.

우찬제, 「수사적 상황의 상호 수행적 역동성과 열린 텍스트」, ≪東亞硏究・53≫, 西江大學校東亞硏究所, 2007. 8.

15. 연작소설 관련 논문

崔鐘培, 『李淸俊 連作小說 '南道사람'에 대한 精神力動的 考察』, 서울대 석사논문, 1996.

김남혁, 『이청준 연작소설 연구』, 고려대 석사논문, 2007.

崔鐘培・趙斗英, 「李淸俊 連作小說 '南道사람'에 대한 精神力動的 考察」, ≪神經精神醫學・135≫, 大韓神經精神醫學會, 1996.

장윤수, 『이청준의 연작소설 <서편제> 연구』, ≪Journal of korean studies・4≫, Central Asian Association for Korean Studies, 2003.

김재영, 「연작소설의 장르적 특성 연구－1970년대 연작소설을 중심으로」, ≪현대문학의 연구・26≫, 한국문학연구학회, 2005.

16. 『서편제』 또는 「서편제」 관련 논문

殷禎海, 『李淸俊 小說에 나타난 恨의 양상 연구』, 동국대 석사논문, 1997.

최명숙, 『소설과 영화의 시점 비교 연구』, 충남대 석사논문, 2001.

윤효선, 『이청준 소설 연구－현실사회와 서술방식의 상관성을 중심으로』, 성균관대 석사논문, 2003.

김은하, 『소설에 재현된 여서의 몸 담론 연구－1970년대를 중심으로』, 중앙대 박사논문, 2004.

蘇蓮姬, 『소설과 영화의 표현 양식 비교 연구－이청준 作 '서편제'를 중심으로』, 한양대 교육석사논문, 2005.

유인숙, 『이청준 소설 연구－서술전략과 의미의 상관관계를 중심으로』, 성균관대 박사논문, 2005.

이소영, 『영화를 활용한 소설 교육의 효과－이청준의 '서편제'와 임권택의 '서편제'를 중심으로』, 연세대 교육석사논문, 2005.

최은수, 『이청준 소설 연구－서사구조와 결말의 상관성을 중심으로』, 아주대 석사논문, 2005.

표수민, 『이청준 소설 인물의 정체성 찾기 연구－<병신과 머저리>, <서편제>, <소리의 빛>, <여름의 추상>을 중심으로』, 고려대 교육석사논문, 2006.

김남혁, 『이청준 연작소설 연구』, 고려대 석사논문, 2007.

전지은, 『이청준 소설의 매체 변용양상 연구–「서편제」, 「축제」, 「벌레이야기」를 중심으로』, 한양대 석사논문, 2008.

김치수, 「한의 삶과 삶의 한–『서편제』 서평」, ≪서평문화 · 10≫, 한국간행물윤리위원회, 1993. 8.
고 원, 「무의식 세계의 허구적 구성–『서편제』에 구현된 이청준의 소설 시학」, ≪현대비평과이론 · 11≫, 한신문화사, 1996. 5.
김경수, 「삶의 무게가 실린 글의 가벼움–이청준과 박완서의 신작」, ≪현대문학 · 517≫, 현대문학사, 1998. 1.
장양수, 「恨의 藝術的 昇華–李清俊 連作 『서편제』의 성격」, ≪東義論集 · 31≫, 동의대학교, 1999. 8.
송희복, 「이청준 소설의 영화화와 그 의미」, ≪두류국어교육 · 5≫, 두류국어교육학회, 2004. 4.
서동훈, 「문화콘텐츠 서사의 모티프 변용 양상 연구–이청준의 <남도사람> 연작과 임권택의 <서편제>를 중심으로」, ≪배달말 · 36≫, 배달말학회, 2005. 6.
장윤수, 「텍스트 생산의 담론 구조, 이청준의 <비화밀교>」, ≪현대소설연구 · 27≫, 한국현대소설, 2005. 9.
미야모토 히사오, 이광휘 역, 「한과 십자가–이청준의 소설에서」, ≪본질과현상 · 5≫, 본질과 현상사, 2006. 가을.
김형중, 「기나긴 fort-da 놀이 : 문학과 영화 2–『서편제』를 중심으로」, ≪문예연구 · 14≫, 문예연구사, 2007. 봄.
우찬제, 「수사적 상황의 상호 수행적 역동성과 열린 텍스트」, ≪東亞研究 · 53≫, 西江大學校東亞研究所, 2007. 8.
_____, 「한국 소설과 영상미학–이청준 소설과 임권택의 영화를 중심으로」, ≪대산문화 · 30≫, 대산문화재단, 2008. 겨울.

17. 「이어도」 관련 논문

金鍾會, 『韓國小說의 樂園意識 研究』, 경희대 박사논문, 1989.
馬希姃, 『李清俊 소설의 탐색구조 연구 : <매잡이>, <소문의 벽>, <이어도>, <시간의 문>을 중심으로』, 충남대 석사논문, 1995.

林今福, 『韓國 現代小說의 죽음意識 研究 : 金東里, 朴常隆, 李淸俊의 작품을 중심으로』, 성신여대 박사논문, 1996.
柳廷美, 『이청준 소설 연구』, 성균관대 석사논문, 1998.
李知映, 『이청준 소설의 낙원 지향성 연구』, 숭실대 석사논문, 1999.
김정아, 『이청준의 「남도사람」 연작의 크로노토프 분석』, 충남대 석사논문, 2001.
이은성, 『이청준 소설에 나타난 죽음에 대한 연구』, 충북대 교육석사논문, 2001.
최혜영, 『이청준 소설에 나타난 낙원의식 연구』, 경기대 교육석사논문, 2002.
조영선, 『이청준 소설의 낙원의식 고찰』, 전북대 교육석사논문, 2004.
유인숙, 『이청준 소설 연구 : 서술전략과 의미의 상관관계를 중심으로』, 성균관대 박사논문, 2005.
최주영, 『이청준의 「이어도」 연구』, 전남대 석사논문, 2005.
최은수, 『이청준 소설 연구 : 서사구조와 결말의 상관성을 중심으로』, 아주대 석사논문, 2005.
홍웅기, 『이청준 소설의 공간성 연구 : '섬'의 공간적 특성을 중심으로』, 충남대 석사논문, 2005.
김혜란, 『현대소설에 수용된 '이여도'의 의미』, 제주대 교육석사논문, 2006.
정모라, 『이청준의 「이어도」 서사전략 연구』, 목포대 교육석사논문, 2006.
김개영, 『한국 현대소설에 나타난 무속적 구원의 양상 연구 : 김동리 「무녀도」, 이청준 「이어도」, 윤흥길 『낫』을 중심으로』, 고려대 석사논문, 2007.
이정원, 『이청준 「이어도」의 서사담론』, 청주대 교육석사논문, 2007.
최문선, 『이청준 소설의 공간 연구 : 「이어도」, 「섬」, 『당신들의 천국』을 중심으로』, 단국대 교육석사논문, 2009.

金鐘會, 「유토피아小說의 想像力과 現實意識—李淸俊의 「이어도」와 「비화밀교」를 中心으로」, ≪語文研究・59, 60≫, 一朝閣, 1988.
鄭尙均, 「이청준 문학 연구」, ≪인문과학・2≫, 서울시립대학교인문과학연구소, 1995.
김종주, 「이청준의 보로메오 매듭」, ≪라깡과 현대정신분석・1≫, 라깡과현대정신분석학회, 1999. 겨울.
강영기, 「구비문학과 현대소설의 상호텍스트 관계 연구—<이여도>설화와 이청준의 「이어도」를 중심으로」, ≪영주어문・3≫, 영주어문학회, 2001. 2.

서동수, 「시뮬라크르의 세계와 미시권력－이청준의 『이어도』를 중심으로」, ≪영주어문・3≫, 영주어문학회, 2001. 2.

김혜영, 「근대소설에 나타난 환상의 존재 방식 연구－이청준의 『이어도』를 중심으로」, ≪韓國言語文學・48≫, 한국언어문학회, 2002. 6.

張素眞, 「事實的 탐색과 飛躍的 인식의 力學－李淸俊의 『이어도』를 대상으로」, ≪語文硏究・32≫, 韓國語文敎育硏究會, 2004. 여름.

박미란, 「이어도, 탈존하는 실재의 섬－이청준의 <이어도>에서 천남석 기자의 죽음에 대한 해석 과정을 중심으로」, ≪현대소설연구・24≫, 한국현대소설학회, 2004. 12.

백지은, 「이청준 『이어도』의 언어적 형식화 양상 연구」, ≪한국문학이론과 비평・30≫, 한국문학이론과비평학회, 2006. 3.

18. 『축제』 관련 논문

殷禎海, 『李淸俊 小說에 나타난 恨의 양상연구』, 동국대 박사논문, 1997.

이채원, 『소설과 영화의 매체 전이 양상에 대한 수사학적 연구』, 서강대 박사논문, 2004.

현영권, 『『축제』의 상호텍스트성에 대한 연구』, 신라대 교육석사논문, 2004.

양영미, 『이청준의 「축제」 연구－바흐친의 카니발 이론을 중심으로』, 부경대 석사논문, 2006.

김옥경, 『현대소설의 민속 수용 양상과 의미－호남지역 배경의 작품을 중심으로』, 전남대 석사논문, 2008.

장계홍, 『영화를 통한 소설교육 방법 연구－이청준 원작과 임권택 영화 「축제」를 중심으로』, 건국대 교육석사논문, 2008.

전지은, 『이청준 소설의 매체 변용양상 연구－이청준 원작과 임권택 영화 『축제』를 중심으로』, 한양대 석사논문, 2008.

곽봉재, 「죽은 자를 위한 鎭魂의 祝祭 : 이청준 원작, 임권택 감독・육상효 각색 『축제』」, ≪문학과창작・36≫, 문학아카데미, 1998. 8.

나상오, 「소설과 영화의 스토리 소통」, ≪(松源大學)論文集・33≫, 松源大學, 2007.

우찬제, 「한국 소설과 영상 미학 : 이청준의 소설과 임권택의 영화를 중심으로」,

≪대산문화 · 30≫, 대산문화재단, 2008. 겨울.

표정옥, 「이청준 소설의 영상화 과정의 생성원리로 작용하는 원형적 신화 상상력에 대한 연구 : 영화 <서편제> · <축제> · <밀양> · <천년학>을 대상으로」, ≪西江人文論叢 · 25≫, 西江大學校人文科學硏究所, 2009. 6.

19. 영화와 관련된 논문

蘇蓮姬, 『소설과 영화의 표현 양식 비교 연구－이청준 '서편제'를 중심으로』, 한양대 교육석사논문, 1997.

최명숙, 『소설과 영화의 시점 비교 연구』, 충남대 박사논문, 2001.

장계홍, 『영화를 통한 소설교육 방법 연구－이청준 원작과 임권택 영화 「축제」를 중심으로』, 건국대 교육석사논문, 2004.

현영권, 『『축제』의 상호텍스트성에 대한 연구』, 신라대 교육석사논문, 2004.

이소영, 『영화를 활용한 소설 교육의 효과－이청준 作 '서편제'와 임권택의 '서편제'를 중심으로』, 연세대 교육석사논문, 2005.

강민석, 『소설과 영화의 서사 구조 비교 연구－이청준의 「벌레 이야기」와 이창동의 「밀양」을 중심으로』, 한양대 교육석사논문, 2008.

이채원, 『소설과 영화의 매체 전이 양상에 대한 수사학적 연구』, 서강대 박사논문, 2008.

전지은, 『이청준 소설의 매체 변용양상 연구－「서편제」, 「축제」, 「벌레이야기」를 중심으로』, 한양대 석사논문, 2008.

송희복, 「이청준 소설의 영화화와 그 의미」, ≪두류국어교육 · 5≫, 두류국어교육학회, 2004. 4.

김형중, 「기나긴 fort-da 놀이 : 문학과 영화 · 2 : 『서편제』를 중심으로」, ≪문예연구 · 52≫, 문예연구사, 2007. 봄.

우찬제, 「수사적 상황의 상호 수행적 역동성과 열린 텍스트, ≪東亞硏究 · 53≫, 西江大學校東亞硏究所, 2007. 8.

나상오, 「소설과 영화의 스토리 소통」, ≪(松源大學)論文集 · 33≫, 松源大學, 2007.

우찬제, 「한국 소설과 영상 미학 : 이청준의 소설과 임권택의 영화를 중심으로」, ≪대산문화 · 30≫, 대산문화재단, 2008. 겨울.

표정옥, 「이청준 소설의 영상화 과정의 생성원리로 작용하는 원형적 신화 상상력에 대한 연구 : 영화 <서편제>·<축제>·<밀양>·<천년학>을 대상으로」, ≪西江人文論叢·25≫, 西江大學校人文科學硏究所, 2009. 6.

김희선, 「용서와 인간실존의 문제에 대한 두 태도 : 단편소설 「벌레이야기」와 영화 「밀양」」, ≪문학과 종교·14≫, 한국문학과종교학회, 2009. 여름.

20. '탐색담'과 관련된 논문

馬希姃, 『李淸俊 소설의 탐색구조 연구—탐색대상의 변모양상을 중심으로』, 충북대 석사논문, 1995.

李在憲, 『이청준 소설에 나타난 작가의식의 변모양상 연구』, 계명대 석사논문, 1995.

趙載姬, 『한국 현대소설의 미로이미지—최인훈 「구운몽」과 이청준 「소문의 벽」을 중심으로』, 충남대 석사학위논문 1996.

황순재, 『한국 관념소설의 재현방식 연구』, 부산대 박사논문, 1996.

동희선, 『고등학교 소설 교육의 방법 연구—소설작품의 주제 탐색 방법을 중심으로』, 경희대 교육석사논문, 1997.

姜運錫, 『韓國 모더니즘 小說에 나타난 現代性 硏究』, 숭실대 박사논문, 1998.

柳廷美, 『이청준 소설 연구』, 성균관대 석사논문, 1998.

김영성, 『이청준 초기소설의 서사구조 연구』, 한양대 석사논문, 1999.

서경희, 『이청준 소설 연구—작중 인물의 정신분석학적 연구』, 세종대 석사논문, 1999.

李知映, 『이청준 소설의 낙원 지향성 연구』, 숭실대 석사논문, 1999.

임순영, 『이청준 소설에 나타난 '말(言)'의 인식 연구』, 서강대 교육석사논문, 1999.

최선희, 『이청준 소설에 나타난 자아부정—초기 작품을 중심으로』, 동국대 교육석사논문, 1999.

김재원, 『이청준 소설 연구—「소문의 벽」을 중심으로』, 성균관대 교육석사논문, 2000.

원기준, 『이청준 소설에 나타난 판소리 미학의 변용양상』, 한양대 박사논문, 2000.

장윤호, 『이청준 소설연구—고향탐색 모티프(motif) 작품들을 중심으로』, 동덕여대 석사논문, 2000.

고현제, 『이청준 소설 연구—'고향'의 상징적 의미를 중심으로』, 경희대 교육석사논문, 2001.

김정아, 『이청준의 「남도사람」 연작의 크로노토프 분석』, 충남대 석사논문, 2001.

박연주, 『이청준 초기 소설 연구』, 서강대 석사학위논문, 2001.

윤승현, 『이청준 소설 연구—이청준 소설에서 주체의 형성과 발전 양상 연구』, 경기대 교육석사논문, 2001.

임경순, 『1960년대 지식인 소설 연구』, 성균관대 박사논문, 2001.

한래희, 『『당신들의 천국』 연구 —서사구조 분석을 중심으로』, 연세대 석사논문, 2001.

추복진, 『이청준 소설 연구—<잃어버린 말을 찾아서>』, 한양대 교육석사논문, 2002.

윤효선, 『이청준 소설 연구—현실사회와 서술방식의 상관성을 중심으로』, 성균관대 석사논문, 2003.

김인경, 『이청준 소설의 공간 연구—인물의식과의 상관성을 중심으로』, 한성대 석사논문, 2004.

김정아, 『이청준의 <이어도>에 나타난 '일탈'의 크로노토프』, 충남대 교육석사논문, 2004.

김현정, 『이청준 초기소설 연구—일인칭 화자와 반성적 구조를 중심으로』, 경희대 석사논문, 2004.

마희정, 『이청준 소설 연구—탐색대상의 변모양상을 중심으로』, 충북대 박사논문, 2004.

박필현, 『1960년대 소설의 탈식민주의적 양상 연구—김승옥·박태순·이청준을 중심으로』, 이화여대 석사논문, 2004.

송덕원, 『이청준 소설에 나타난 장인정신 연구—「목수의 집」, 「날개의 집」, 「빛과 사슬」을 중심으로』, 경남대 교육석사논문, 2004.

조영선, 『이청준 소설의 낙원의식 고찰』, 전북대 교육석사논문, 2004.

김춘규, 『이청준 소설 연구—60, 70년대 작품을 중심으로』, 중앙대 석사논문, 2005.

신정자, 『이청준의 예술가소설 연구』, 조선대 박사논문, 2005.

이지영, 『이청준의 『당신들의 천국』 연구』, 계명대 교육석사논문, 2005.

이후석, 『읽기·쓰기를 통합한 소설 지도 방안—이청준의 「눈길」을 대상으로』, 서울시립대 교육석사논문, 2005.

장윤호, 『소설에 나타나는 고향탐색 모티프 양상 연구—김승옥·이청준·한승원 소설을 중심으로』, 동덕여대 석사논문, 2005.
조명숙, 『이청준 소설의 육체성 연구—플롯의 욕망과 재현된 육체의 의미작용을 중심으로』, 부산대 석사논문, 2005.
최은수, 『이청준 소설 연구—서사구조와 결말의 상관성을 중심으로』, 아주대 석사논문, 2005.
홍웅기, 『이청준 소설의 공간성 연구—'섬'의 공간적 특성을 중심으로』, 충남대 석사논문, 2005.
정모라, 『이청준의 「이어도」 서사전략 연구』, 목포대 교육석사논문, 2006.
한순미, 『이청준 소설의 언어 인식 연구』, 전남대 박사논문, 2006.
유대종, 『이청준 소설연구—고향체험의 의미 탐색을 중심으로』, 고려대 교육석사논문, 2008.

우찬제, 「억압 없는 자유의 꿈을 향한 언어 조율사의 반성적 탐색—이청준의 소설론」, ≪소설과사상 · 10≫, 고려원, 1995. 3.
김정숙, 「서사 주체의 다층적 탐색정신—이청준 소설의 중심으로」, ≪語文硏究 · 30≫, 語文硏究會, 1998. 12.
마희정, 「1960년대 이청준 소설에 나타난 자아탐색—『퇴원』, 『병신과 머저리』, 『별을 보여드립니다』를 중심으로」, ≪開新語文硏究 · 17≫, 開新語文學會, 2000. 12.
이화진, 「이청준의 『당신들의 천국』론—반성적 탐색구조와 자기구제의 미학」, ≪안동어문학 · 7≫, 안동어문학회, 2002. 11.
마희정, 「이청준의 ≪당신들의 천국≫에 나타난 서사구조분석—천국의 가능성에 대한 탐색」, ≪현대소설연구 · 21≫, 한국현대소설학회, 2004. 4.
_____, 「이청준 소설에 나타난 고향탐색—『귀향연습』, 『눈길』, 『살아있는 늪』을 중심으로」, ≪開新語文硏究 · 21≫, 開新語文學會, 2004.
張素眞, 「事實的 탐색과 飛躍的 인식의 力學—李淸俊의 『이어도』를 대상으로」, ≪語文硏究 · 32≫, 韓國語文教育硏究會, 2004. 여름.
유경수, 「이청준의 「눈길」 연구」, ≪인문학연구 · 2≫, 忠南大學校人文科學硏究所, 2005. 12.
허만욱, 「이청준 소설에 나타난 탐색과 해체적 글쓰기의 미학 연구」, ≪우리文學硏究 · 20≫, 우리文學會, 2006.

임형모, 「탐색 소설에서의 '계시(啓示)'와 주체의 문제-이청준 소설을 중심으로」, ≪현대소설연구·32≫, 한국현대소설학회, 2006. 12.

조미숙, 「한국문학의 세계문학적 가능성-신상성의 소설을 중심으로」, ≪語文硏究·32≫, 韓國言語敎育硏究會, 2007. 여름.

조창현, 「한국문학과 독일문학에 나타난 주인공의 신화적 탐색-토마스 만의 『마의 산』과 이청준의 『당신들의 천국』을 중심으로」, ≪독일어문학·40≫, 한국독일어문학회, 2008. 3.

21. 구조 관련 논문

林今福, 『李淸俊 小說 硏究-小說家가 등장하는 作品을 中心으로』, 성신여대 석사논문, 1987.

金炳魯, 『현대필자소설의 담화구조 연구-김동인, 김동리, 이청준의 필자소설을 중심으로 한 필자형 담화구조에서의 서사시학적 접근』, 한남대 석사논문, 1989.

朴善卿, 『『광장』과 『당신들의 천국』의 對立的 硏究-敍事構造와 世界認識의 두 結合樣相』, 서강대 석사논문, 1989.

南美英, 『韓國 現代 成長小說 연구』, 숙명여대 박사논문, 1992.

金炳魯, 『한국 현대소설의 다성 담화기법 연구』, 한남대 박사논문, 1995.

馬希姃, 『李淸俊 소설의 탐색구조 연구-<매잡이>, <소문의 벽>, <이어도>, <시간의 문>을 중심으로』, 충북대 석사논문, 1995.

趙載姬, 『한국 현대 소설의 미로이미지-최인훈 「구운몽」과 이청준 「소문의 벽」을 중심으로』, 충남대 석사논문, 1996.

李賢羅, 『이청준의 「당신들의 천국」 연구-주체분열의 담론구조를 중심으로』, 충남대 석사논문, 1997.

박정애, 『이청준소설의 미적 구조-60년대 소설의 서두와 결말의 연계성을 중심으로』, 신라대 교육석사논문, 1998.

柳廷美, 『이청준 소설 연구』, 성균관대 석사논문, 1998.

김영성, 『이청준 초기소설의 서사구조 연구』, 한양대 석사논문, 1999.

李知映, 『이청준 소설의 낙원 지향성 연구』, 숭실대 석사논문, 1999.

이 훈, 『이청준 소설의 알레고리 기법 연구』, 경희대 석사논문, 1999.

김재원, 『이청준 소설 연구-「소문의 벽」을 중심으로』, 성균관대 교육석사논문, 2000.

원기중, 『이청준 소설에 나타난 판소리 미학의 변용양상』, 한양대 박사논문, 2000.

이정민, 『현대소설의 탈 억압적 상상력 연구-『광장』, 『당신들의 천국』, 『난장이가 쏘아올린 작은 공』을 중심으로』, 서강대 교육석사논문, 2000.

이충희, 『이청준 소설 연구-불교의 세계관을 중심으로』, 계명대 석사논문, 2000.

이택권, 『이청준 소설 연구-주체의 타자 인식 양상을 중심으로』, 서울시립대 석사논문, 2000.

장윤호, 『이청준 소설 연구-고향탐색 모티프(motif) 작품들을 중심으로』, 동덕여대 석사논문, 2000.

정민영, 『이청준 소설의 다성성 연구』, 강원대 석사논문, 2000.

진혜현, 『1960년대 이청준 소설의 유형 연구』, 계명대 교육석사논문, 2000.

김정아, 『이청준의 「남도 사람」 연작의 크로노토프 분석』, 충남대 교육석사논문, 2001.

박경삼, 『이청준 소설의 공간 구조 연구-연작<남도사람>을 중심으로』, 한양대 교육석사논문, 2001.

윤승현, 『이청준 소설 연구-이청준 소설에서 주체의 형성과 발전 양상 연구』, 경기대 교육석사논문, 2001.

임경순, 『1960년대 지식인 소설 연구』, 성균관대 박사논문, 2001.

최명숙, 『소설과 영화의 시점 비교 연구』, 충남대 박사논문, 2001.

최애순, 『이청준 소설의 추리소설적 구조 연구』, 고려대 석사논문, 2001.

한래희, 『「당신들의 천국」 연구-서사 구조 분석을 중심으로』, 연세대 석사논문, 2001.

조은진, 『이청준의 액자 소설에 대한 해석학적 접근-서사 텍스트 해석주체 성립을 위한 시론』, 서강대 석사논문, 2002.

김영찬, 『1960년대 한국 모더니즘 소설 연구-최인훈과 이청준의 소설을 중심으로』, 성균관대 박사논문, 2003.

고수현, 『이청준 소설의 반전 구조 연구』, 서강대 석사논문, 2004.

김은정, 『「예언자」의 '예언'의 정체성 연구』, 경남대 교육석사논문, 2004.

김은하, 『소설에 재현된 여성의 몸 담론 연구-1970년대를 중심으로』, 중앙대 박사논문, 2004.

김정아, 『이청준의 <이어도>에 나타난 '일탈'의 크로노토프』, 충남대 교육석사논문, 2004.
김현정, 『이청준 초기소설 연구－탐색대상의 변모양상을 중심으로』, 경희대 석사논문, 2004.
마희정, 『이청준 소설 연구－탐색대상의 변모양상을 중심으로』, 충북대 박사논문, 2004.
송덕원, 『이청준 소설에 나타난 장인 정신 연구－「목수의 집」, 「날개의 집」, 「빛과 사슬」을 중심으로』, 경남대 교육석사논문, 2004.
정태규, 『한국 예술가소설의 전개 양상』, 부산대 박사논문, 2004.
조영선, 『이청준 소설의 낙원 의식 고찰』, 전북대 교육석사논문, 2004.
김승만, 『이청준 소설의 서사담론 연구－「병신과 머저리」와 「매잡이」를 중심으로』, 전남대 석사논문, 2005.
김춘규, 『이청준 소설 연구－60,70년대 작품을 중심으로』, 중앙대 석사논문, 2005.
신정자, 『이청준의 예술가소설 연구』, 조선대 박사논문, 2005.
양병남, 『이청준 소설 연구－주체화 양상과 욕망 구현 방식을 중심으로』, 경원대 석사논문, 2005.
유인숙, 『이청준 소설 연구－서술전략과 의미의 상관관계를 중심으로』, 성균관대 박사논문, 2005.
이지영, 『이청준의 「당신들의 천국」 연구』, 계명대 교육석사논문, 2005.
장윤호, 『소설에 나타나는 고향탐색 모티프 양상 연구－김승옥 · 이청준 · 한승원 소설을 중심으로』, 동덕여대 박사학위논문, 2005.
최은수, 『이청준 소설 연구－서사구조와 결말의 상관성을 중심으로』, 아주대 석사논문, 2005.
최주영, 『이청준의 「이어도」 연구』, 전남대 석사논문, 2005.
강은미, 『이청준의 '소문의 벽' 연구』, 한양대 교육석사논문, 2006.
김혜란, 『현대소설에 수용된 '이여도'의 의미』, 제주대 교육석사논문, 2006.
서수산, 『「당신들이 천국」과 모세의 출애굽 비교 연구』, 한남대 석사논문, 2006.
이묘우, 『이청준 소설 연구－소설 속에 나타난 창작 방법론을 중심으로』, 명지대 박사논문, 2006.
이성희, 『이청준 「매잡이」의 시점과 작가의식 연구』, 부산대 석사논문, 2006.
김남혁, 『이청준 연작소설 연구』, 고려대 석사논문, 2007.

박현숙, 『이청준 단편소설의 결말구조 연구』, 숙명여대 교육석사논문, 2007.

서문식, 『이청준의 「예언자」 연구－벤야민의 알레고리론을 중심으로』, 군산대 교육석사논문, 2007.

이정원, 『이청준의 「이어도」의 서사담론』, 청주대 교육석사논문, 2007.

강민석, 『소설과 영화의 서사구조 비교 연구－이청준의 「벌레 이야기」와 이창동의 「밀양」을 중심으로』, 한양대 교육석사논문, 2008.

문근희, 『이청준 소설의 서사구조 연구－액자소설을 중심으로』, 단국대 교육석사논문, 2008.

이채원, 『소설과 영화의 매체 전이 양상에 대한 수사학적 연구』, 서강대 박사논문, 2008.

전지은, 『이청준 소설의 매체 변용양상 연구－「서편제」, 「축제」, 「벌레이야기」를 중심으로』, 한양대 석사논문, 2008.

정원채, 『1960년대 소설에 나타난 모더니티 지향성의 서사화 양상 연구－최인훈, 김승옥, 이청준의 소설을 중심으로』, 한성대 박사논문, 2008.

李　勇, 「『매잡이』의 構造 分析－李淸俊小說의 一般的 特徵과 관련하여」, ≪논문집・4≫, 목포대학교, 1982. 2.

조희숙, 「이청준 소설의 갈등 구조를 통한 인물 연구」, ≪국어과교육・7≫, 부산교육대학국어교육연구회, 1987.

이사라, 「<시간의 門>에 관한 구조 분석－방법을 통해서 본 이청준 문학론」, ≪論文集・36≫, 서울산업대학교, 1992. 12.

김정숙, 「서사주체의 다층적 탐색정신－이청준 소설을 중심으로」, ≪語文硏究・30≫, 語文硏究學會, 1998. 12.

김병로, 「이청준의 『병신과 머저리』 서사 분석－형제살상의 원죄의식에 겹쳐진 전후(前後) 자아의 다중적 자아인식을 중심으로」, ≪연구논문집・8≫, 한성신학대학, 1999. 2.

이성희, 「이청준의 『매잡이』 연구－랜서의 시점이론을 중심으로」, ≪문창어문논집・36≫, 문창어문학회, 1999. 12.

이화진, 「이청준의 『당신들의 천국』론－반성적 탐색구조와 자기 구제의 미학」, ≪안동어문학・7≫, 안동어문학회, 2002. 11.

엄미옥, 「『소문의 벽』 연구－라깡의 네 가지 담론을 중심으로」, ≪시학과언어학・4≫,

시학과언어학회, 2002. 12.
마희정, 「이청준의 『당신들의 천국』에 나타난 서사구조분석－천국의 가능성에 대한 탐색」, ≪현대소설연구·21≫, 한국현대소설학회, 2004. 3.
이현석, 「<당신들의 천국>론－권력에 대한 해석을 중심으로」, ≪한국현대문학연구·16≫, 한국현대문학회, 2004. 12.
이홍숙, 「신화로 본 우리소설－이청준의 <선학동 나그네>」, ≪檀山學志·9≫, 전단학회, 2005.
장윤수, 「텍스트 생산의 담론 구조, 이청준의 <비화밀교>」, ≪현대소설연구·27≫, 한국현대소설, 2005. 9.
유경수, 「이청준의 「눈길」 연구」, ≪인문학연구·2≫, 2005. 12.
박은태, 「이청준의 1960년대 소설 연구」, ≪현대문학의 연구·28≫, 한국문학연구학회, 2006. 3.
임형모, 「탐색 소설에서의 '계시(啓示)'와 주체의 문제－이청준 소설을 중심으로」, ≪현대소설연구·32≫, 한국현대소설학회, 2006. 12.
이현석, 「이청준 소설의 주제화에 있어서 윤리성의 문제」, ≪한국현대문학연구·24≫, 한국현대문학회, 2008. 4.
황정현, 「문학 텍스트로써의 판소리 동화 수용의 교육적 의의－이청준의 판소리 동화를 중심으로」, ≪한국초등국어교육·37≫, 박이정, 2008. 8.

22. 액자소설 관련 논문

林今福, 『李淸俊 小說 硏究－小說家가 등장하는 作品을 中心으로』, 성신여대 석사논문, 1987.
金炳魯, 『현대액자소설의 담화구조 연구－김동인, 김동리, 이청준의 액자소설의 중심으로 한 액자형 담화구조에의 서사시학적 접근』, 한남대 석사논문, 1989.
柳廷美, 『이청준 소설 연구』, 성균관대 석사논문, 1998.
김영성, 『이청준 초기소설의 서사구조 연구』, 한양대 석사논문, 1999.
李知映, 『이청준 소설의 낙원 지향성 연구』, 숭실대 석사논문, 1999.
김재원, 『이청준 소설 연구－「소문의 벽」을 중심으로』, 성균관대 석사논문, 2000.
장미애, 『이청준 소설에 나타난 정신분열증의 사회적 의미 연구－「병신과 머저리」, 「소문의 벽」, 「황홀한 실종」을 중심으로』, 한국교원대 석사논문, 2000.

정민영, 『이청준 소설의 다성성 연구』, 강원대 석사논문, 2000.
장재진, 『필자 소설의 담화 구조 연구—김동인, 김동리, 이청준 소설의 서사적 틀짜기』, 서강대 석사논문, 2001.
정은진, 『이청준의 필자소설에 대한 해석학적 접근—서사 텍스트 해석주체 성립을 위한 시론』, 서강대 석사논문, 2002.
최규성, 『이청준 소설 연구—「소문의 벽」을 중심으로』, 경기대 교육석사논문, 2002.
윤효선, 『이청준의 소설 연구—현실사회와 서술방식의 상관성을 중심으로』, 성균관대 석사논문, 2003.
이지혜, 『이청준 필자소설의 미학연구』, 한양대 석사논문, 2004.
신정자, 『이청준의 예술가소설 연구』, 조선대 박사논문, 2005.
강은미, 『이청준의 '소문의 벽' 연구』, 한양대 교육석사논문, 2006.
김남혁, 『이청준 연작소설 연구』, 고려대 석사논문, 2007.
문근희, 『이청준 소설의 서사 구조 연구—이청준 소설을 중심으로』, 단국대 교육석사논문, 2008.

김병로, 「이청준의 『병신과 머저리』 서사 분석—형제살상가의 원죄의식에 겹쳐진 전후(戰後) 자아인식을 중심으로」, ≪연구논문집 · 8≫, 한성신학대학, 1999. 2.
김승종, 「한국액자소설 연구—형성 및 발전과정을 중심으로」, ≪國語文學 · 35≫, 국어문학회, 2000. 8.
오윤호, 「이청준 소설의 직업 윤리와 소설 쓰기 연구—『병신과 머저리』, 『매잡이』를 중심으로」, ≪우리말글≫, 우리말글학회, 2005. 12.
백지은, 「소설가는 소설을 쓴다—이청준의 액자소설」, ≪현대비평과 이론 · 29≫, 한신문화사, 2008. 봄, 여름.

23. 중층구조 관련 논문

김영성, 『이청준 초기소설의 서사구조 연구』, 한양대 석사논문, 1999.
원기중, 『이청준 소설에 나타난 판소리 미학의 변용양상』, 한양대 박사논문, 2000.
정민영, 『이청준 소설의 다성성 연구』, 강원대 석사논문, 2000.
최애순, 『이청준 소설의 추리소설적 구조 연구』, 고려대 석사논문, 2001.
김정아, 『이청준의 <이어도>에 나타난 '일탈'의 크로노토프』, 충남대 교육석사논문,

2004.
송덕원, 『이청준 소설에 나타난 장인 정신 연구—「목수의 집」, 「날개의 집」, 「빛과 사슬」을 중심으로』, 경남대 교육석사논문, 2004.
정태규, 『한국 예술가소설의 전개 양상』, 부산대 박사논문, 2004.
김승만, 『이청준 소설의 서사담론 연구—「병신과 머저리」와 「매잡이」를 중심으로』, 전남대 석사논문, 2005.
김춘규, 『이청준 소설 연구—60, 70년대 작품을 중심으로』, 중앙대 석사논문, 2005.
양병남, 『이청준 소설 연구—주체화 양상과 욕망 구현 방식을 중심으로』, 경원대 석사논문, 2005.
유인숙, 『이청준 소설 연구—서술전략과 의미의 상관관계를 중심으로』, 성균관대 박사논문, 2005.
강은미, 『이청준의 '소문의 벽' 연구』, 한양대 교육석사논문, 2006.
이묘우, 『이청준 소설 연구—소설 속에 나타난 창작 방법론을 중심으로』, 명지대 박사논문, 2006.
전지은, 『이청준 소설의 매체 변용양상 연구—「서편제」, 「축제」, 「벌레이야기」를 중심으로』, 한양대 석사논문, 2008.
정원채, 『1960년대 소설에 나타난 모더니티 지향성의 서사화 양상 연구—최인훈, 김승옥, 이청준의 소설을 중심으로』, 한성대 박사논문, 2008.

김정숙, 「서사주체의 다층적 탐색정신—이청준 소설을 중심으로」, ≪語文研究・30≫, 語文研究會, 1998. 12.
엄미옥, 「『소문의 벽』 연구—라깡의 네 가지 담론을 중심으로」, ≪시학과언어학・4≫, 시학과언어학회, 2002. 12.
박은태, 「이청준의 1960년대 소설 연구」, ≪현대문학의 연구・28≫, 한국문학연구학회, 2006. 3.
임형모, 「탐색 소설에서의 '계시(啓示)'와 주체의 문제—이청준 소설을 중심으로」, ≪현대소설연구・32≫, 한국현대소설학회, 2006. 12.
金勤浩, 「소설 텍스트 중층적으로 읽기의 공간론—이청준의 <소문의 벽> 읽기를 중심으로」, ≪독서연구・19≫, 한국독서학회, 2008. 6.

24. 인물 관련 논문

朴善卿, 『「광장」과 「당신들의 천국」의 對立的 硏究－敍事構造와 世界認識의 두 結合樣相』, 서강대 석사논문, 1989.

金暎憲, 『李淸俊 소설론－인물행위의 동기에 대하여』, 경희대 교육석사논문, 1993.

李先美, 『이청준 소설의 인물 유형 연구－<병신과 머저리>, <소문의 벽>, <빈방>을 중심으로』, 이화여대 석사논문, 1994.

金炳魯, 『한국 현대소설의 다성 담화기법 연구』, 한남대 박사논문, 1995.

김선희, 『이청준의 판소리 개작 사설 연구』, 군산대 교육석사논문, 1995.

김현희, 『이청준 소설의 시간 연구』, 경북대 교육석사논문, 1997.

박정애, 『이청준소설의 미적 구조－60년대 소설의 서두와 결말의 연계성을 중심으로』, 신라대 교육석사논문, 1998.

柳廷美, 『이청준 소설 연구』, 성균관대 석사논문, 1998.

김수연, 『이청준 소설의 인물유형분석을 통한 현실 비판 양상 연구』, 아주대 교육석사논문, 1999.

서경희, 『이청준 소설 연구－작중 인물의 정신분석학적 연구』, 세종대 석사논문, 1999.

손은정, 『이청준 소설의 인물 연구－행위의 동기를 중심으로』, 부산대 교육석사논문, 1999.

안홍현, 『이청준 소설의 인물유형 연구－<병신과 머저리>, <쓰여지지 않은 자서전>, <소문의 벽>을 중심으로』, 우석대 교육석사논문, 1999.

김재원, 『이청준 소설 연구－「소문의 벽」을 중심으로』, 성균관대 교육석사논문, 2000.

정민영, 『이청준 소설의 다성성 연구』, 강원대 석사논문, 2000.

이경욱, 『이청준 소설의 인물 연구』, 이화여대 석사논문, 2001.

한래희, 『「당신들의 천국」 연구－서사구조 분석을 중심으로』, 연세대 석사논문, 2001.

곽은주, 『이청준 소설의 인물유형 연구－「병신과 머저리」, 「소문의 벽」, 「황홀한 실종」을 중심으로』, 경희대 교육석사논문, 2002.

이혜성, 『이청준 소설의 정신분석학적 연구－작중인물이 유년 시절 정신적 외상을 가진 작품을 중심으로』, 신라대 교육석사논문, 2002.

추순혜, 『이청준 초기 소설 연물형 연구—1960 · 1970년대 작품을 중심으로』, 홍익대 교육석사논문, 2002.

박애근, 『양성평등 관점에서 본 초등학교 국어 교과서 내용 연구』, 상지대 교육석사논문, 2003.

박진경, 『이청준 소설 연구—인물의 갈등양상과 작가의식을 중심으로』, 성신여대 교육석사논문, 2003.

이승준, 『이청준 소설에 대한 정신분석적 연구—인물들의 현실대응방식에 관하여』, 고려대 박사논문, 2003.

임병덕, 『이청준 소설 연구—장편 소설을 중심으로』, 연세대 교육석사논문, 2003.

한순모, 『이청준 초기 소설 연구—「퇴원」, 「병신과 머저리」의 성격 분석』, 동국대 석사논문, 2003.

김인경, 『이청준 소설의 공간 연구—인물의식과의 상관성을 중심으로』, 한성대 석사논문, 2004.

김인숙, 『이청준의 <소문의 벽> 연구—인물간의 소통 문제를 중심으로』, 한양대 교육석사논문, 2004.

김현정, 『이청준 초기소설 연구—일인칭 화자와 반성적 구조를 중심으로』, 경희대 석사논문, 2004.

박필현, 『1960년대 소설의 탈식민주의적 양상 연구—김승옥 · 박태순 · 이청준을 중심으로』, 이화여대 석사논문, 2004.

이채원, 『소설과 영화의 매체 전이 양상에 대한 수사학적 연구』, 서강대 박사논문, 2004.

조영선, 『이청준 소설의 낙원의식 고찰』, 전북대 교육석사논문, 2004.

현영권, 『「축제」의 상호텍스트성에 대한 연구』, 신라대 교육석사논문, 2004.

김승만, 『이청준 소설의 서사담론 연구—「병신과 머저리」와 「매잡이」를 중심으로』, 전남대 석사논문, 2005.

김중필, 『이청준 「눈길」의 서술전략연구—우회적 소통으로 중심으로』, 성균관대 교육석사논문, 2005.

박영주, 『이청준 소설의 인물 연구』, 한남대 교육석사논문, 2005.

유인숙, 『이청준 소설 연구—서술전략과 의미의 상관관계를 중심으로』, 성균관대 박사논문, 2005.

이경옥, 『이청준의 『당신들의 천국』에 나타난 다성성 연구』, 부경대 석사논문, 2005.

이소영, 『영화를 활용한 소설 교육의 효과—이청준의 '서편제'와 임권택의 '서편제'를 중심으로』, 연세대 교육석사논문, 2005.

이지영, 『이청준의 「당신들의 천국」 연구』, 계명대 교육석사논문, 2005.

이후석, 『읽기·쓰기를 통합한 소설 지도 방안—이청준의 「눈길」을 대상으로』, 서울시립대 교육석사논문. 2005.

조성희, 『이청준의 『당신들의 천국』 속 자유주의 담론 연구』, 건국대 석사논문, 2005.

최주영, 『이청준의 「이어도」 연구』, 전남대 석사논문, 2005.

강은미, 『이청준의 '소문의 벽' 연구』, 한양대 교육석사논문, 2006.

김동연, 『이청준 소설에 나타난 인물의 욕망 연구』, 인제대 석사논문, 2006.

서수산, 『「당신들이 천국」과 모세의 출애굽 비교 연구』, 한남대 석사논문, 2006.

양영미, 『이청준의 「축제」 연구—바흐친의 카니발 이론을 중심으로』, 부경대 석사논문, 2006.

이종섭, 『소설 속 소설 쓰기의 심리적·사회적 의미 연구—이청준의 「병신과 머저리」와 장정일의 「아담이 눈 뜰 때」를 중심으로』, 교원대 교육석사논문, 2006.

표수민, 『이청준 소설 인물의 정체성 찾기 연구—<병신과 머저리>, <서편제>, <소리의 빛>, <여름의 추상>을 중심으로』, 고려대 교육석사논문, 2006.

고귀옥, 『이청준 소설 작중인물의 정신병적 징후와 문학적 의미 연구—「병신과 머저리」, 「황홀한 실종」, 「조만득씨」를 중심으로』, 동국대 석사논문, 2007.

나소정, 『현대소설에 나타난 심리적 적응행동에 관한 연구—이청준, 오정희 소설을 중심으로』, 명지대 박사논문, 2007.

서문식, 『이청준의 「예언자」 연구—벤야민의 알레고리론을 중심으로』, 군산대 교육석사논문, 2007.

송정표, 『이청준 소설 연구』, 건국대 교육석사논문, 2007.

이정원, 『이청준의 「이어도」의 서사담론』, 청주대 교육석사논문, 2007.

전지은, 『이청준 소설의 매체 변용양상 연구—「서편제」, 「축제」, 「벌레이야기」를 중심으로』, 한양대 석사논문, 2008.

정원채, 『1960년대 소설에 나타난 모더니티 지향성의 서사화 양상 연구—최인훈, 김승옥, 이청준의 소설을 중심으로』, 한성대 박사논문, 2008.

조희숙, 「이청준 소설의 갈등구조를 통한 인물 연구」, ≪국어과교육 · 7≫, 부산교육대학국어교육연구회, 1987.
유경수, 「이청준의 『당신들의 천국』 연구」, ≪論文集 · 23≫, 忠南大學校大學院, 2005.
이상우 · 박영주, 「이청준 소설의 인물연구」, ≪교육연구 · 1≫, 한남대학교교육연구소, 2005. 6.
유경수, 「국가장치에서 전쟁기계로 탈주하는 욕망의 정치학—이청준의 『당신들의 천국』을 중심으로」, ≪인문학연구 · 67≫, 忠南大學校人文科學硏究所, 2006. 4.
한순미, 「불교철학적인 물음에 비추어 본 이청준 소설」, ≪국어국문학 · 149≫, 국어국문학회, 2008. 9.
김경애, 「<밀양>의 영상언어, 내러티브, 주제의식의 상호작용」, ≪문학과 영상 · 3≫, 문학과 영상학회, 2008. 겨울.

25. 서술 관련 논문

林今福, 『李淸俊 小說 硏究—小說家가 등장하는 作品을 中心으로』, 성신여대 석사논문, 1987.
馬希姃, 『李淸俊 소설의 탐색구조 연구—<매잡이>, <소문의 벽>, <이어도>, <시간의 문>을 중심으로』, 충북대 석사논문, 1995.
김현희, 『이청준 소설의 시간 연구』, 경북대 교육석사논문, 1997.
김영성, 『이청준 초기소설의 서사구조 연구』, 한양대 석사논문, 1999.
이택권, 『이청준 소설 연구—주체의 타자 인식 양상을 중심으로』, 서울시립대 석사논문, 2000.
정민영, 『이청준 소설의 다성성 연구』, 강원대 석사논문, 2000.
박연주, 『이청준 초기 소설 연구』, 서강대 석사논문, 2001.
이경욱, 『이청준 소설의 인물 연구』, 이화여대 석사논문, 2001.
장재진, 『李淸俊 소설의 담화 구조 연구—김동인, 김동리, 이청준 소설의 서사적 틀 짜기』, 서강대 석사논문, 2001.
최명숙, 『소설과 영화의 시점 비교 연구』, 충남대 석사논문, 2001.
한래희, 『『당신들의 천국』 연구—서사구조 분석을 중심으로』, 연세대 석사논문, 2001.

정은진, 『이청준의 필자 소설에 대한 해석학적 접근—서사 텍스트 해석주체 성립을 위한 시론』, 서강대 석사논문, 2002.

윤효선, 『이청준 소설 연구—현실사회와 서술방식의 상관성을 중심으로』, 성균관대 석사논문, 2003.

이수연, 『이청준 소설 연구—아이러니를 중심으로』, 이화여대 석사논문, 2003.

고수현, 『이청준 소설의 반전 구조 연구』, 서강대 석사논문, 2004.

이채원, 『소설과 영화의 매체 전이 양상에 대한 수사학적 연구』, 서강대 박사논문, 2004.

김승만, 『이청준 소설의 서사담론 연구—「병신과 머저리」와 「매잡이」를 중심으로』, 전남대 석사논문, 2005.

김중필, 『이청준 「눈길」의 서술전략연구—우회적 소통으로 중심으로』, 성균관대 교육석사논문, 2005.

김춘규, 『이청준 소설 연구—60, 70년대 작품을 중심으로』, 중앙대 석사논문, 2005.

신정자, 『이청준의 예술가소설 연구』, 조선대 박사논문, 2005.

유인숙, 『이청준 소설 연구—서술전략과 의미의 상관관계를 중심으로』, 성균관대 박사논문, 2005.

조명숙, 『이청준 소설의 육체성 연구—플롯의 욕망과 재현된 육체의 의미작용을 중심으로』, 부산대 석사논문, 2005.

최주영, 『이청준의 「이어도」 연구』, 전남대 석사논문, 2005.

강은미, 『이청준의 '소문의 벽' 연구』, 한양대 교육석사논문, 2006.

김영삼, 『1960년대 소설의 미적 근대성 연구』, 전남대 석사논문, 2006.

이묘우, 『이청준 소설 연구—소설 속에 나타난 창작 방법론을 중심으로』, 명지대 박사논문, 2006.

이정원, 『이청준의 「이어도」의 서사담론』, 청주대 교육석사논문, 2007.

전지은, 『이청준 소설의 매체 변용양상 연구—「서편제」, 「축제」, 「벌레이야기」를 중심으로』, 한양대 석사논문, 2008.

김영주, 「소설쓰기 소설에 나타난 서술에 관한 연구—김동인의 『광화사』와 이청준의 『병신과 머저리』를 중심으로」, ≪語文論集·11≫, 청주대학교 국어국문학과, 1995. 12.

오은엽, 「'삶'과 '글쓰기'의 미메시스—이청준, 『목수의 집—혹은 수공업 시대의 추억』의 서술 양상」, ≪梨花語文論集·20≫, 이화여자대학교이화어문학회, 2002.

조현우, 「자전적 경험의 허구화 연구－「새가 운들」과 「눈길」에 나타난 서술자의 태도를 대상으로」, ≪시학과언어학·4≫, 시학과언어학회, 2002. 12.

정혜경, 「「매잡이」의 서술 방식 연구」, ≪語文論集·48≫, 이화여자대학교이화어문학회, 2003.

김동현, 「이청준 소설 「퇴원」 연구－반복충동과 서술의 상관성을 중심으로」, ≪한국문학이론과비평·32≫, 한국문학이론과비평학회, 2006. 9.

李成俊

1962년 제주도 조천(朝天)에서 출생
제주대학교 국어국문학과 · 동대학원 졸업
단국대학교 대학원 국어국문학과 졸업(문학박사)

저서
시집 『억새의 노래』(2000년)
시집 『못난 아비의 노래』(2006년)
『이야기로 풀어가는 우리 시조』(2010년)

narasmal@naver.com

이청준과 임권택의 황홀한 만남
소설과 영화의 서술기법 비교

초판 1쇄 인쇄 • 2010년 3월 25일
초판 1쇄 발행 • 2010년 3월 31일

저 자 • 이 성 준
발행인 • 박 성 복
발행처 • 도서출판 **월인**
서울특별시 강북구 흰구름길 19-3(수유2동 252-9)
등 록 • 제6-0364호
등록일 • 1998년 5월 4일
전 화 • (02) 912-5000
팩 스 • (02) 900-5036
www.worin.net

ISBN 978-89-8477-467-4 93810

값 20,000원